العُثمانِيُّون
وشَرْق
المُتوَسِّط

العُثمانيُّون وشَرْق المُتوسِّط

دِراسةٌ في أُصول الصِّراعات الدَّولية
على مِنطَقة الشَّرق الأوسَط

الدكتور أحمد سالم سالم

دار جامعة حمد بن خليفة للنشر
HAMAD BIN KHALIFA UNIVERSITY PRESS

دار جامعة حمد بن خليفة للنشر
صندوق بريد 5825
الدوحة، دولة قطر

www.hbkupress.com

الطبعة العربية الأولى عام 2021

الترقيم الدولي: 9789927151811

تمت الطباعة في بيروت-لبنان.

مكتبة قطر الوطنية بيانات الفهرسة – أثناء – النشر (فان)

سالم، أحمد سالم، مؤلف.

العثمانيون وشرق المتوسط : دراسة في أصول الصراعات الدولية على منطقة الشرق الأوسط / الدكتور أحمد سالم سالم. - الطبعة العربية الأولى. - الدوحة، دولة قطر : دار جامعة حمد بن خليفة للنشر، 2021.

صفحة ؛ سم

تدمك 978-992-715-181-1

1. تركيا -- تاريخ – الإمبراطورية العثمانية، 1288—1918. 2. الشرق الأوسط -- تاريخ -- 1517- 2. أوروبا -- علاقات -- تركيا -- تاريخ. 3. تركيا -- علاقات -- أوروبا -- تاريخ. 4. مصر – تاريخ – العصر العثماني، 1517-1882. 5. سورية – تاريخ – العصر العثماني، 1516-1918. أ. العنوان.

DR486 .S255 2021

956.1015– dc23

202128034922

المحتويات

مقدمة.. 9

الفصل الأول: تنامي الدور العثماني في شرق المتوسط
حتى فتح القسطنطينية في عام 1453م.......................... 21

أولًا: ظهور العثمانيين على المسرح الدولي واستراتيجيتهم الأولى في التوسع والفتح........21

ثانيًا: امتداد السيطرة العثمانية من الأناضول إلى سواحل أوروبا الشرقية..........34

ثالثًا: فتح القسطنطينية وتداعياته على عالم البحر المتوسط 57

الفصل الثاني: السلطان محمد الثاني وجهوده في تدعيم
النفوذ العثماني في شرق المتوسط بعد فتح القسطنطينية.......... 77

أولًا: تطورات الصراع السياسي في شرق المتوسط بعد فتح القسطنطينية 77

ثانيًا: الحرب العثمانية-البندقية (1463-1479م)، وأثرها على التوسعات
العثمانية في شرق المتوسط 90

ثالثًا: حملتا رودس وأوترانتو في عام 1480م 107

الفصل الثالث: تطور الأوضاع الدولية في أواخر القرن الخامس عشر
وتأثيره على التوجه العثماني في شرق المتوسط.......................... 125

أولًا: السياسة العثمانية في شرق المتوسط في عهد بايزيد الثاني (1481-1512م)..........126

ثانيًا: الخطر الصفوي ومحاولات التمدد الشيعي.......................... 140

ثالثًا: الكشوف الجغرافية وخطر الإمبريالية الغربية على الشرق الأدنى والعالم الإسلامي 153

الفصل الرابع: أطوار العلاقات العثمانية-المملوكية
حتى السيطرة العثمانية على مصر في عام 1517م.......................... 173

أولًا: الدور المشترك والعلاقات الودية..........................178

ثانيًا: بداية مرحلة التوتر 183

ثالثًا: سليم الأول ومقدمات السيطرة على مصر 187

رابعًا: صدام القوتين وسقوط الدولة المملوكية 195

الفصل الخامس: نتائج سيطرة العثمانيين على الشام ومصر واستكمال بسط نفوذهم على شرقي المتوسط في النصف الأول من القرن السادس عشر 217

أولًا: من الناحية الدينية 218

ثانيًا: من الناحية الاقتصادية 225

ثالثًا: من الناحية الاستراتيجية 237

خاتمة 263

المصادر والمراجع 267

إهداء

إلى المُنافِحين عن شَرَف هذه الأُمَّة وكَيانها في كل زمان ومكان،

أُهدي هذا العمل،

عَلَّنا نَلتَمِس الهُدى على طريقِهم.

مقدمة

بسم الله والصلاة والسلام على رسول الله، ثم أما بعد.

حازت منطقة شرق البحر المتوسط، أو ما أطلق عليه المؤرخون الغربيون مصطلح «الليفانت» (The Levant)(1)، ثقلًا كبيرًا، إن لم يكن الأكبر في تاريخ الحضارات البشرية، نظرًا إلى مركزية موقعها الرابط بين الشرق والغرب وحيويته، فضلًا عن غناها ومساهمتها الفعَّالة في تكوين تلك الحضارات منذ القدم. ومنذ ظهور الإسلام في القرن السابع الميلادي، ووصول طلائع جيوشه إلى الشام، بدأت ملامح صراع طويل تتشكَّل، ما لبثت تلك المنطقة أن أصبحت ساحته الرئيسية لقرون من الزمان؛ صراع ما إن تهدأ عواصفه بانتهاء حقبة من التاريخ، حتى تندلع مرَّة أخرى مؤذنةً ببدء فصل جديد بأبطال جُدد في ظروف جديدة، لكن يظل دائمًا ذلك الصراع متمحورًا بين مكونين رئيسيين: القوى الإسلامية على اختلاف مكوناتها من جهة، والقوى الصليبية من جهة أخرى؛ بداية من الدولة البيزنطية التي فرضت هويتها ومعتقدها على المنطقة لقرون، مرورًا بالقوى الغربية المختلفة، التي استغلت عامل الضعف الذي مرت به الأمة في القرن الحادي عشر الميلادي ونفذت إلى أعماق المنطقة، مما مهَّد لدخول ذلك الصراع مرحلة الحروب الصليبية التي لم تنتهِ بخروج آخر هذه القوى من البلدان الإسلامية، وظلت مستعرة بشكل أو بآخر طوال قرون العصر الحديث.

لقد شهدت منطقة شرق المتوسط سقوط آخر القلاع الصليبية على الأراضي الإسلامية في عكا في عام 690هـ/ 1291م، مؤذنةً بختام فصل من فصول الصراع بين العالمين الإسلامي

---

(1) ظهر هذا المصطلح في إنجلترا في عام 1497م، وكان يقصد به بوجه عام أراضي حوض البحر المتوسط الواقعة شرقي إيطاليا، واقتبس هذا المصطلح من كلمة فرنسية لاتينية الأصل تعني «شروق» إشارة إلى المنطقة التي تشرق منها الشمس، أي أرض المشرق، وكان أول استعمال رسمي لهذه الكلمة من قِبل الإنجليز عندما أسسوا أول شركة تجارية في المنطقة بالتعاون مع السلطات العثمانية في عام 1581م، أطلقوا عليها «The English Levant company»، لكن تطور استخدام هذا المصطلح لاحقًا، إذ بات يُطلق على منطقة الشام أو بلاد الساحل الشرقي للبحر المتوسط.

والمسيحي، في الوقت ذاته الذي بدأ فيه فصل آخر على أرض جديدة؛ إذ انتقل مركز الصراع هذه المرَّة إلى الشمال، حيث آسيا الصغرى وبحر إيجة؛ تلك المنطقة التي شهدت منذ ذلك الوقت تطورًا ملحوظًا على يد دولة إسلامية جديدة في طور النشأة، هي إمارة آل عثمان، التي سرعان ما أصبحت خلال قرنين من الزمان، منذ تأسيسها في أواخر القرن الثالث عشر الميلادي، دولةً محورية في الصراع العالمي بين قوى العالمين الإسلامي والمسيحي؛ حتى بدأت تتبوأ المكانة الأسمى في هذا الصراع الذي استمر ثمانية قرون، بعد أن استطاعت التغلب نهائيًّا على أعتى القوى الصليبية، وهي الدولة البيزنطية، وإسقاط عاصمتها العتيدة، وهي القسطنطينية.

اعتبر بعض المؤرخين سقوط مدينة القسطنطينية وانتهاء الدولة البيزنطية، رمزًا وحَدًّا فاصلًا ينتهي به العصر الوسيط، لتبدأ حقبة جديدة في تاريخ البشرية سُميت «العصر الحديث»؛ ومع ذلك فإننا لا نستطيع أن نفصل بين حقبتين عظيمتين امتدت كلٌّ منهما لقرون من الزمان من خلال حدث واحد مهما بلغ ثقله وتأثيره. لقد ظلت العصور الوسطى بالفعل تلفظ أنفاسها تحت وطأة المقومات الجديدة التي فرضتها ظروف العصر الجديد وإرهاصاته، وإذا دققنا النظر في الأعوام التي تلت سقوط القسطنطينية فسنجدها زاخرة بالأحداث الجسام المتلاحقة التي تشهد جميعها بنهاية عصر وبداية عصر آخر. ولم تقتصر هذه الأحداث على الإطار السياسي فحسب، بل امتدت إلى التطورات الحادثة على كل الأصعدة، العلمية منها والثقافية والاجتماعية وحتى الاقتصادية والتجارية. وقد شملت تلك التغيرات العالم أجمع، لكنها انبثقت وتشكَّلت أولًا من منطقة البحر المتوسط، مركز العالم القديم وقلبه النابض. تلك التغيرات الجذرية التي استمرت لما يربو على السبعين عامًا بدءًا من فتح القسطنطينية على يد الأتراك العثمانيين.

مِن هذا المنطلق حاولتُ تناول تلك التغيرات العالمية الحادثة كإرهاصات للعصر الحديث من منظور إقليمي يركِّز على منطقة شرق المتوسط التي شهدت الصراعات القديمة بين قوى العالمين الإسلامي والمسيحي، وامتدت فيها تلك الصراعات، بل وتصاعدت وتيرتها، جرَّاء صعود الأتراك العثمانيين إلى واجهة الأحداث في العالم الإسلامي ومنطقة الشرق الأدنى، واختلال موازين القوى وتغيرها بسبب تلك الأحداث والطفرات سابقة الذكر. لقد بدأت القوى التي تحكمت في العالم الوسيط واعتمدت على مقوماته وأساليبه، تتهاوى

بسبب عدم مقدرتها على التكيف مع الأوضاع والمقومات الجديدة؛ وهكذا سقطت دُرَّة مدن العصر الوسيط «القسطنطينية» بعد أكثر من ألف عام على إنشائها، وسقطت بسقوطها الإمبراطورية البيزنطية؛ أحد أهم أقطاب العالم الوسيط ورمز من رموزه. ومن الناحية المقابلة للمتوسط تهاوت معاقل المسلمين في الأندلس تحت وقع ضربات الإسبان المستمرة، حتى كانت الضربة الأخيرة لآخر تلك المعاقل مدينة «غرناطة» التي سقطت في عام 1492م، منهيةً بذلك ثمانية قرون من الحكم الإسلامي في أوروبا الغربية؛ ما اعتبره البعض تاريخًا آخر يمكن أن يكون بداية للعصر الحديث، وذلك لأنه لم يُعَبِّر عن نفسه فحسب، وإنما تسبَّب في تغيير مجريات كثير من الأحداث.

تتابعت أحداث في غرب المتوسط كان لها تأثير كبير، سواء من الناحية العالمية أو على الوضع العام لمنطقة الشرق الأدنى والحوض الشرقي للبحر المتوسط وصولًا إلى شرق أوروبا؛ فبعد أن توحدت مملكتا قشتالة وأراجون تحت مُسمَّى «مملكة إسبانيا»، واستطاعت القضاء على الحكم الإسلامي في غرب أوروبا كما أسلفنا، بدأ نفوذها في التزايد، سواء على النطاق العالمي، بعد أن انطلق الإسبان إلى آفاق واسعة من اكتشافات للعالم الجديد أدت إلى ظهور الأمريكتين وتوافد المستعمرين إلى ذلك العالم المجهول، أو على نطاق أوروبا نفسها، حيث بدأت إسبانيا في الربع الأول من القرن السادس عشر الميلادي حربًا طويلة ضد فرنسا للهيمنة على إيطاليا، وعندما تولى العرش شارل الخامس (حفيد فرديناند وإيزابيلا ملكي قشتالة وأراجون) في عام 1516م ثم أصبح إمبراطورًا للإمبراطورية الرومانية المقدسة في عام 1519م، ورث أملاك عائلة هابسبورج في كلٍّ من إسبانيا والنمسا، فدخل في ظل حكمه نحو نصف أوروبا من إسبانيا غربًا، مرورًا بهولندا والأراضي المنخفضة وإيطاليا وألمانيا، وصولًا إلى تخوم المجر شرقًا، في وقت استطاعت فيه القوى الإسلامية بقيادة العثمانيين الوصول إلى البلقان ثم إلى المجر ووسط أوروبا، وهو ما أشعل الحرب الصليبية على نطاق واسع هذه المرَّة، وأصبحت المواجهات على أشدها في البر والبحر على السواء، مما دفع العثمانيين دفعًا إلى العمل بأقصى طاقتهم لمواجهة هذا التهديد الصليبي ودفعه عن البلدان الإسلامية، خصوصًا الواقعة على سواحل البحر المتوسط.

في ذلك الوقت سعت قوة أوروبية صاعدة أخرى، هي البرتغال، في إطار الحرب الصليبية الناشبة، إلى التخلص من الوساطة الإسلامية في التجارة، فبدأت في اكتشاف

الساحل الغربي لإفريقيا في أواسط القرن الخامس عشر الميلادي، حتى استطاعت الدوران حول القارة مكتشفةً بذلك طريقًا جديدًا للتجارة، هو طريق رأس الرجاء الصالح الذي أوصل الهند بأوروبا الغربية من دون وساطة إسلامية. ولم يقتصر الأمر على هذا فحسب، بل بدأ ما يُسمَّى «الاستعمار الحديث لجنوب وجنوب شرق العالم الإسلامي». وقد أدى تغير طرق التجارة وتحول رؤوس الأموال إلى انهيارات أخرى في قوى العصر الوسيط؛ إذ تأثرت الدولة المملوكية؛ الدولة الإسلامية الأولى في الشرق الأدنى والمهيمنة على مراكز تجارته، وسرعان ما اضمحلت وشاخت فتسببت في فراغ سياسي كبير في المنطقة، أدى إلى نفاذ القوى الاستعمارية الغربية إليها، فضلًا عن ظهور قوة جديدة في المشرق ذات أيديولوجية مختلفة، وهي الدولة الصفوية الشيعية التي حاولت التوغل ونشر مذهبها في البلدان الإسلامية. وترتب على تلك التحولات السريعة إحلال العثمانيين - القوة الأولى في العالم الإسلامي - مكان المماليك، كقوة فتية تملأ هذا الفراغ الشاغر الذي أحدثه انهيار الدولة المملوكية، وورثوا منذ ذلك الحين دور المماليك القيادي في العالم الإسلامي، وحملوا على عاتقهم راية الإسلام في ذلك الصراع المستمر منذ قرون.

***

يُعَد هذا الموضوع من الأهمية بمكان لما يُشَكِّله من علامة فارقة في التاريخ الحديث برمته؛ إذ وضعت تلك الفترة الزمنية الأساس لكل أحداث وصراعات العصر الحديث، بل إنها شكَّلت الحدود السياسية التي سارت عليها كثير من دول العالم فيما بعد، لا سيما دول أوروبا. لقد انهارت إمبراطوريات العصر الوسيط، وبدأت الدول القومية في الظهور مع بداية التخلص من هيمنة الكنيسة الدينية، فعلى أساس هذه الفترة اتحدت عائلة هابسبورج أمام التوغل الإسلامي في شرق ووسط أوروبا، فتكوَّنت بناءً على ذلك مملكة النمسا والمجر التي ظلت تصارع حتى سقوطها في الحرب العالمية الأولى، وظلت كلٌّ من ألمانيا وإيطاليا مقسمتين إلى مدن وإمارات يحكم كلًّا منها عائلة نبيلة، وتعاني بعضها من تدخلات قوى أوروبية أخرى، حتى استطاعت كلٌّ منها الاتحاد في دولة قومية في النصف الثاني من القرن التاسع عشر الميلادي، والدخول في عالم المنافسة الاستعمارية. وفي غرب أوروبا، ظلت عائلة البوربون الملكية تتحكم في فرنسا حتى سقوطها على يد الثورة الفرنسية في أواخر القرن الثامن عشر الميلادي وتأسيس الجمهورية الأولى، وفتحت اكتشافات الإسبان والبرتغاليين

الباب على مصراعيه لنمو الاقتصاد الأوروبي، وانطلاق استثماراته في العالم الجديد، وتوغل القوى الاستعمارية المختلفة والمتعددة في قارات العالم القديم والحديث. أما في المشرق، فظل العثمانيون في منطقة الشرق الأدنى ينافحون عنه أمام تدخل القوى الأجنبية حتى هزيمتهم في الحرب العالمية الأولى، وهو ما أدى إلى تقسيم الأراضي الإسلامية بين القوى الاستعمارية الأوروبية؛ ذلك التقسيم الذي نعاني من تبعاته حتى اليوم.

وقد ارتبطت كل هذه التطورات بشكل أو بآخر بمنطقة شرق المتوسط، بل وتمحورت حولها الأحداث، كما سنرى في فصول هذا الكتاب الذي اتَّبعتُ فيه منهج التسلسل الزمني في سرد الأحداث والوقائع، ومن ثَمَّ تحليلها عن طريق المنهج الاستدلالي أو الاستنباطي وربط المقدمات بالنتائج، وهو ما يمكن أن يُعطي تصورًا شاملًا لرؤيتنا، فضلًا عن الاطلاع المُفَصَّل على سير الأحداث وارتباط بعضها ببعض زمانيًا ومكانيًا من دون تشتت أو خروج عن السياق الرئيسي للموضوع، إضافةً إلى الاستعانة بكثير من الصور والخرائط والأشكال التوضيحية التي يُنشر بعضها للمرَّة الأولى، للمساهمة بشكل فعَّال في إثراء وخدمة المكتبة العربية في موضوع مهم لم يأخذ حقه في البحث والتمحيص.

جاء استهلال الكتاب بالفصل الأول تحت عنوان «تنامي الدور العثماني في شرق المتوسط حتى فتح القسطنطينية في عام 1453م»، وناقش أولًا ظهور العثمانيين على المسرح الدولي واستراتيجيتهم الأولى في التوسع والفتح، والعوامل التي أدت إلى ظهور الدولة العثمانية في هذا المكان الحيوي غربي الأناضول، ووراثتهم الدور السَّلجُوقي الذي كان له فضل السبق في تكوين مجتمع تركي إسلامي في آسيا الصغرى، بعد هزيمة البيزنطيين ومحو هويتهم من المنطقة عن طريق فتح الطريق لهجرة القبائل التركية من أواسط آسيا، حتى تحولت الأناضول على أيديهم إلى تركستان أخرى؛ ثم ناقشنا امتداد السيطرة العثمانية من الأناضول إلى سواحل أوروبا الشرقية، وحَمْل العثمانيين لواء الجهاد ضد القوى الصليبية المتبقية في آسيا الصغرى، وصراعهم الشرس مع بيزنطة، والتقدم على حساب أراضيها الأوروبية، وظهور غزاة البحر الأتراك الذين أرَّقوا القوى الصليبية في شرق المتوسط وبحر إيجة، مما سيمهد الطريق للعثمانيين لوراثة ذلك الدور البحري وتطويره حتى يتعاظم ويقلب ميزان القوة لصالحهم؛ ثم فتح القسطنطينية في عام 1453م، وتداعيات هذا الفتح على عالم البحر المتوسط من انقلاب لموازين القوى وتغير في البنية السياسية والاجتماعية والديمغرافية للمنطقة.

أما الفصل الثاني للكتاب ويحمل عنوان «السلطان محمد الثاني وجهوده في تدعيم النفوذ العثماني في شرق المتوسط بعد فتح القسطنطينية»، فركَّز على فترة حكم السلطان محمد الفاتح التي تُعَد من أهم فترات التاريخ العثماني، إذ استطاعت الدولة خلال ثلاثين عامًا أن ترث معظم التركة البيزنطية في أوروبا، وكان هذا عاملًا أساسيًا وَطَّد نفوذ الدولة بقوة في شرق المتوسط وأدخلها في خضم صراع طويل مع القوى الصليبية في شرق أوروبا، كانت اليد العليا فيه للعثمانيين، حتى كاد يتوج مجهودهم بفتح إيطاليا في عام 1481م لولا الموت المفاجئ للسلطان. بدأ هذا الفصل بالتركيز على تطورات الصراع السياسي في شرق المتوسط بعد فتح القسطنطينية؛ ثم تناوَل الحرب الكبرى التي اشتعلت بين العثمانيين والبنادقة في شرق المتوسط بين عامي 1463 و1479م، وأثرها على التوسعات العثمانية في المنطقة؛ إذ استطاع العثمانيون بعدها فرض نفوذهم وإثبات قوتهم البحرية، فكان من نتائج ذلك إطلاق حملتي رودس وأوترانتو ومحاولة فتح إيطاليا في عام 1480م.

وحاول الفصل الثالث الإلمام بـ«تطور الأوضاع الدولية في أواخر القرن الخامس عشر وتأثيره على التوجه العثماني في شرق المتوسط»، إذ بدأت تطورات جذرية على الساحة الدولية، أثَّرت على سير الأحداث في العالم أجمع، لا سيما مركز هذه الأحداث في منطقة حوض البحر المتوسط، لكن قبل الخوض في هذه الأحداث ناقش السياسة العثمانية في شرق المتوسط في عهد السلطان بايزيد الثاني (1481-1512م)؛ تلك السياسة التي كان لها التأثير الأكبر في الصراع مع القوى الصليبية، إذ بدأت بالمهادنة بسبب هروب «جم سلطان»؛ المنافس الرئيسي على العرش، واستنجاده بالقوى الغربية، لكن بعد موته تحولت هذه المهادنة إلى صراع من أجل فرض النفوذ في شرق المتوسط، خصوصًا مع البنادقة الذين شكَّلوا خطرًا على النفوذ والملاحة الإسلامية مرَّة أخرى، وقبل بدء الحرب هذه المرَّة استطاع السلطان بناء قوة بحرية عظمى أصبح لها ثقل كبير أمام البندقية أعتى القوى البحرية آنذاك، وهو ما حسم الحرب التي نشبت بين الفريقين بين عامي 1499 و1503م لصالح العثمانيين، إذ استطاع العثمانيون تجريد البنادقة من مرتكزاتهم المهمة في شرق المتوسط، وأهمها مدينتا مودون وكورون على الساحل الجنوبي لشبه جزيرة المورة. أما من ناحية المشرق، فقد تطورت الأوضاع بظهور الدولة الصفوية الشيعية التي بدأت تشكل تهديدًا على البلدان السنية عامة، وهو ما زج بالعثمانيين في أتون صراع طويل لم يشهد عامل حسم بين القوتين على الرغم من التفوق العثماني، وكان بدء هذا الصراع سببًا مباشرًا في تولي السلطان سليم الأول مقاليد

الأمور في حياة أبيه في عام 1512م. وفي النهاية تناول الفصل الكشوف الجغرافية وخطر الإمبريالية الغربية على الشرق الأدنى والعالم الإسلامي، بعد أن استطاعت القوى الصليبية، وعلى رأسها إسبانيا والبرتغال، النفاذ إلى العالم الإسلامي من الشرق والجنوب حيث المحيط الهندي والخليج العربي والبحر الأحمر، ومن الغرب حيث سواحل المغرب الغربي، وهو ما فرض على العثمانيين فرضًا دخول ساحات صراع جديدة للتصدي لهذا الخطر الداهم.

أما الفصل الرابع فتتبع «أطوار العلاقات العثمانية-المملوكية حتى السيطرة العثمانية على مصر في عام 1517م»، لما حازته هذه العلاقة من أهمية على الصعيدين الإسلامي والإقليمي، فمن خلال هذه العلاقة يمكننا أن نتبين المراحل التي مرت بها المنطقة على وجه الإجمال خلال قرنين من الزمان، حتى استطاع العثمانيون في النهاية الإحلال محل المماليك إحلالًا كاملًا، من الناحية الجيوسياسية وحتى الناحية الدينية بعد سيطرتهم على البقاع الإسلامية المقدسة في الشام والحجاز. بدأ الفصل بالتركيز على الدور المشترك والعلاقات الودية بين البلدين، وذلك منذ بروز العثمانيين على مسرح التاريخ عندما كانت الإمبراطورية المملوكية في أوجها في القرن الرابع عشر الميلادي، وفي ذلك الوقت تضافرت العوامل المشتركة بين الدولتين لإرساء قواعد من الود والتفاهم؛ خصوصًا بسبب الخطر المشترك الذي يتهدد كلًّا منهما، سواء من ناحية الشرق على يد المغول وأحفادهم، أو من ناحية الغرب حيث القوى الصليبية؛ لكن ما لبثت هذه العلاقات أن شابها التوتر لبداية تضارب المصالح بين البلدين، حتى وصل الأمر إلى أول صدام عسكري بينهما في حرب «الست سنوات» بين عامي 1485 و1491م؛ وبعد هذه الحرب هدأت الأمور نسبيًّا، لكنها سرعان ما اشتعلت من جديد بعد أن تولى السلطان سليم العرش، بسبب ملابسات حدثت على الساحتين الإقليمية والعالمية، أدت في النهاية إلى صدام القوتين في معركتين فاصلتين متتاليتين هما «مرج دابق» و«الريدانية»، سقطت بعدهما دولة المماليك سقوطًا مدويًا كان له كثير من النتائج على جميع الأصعدة.

وتناول الفصل الخامس والأخير من الكتاب «نتائج سيطرة العثمانيين على الشام ومصر واستكمال بسط نفوذهم على شرقي المتوسط في النصف الأول من القرن السادس عشر»، ويعالج هذا الفصل أولًا سلسلة النتائج التي حدثت تباعًا على أصعدة شتى لذلك الحدث الجلل وذلك التغير الفارق في المنطقة، فما لبثت الدولة العثمانية أن حلت محل المماليك في الشام ومصر حتى دخلت الحجاز في تبعيتها، فارتقت سريعًا لتصير دولة الإسلام الأولى

المنافحة عن الملة والدين، فزاد ذلك من التفاف المسلمين حولها في صراعها المرير مع القوى المعادية للإسلام. وعلى الصعيد الاقتصادي كانت النتائج غاية في الأهمية؛ إذ استطاع العثمانيون بعد فترة وجيزة من دخولهم إلى المنطقة احتواء تداعيات تحول طريق التجارة العالمية إلى رأس الرجاء الصالح، عن طريق توقيع المعاهدات وتقديم التسهيلات كافة للقوى التقليدية التي استخدمت طريق التجارة المعتاد إبان العصور الوسطى المار بمصر والشام، بل استطاعوا إقامة منطقة تجارية ضخمة في شرق المتوسط تربط الأراضي الواقعة تحت السيادة العثمانية بعضها ببعض، مما سهل انتقال رؤوس الأموال والتجارة، وهو ما ارتقى بالمنطقة اقتصاديًّا، وعمل على ازدهار مراكزها التجارية. أما من الناحية الاستراتيجية، فقد ساعد دخول مصر والشام في التبعية العثمانية على امتداد نفوذ الدولة إلى مناطق جديدة لمواجهة التحديات العالمية، فقامت الدولة أولًا بالقضاء على آخر المعاقل الصليبية التي طالما قضَّت مضاجع المسلمين في شرق المتوسط وهي جزيرة رودس، وما إن دخلت رودس في التبعية العثمانية حتى انتقل الصراع البحري وثقله مع القوى الصليبية إلى الحوض الغربي للبحر المتوسط لمواجهة الإسبان وحلفائهم، وفي الجنوب والشرق بدأ والي مصر يتحمل مسؤولية الدفاع عن الأماكن الإسلامية في بحر العرب والمحيط الهندي، فبنى الأساطيل في السويس، وتوجَّه في حملات متتابعة للقضاء على النفوذ البرتغالي في البحار الشرقية، حتى استطاع العثمانيون بالفعل - وإن لم يقضوا تمامًا على البرتغاليين - الحد من تهديدهم والحيلولة دون توغلهم في المنطقة، وتوحيد المناطق العربية الإسلامية تحت راية إسلامية واحدة.

***

أما عن أهم مصادر ومراجع الكتاب، فكانت متنوعة بين مصادر عربية وأجنبية ومجموعة كبيرة من المراجع الإنجليزية والدوريات المتخصصة؛ نظرًا إلى امتداد الفترة موضوع الدراسة زمنيًّا بين العصرين الوسيط والحديث، ومكانيًّا بين قارات العالم القديم الثلاث.

أولًا بالنسبة إلى المصادر العربية التي تخدم الفترة الزمنية محل الدراسة، فينسب معظمها إلى مؤرخي العصر المملوكي؛ إذ غطت مؤلفاتهم كثيرًا من الجوانب المهمة في تلك الفترة، ومن أهمهم تقي الدين أحمد بن علي المقريزي (ت845هـ/ 1441م)، وكتابه «السلوك لمعرفة دول الملوك»، الذي تناول فيه التاريخ المملوكي تفصيليًّا على نظام الحوليات حتى

زمانه؛ وابن حجر العسقلاني (ت852هـ/ 1448م)، وكتابه «إنباء الغمر بأنباء العمر»، الذي تناول فيه أيضًا الأحداث السنوية للعصر المملوكي؛ ثم يأتي الكتاب المهم «بدائع الزهور في وقائع الدهور» لمؤلفه ابن إياس الحنفي (ت930هـ/ 1523م)، وترجع أهميته، فضلًا عن سرده للأحداث المتأخرة للعصر المملوكي، إلى معاصرته لوقائع سقوط دولة المماليك ودخول العثمانيين إلى مصر وهو ما رواه بشكل تفصيلي؛ إضافةً إلى ابن زنبل الرمال (ت960هـ/ 1552م) الذي كتب بإسهاب عن وقائع الفتح العثماني في كتابه «آخرة المماليك».

أما كُتب التراجم، فكان أهمها كتاب أبي المحاسن ابن تغري بردي (ت874هـ/ 1470م)، «المنهل الصافي والمستوفي بعد الوافي»، الذي تناول تراجم الأعيان حتى عام 857هـ؛ وفي القرن العاشر يأتي شمس الدين السخاوي (ت902هـ/ 1497م)، وكتابه الموسوعي «الضوء اللامع لأهل القرن التاسع»، الذي يُعَد من أكبر كتب التراجم؛ أما في العصر العثماني وتحديدًا في القرن العاشر الهجري فيأتي كتاب شمس الدين ابن طولون (ت953هـ/ 1546م)، «مفاكهة الخلان في حوادث الزمان»، وكتاب عبد الرحيم بن عبد الرحمن العباسي (ت963هـ/ 1556م)، «منح رب البرية في فتح رودس الأبية»، الذي لَخَّص فيه وقائع فتح العثمانيين لجزيرة رودس من واقع معاصرته لها.

أما المراجع العربية، فكانت متنوعة بين التاريخ الحديث والوسيط، وكان أهم ما استعنا به فيما يخص الحقبة المملوكية وما يتصل بها من دراسات جزئية، كتاب الأستاذ الدكتور أحمد مختار العبادي «قيام دولة المماليك الأولى في مصر والشام»، وكتاب «تاريخ البحرية الإسلامية في حوض البحر الأبيض المتوسط» بالاشتراك مع الأستاذ الدكتور السيد عبد العزيز سالم، وكتاب الدكتور إبراهيم علي طرخان «مصر في عصر دولة المماليك الجراكسة»، وكتاب الدكتور سعيد عبد الفتاح عاشور «العصر المماليكي في مصر والشام»، وكتاب الدكتور السيد الباز العريني «المماليك». وفيما يخص أوروبا والتاريخ البيزنطي كان أبرز ما استعنا به كتاب «الدولة البيزنطية في عصر باليولوغوس» لإسحاق عبيد، و«أوروبا العصور الوسطى» و«الحركة الصليبية» لسعيد عبد الفتاح عاشور، و«الثغور الإسلامية على حدود الدولة البيزنطية» لعلية الجنزوري، وكتاب فايز إسكندر «البيزنطيون والأتراك السلاجقة في موقعة ملاذكرد». وفيما يخص الدولة العثمانية والتاريخ الحديث فكان كتاب الدكتور عبد العزيز الشناوي «الدولة العثمانية دولة إسلامية مفترى عليها»، وللأستاذ الدكتور فاروق

عثمان أباظة كتاب «الحكم العثماني في اليمن»، وكتاب «أثر تحول التجارة العالمية إلى رأس الرجاء الصالح على مصر وعالم البحر المتوسط أثناء القرن السادس عشر»، ولأحمد الخولي كتاب «الدولة الصفوية تاريخها السياسي والاجتماعي - علاقاتها بالعثمانيين»، وكتاب أحمد توفيق مدني «حرب الثلاثمائة سنة بين الجزائر وإسبانيا (1492-1792م)»، وكتاب الدكتور أحمد فؤاد متولي «الفتح العثماني للشام ومصر»، وكتاب الدكتور سيد محمد السيد «مصر في العصر العثماني في القرن 16»، و«تاريخ الدولة العثمانية النشأة والازدهار»، وأخيرًا كتاب الدكتور محمد أنيس «الدولة العثمانية والشرق العربي».

أما المراجع الأجنبية والمترجمة، فقد حازت نصيب الأسد، فكان أهم الكتب المترجمة عن التركية كتاب حاجي خليفة المعروف بـ«كاتب جلبي» (ت1067هـ/ 1657م) «تحفة الكبار في أسفار البحار» الذي يستعرض أهم الغزوات البحرية للعثمانيين في القرنين الخامس عشر والسادس عشر، وكتاب المؤرخ التركي محمد فؤاد كوبريلي «قيام الدولة العثمانية»، الذي ناقش فيه النظريات المختلفة والمسببات المؤدية لقيام الدولة العثمانية ونموها على هذا النحو، وكتاب خليل إينالجيك «تاريخ الدولة العثمانية من النشوء إلى الانحدار»، وكتاب خليل ساحلي أوغلي «من تاريخ الأقطار العربية في العهد العثماني»، وكتاب أحمد جودت باشا «تاريخ جودت»، وكتاب عزيز سامح ألتر «الأتراك العثمانيون في إفريقيا الشمالية»، وكتابي يلماز أوزتونا «تاريخ الدولة العثمانية» و«المدخل إلى التاريخ التركي». وعن الفرنسية كتاب أندري كلو «سليمان القانوني مثل من النماذج بين الهوية والحداثة»، وكتاب أندريه ريمون «المدن العربية الكبرى في العصر العثماني»، وكتاب «تاريخ الدولة العثمانية» لمجموعة مؤلفين وإشراف: روبير مانتران، وكتاب هايد «تاريخ التجارة في الشرق الأدنى في العصور الوسطى»؛ ذلك الكتاب الضخم الذي تتبع الأحداث التاريخية في منطقة الشرق الأدنى من منظور التجارة وتطورها. وعن الإنجليزية كتاب إدوارد كريسي «تاريخ الأتراك العثمانيين»، وكتاب إدوارد جيبون «اضمحلال الإمبراطورية الرومانية وسقوطها»، وكتاب بول كولز «العثمانيون في أوروبا»، وكتاب بيتر شوجر «أوروبا العثمانية»، وكتاب ستيفن رنسيمان «الحضارة البيزنطية»، وكتاب عزيز سوريال عطية «الحروب الصليبية وتأثيرها على العلاقات بين الشرق والغرب».

أما أهم المراجع الإنجليزية، فكان كتاب سيتون (Kenneth M. Setton) المهم «البابوية وشرق المتوسط» (The Papacy and the Levant 1204-1571)، وترجع أهمية هذا الكتاب الموسوعي إلى تناوله الأحداث التي اشتركت فيها البابوية بشكل تفصيلي بين الحملة الصليبية الرابعة وسقوط القسطنطينية في يد اللاتين في عام 1204م وحتى عام 1571م من خلال الوثائق والمصادر الأصلية، وكتاب أرنولد توينبي (Arnold J. Toynbee) الشهير «دراسة التاريخ» (A study of history)، الذي يُقدم فيه رؤيته وتحليله الفلسفي لأحداث التاريخ، وكتاب عزيز سوريال عطية (Aziz S. Atiya) «الحروب الصليبية في العصور الوسطى المتأخرة» (The Crusade in the later middle ages)، وكتاب دانيال كوفمان (Daniel Goffman) «الدولة العثمانية وأوروبا في مستهل العصر الحديث» (The Ottoman Empire and Early Modern Europe)، وكتاب أوستروفسكي (George Ostrogrorsky) «تاريخ الدولة البيزنطية» (History of Byzantine State)، وكتاب «تاريخ الحروب الصليبية» (A History of the crusades)، وهو كتاب موسوعي من عدة أجزاء غاية في الأهمية، اشترك في تأليفه أساطين من مؤرخي العالم ليغطي أحداث الحروب الصليبية تفصيليًا حتى مستهل العصر الحديث، وهناك كتاب فون باستر (Ludwig von Pastor) المترجم من الألمانية إلى الإنجليزية «تاريخ البابوات منذ نهاية العصور الوسطى» (The history of the Popes from the Close of the Middle Ages)، ويشتمل على تفاصيل غاية في الأهمية تخص العلاقات بين الشرق والغرب، وكتاب ستانفورد شو (Stanford J. Shaw) «تاريخ الدولة العثمانية وتركيا الحديثة» (History of the Ottoman Empire and modern Turkey)، وكتاب سيدني فيشر (Sydney N. Fisher) «العلاقات الخارجية لتركيا (1481-1512م)» (The Foreign Relations of Turkey, 1481-1512)، وهو كتاب مهم يركِّز على العلاقات الخارجية للدولة العثمانية في عهد السلطان بايزيد الثاني.

***

وفي الختام، أرجو من الله تعالى أن أكون قد وُفِّقت في طرحي لهذا الموضوع المهم، فما كان من توفيق فمن الله وحده، وما كان من خطأ أو زلة أو نسيان فمني ومن الشيطان. وأتوجه بالشكر والثناء سائلًا الله عز وجل جزيل الخير والعطاء لكل من ساهم في هذا العمل ولو بكلمة أو نصيحة أو دعاء، وأدعو الله عز وجل أن يجعله في ميزان حسناتهم،

وألا يحرمني وإياهم الأجر والجزاء، وأن ينفع بهذا العمل الإسلام والمسلمين، إنه ولي ذلك والقادر عليه.

﴿رَبَّنَا لَا تُؤَاخِذْنَا إِنْ نَسِينَا أَوْ أَخْطَأْنَا رَبَّنَا وَلَا تَحْمِلْ عَلَيْنَا إِصْرًا كَمَا حَمَلْتَهُ عَلَى الَّذِينَ مِنْ قَبْلِنَا رَبَّنَا وَلَا تُحَمِّلْنَا مَا لَا طَاقَةَ لَنَا بِهِ وَاعْفُ عَنَّا وَاغْفِرْ لَنَا وَارْحَمْنَا أَنْتَ مَوْلَانَا فَانْصُرْنَا عَلَى الْقَوْمِ الْكَافِرِينَ﴾.

وصلى الله على محمد وعلى جميع أنبيائه ومرسليه، ومن تبعهم بإحسان إلى يوم الدين، اللهم آمين.

أحمد سالم سالم

غفر الله له

الإسكندرية

جمادى الآخرة 1441هـ/ فبراير 2020م

الفصل الأول

تنامي الدور العثماني في شرق المتوسط حتى فتح القسطنطينية في عام 1453م

أولًا: ظهور العثمانيين على المسرح الدولي واستراتيجيتهم الأولى في التوسع والفتح

لم يكن ظهور العثمانيين في آسيا الصغرى أو هضبة الأناضول إلا نتيجة طبيعية لجهاد الأتراك السَّلاجقة وفتوحاتهم في هذه المنطقة في الموجة الثانية للفتوحات الإسلامية بالمشرق، والتي حدثت بداية من القرن الخامس الهجري/ الحادي عشر الميلادي، بعد أن أخفقت موجة الفتح الأولى في إسقاط الدولة البيزنطية، وتوقفت عند منطقة الثغور جنوبي آسيا الصغرى. فبعد أن تمكَّن المسلمون في العهد الراشدي (11-40هـ/ 632-660م) والدولة الأموية (40-132هـ/ 660-750م) من فتح بلاد الشام ومصر، أصبحت آسيا الصغرى الحصن المتقدم للدولة البيزنطية في صد هجمات المسلمين الذين كانوا يسعون لإسقاط العاصمة البيزنطية، ومن ثَمَّ أقام البيزنطيون في عدد من مدنها قواعد عسكرية سُميت بـ«الثغور» أو «الثيمات» لمواجهة المد الإسلامي؛ لذا أصبحت منطقة الثغور بمثابة مسرح تتصارع حوله قوى المسلمين والبيزنطيين على مدار التاريخ الوسيط[1].

ولم تكن الدولة السَّلجوقية (469-707هـ/ 1077-1308م) هي أول عهد الأتراك بآسيا الصغرى، وإنما مهد وجودهم منذ صدر الإسلام في الشرق الأدنى - خصوصًا منطقة

---

(1) راجع عن الثغور: علية الجنزوري، **الثغور البرية الإسلامية على حدود الدولة البيزنطية** (القاهرة: دار التضامن، 1988م).

الثغور - الطريق للسلاجقة للقيام بفتوحاتهم واسعة النطاق في القرن الخامس الهجري/ الحادي عشر الميلادي؛ فقد بدأ الخليفة المهدي العباسي (158-169هـ/ 775-785م) في استقدام الأتراك من وسط آسيا وما وراء النهر، من فرغانة وبلخ وخوارزم وهراة وسمرقند، ومن ثَمَّ توطينهم الثغور وبخاصة طرطوس والمصيصة وعين زربة وآذنة ومرعش وملطية وآمد وخلاط وملاذكرد وغيرها[1]. وما زالت كتلة التُّرك تتكاثف بعد عهد المهدي، وبخاصة في عهد المأمون (198-218هـ/ 813-833م)، والمعتصم (218-227هـ/ 833-842م) الذي كان أول خليفة يُدخل الأتراك الديوان، ولما كَثُر الأتراك في عهده أقام لهم مدينة سامراء[2]، حتى وصل الأمر بالترك إلى أن تملكوا زمام السُّلطة وليس للخليفة في الأمر من شيء[3].

في حين مَثَّلت آسيا الصغرى مركز الثقل السياسي والعسكري للإمبراطورية البيزنطية منذ ظهور الإسلام، بدأ الانهيار والتفكك يدب في أوصالها مع ظهور الأتراك السلاجقة على ساحة الشرق الأدنى؛ وذلك بعد أن لمع نجمهم أولًا في أواسط آسيا عند هزيمتهم للغزنويين بالقرب من مرو في عام 432هـ/ 1040م، ومن ثَمَّ تحرك زعيمهم طغرل بك[4] على رأس جيش كبير للسيطرة على العراق وفارس، حيث استطاع بالفعل الاستيلاء على جرجان وطبرستان وهمدان وأصفهان وأذربيجان وخوزستان، حتى وصل إلى بغداد في عهد الخليفة القائم بأمر الله في عام 447هـ/ 1057م، فرحب به الخليفة، بعد أن استطاع القضاء

---

(1) راجع مقدمة كتاب: محمد فؤاد كوبريلي، **قيام الدولة العثمانية**، ترجمة: أحمد السعيد سليمان (بيروت: دار الكتاب العربي، 1967م).

(2) السيوطي، **تاريخ الخلفاء** (القاهرة: دار ابن حزم، 2003م)، 270.

(3) ابن الأثير، **الكامل في التاريخ**، تحقيق: أبو الفداء عبد الله القاضي (بيروت: دار الكتب العلمية، د.ت)، ج8/ 75، 76.

(4) يُنسب السلاجقة إلى سلجوق بن دقاق، أحد أفراد عشائر «أوج أوق» من قبائل «أوغوز» أو الغز التركية، وقد هاجر سلجوق في أواخر أيام الدولة السامانية من تركستان الشرقية إلى تركستان الغربية، واستوطن مدينة «جند» على ساحل نهر جيحون مع أتباعه وعشيرته، وهناك اعتنق الإسلام، وبدأ يسطع نجمه منذ أن اشترك في الجهاد وصد هجمات الأتراك غير المسلمين الذين كانوا يغيرون على الحدود. لكن السلاجقة لم يظهروا على مسرح التاريخ إلا من خلال طغرل بك، أحد أحفاد سلجوق الذي هزم السلطان الغزنوي مسعود في معركة «دندانقان»، التي وقعت بين مرو وسرخس في جنوبي تركستان، وهي المعركة الفاصلة التي أذنت لنجم السلاجقة في السطوع منذ عام 432هـ/ 1040م، حيث استولوا على نيسابور والري وبدأوا في التقدم غربًا. انظر: ابن الأثير، **الكامل**، ج9/ 473-484؛ البنداري، **تاريخ دولة آل سلجوق** (القاهرة: مطبعة الموسوعات بمصر، 1318هـ/ 1900م)، 3-9.

على الشيعة من بني بويه[1] الذين كانوا يسيطرون آنذاك على معظم بلاد فارس والعراق، وبسط النفوذ السني من جديد على حاضرة الخلافة، وانتهى الأمر بسيطرة السلاجقة على كل بلاد فارس والعراق.

كان لقيام السلطنة السلجوقية أثر كبير في تاريخ المشرق الإسلامي وغربي آسيا بشكل خاص والتاريخ الإسلامي عامة؛ إذ كانت السلطنة قد ساهمت في توجيه الأحداث السياسية في المشرق الإسلامي بشكل بارز، أو في رسم سياسة توسعية باتجاه العالم النصراني لنشر العقيدة الإسلامية، فقد كان السلاجقة من أشد المدافعين عن الإسلام والمتعصبين له؛ لذلك اتخذ حكامهم لقب «سلاطين الإسلام»، وكانوا مناصرين للمذهب الحنفي الذي أخذه الترك عن السامانيين، وأخذه من بعد ذلك العثمانيون. ولم يكتفِ السلاجقة بإعلاء كلمة الدين داخل حدود البلاد الإسلامية، بل كان عليهم أن يهزموا الأعداء في الخارج، وأن يوسعوا حدود ديار الإسلام، وكان من الطبيعي أن يؤدوا هذا الواجب بصفة رسمية في غرب آسيا؛ حيث حروبهم مع المسيحيين في الأناضول، وقد انتصروا في الصراع مع بيزنطة بعد أن رسخت أقدام الحكم التركي في بلاد خليفة المسلمين، ودخل الإسلام على أيديهم في الأناضول وتكوَّنت به دولة إسلامية تركية[2].

بوفاة طغرل بك وتقلُّد خليفته وابن أخيه ألب أرسلان (455-464هـ/ 1063-1072م) السُّلطة مكانه، دخلت سياسة السلاجقة تجاه الدولة البيزنطية دورًا جديدًا؛ إذ غدت هذه السياسة تستهدف الاستيلاء على أراضي تلك الدولة وامتلاكها، بدلًا من مجرد القيام بإغارات محدودة للسلب والنهب، ففي عام 457هـ/ 1065م استولى ألب أرسلان على «آني» ثم على

(1) هم سلالة من الديلم حكمت غربي إيران، ثم امتد سلطانها إلى العراق فيما بين عامي 334 و447هـ/ 932 و1056م، حيث استطاعت هذه الأسرة - مع كونها شيعية المذهب - السيطرة على الخلافة العباسية والتحكم فيها لفترة طويلة نشبت خلالها كثير من الفتن والاضطرابات، حتى استطاع الأتراك السلاجقة إزاحتهم نهائيًا من بغداد في عام 447هـ. انظر: ابن الأثير، **الكامل**، ج9/ 83؛ كارل بروكلمان، **تاريخ الشعوب الإسلامية**، ترجمة: نبيه أمين فارس ومنير البعلبكي (بيروت، 1968م)، 244-246؛ جرجي زيدان، **تاريخ التمدن الإسلامي** (القاهرة: دار الهلال، د.ت)، ج3/ 469؛ عصام الدين عبد الرؤوف، **الدول المستقلة في المشرق الإسلامي** (القاهرة: دار الفكر العربي، 1999م)، 66-73.

(2) محمد سهيل طقوش، **تاريخ سلاجقة الروم في آسيا الصغرى** (بيروت: دار النفائس، 2002م)، 30؛ بارتولد، **تاريخ الترك في آسيا الوسطى**، ترجمة: أحمد السعيد سليمان (القاهرة: هيئة الكتاب، 1996م)، 127.

«قرس»[1]، وهما العاصمتان القديمتان لأرمينية والمركزان الأساسيان لقوة البيزنطيين ونفوذهم في الأقاليم الشمالية الشرقية من آسيا الصغرى، وبذلك أضحوا يسيطرون على هضبة أرمينية؛ الدرع الواقي للإمبراطورية البيزنطية من الشرق[2]. ومنذ ذلك الوقت غدا الطريق مفتوحًا أمام السلاجقة إلى داخل الأناضول، فاستطاعوا أن يضموا معاقل الجيوش البيزنطية ومعظم المدن ذات المواقع الاستراتيجية المهمة في الأناضول، مثل قيصرية وعمورية وقونية[3].

استطاع السلطان السلجوقي ألب أرسلان وولي عهده ملكشاه ووزيره الشهير نِظَام المُلْك، أن يقضُّوا مضاجع البيزنطيين، ويتوغلوا بفتوحاتهم في قلب الأناضول البيزنطي، وكان من الطبيعي أن يحدث صدام كبير وموقعة حاسمة بين القوتين؛ إذ التقى بالفعل ألب أرسلان بخصمه الإمبراطور البيزنطي «رومانوس الرابع» (Romanos IV Diogenes) (460-463هـ/ 1068-1071م) جنوبي ملاذكرد أو مانزيكرت؛ التي سُميت باسمها الموقعة الشهيرة، في 7 ذي القعدة 463هـ/ 6 أغسطس 1071م، وفي هذه الموقعة حَلَّت الهزيمة المروعة بالجيش البيزنطي، ووقع الإمبراطور في الأسر، وقُتل من الروم أعداد كبيرة بلغت الآلاف، هذا على الرغم من الفارق الكبير بين الجيشين في العدد والعدة؛ حيث بلغ تعداد الجيش الإسلامي زهاء الأربعين ألفًا، أما الجيش البيزنطي فقد تعدَّى المائة ألف، وهكذا غدت موقعة «ملاذكرد» من المعارك الفاصلة في التاريخ، وعَدَّها المؤرخون أكبر كارثة تحل بالإمبراطورية الرومانية الشرقية، وكانت دليلًا على نهاية دور الدولة البيزنطية في حماية المسيحية من ضغط الإسلام وفي حماية الباب الشرقي لأوروبا، ومهدت هذه الموقعة لانتهاء نفوذ بيزنطة على الجانب الآسيوي، ومن ثَمَّ مهدت لقيام مملكة سلاجقة الروم الإسلامية في قلب آسيا الصغرى، التي استطاعت أن توسع أملاكها قرب بحر مرمرة وشواطئ المتوسط، واشتد بأسها تباعًا، ولبثت قائمة زهاء قرنين، لعبت فيهما دورًا كبيرًا في الحروب الصليبية[4].

---

(1) راجع: ابن الأثير، **الكامل**، ج10/ 14؛ فايز نجيب إسكندر، **استيلاء السلاجقة على عاصمة أرمينية**، دراسات في تاريخ أرمينية رقم (3) (الإسكندرية: دار الفكر الجامعي، 1987م)، 9.

(2) George Ostrogrorsky, *History of Byzantine State*, Translated from German by: Toan Hussey, (New jersey, 1968), p. 303.

(3) سعيد عبد الفتاح عاشور، **الحركة الصليبية** (القاهرة: مكتبة الأنجلو المصرية، 1975م)، ج1/ 82-84.

(4) انظر عن المعركة وأهميتها: ابن الأثير، **الكامل**، ج10/ 66، 67؛ البنداري، **تاريخ دولة آل سلجوق**، 40-44؛ محمد عبد الله عنان، **مواقف حاسمة في تاريخ الإسلام** (القاهرة: هيئة الكتاب، 1997م)، 115-118؛ فايز نجيب إسكندر، **البيزنطيون والأتراك السلاجقة في موقعة ملاذكرد** (الإسكندرية، 1983م).

تُعَد هزيمة البيزنطيين على مقربة من ملاذكرد نقطة تحول خطيرة في التاريخ الإسلامي والتاريخ البيزنطي، فأهمية هذه الموقعة ونتائجها لا تقل عن موقعة «اليرموك» في صدر الإسلام[1]، فإذا كانت «اليرموك» قررت مصير بلاد الشام، فإن «ملاذكرد» قررت مصير آسيا الصغرى، التي نجح الأتراك في التوغل فيها، ومن ثَمَّ مهدوا لسقوط الدولة البيزنطية[2].

وقد بلغت الدولة السلجوقية ذروة قوتها على عهد ملكشاه (464-485هـ/ 1072-1092م) الذي خلف أباه ألب أرسلان، وكانت له تطلعاته نفسها في بسط السيطرة الكاملة على آسيا الصغرى وإنهاء النفوذ البيزنطي فيها؛ لذا قام في عام 470هـ/ 1077م بتعيين أحد أقاربه، وهو سليمان بن قتلمش، واليًا على منطقة آسيا الصغرى؛ وهو الذي تمكن بالفعل من بسط نفوذ السلاجقة على ثلاثة أرباع شبه الجزيرة تقريبًا، مؤسسًا بذلك ما يعرف باسم «سلطنة سلاجقة الروم» (470-696هـ/ 1077-1296م)، متخذًا في البداية مدينة نيقية عاصمة لدولته، حتى حلت محلها قونية في عام 473هـ/ 1081م[3]. وقد استطاع سليمان فتح أنطاكية في عام 477هـ/ 1300م، بعد أن كانت بيد البيزنطيين منذ عام 358هـ/ 968م؛ ومن ثَمَّ امتدت فتوحاته إلى اللاذقية، وبذلك وصل نفوذ السلاجقة إلى سواحل البحر المتوسط، مما سيكون له عظيم الأثر بعد ذلك على الإضرار بالنفوذ البيزنطي على سواحل آسيا الصغرى وبحر إيجة؛ فبعد أن ضمن جهل الأتراك بالملاحة سلامة الإمبراطور لبعض الوقت، سرعان ما بنى السلاجقة أسطولًا يتألف من مائتي سفينة بأيدي الأسرى من اليونانيين، وبدأوا في خوض غمار البحر[4]، مما مهد بعد ذلك للنشاط البحري لبعض الإمارات التركمانية في بحر إيجة وشرق المتوسط.

---

(1) راجع: جوزيف داهموس، **سبع معارك فاصلة في العصور الوسطى**، ترجمة: محمد فتحي الشاعر (القاهرة: هيئة الكتاب، 1992م)، 55-73؛ أحمد سالم سالم، «الاحتفال بذكرى معركة ملاذكرد»، **جريدة القدس العربي**، العدد 9298 (7 سبتمبر 2018م).

(2) ربيع، **دراسات في تاريخ الدولة البيزنطية**، 190، 191. فقدت بيزنطة بذلك مركزها الحربي القوي، ومصدرًا أساسيًّا من مصادر الحبوب والغلال، فضلًا عن المورد الأساسي لتزويدها بالجند، لهذا زاد اعتمادها بعد ذلك على الجند المرتزقة من الأجانب مما أضعف من مقاومتها ومهَّد سريعًا لانهيارها. راجع: ستيفن رنسيمان، **الحضارة البيزنطية**، ترجمة: عبد العزيز توفيق جاويد (القاهرة، 1961م)، 146؛ جون هالدون، **بيزنطة في حرب**، ترجمة: فتحي عبد العزيز (القاهرة، 2012م)، 19، 48، 65، 73.

(3) ابن الأثير، **الكامل**، ج10/ 48؛ عاشور، **الحركة الصليبية**، ج1/ 87-90.

(4) إدوارد جيبون، **اضمحلال الإمبراطورية الرومانية وسقوطها**، ترجمة: محمد سليم سالم (القاهرة، 1969م)، ج3/ 179؛ محمد عبد العظيم أبو النصر، **السلاجقة تاريخهم السياسي والعسكري** (القاهرة: عين للدراسات، 2001م)، 98.

هكذا كان للأتراك السلاجقة الفضل الأكبر في تحويل الأناضول إلى تركستان أخرى بعد أن كانت تابعة قلبًا وقالبًا لدولة الروم الشرقية؛ فبعد انتصار «ملاذكرد» انفتح الباب الشرقي للأناضول أمام العشائر التركمانية، وسرعان ما توغلت هذه العشائر غربًا حتى أشرفت على مناطق المضايق من ناحية وعلى بحر إيجة من ناحية أخرى، ثم صارت نواة توطنت من حولها عشائر أخرى وافدة من الشرق. وقد بدأ توطين الكتل التركية الكثيفة التي أخذت تنهال على الأناضول تحت حماية السلاجقة الكبار بعد انتصار «ملاذكرد» يتخذ شكلًا منهجيًّا بعد اعتلاء ملكشاه العرش بوجه خاص، فبأمر سليمان الذي يُعَد مؤسس دولة سلاجقة الروم وُطِّنت القبائل التركية في استبس وسط الأناضول، بل كانت هناك تحركات نحو المناطق الساحلية في الشمال الغربي والجنوب الشرقي. وقد كان جزء كبير من جماعات الغز - التي لا تكاد تُعَد، والتي كانت تسكن آسيا الوسطى، خصوصًا في الأراضي الواقعة شمال سيحون بين بحر آرال وبحر قزوين - قد أقام في إيران بعد الانتصارات الأولى التي أحرزها السلاجقة، وكان جزء آخر قد تبع التوسع السلجوقي نحو الغرب آملًا أن يجد أرضًا خالية تُهيئ له ظروفًا أحسن للعيش. هكذا كان فتح الأناضول مِن قِبَل السلاجقة نوعًا من الإسكان التخطيطي، ويرجع هذا أولًا إلى الهجرة التركية الكثيفة المستمرة التي بدأت من آسيا الوسطى، حيث كانت فتوحات طغرل وألب أرسلان ثم فتوحات سليمان بخاصة، تُحْسِن توجيه هذا السيل الجارف من المهاجرين. وقد استمرت هذه الهجرات طوال القرن الحادي عشر الميلادي ثم استمرت بكثافة أقل في السنين الأولى من القرن الثاني عشر[1].

خلال السنوات العشر التالية لموقعة «ملاذكرد» على الأخص، غمرت القبائل التركية السلجوقية معظم آسيا الصغرى، واستوطنوا مع السكان الأصليين واندمجوا بسهولة ويسر، ويرجع ذلك - كما يشير المؤرخ «نيكيتاس خونياتس» (Nicetas Choniats) - إلى أن السكان المسيحيين لآسيا الصغرى آثروا حكم الأتراك السلاجقة على حكم الإمبراطور البيزنطي، مما يدل على وجود اضطهاد من قِبَل البيزنطيين، فضلًا عن الاختلاف الحادث بين السلالات

(1) كوبريلي، **قيام الدولة العثمانية**، 68-70، وقد ذكر أحد المصادر المسيحية وجود ما يقرب من مائة ألف من التركمان الرُّحل في منطقة «إسبرطة أنطاكية»، أي في المناطق الغربية من آسيا الصغرى، وذلك في عام 1190م، أي في أواخر القرن الثاني عشر. راجع:

S.Vryonis, *The Decline of Medieval Hellenism in Asia Minor* (London, 1971), p. 191.

البشرية ولغاتها في آسيا الصغرى، مما أضعف عامل المقاومة أمام الأتراك. وبعد أن كان سكان آسيا الصغرى يدينون بالمسيحية في منتصف القرن الحادي عشر الميلادي ويتكلمون اللغة اليونانية، انتقلت هذه البلاد بمرور الزمن إلى العقيدة والحضارة الإسلامية ونظمها فضلًا عن اللغة التركية[1]، وانتقل مركز الثقل للمسيحية الأرثوذكسية الشرقية فضلًا عن مركز الثقل للإمبراطورية البيزنطية في هذا القرن نفسه من الأناضول إلى شبه جزيرة البلقان[2].

في القرن الثالث عشر كان الغزو المغولي هو أكبر الحوادث التاريخية في الأناضول، وذلك ليس من الناحية السياسية فقط، وإنما أيضًا من الناحية الاجتماعية. وقد ظهر هذا الخطر على حدود الأناضول في عهد علاء الدين قيقباذ الأول (617-634هـ/ 1220-1237م)، ثم ازداد على نحو لا يمكن تجنبه في عام 640هـ/ 1243م، عندما استولى المغول على أرضروم وخربوها، ثم على سيواس وقيصرية وخربوهما، وأثناء عودتهم استولوا على أرزنجان. وكان لهذه الأحداث أثر حاسم في تاريخ الدولة السلجوقية، إذ أصبح المغول الحكام الفعليين للبلاد، ولم يبقَ للسلطان السلجوقي سوى سلطة نظرية، وعليه ضعفت السلطة المركزية للدولة السلجوقية، مما سيقود إلى ظهور واقع سياسي جديد تمثَّل في ظهور كيانات سياسية جديدة في منطقة غرب الأناضول في النصف الثاني من القرن الثالث عشر، وكان من ضمن هذه الكيانات إمارة آل عثمان التي استغلت عامل ضعف الدولة السلجوقية، وأسست كيانًا سياسيًّا مستقلًّا نسبيًّا في بادئ الأمر، مما سيمهد لاحقًا لإقامة الدولة التي ستعمل على استغلال ضعف السلطة المركزية للدولة البيزنطية بالتوسع داخل أراضيها[3].

من أبرز العوامل المهمة لظهور تلك الإمارات التركمانية غربي آسيا الصغرى، الاستراتيجية التي اتبعتها الدولة السلجوقية في طور تأسيسها في القرن الخامس الهجري/ الحادي عشر الميلادي، وهي دفع الجماعات التركمانية المهاجرة من وسط آسيا إلى الأناضول بعد الفتوحات السلجوقية إلى الاستقرار في المناطق الحدودية، وذلك حتى لا

---

(1) W.C. Brice, The Turkish colonization of Anatolia, *Bulletin of the John Rylands library*, Vol. 38, (1955-1956), pp. 18-20.

(2) أرنولد توينبي، «الدولة العثمانية في تاريخ العالم»، ترجمة وتعليق: أحمد سالم سالم، **دورية كان التاريخية**، العدد السابع عشر (سبتمبر 2012م)، 113.

(3) أيرين بيلديسينو، «عثمان وأورخان»، ضمن كتاب: **تاريخ الدولة العثمانية**، الجزء الأول، إشراف: روبير مانتران، ترجمة: بشير السباعي (القاهرة، 1999م)، 23؛ كوبريلي، **قيام الدولة العثمانية**، 55-57.

يؤدي استقرارها في المناطق الداخلية للدولة إلى الإخلال بالأمن والنظام؛ وقد أدى ذلك إلى ظهور كيانات قبلية وشبه قبلية على الحدود ليس لها علاقة كبيرة بالسلطة المركزية للدولة، بسبب طابعها البدوي واعتمادها الأول على النظام القبلي الذي يرتكز على العشيرة وقائدها في التحرك والاستقرار، وهو ما تلافته الدولة العثمانية بعد ذلك؛ إذ عملت على تفتيت هذه العشائر إلى تجمعات صغيرة يجري ربطها بالأرض، حتى لا تشكّل الخطر نفسه فيما بعد على كيان الدولة. وقد زاد من تدفق العشائر التركمانية إلى التخوم الغربية ومناطق الحدود، ضغط الإيلخانيين على تلك العشائر التي كانت تعيش على شكل تكتلات ضخمة في المراعي الواقعة وسط الأناضول وشرقه، فضلًا عن قسم كبير من الأهالي المتوطنين في وسط شرق الأناضول، الذين نزحوا إلى الأراضي المفتتحة حديثًا، حيث وقعت على عاتقهم مهمة تشكيل البنية التحتية للإمارات التركمانية المستقلة حديثًا[1]. وفي حين نَزَح بعض المسيحيين أو قُتِلوا أثناء تلك الفتوحات، ظل معظمهم في أماكنهم نفسها يحافظون على تقاليدهم ودينهم، وتحول البعض الآخر إلى الإسلام واختلطوا عرقيًا وثقافيًا مع الغزاة، حيث اعتمد البدو طريقة حياتهم وحُكْمِهم كجزء لا يتجزأ من عملية الاستيطان[2].

تكوَّنت تباعًا نحو ست عشرة إمارة تركمانية في آسيا الصغرى[3]، وعلى الرغم من اختلاف تقديرات المؤرخين في تحديد عدد تلك الإمارات[4]، فمن المؤكد أن من أصغرها وأقلها شأنًا كانت إمارة آل عثمان التي ظهرت في منطقة الحدود شمال غرب الأناضول، بين إمارتي كرميان في الجنوب وجاندر في الشمال، إلا إنها مع ذلك استطاعت في وقت لاحق أن تسيطر على الإمارات الأخرى. كانت أكبر تلك الإمارات وأهمها إمارة أبناء قرمان الذين ادعوا الحق في ميراث السلاجقة بسبب بسطهم السيطرة على العاصمة السلجوقية قونية، وكانت القوة الوحيدة التي استطاعت أن تنافس القرمانيين في الربع الأخير من القرن الثالث عشر هي إمارة كرميان التي ظهرت في كوتاهية على الحدود البيزنطية، لكنهم استطاعوا

---

(1) فريدون إمجن، «الدولة العثمانية منذ قيامها حتى معاهدة قينارجه عام 1774م»، ضمن كتاب: **الدولة العثمانية تاريخ وحضارة**، المجلد الأول، إشراف: أكمل الدين إحسان أوغلي، ترجمة: صالح سعداوي (استانبول، 1999م)، 5، 6.

(2) Stanford Show, *History of the Ottoman Empire and modern Turkey* (Cambridge University, 1997), Vol. I, p. 10.

(3) كوبريلي، **قيام الدولة العثمانية**، 4.

(4) H. A. Gibbons, *Foundation of the Ottoman Empire* (London, 1938), p. 277.

توسيع حدودهم حتى غرب الأناضول، غير أن تقسيم أراضيهم بين أفراد العائلة أضعف قوتهم، مما ساعد التجمعات التركمانية في مناطق نفوذهم أن تقيم إدارات مستقلة لها، حتى شغلت معظم أراضي غرب الأناضول. وكانت أهم إمارات غربي الأناضول من الشمال إلى الجنوب: إمارة قره سي وأبناء صاروخان وآيدين ومنتشا وحميد[(1)]، التي توجهت جميعًا نحو البحر بسبب موقعها الجغرافي، وعاشت على الجهاد البحري في بحر إيجة ومناطق النفوذ البيزنطية[(2)]، مما سيمهد الطريق فيما بعد للعثمانيين لوراثة دورهم وأساطيلهم وأماكن نفوذهم البحري، فضلًا عن الرعايا الذين تمرسوا على الملاحة، وهو ما سيضع حجر الأساس للقوة البحرية العثمانية[(3)].

---

(1) إمارة أبناء قره سي (1303-1345م) هي أولى الإمارات التركمانية التي أُلحقت بالدولة العثمانية، وهم من سلالة دانشمند، وقد عملوا على السيطرة على السواحل الجنوبية من بحر مرمرة. وإمارة أبناء صاروخان (1300-1410م) التي كان أمراؤها في الأصل قادة الكرميان الذين فتحوا سواحل بحر إيجة وأسسوا إمارتهم فيها، والتحقت في عام 1410م نهائيًّا بالدولة العثمانية. وإمارة أبناء آيدين (1300-1425م) من أمراء التركمان الذين فتحوا غرب الأناضول وسواحل بحر إيجة، وقد انضمت إلى الدولة العثمانية في عام 1425م في عهد مراد الثاني. وإمارة أبناء منتشا (1300-1426م) التي لعبت دورًا مهمًّا بأسطولها الضخم في بحر إيجة، وقد ألحقها بايزيد يلدرم بالدولة، إلا إنها استقلت ثم عادت نهائيًّا إلى العثمانيين في عهد السلطان مراد الثاني. وإمارة بني حميد (1280-1391م) الذين أسسوها في كلٍّ من إسبرطة وتكه. انظر مزيدًا عن تلك الإمارات: يلماز أوزتونا، **المدخل إلى التاريخ التركي**، ترجمة: أرشد الهرمزي (بيروت: الدار العربية للموسوعات، 2005م)، 390-395؛ Claude Cahen, *Pre-Ottoman Turkey*, Translated from the French by: J. Jones Williams (New York, 1968); Gibbons, *Foundation of the Ottoman Empire*, p. 277.

(2) أراد بعض المستشرقين، مثل كارل بروكلمان، أن يعزوا أسباب الاتجاه البحري لهذه الإمارات إلى مساعدة رواد البحر البيزنطيين الذين فقدوا عملهم بعد انحلال الأسطول في عام 1284م. كما أرجع بعضهم، مثل هاملتن جيب وهارولد بوين، سبب قوة الأساطيل العثمانية فيما بعد إلى الإيطاليين الذين كانوا على حد قولهما يسيطرون على البحر المتوسط، لذا تعلم على أيديهم أفراد وملاحو الأسطول السلطاني. ويشير هذا إلى التغافل التام عن الدور الكبير الذي لعبته البحرية الإسلامية في البحر المتوسط طوال العصور الوسطى، فمع كون الأسطول الإسلامي بدأ متأثرًا في كل مقوماته بالبحرية البيزنطية، إلا إنه ثبت تاريخيًّا أن الأساطيل الإسلامية الأولى في صدر الإسلام ساهم في إنشائها أهل الولايات البيزنطية المفتتحة حديثًا وعلى رأسها مصر والشام، وذلك حتى خبر المسلمون البحر والملاحة فطوروا السفن والوسائل الملاحية، فضلًا عن ابتكار الآلات الجديدة التي مكنت أساطيلهم البحرية من التفوق على الأعداء والسيطرة على البحر المتوسط، وهذا ما انتهجه العثمانيون فيما بعد. راجع: بروكلمان، **تاريخ الشعوب الإسلامية**، 407؛ جيب وبوين، **المجتمع الإسلامي والغرب**، الجزء الأول، ترجمة: عبد المجيد حسيب القيسي (دمشق: دار المدى، 1997م)، 142؛ أحمد مختار العبادي والسيد عبد العزيز سالم، **تاريخ البحرية الإسلامية في حوض البحر الأبيض المتوسط** (الإسكندرية: مؤسسة شباب الجامعة، 1981م)، ج1/ 24-26.

(3) فريدون إمجن، **الدولة العثمانية منذ قيامها**، 7-8؛ جيب وبوين، **المجتمع الإسلامي والغرب**، 140.

وعن أقدم تلك الإمارات التي نشأت غربي الأناضول، هناك آراء تقول إنها إمارة منتشا، وكانت تقع في أقصى الركن الجنوبي الغربي لآسيا الصغرى، ويبدو أنها - كما ذكرنا سالفًا - كانت ذات أصول بحرية، وأن من سيطروا عليها جاءوا من البحر وساندوا عمليات الجهاد البحري. وما لبث أن انتقلت الزعامة من هذه الإمارة إلى جارتها الشمالية آيدين، التي استولت على المناطق المتاخمة لأزمير، ثم على السواحل المحيطة بها، قبل أن تهاجم سواحل اليونان ومقدونيا وترقيا، فضلًا عن الجزر اليونانية في بحر إيجة، وهكذا سبقت إمارة آيدين العثمانيين في الإغارة على البلقان، أي أنها ضَمَّت مجاهدي البر والبحر على حدٍّ سواء، ثم أسهمت في إنشاء أسطول نظامي وأسطول للجهاد البحري - وهو ما أطلق عليه الغربيون «القرصنة البحرية» - بعد أن ضمها العثمانيون. وفي أوائل القرن الرابع عشر الميلادي لم يكن بحوزة البيزنطيين في الأناضول، بعد التوسعات التي قامت بها الإمارات التركمانية، سوى قطاع ضيق على طول الدردنيل والبسفور وبحر مرمرة، شمل مدن فيلادلفيا وبروسة ونيقية والمناطق المحيطة بها، وهي المناطق التي ظهرت على تخومها الإمارة العثمانية الناشئة[1].

أما عن الظروف المحيطة بتأسيس إمارة آل عثمان، فهي ظروف غامضة، لذا ساد معظم الروايات التي تناولتها طابع أسطوري لا يمت لعين الحقيقة بصلة كبيرة، لكن ما يهمنا أكثر من تلك الظروف هي العوامل التي ساعدت هذه الإمارة على وجه الخصوص دون باقي إمارات الأناضول - مع أنها من أقلها شأنًا - في أن تصبح في أقل من مائة عام دولة عالمية. وقد اختلف المؤرخون حول هذه العوامل، إلا إنهم اتفقوا في عامل واحد يُعَد من العوامل الأساسية للارتقاء السريع الذي حدث للإمارة العثمانية، وهو العامل الجغرافي والموقع الاستراتيجي الذي حظيت به تلك الإمارة. وإذا وضعنا في اعتبارنا أن الإمارات التي نشأت على مناطق الحدود في الأناضول تطورت بالفعل أسرع من إمارات الداخل، فكيف بنا وإمارة آل عثمان هي أقرب الإمارات من القسطنطينية العاصمة البيزنطية والمواجهة لأراضيها، فأصبحت أكثر الإمارت حرصًا على الجهاد ضدها لاقتطاع الأراضي والتوسع على حسابها؟ يقول «بول كولز» (Paul Coles) في ذلك، على سبيل المثال، إن الإمارة العثمانية على صغرها كانت تحظى بميزتين، الأولى: أنها من الناحية الجغرافية كانت بعيدة

---

(1) أحمد عبد الرحيم مصطفى، **في أصول التاريخ العثماني** (القاهرة: دار الشروق، 1986م)، 14، 25. وراجع عن تأثير الغزوات البحرية للإمارات التركمانية في بحر إيجة:

Aziz S. Atiya, *The Crusade in the later middle ages* (London, 1938).

عن منطقة الغزو المغولي، كما أنها من ناحية أخرى كانت بعيدة عن الإمارات التركية القوية في جنوب وجنوب غرب الأناضول، والثانية: أنها كانت الإمارة الوحيدة التي تمثِّل رباطًا يواجه المناطق البيزنطية التي لم يتم فتحها بعد، فبينما كانت سائر الإمارات قد وصلت في امتدادها إلى الساحل فأصبحت في حالة نزاع بعضها مع بعض لتقسيم الأراضي البيزنطية التي جرى الاستيلاء عليها، كانت الإمارة العثمانية لا تزال قادرة على تقديم مساحات شاسعة من الأراضي التي لم تُفتح بعد لكل من ينضوي تحت لوائها[1].

أما العوامل التي اختلف حولها المؤرخون، فتنحصر في وجهة نظر تتأرجح بين العامل الديني والعامل العِرقي، وكان من أبرز من تناول هذه النظريات بالنقد والتمحيص المؤرخ التركي محمد فؤاد كوبريلي في ثلاثينيات القرن العشرين، ثم وضع نظريته الخاصة التي أَنكرت على النظريات الأخرى استنادها إلى الجانب الديني الجهادي في تشكيل وتوسع الدولة العثمانية، فحصر أهم تلك العوامل في الخواص العنصرية والعِرقية القوية للأتراك، إلى جانب أصالة قبيلة آل عثمان، فضلًا عن تشكيل مؤسسات عسكرية واجتماعية واقتصادية ساعدت على هذا التوسع. إلا إننا لا نستطيع أخذ نظريته بعين الاعتبار، خصوصًا إذا علمنا أنه ابتعد عن الموضوعية حين وضعها في ظل النظام الأتاتوركي الذي كان أحد رجالاته، حيث ساعد في ترويج أفكاره المستندة في جوهرها إلى العلمانية ودحض كل ما هو ديني، لذا فقد حاول إثبات النزعة الطورانية العنصرية في نظريته لإبعاد التاريخ التركي عامة عن كل ركيزة دينية جهادية. ومن أهم النظريات التي قام بنقدها هي نظرية «جيبونز» (Gibbons) الرائدة التي يثبت فيها أن العثمانيين لم يستطيعوا توسيع أراضيهم في الأناضول إلا بعد الفتوحات التي قاموا بها في البلقان، وهي التي استندت أولًا إلى تكوين عنصر جديد هو العنصر العثماني الذي استند بدوره إلى الدين وليس عامل الجنس أو العِرق، لذا كان ينصهر فيه بسهولة تامة كل من يعتنق الدين الإسلامي خصوصًا من الأعداء النصارى أنفسهم. وعلى الرغم من وجاهة هذه النظرية فإنها لم تخلُ من عوامل ضعف في بعض نقاطها، إذ استند فيها «جيبونز» إلى أن العثمانيين لم يدخلوا في الإسلام إلا بعد وصولهم إلى الأناضول، وبالحماسة التي رافقت دخولهم إلى الإسلام أكرهوا غير المسلمين على الدخول في الدين، وهذا بالطبع لم يثبت تاريخيًّا على الإطلاق، بل ثبت بالدليل القاطع - الذي أقر به أعداؤها

(1) بول كولز، **العثمانيون في أوروبا**، ترجمة: عبد الرحمن عبد الله الشيخ (القاهرة: هيئة الكتاب، 1993م)، 26.

أنفسهم – أن الدولة العثمانية من أكثر الدول في التاريخ – إن لم تكن أكثرها – تسامحًا مع غير المسلمين، وكان ذلك من عوامل ارتقائها السريع، فضلًا عن طول بقائها[1].

لا نستطيع بحال من الأحوال – بصرف النظر عن آراء المؤرخين – أن ننحي العامل الديني جانبًا، فهو من البواعث الأولى التي دفعت السلاجقة أولًا إلى الجهاد ضد البيزنطيين وفتح أراضيهم، وكان هذا من الأسباب المباشرة – حسب معظم آراء المؤرخين – لانطلاق ما يُسمَّى «الحملات الصليبية» التي اجتاحت أفواجها المتتابعة المشرق منذ القرن الحادي عشر الميلادي، وقد حدث ذلك بعد استنجاد الأباطرة البيزنطيين بالغرب الأوروبي ضد هذا الخطر الداهم[2]، فانتهز الغرب تلك الفرصة لتحقيق مآربه السياسية والاقتصادية مستترًا بشعار الدين. وإذا توغلنا قليلًا في مجتمع آسيا الصغرى تحت الحكم السلجوقي، فسنجد أن الهيئات الإسلامية مثل «الفتيان» أو أهل الفتوة[3]، كان لها عامل كبير في إذكاء روح الجهاد والحث عليه، حتى إنهم أقاموا تنظيمات وحركات تشبه نظام فرسان أوروبا في

---

(1) راجع: كوبريلي، **قيام الدولة العثمانية**، 8–44؛ أحمد آق كوندوز، **الدولة العثمانية المجهولة** (استانبول: وقف الأبحاث العثمانية، 2008م)، 50–52؛ عبد العزيز محمد الشناوي، **الدولة العثمانية دولة إسلامية مفترى عليها** (القاهرة: مكتبة الأنجلو المصرية، 2010م)، ج1/ 44، 45؛ Gibbons, op. cit., pp. 54-110؛ وراجع عن التسامح الديني لدى العثمانيين: توينبي، **الدولة العثمانية**، 114، 115؛ أحمد سالم سالم، «الدولة العثمانية ونقد نظرية الاستعمار عند جمال حمدان»، **دورية كان التاريخية**، العدد الخامس عشر (مارس 2012م)، 52–55؛ زياد أبو غنيمة، **جوانب مضيئة في تاريخ العثمانيين الأتراك** (عمَّان: دار الفرقان، 1983م)، 75–92.

(2) إرنست باركر، **الحروب الصليبية**، ترجمة: السيد الباز العريني (بيروت: دار النهضة العربية، 1967م)، 20؛ Ostrogrorsky, op. cit., p. 320; Claude Cahen, “The Turkish Invasion: The Selchukids”, in *A History of crusaders*, Vol. I, General Editor: Kenneth M. Setton, (London: The University of Wisconsin press, 1969), pp. 135-177.

(3) ظهرت في العصور الوسطى عامةً جماعات أو تنظيمات من الشباب المدنيين، يعيشون حياة اجتماعية في دور سكن عامة، ينحدرون من أوساط اجتماعية عرقية وحرفية مختلفة، غير مرتبطين بالقيود العائلية والأواصر القبلية، وقد انتظمت أحيانًا هذه الجماعات الطائفية على أساس من القوات النظامية مسلحة أو «ميليشيا»، لكنها كانت إلى حدٍّ ما مرتبطة بالسلطات الحاكمة. وقد تطورت حركة الفتيان في القرن الثالث عشر والرابع عشر تحت حكم الإمارات التركية والدويلات المغولية في الأناضول، إلا إننا لا نقف بالتحديد على ملامح ذلك التطور، مع الوضع في الاعتبار الارتباط الذي حدث بين الفتوة والصوفيين من جهة، وبين الفتوة والنقابات الحرفية من جهة أخرى؛ أي أن الفتوة أصبحت حلقة الوصل بين الصوفية والصناع وأرباب الحرف. راجع: ألكسندر خاتشاتريان، **أهل الفتوة والفتيان في المجتمع الإسلامي**، تقديم: صالح زهر الدين (بيروت: المركز العربي للأبحاث والتوثيق، 1998م)، 27، 36.

العصور الوسطى، مثل حركة «الغزاة» التي كانت طقوسها لتنصيب الغازي تشبه إلى حدٍّ كبير طقوس تنصيب فرسان أوروبا الغربية، وكان الهدف الأول لتنصيب الغزاة هو متابعة الجهاد. ويلاحظ أن الكثيرين من الأمراء الأتراك في آسيا الصغرى ابتداءً من القرن الحادي عشر قد حملوا لقب «غازي»، لذا استعمل السلاطين العثمانيون الأوائل ألقابًا مركبة من لفظة «غازي»، مثل «سلطان الغزاة» أو «الغازي ابن الغازي»، مما يدلل على ارتباط نشأة الدولة العثمانية نفسها بتنظيم الغزاة. وقد اتخذت منظمات الفتيان في آسيا الصغرى صيغة «آخي» أو «الآخية»، وتشير المصادر التاريخية إلى وجود الآخية في الأراضي الإيرانية قبل الاجتياح المغولي، حيث انتقلوا إلى الأناضول في النصف الثاني من القرن الثالث عشر مع تدفق جماعات الدراويش والغزاة ورؤساء الطرق الصوفية من المشرق، ومن ثَمَّ انتشروا وأحيوا فكرة الجهاد ضد البيزنطيين، واختلطوا بطوائف الصُّناع في المدن وبالمزارعين في الريف. وقد لاحظ بعض المؤرخين أن جماعات الآخية لعبت دورًا مهمًّا في مرحلة اجتياح القبائل التركية وانتشارها في المناطق المسيحية في آسيا الصغرى، وأعطوا التوسع التركي طابع الحملة الدينية، علمًا بأنها لم تكن منظمة عسكرية. وقد ذكر الرحالة العربي ابن بطوطة في رحلته إلى الأناضول في القرن الرابع عشر الميلادي انتشار الآخية في جميع البلدان التركمانية الرومية، ووصف زواياهم وقال إنها منتشرة في طول البلاد، وإنها توجد في كل بلد ومدينة وقرية، كما توجد في مناطق الحدود[1].

لقد وضعت فكرة الجهاد في حدِّ ذاتها بصماتها على مختلف جوانب الحياة في الدولة العثمانية؛ أي على كل مظاهر الحياة الخاصة والعامة بها، وذلك بالشكل الذي كانت عليه قبائل المجاهدين الذين انتشروا بين ظهراني التركمان في المناطق الحدودية. هكذا حددت منذ البداية عقيدة الجهاد الشخصية العسكرية ذات استراتيجية الفتوحات للدولة العثمانية التي تُعَد الممثل الأخير للإمارات في تلك المناطق الحدودية[2]؛ لذا نجد مؤرخًا مثل «بيتر شوجر» (Peter Sugar) يقارن بين الحُكم العثماني في شرق أوروبا وبين حكم الدولة

---

(1) المرجع السابق، 68، 69، 127، 128؛ مصطفى، **في أصول التاريخ العثماني**، 28، 29؛ الشناوي، **الدولة العثمانية**، ج1/ 64؛ ابن بطوطة، **تحفة النظار في غرائب الأمصار وعجائب الأسفار** (القاهرة: كتاب التحرير، 1966م)، 190.

(2) خليل إينالجيك، «العثمانيون النشأة والازدهار»، ضمن كتاب: **دراسات في التاريخ العثماني**، ترجمة: سيد محمد السيد (القاهرة: دار الصحوة، 1996م)، 38.

الإسلامية الأولى على عهد النبي ﷺ، وهو ما اتخذه ركيزة لبناء وجهة نظره في الحكم العثماني ككل، فضلًا عن استراتيجية الفتوحات العثمانية، حيث يقول إن النبي محمد ﷺ قد اتسع مجال دعوته حتى استوعب النصارى واليهود داخل دولته الإسلامية من دون أن يطلب منهم تغيير عقيدتهم، فهناك معاهدات ترجع إلى حكمه ﷺ توضح ذلك بما لا يدع مجالًا للشك، مثل معاهدة «نجران» في عام 631م، التي حددت الالتزامات والضرائب المفروضة عليهم في مقابل أن يصبحوا في حماية الله وذمة رسوله، ويقول إننا بذلك نضع أيدينا على المبدأ الإسلامي الأول الذي حكم حياة شعوب أوروبا الشرقية تحت الحكم العثماني، إذ أشارت معاهدة «نجران» بوضوح، فيما أشارت، إلى احترام القوانين المحلية والعادات والتأكيد على ذلك، وقد أكد العثمانيون بالمثل على احترامهم لتلك الأعراف والعادات في المناطق التي حكموها من جنوب شرق أوروبا فور دخولها، بل لقد ضمَّنوها في القوانين العثمانية اللاحقة التي أصدرها السلاطين تباعًا لتطبق في تلك الأقاليم وقد عُرفت باسم «القوانين»، وفي النهاية يؤكد على أن العثمانيين قد اتبعوا الأركان الأساسية للإسلام، وأن المباني العامة الكثيرة، من مستشفيات وأسبلة وطرق وغيرها، التي أقيمت في جنوب شرق أوروبا، ما هي إلا نتيجة للالتزام بتلك الأركان، ولعل الآيات رقم 190-193 من سورة البقرة[(1)]، كانت تمثل أهمية كبرى لرسالة الدولة العثمانية، فقد أصبح الجهاد والغزو عند العثمانيين هو المبرر الرسمي لوجود الإمبراطورية العثمانية[(2)].

ثانيًا: امتداد السيطرة العثمانية من الأناضول إلى سواحل أوروبا الشرقية

بدأت الإمارة العثمانية الناشئة في عهد عثمان (698-726هـ/ 1299-1326م)، التوسع أولًا في الأناضول على حساب الأراضي البيزنطية الباقية على شواطئ بحر مرمرة، في وقت شهد فيه العالم الإسلامي سقوط آخر القلاع الصليبية على أرضه، وهي عكا، في عام

---

(1) ﴿وَقَاتِلُوا فِي سَبِيلِ اللهِ الَّذِينَ يُقَاتِلُونَكُمْ وَلَا تَعْتَدُوا إِنَّ اللهَ لَا يُحِبُّ الْمُعْتَدِينَ (190) وَاقْتُلُوهُمْ حَيْثُ ثَقِفْتُمُوهُمْ وَأَخْرِجُوهُمْ مِنْ حَيْثُ أَخْرَجُوكُمْ وَالْفِتْنَةُ أَشَدُّ مِنَ الْقَتْلِ وَلَا تُقَاتِلُوهُمْ عِنْدَ الْمَسْجِدِ الْحَرَامِ حَتَّى يُقَاتِلُوكُمْ فِيهِ فَإِنْ قَاتَلُوكُمْ فَاقْتُلُوهُمْ كَذَلِكَ جَزَاءُ الْكَافِرِينَ (191) فَإِنِ انْتَهَوْا فَإِنَّ اللهَ غَفُورٌ رَحِيمٌ (192) وَقَاتِلُوهُمْ حَتَّى لَا تَكُونَ فِتْنَةٌ وَيَكُونَ الدِّينُ لِلهِ فَإِنِ انْتَهَوْا فَلَا عُدْوَانَ إِلَّا عَلَى الظَّالِمِينَ﴾ الآيات.

(2) بيتر شوجر، **أوروبا العثمانية**، ترجمة: عاصم الدسوقي (القاهرة: دار الثقافة الجديدة، 1998م)، 19-21؛ أحمد سالم سالم، **استراتيجية الفتح العثماني** (الإسكندرية: مؤسسة شباب الجامعة، 2012م)، 24، 25.

690هـ/ 1291م[1]، الذي اعتبره البعض نهاية لفصل من فصول الصراع بين العالمين الإسلامي والمسيحي، على الرغم من ظهور بوادر فصول أخرى كانت على وشك البدء؛ فبعد سقوط عكا كانت القوات الصليبية التابعة للغرب المسيحي تسيطر تقريبًا دون منازع على شرق البحر المتوسط، فكان لدى قواتهم المقدرة على الإنزال متى شاءت في أي مكان على السواحل التي بقيت بمنزلة حدود بين العالمين الإسلامي والمسيحي، في وقت اعترف فيه المماليك في مصر بغلبة القوى المسيحية في البحر[2]، إلا إنه حدثت تطورات مهمة منذ مطلع القرن الرابع عشر أخرجت كلًّا من مصر والشام من الصراع الفعلي، وانتقل على إثرها مركز الصراع الإسلامي المسيحي نحو الشمال حيث بحر إيجة.

انحصرت هذه التطورات بشكل رئيسي في ظهور غزاة البحر الأتراك الذين ازدادت تحركاتهم ناحية الغرب، يشبهون في الأصل والتنظيم غزاة الحدود الذين فتحوا غربي الأناضول واستولوا على الأراضي البيزنطية في النصف الثاني من القرن الثالث عشر، غير أن ذلك لم يتسبب في إنذار حقيقي للغرب الذي انصرف بكل اهتمامه حينذاك إلى آخر بقايا الدول الصليبية على سواحل الشام، فضلًا عن استعادة الإمبراطورية البيزنطية اللاتينية في القسطنطينية[3].

(1) بعد أن سقطت عكا على يد السلطان المملوكي الأشرف خليل بن قلاوون في عام 690هـ/ 1291م، استسلمت لمصيرها كلٌّ من صور وصيدا وبيروت والبقية القليلة من المدن التي سيطر عليها الصليبيون. راجع: ستانلي لين بول، **تاريخ مصر في العصور الوسطى**، ترجمة وتحقيق وتعليق: أحمد سالم سالم (القاهرة: الدار المصرية اللبنانية، 2014م)، 533.

(2) فقد المسلمون سيطرتهم على البحر المتوسط منذ قيام الحركة الصليبية، حيث تمكن الغرب المسيحي من السيطرة على سواحل هذا البحر وجزره وتجارته. وقد ذكر ابن خلدون ذلك التحول عند قوله: «لما قام صلاح الدين يوسف بن أيوب ملك مصر والشام باسترجاع ثغور الشام من يد الأمم النصرانية... تتابعت أساطيلهم الكفرية بالمدد لتلك الثغور من كل ناحية، فأمدهم بالعدد والأقوات، ولم تقاوم أساطيل الإسكندرية لاستمرار الغلب لهم في ذلك الجانب الشرقي من البحر وتعدُّد أساطيلهم فيه، وضعف المسلمين منذ زمن طويل عن ممانعتهم هناك». راجع: العبادي وسالم، **تاريخ البحرية الإسلامية**، ج1/ 294.

(3) استولت الحملة الصليبية الرابعة على القسطنطينية في عام 600هـ/ 1204م، وكونت إمبراطورية لاتينية في العاصمة البيزنطية وعددًا من الإمارات اللاتينية، وخلال فترة قصيرة من الزمن تمكن اللاتين من السيطرة على تراقيا وسالونيك والجزء الأكبر من اليونان وعدد من جزر بحر إيجة، وقد أدى ذلك التقسيم الجزئي للإمبراطورية البيزنطية إلى آثار خطيرة وبعيدة المدى، فقد حولت الصليبيين الغربيين عن سوريا وفلسطين، ووسعت الصدع بين شطري العالم المسيحي، هذا بالطبع غير إضعاف الإمبراطورية البيزنطية وتآكلها، وقد

وقد اختلف الأمر في أوائل القرن الرابع عشر، عندما بدأ الهجوم مِن قِبَل الغزاة التركمان على المراكز اللاتينية المهمَّة، فضلًا عن تهديد الحركة التجارية في بحر إيجة، فحتى منتصف القرن الرابع عشر ظل البحر الإيجي مسرحًا للصراع لملء الفراغ الناجم عن انهيار الحُكم البيزنطي، وكان هذا الصراع بين الدول البحرية الإيطالية[1] بمصالحها التجارية المهيمنة، فضلًا عن الإقطاعيين اللاتين الوارثين لتقاليد فترة الحروب الصليبية الكلاسيكية، ومن جهة أخرى بين الأتراك الذين برزوا في المشهد مؤخرًا[2]. وقد ساهم هذا التنافس في الانهيار الاقتصادي والسياسي لبيزنطة، ومهَّد للتوسع التركي في العالم الإيجي[3]. ومع هذا التحدي السافر من قِبَل المسلمين للقوى الأوروبية في البحر، بدأ يتشكل واقع جديد أخذ شكل صراع طويل بين العالمين الإسلامي والمسيحي، لكن هذه المرَّة في الشمال على سواحل بحر إيجة. وقد لفت هذا الخطر انتباه «ماريو سانودو» (Mario Sanudo) (668-737هـ/ 1270-1337م)، الذي لم يتوقف عن الدعاية لحملة صليبية عامة على مصر منذ عام 705هـ/ 1306م، إذ قال في عام 720هـ/ 1320م إن الهدف الرئيسي لهذه

استرد «ميخائيل باليولوجوس» (Michael Palaeologus) القسطنطينية في عام 659هـ/ 1261م بعد صراع مع اللاتين، وأحيا الإمبراطورية البيزنطية وحكمها هو وأسرته لقرنين من الزمان، حتى سقوطها على يد العثمانيين في القرن التاسع الهجري/ الخامس عشر الميلادي. راجع: هسي، **العالم البيزنطي**، 178-180؛ وراجع مزيدًا عن الحملة الرابعة: أسمت غنيم، **الحملة الصليبية الرابعة ومسئولية انحرافها ضد القسطنطينية** (القاهرة: دار المعارف، 1982م)؛ روبرت كلاي، **فتح القسطنطينية على يد الصليبيين**، ترجمة: حسن حبشي (القاهرة، 1964م).

(1) اهتم الجنويون في بادئ الأمر بالشطر الغربي للبحر المتوسط الذي ظل مركزًا لتجارتهم، على عكس البندقية التي ركزت نشاطها في الشطر الشرقي، لكن جنوة استغلت الحملات الصليبية وفتحت أسواقًا جديدة شرقي المتوسط، ثم أدى سقوط عكا إلى ازدهار «لاجازو» (Lajazzo) في آسيا الصغرى، وتحويلها إلى مركز للصراع بين الجنويين والبنادقة، وقد أسفر ذلك الصراع عن عقد صلح في عام 698هـ/ 1299م، اعترفت فيه البندقية بسيادة جنوة على «الريفييرا» (Riviera)؛ كما اعترفت جنوة بسيادة البندقية على البحر الأدرياتيكي. راجع:

Lane. F, *Venice a maritime republic* (Baltimore, 1981), pp. 82-84.

(2) يدلنا الذكر المتواتر للسفن التركية في المعاهدات الموقعة بين كريت وإمارة آيدين ومنتشا على النشاط الواسع للبحرية التركية في النصف الأول من القرن الرابع عشر. راجع:

Kate Fleet, "Early Turkish naval activities", *Oriente Moderno*, Nuova serie, Anno 20 (81), Nr. 1, The Ottomans and the sea, (2001), pp. 129-130.

(3) عن هذا التنافس راجع: ف. هايد، **تاريخ التجارة في الشرق الأدنى في العصور الوسطى**، ترجمة: أحمد رضا محمد رضا (القاهرة: هيئة الكتاب، 1985-94م)، ج2/ 83-193.

الحملة الصليبية لا بد أن يكون اقتلاع الأتراك من البحر الإيجي، وبالفعل حَفَّزَ خوف سانودو وتحذيراته كلًّا من البابا والبنادقة والبيزنطيين لتشكيل أول تحالف أوروبي ضد الأتراك بين عامي 732 و734هـ/ 1332 و1334م[1].

بدأت الفتوحات الحقيقية لعثمان في عام 699هـ/ 1300م، عندما مكَّنه الانهيار النهائي للسلاجقة من احتلال نقاط القوة لأسكي شهر وقره جه حصار، التي كانت تتحكم في الممرات المؤدية من وسط هضبة الأناضول إلى سهول «بيثينيا» (Bithynia)[2]، وكانت أول مدينة كبيرة يستولي عليها هي يني شهر، التي أصبحت أولى العواصم العثمانية، وبداية لعملية تحويل أتباعه من حياة البدو الرُّحل إلى واقع أكثر استقرارًا، ومن ثَمَّ اجتاح عثمان وتابعوه السهول الواقعة من «إناجول» (Inegol) شرقًا إلى نهر «سقاريا» (Sakarya)، فضلًا عن قطع الاتصال بين «بورصة» (Bursa) أو بروسة عاصمة بيثينيا البيزنطية ونيقية (إزنيق)، وحصر إمكانية اتصال البيزنطيين في هذه المنطقة بالقسطنطينية بواسطة البحر فقط، عن طريق «مودانيا» (Mudanya) وغيرها من الموانئ الصغيرة على طول ساحل بحر مرمرة. وهكذا عزل بورصة، أهم المدن البيزنطية في المنطقة، غير أنها ظلت جيدة التحصين عند تمكُّن البيزنطيين من الحفاظ على خطوط إمدادهم الآتية من القسطنطينية عبر البحر، ولكن عندما تمكَّن العثمانيون من الاستيلاء على منفذ مودانيا تحطَّمت آخر وسيلة اتصال بين بورصة والعالم الخارجي، وكان ذلك في عام 721هـ/ 1321م[3]. هكذا نَفَذَت الدولة العثمانية الناشئة إلى البحر للمرَّة الأولى في عهد عثمان بالاستيلاء على رصيف مودانيا والضفاف الجنوبية لخليج كملك الواقعين على بحر مرمرة[4].

---

(1) Khalil Inalcik, “The Ottoman Turks and the crusades”, (1329-1451), in *A History of the crusades*, Vol. VI, (London: The University of Wisconsin press, 1989), pp. 222-27; A. Laiou, Marino Sanudo Torsello, “Byzantium and the Turks: The Background to the Anti-Turkish League of 1332-1334”, *Speculum*, Vol. 45, No. 3 (Jul., 1970), pp. 374, 75; Atiya, op. cit., pp. 114-27.

(2) هو الاسم القديم للإقليم الواقع في الطرف الشمالي الغربي من الأناضول، ويبدأ من شرق إزميت وينحدر حتى مدينة أسكي شهر، ومن الشمال يسيطر على شريط ساحلي على البحر الأسود يمتد شرقًا إلى القرب من مدينة سينوب.

(3) Shaw, op. cit., Vol. I, pp. 13-14.

(4) يلماز أوزتونا، **تاريخ الدولة العثمانية**، ترجمة: عدنان محمود سليمان (استانبول، 1988م)، ج1/ 92.

بعد أن تولى أورخان (726-763هـ/ 1326- 1362م) حُكم الدولة العثمانية، سعى إلى تحقيق أهداف سياسية معينة كانت سببًا في تقسيم سنوات حكمه إلى فترتين رئيسيتين: الأولى، منذ توليه حتى عام 745هـ/ 1344م، وتركزت أهدافه فيها حول إخضاع الأقاليم التي سعى عثمان قبل وفاته إلى إخضاعها في آسيا الصغرى، فضلًا عن تشكيل ملامح أمته وتنظيم جيشه. أما الفترة الثانية، بدءًا من عام 745هـ/ 1344م وحتى وفاته، فقد سعى فيها للحصول على موطئ قدم على الجانب الأوروبي في تراقيا ومقدونيا[1]، بسبب المنازعات التي جعلت إمارته مركز ثقل وعنصرًا من عناصر التوازن للسياسة الأوروبية. هكذا استطاع أورخان في الفترة الأولى إسقاط بورصة في عام 726هـ/ 1326م في نفس وقت احتضار أبيه، فاتخذ منها عاصمة جديدة للعثمانيين، ثم استطاع إسقاط مدينة نيقية، العاصمة السابقة للبيزنطيين، في عام 730هـ/ 1330م، وبعدها نيقوميديا (إزميت) في عام 737هـ/ 1337م، ثم سعى للنفاذ إلى البحار المفتوحة والوصول إلى المضايق، فاستطاع بالفعل بين عامي 740 و755هـ/ 1340 و1354م - بعد ضمه لأول إمارة تركية (قره سي) - إحكام السيطرة على الضفاف الآسيوية لبحر مرمرة[2]. وقد كان لضم العثمانيين لإمارة قره سي أهمية خاصة ربما تفوق الانتصارات على البيزنطيين، فبها أكملوا سيطرتهم على الساحل الجنوبي لبحر مرمرة، وتمكَّنوا من الانتقال عبر مضيق الدردنيل إلى أوروبا كلما سنحت الفرصة، وبالتالي أصبح أورخان في وضعٍ تمكَّن بواسطته من التدخل في النزاعات البيزنطية، فضلًا عن مداهمة واحتلال ما يمكنٍ احتلاله من الأراضي البيزنطية[3].

من ناحية أخرى، وخلال عشرينيات وثلاثينيات القرن الرابع عشر الميلادي، انضمت الجماعات التركمانية، مثل جماعات الفرسان الغزاة أو جماعات المرتزقة، بعضها إلى بعض، تحت إمرة قادة أقوياء مثل أمور باشا (734-749هـ/ 1334-1348م)، من أمراء إمارة آيدين، أو أورخان وسليمان التابعَين للبيت العثماني. هكذا وبين عامي 729 و737هـ/ 1329 و1337م، عندما كان العثمانيون يحرزون فتوحاتهم المهمة أمام البيزنطيين في شمال غرب الأناضول، بدأ أمور باشا في شن حملاته من «سميرنا» (Smyrna) (أزمير) على المراكز المسيحية في

(1) Gibbons, op. cit., pp. 55-56.

(2) المرجع السابق، 93؛ سالم، **استراتيجية الفتح العثماني**، 28.

(3) Show, op. cit., Vol. I, p. 15.

بحر إيجة[1]. وعلى الرغم من أن المصادر لا تعطينا معلومات عن تحالف أو تعاون حقيقي بين أمور وأورخان، فإن الأوضاع جعلتهما حلفاء طبيعيين في هذه الفترة[2]. فعلى إثر هجمات الأتراك المتوالية في بحر إيجة، اتفق حلف أوروبي على تجهيز حملتين ضدهما، تكون الأولى منهما في رمضان 734هـ/ مايو 1334م حملةً تمهيدية لتطهير البحر من السفن التركية، استعدادًا للحملة الثانية التي تَقرر أن تتألف من اثنتين وثلاثين سفينة حربية، ومثلها من ناقلات الجنود. وبالفعل سارت الأمور حسب الاتفاق، فجرى إعداد الحملة الأولى في الوقت المحدد لها، واتجهت السفن الصليبية في عام 734هـ/ 1334م لتطهير البحر من الأتراك، وانتهى الأمر بتدمير كثير من السفن التركية التي كانت تجوب بحر إيجة آنذاك، ثم نزلت قوة من الصليبيين إلى البحر وأحرقت قلعة أزمير، أهم مركز للنشاط الجهادي التركي، ولم ينتهِ الأمر عند هذا الحد، ففي ربيع الثاني 744هـ/ سبتمبر 1343م خرجت السفن الصليبية في حملة ثانية، وشنوا الهجوم على مدينة أزمير للقضاء تمامًا على أماكن تمركز الأتراك، وتمكنوا بالفعل من الاستيلاء على المدينة في جمادى الأولى 744هـ/ أكتوبر 1344م، وظلت أزمير في قبضتهم ما يزيد على نصف القرن، حتى غزا تيمورلنك آسيا الصغرى في عام 804هـ/ 1402م[3].

---

(1) كان أسطوله من القوى البحرية الكبرى في بحر إيجة في ثلاثينيات القرن، ويُعزى إليه الفضل كأول تركي مسلم يغزو البلقان، وقد اختلفت المصادر حول حجم قواته البحرية، فذكرت بعضها دعمه للإمبراطور البيزنطي كنتاكوزينوس بأربعين سفينة خلال صراعه مع يوحنا الخامس، وذكرت بعض المصادر الأخرى أن قوته البحرية بلغت ثلاثمائة وخمسين سفينة. وعندما زار الرحالة ابن بطوطة مدينة أزمير ذكر أميرها أمور أو كما يسميه «عمر بك ابن السلطان محمد بن آيدين سلطان بركي»، وقال عنه: «كان هذا الأمير كريمًا صالحًا كثير الجهاد، له أجفان غزوية (أي مراكب حرب)، يضرب بها على نواحي القسطنطينية العظمى فيسبي ويغنم، ويفني ذلك كرمًا وجودًا، ثم يعود إلى الجهاد، إلى أن اشتدت على الروم وطأته، فرفعوا أمرهم إلى البابا، فأمر نصارى جنوة وإفرنسة بغزوه فغزوه. وجهزوا جيشًا من رومة، وطوقوا مدينته ليلًا في عدد كبير من الأجفان، وملكوا المرسى والمدينة. ونزل إليهم الأمير عمر من القلعة فقاتلهم فاستشهد هو وجماعة من ناسه. واستقر النصارى بالبلد ولم يقدروا على القلعة لمناعتها». راجع: ابن بطوطة: 203؛ Fleet, op. cit., p. 130.

(2) ذكرت بعض المصادر مصاهرة السلطان أورخان لحكام إمارة آيدين، وهذا بالفعل يتماشى مع السياسة التي انتهجها أورخان مع حلفائه لتقوية وشائج هذا التحالف. راجع: المصدر السابق، 199، 200؛ Inalcik, The Ottoman Turks and the crusades, Vol. VI, p. 228.

(3) Atiya, op. cit, pp. 111-113, 249, 295.

وعلى صعيد الدبلوماسية البيزنطية، فقد تغيرت في تلك الفترة إلى النقيض، وسعت إلى التحالف مع الأتراك ضد اللاتين وغيرهم من أعداء الإمبراطورية، فبعد أن استعان الإمبراطور البيزنطي «أندرونيكوس الثاني» (Andronicus II) (681-728هـ/ 1282-1328م) بالقطلان الإسبان في حربه ضد الأتراك في آسيا الصغرى[1]، تحولت سياسة خلفه وحفيده «أندرونيكوس الثالث» (III Andronicus) (728-741هـ/ 1328-1341م) إلى التحالف مع الأتراك والاستعانة بهم لاستعادة السيادة البيزنطية على جميع أنحاء الإمبراطورية، ليس فقط في بحر إيجة، لكن أيضًا على المقاطعات البعيدة مثل ألبانيا غربي البلقان. كانت المساعدات التركية في البداية تتمثل في مساعدات إمارة آيدين وأبرز قادتها أمور باشا، الذي تحالف مع إمارة صاروخان للحد من التدخلات اللاتينية[2]؛ إلا إن هذه المساعدات سرعان ما تحولت إلى أداة استخدمت في الحرب الأهلية التي غرقت فيها الإمبراطورية البيزنطية بعد موت «أندرونيكوس الثالث» في عام 741هـ/ 1341م، فبعد أن خلفه في الحكم ابنه «جون الخامس باليولوجوس» (John V Palaeologus) تحت وصاية أمه «آن أوف سافوي» (Anne of Savoy)، وقف «جون السادس كنتاكوزينوس» (John VI Cantacuzenus) معارضًا، وأعلن نفسه إمبراطورًا في إحدى مدن تراقيا، وسرعان ما اندلعت الحرب الأهلية بين مؤيد ومعارض للفريقين، وزاد من خطورة هذه الحرب تدخل قوى أجنبية، مثل الصرب والبلغار، لتحقيق مآرب سياسية. وقد استفاد الأتراك من هذا التنازع، فقام أولًا أمور باشا بدعم كنتاكوزينوس في سبيل التدخل عسكريًّا في أوروبا، وبالفعل أصبح بين عامي 741 و746هـ/ 1341 و1345م قوة حاسمة في البلقان، بعد أن حسم دعمه الكبير لكنتاكوزينوس صراعاته الأخيرة ضد منافسيه في العاصمة، فضلًا عن اللاتين والمؤيدين لحكومة روما في

---

(1) راجع: إسحق عبيد، **الدولة البيزنطية في عصر باليولوغوس** (بيروت، د.ت)، 117، 118.

(2) تحالف أمور باشا مع الإمبراطور البيزنطي، وتعهَّد بضمان السلم مع اليونانيين، فضلًا عن تقديم المساعدات العسكرية للإمبراطورية ضد أعدائها، في مقابل دفع جزية سنوية وإبقاء جزيرة خيوس اليونانية المقابلة لخليج أزمير بساحل آسيا الصغرى جزءًا من الأراضي الإسلامية لحمايتها من التدخلات اللاتينية، وظلت الجزيرة تحت حماية أمور حتى سقوط أزمير في يد اللاتين، فكان من النتائج المباشرة لسقوطها ضياع الجزيرة التي سقطت بيد الجنويين في عام 1346م، وكانت إعادة المستعمرات الجنوية إلى الجزيرة ذات الموقع الاستراتيجي سببًا في الحد من النشاط البحري التركي في بحر إيجة، إلا إن النشاط استمر فيما بين عامي 1353 و1390م، خصوصًا بعد عام 1360م حين فتح العثمانيون تراقيا. راجع: هايد، **تاريخ التجارة**، ج2/ 153-160؛ William Miller, "The Zaccaria of Phocaea and Chios (1275-1329)", *The Journal of Hellenic Studies*, Vol. 31 (1911), pp. 42-55; William Miller, "The Genoese in Chios, 1346-1566", *The English Historical Review*, Vol. 30, No. 119 (Jul., 1915), pp. 418-32.

القسطنطينية وفي الخارج ضد أعدائه من الصرب والبلغار. وبعد انتهاء دور أمور باشا عقب ضياع أزمير في عام 745هـ/ 1344م ثم وفاته أثناء جهاده لتحريرها في عام 749هـ/ 1348م، تحول كنتاكوزينوس إلى طلب المساعدة من أورخان، فانتهز أورخان - الذي يتوق إلى العبور إلى أوروبا - الفرصة وقاد خمسة آلاف وخمسمائة جندي، وغزا المنطقة الساحلية للبحر الأسود شمال العاصمة البيزنطية واستولى عليها من والدة جون الخامس، لإتاحة الفرصة لكنتاكوزينوس للوصول إلى العرش، وذلك في مقابل زواجه من «ثيودورا» (Theodora) ابنة الإمبراطور الجديد الذي جرى تتويجه في عام 748هـ/ 1347م[1].

عندما امتلك كنتاكوزينوس السلطة المطلقة في 21 شوال 747هـ/ 3 فبراير 1347م، كان من الواضح أنه سينتهج سياسة التعاون مع اللاتين ضد الأتراك، بعد أن قام في عام 749هـ/ 1348م بعرض استمرار التحالف البيزنطي مع البابا «كليمنت السادس» (Clement VI) (742-753هـ/ 1342-1352م). وفي ظل تلك الأجواء أعلنت جنوة الحرب على الإمبراطورية البيزنطية في صيف 749هـ/ 1348م، فحاصروا القسطنطينية بشكل جزئي، وفي ربيع 750هـ/ 1349م دمروا الأسطول البيزنطي الذي أنشأه كنتاكوزينوس، ثم نشبت الحرب بين جنوة والبندقية (751-756هـ/ 1350-1355م)[2]، فكانت عاملًا رئيسيًّا في انحلال قوى التحالف الصليبي ضد الأتراك في بحر إيجة، وعلى إثر ذلك حدث تقارب بين البنادقة وكنتاكوزينوس وملك أراجون القطلاني «بيتر الرابع» (Peter IV) (736-789هـ/ 1336-1387م)[3] وأتباعه في الليفانت شرقي المتوسط، وأسفر هذا التقارب عن عقد معاهدة تحالف

(1) A.A. Vasiliev, *Hist. of the Byzantine empire 324-1453*, (USA, 1964), Vol. II, pp. 169-71, 584-85, 622-23; Ostrogorsky, op. cit., pp. 519-522; Shaw, op. cit., Vol. I, pp. 15-16.

(2) ظل الصراع البندقي الجنوي قائمًا للسيطرة على شرق البحر المتوسط منذ الحروب الصليبية على المشرق لحماية مصالحهما التجارية، وقد وقعت أهم حلقات هذا الصراع بين عامي 1256 و1381م، في أربع حروب مفتوحة، كانت أول ثلاث منها حروبًا بحرية وقعت في الحوض الشرقي للبحر المتوسط، لا سيما بحر إيجة، وكانت أولاها بين عامي 1256 و1270م، وكان التفوق فيها للبندقية، لكن هذا التفوق لم يوقف التوسع الجنوي خاصة على حساب الأراضي البيزنطية، وكانت الثانية بين عامي 1294 و1299م ولم تسفر عن نتائج حاسمة، أما الثالثة فكانت بين عامي 1350 و1355م. راجع:

Frederic Chapin Lane, *Venice, a maritime republic* (Johns Hopkins university, 1973), pp. 73-78; Ostrogorsky, op. cit., pp. 490-91.

(3) دعمت جنوة أعداء أراجون في جزيرة سردينيا، مما دفع أراجون إلى دخول الحرب بجانب البندقية وبيزنطة، وكانت هي المسؤولة عن تعطيل النشاط الجنوي غربي المتوسط فضلًا عن إيطاليا، بينما كانت البندقية مسؤولة عن ذلك في بلاد الشام وشرقي المتوسط.

في ربيع الأول 752هـ/ مايو 1351م بين البنادقة وكنتاكوزينوس؛ الذي أمل في التخلص من الجنوية فضلًا عن إعادة السيطرة البيزنطية على كلٍّ من «خيوس» (Chios) (صاقز) و«فوكاية» (Phocaea)[1] الواقعتين تحت أيديهم، وفي الوقت نفسه تحالف الجنوية مع قادة الإمارات التركية، خضر بك من آيدين وأورخان العثماني. ومع أن العثمانيين وقع اختيارهم على التحالف مع جنوة ضد التحالف البندقي البيزنطي، إلا إن كلا الفريقين، سواء البنادقة أو الجنوية، قد سعى في هذه الحرب الشاملة للتحالف مع العثمانيين المسيطرين على الجانب الآسيوى للبسفور، وذلك للسيطرة على الممرات الملاحية المؤدية للبحر الأسود. وعلى الرغم من العروض المغرية التي قدمها الإمبراطور والبنادقة للعثمانيين، فقد اختار العثمانيون دعم جنوة، وكانت هذه سياسة منطقية اتبعها العثمانيون مع البندقية المنافس الرئيسي للتوسعات التركية في الغرب في هذه الفترة. هكذا وعلى ما يبدو أصبحت المعاهدة بين العثمانيين وجنوة هي أول معاهدة يجري توقيعها بين الدولة العثمانية وقوة غربية.

وفي أثناء هذه الحرب دعم العثمانيون جنوة بألف من الرماة الذين تمركزوا في «البيرا» (Pera)[2] وعلى متن السفن الجنوية. ويبدو أن العثمانيين تولوا أيضًا جزءًا من الدفاع عن البيرا في صيف 752هـ/ 1351م، عندما حدث هجوم مفاجئ من قبل البنادقة المحاصرين للقسطنطينية مع البيزنطيين، وقد نظم أورخان الذي كان على رأس قواته مقابلة مع قائد الأساطيل الجنوية الأدميرال «بجانينو دوريا» (Paganino Doria) جنوبي البسفور، وبعد ذلك حدث الاشتباك الرئيسي بين الفريقين في البسفور في 28 ذي الحجة 752هـ/ 15 فبراير 1352م. وقد أشارت الوثائق الجنوية التي ترجع إلى هذا التاريخ إلى الدور الكبير الذي لعبه أورخان في الانتصار الذي حدث، وكيف لا وقد رأى ببعد نظره أهمية هذه المعركة التي أسفرت عن نتائج حاسمة على الصعيد الدولي أدت إلى تطويق القوات المنتصرة العثمانية والجنوية لمدينة القسطنطينية، مما أسفر بدوره عن قبول كنتاكوزينوس لمعاهدة السلام مع دوريا، التي وُقِّعت بين الفريقين في 21 ربيع الأول 753هـ/ 6 مايو 1352م، وكان من أهم

(1) مدينة تقع على الساحل الغربي لآسيا الصغرى شمال خليج أزمير، استولى عليها الجنوية في القرن الرابع عشر، وظلت مستعمرة لهم حتى دخلت ضمن الأراضي العثمانية في عهد السلطان محمد الثاني في النصف الثاني من القرن الخامس عشر.

(2) حي من أحياء مدينة القسطنطينية، لكنه ينفصل عنها لوقوعه خارج المدينة القديمة شمال القرن الذهبي، وهو الآن حي جلطة باستانبول.

نتائجها إنهاء استخدام البنادقة للأراضي ورجال البحر التابعين للإمبراطورية ضد الجنوية، فضلًا عن الاعتراف بحيازة الجنويين للبيرا ضمن حدود جديدة. ومن النتائج المباشرة لانتصار الجنوية على البنادقة وتمركزهم في البيرا، أن العثمانيين قاموا بالعبور الآمن للمضايق كلما أرادوا على متن السفن الجنوية، وكان المثال الأول لذلك في عام 753هـ/ 1352م، عندما عبرت القوات العثمانية تحت قيادة سليمان وأخيه خليل إلى الضفة الأخرى للبسفور على متن السفن الجنوية للإغارة على الأراضي اليونانية في تراقيا، وهذا ما حمل كنتاكوزينوس - إضافةً إلى الحصار الذي حدث للقسطنطينية - على العدول عن سياسة التحالف مع الغرب[1].

لم تقتصر الأخطار التي شهدتها الدولة البيزنطية آنذاك على الحرب الأهلية الدائرة، أو العثمانيين التواقين إلى الاستيلاء على الأراضي البيزنطية من الشرق، أو اللاتين الذين استولوا على كثير من الممتلكات البيزنطية في بحر إيجة، وإنما جاء الخطر الخارجي من الغرب أيضًا، حيث مملكة الصرب الناهضة وزعيمها «ستيفن دوشان» (Stephen Dushan) (731-756هـ/ 1331-1355م)[2]، الذي أخذ يُعِد العدة لتقويض الإمبراطورية البيزنطية بالتحالف مع البنادقة، فوقعت بذلك الإمبراطورية بين شقي الرحى، العثمانيون من الشرق والصرب من الغرب. هكذا استغل دوشان النزاع الحادث في العاصمة، والحرب الأهلية الدائرة، للهجوم على الممتلكات البيزنطية في عام 746هـ/ 1345م، واستطاع بالفعل الاستيلاء على مقدونيا كاملة باستثناء «سالونيك» (Thessaloniki) التي سرعان ما وقعت في يده في عام 750هـ/ 1349م، وعندئذٍ لم يجد الإمبراطور البيزنطي بُدًّا من الاستعانة بصهره أورخان الذي سرعان ما أرسل ابنه سليمان على رأس عشرين ألف جندي، وبالتعاون مع ما تبقى من الأسطول البيزنطي أُجبر الصرب على التخلي عن سالونيك. غير أن دوشان لم يقف بعد ذلك ساكنًا، فحاول دعم جون الخامس، الطرف المناوئ لكنتاكوزينوس، وذلك عندما تجدَّد

(1) Inalcik, The Ottoman Turks and the crusades, Vol. VI, pp. 229-31.

(2) استطاع دوشان أن يبني إمبراطورية صربية في شرق أوروبا، مستغلًا الفراغ السياسي الحادث بسبب الضعف البيزنطي، فبعد أن كانت الصرب دويلة صغيرة تقع بين مقدونيا والضفة الشمالية لنهر الدانوب، أصبحت تحت حكم دوشان تضم أجزاء كبيرة من تراقيا ومقدونيا واليونان ومعظم سواحل البلقان الشرقية والغربية، فضلًا عن بلغاريا التي أصبحت مملكة تابعة، ولكن إمبراطوريته ما لبث أن انقسمت بعد موته في عام 1355م. راجع:

George Christos Soulis, *The Serbs and Byzantium during the reign of Tsar Stephen Dusan (1331-1355), and his Successors* (Washington .D .C, 1984), pp. 1-60.

الصراع بينهما في عام 753هـ/ 1352م، وكان طبيعيًا أن يستعين كنتاكوزينوس بالعثمانيين من جديد، لكن هذه المرَّة أعطاهم قلعة «تزيمبه» (Tzympe) الواقعة على الجانب الأوروبي من مضيق الدردنيل شمال «جاليبولي» (Gallipoli)، لتسهيل مهمة عبورهم من وإلى أوروبا، فانتهز سليمان الفرصة، واستولى في صفر 755هـ/ مارس 1354م على مدينة جاليبولي التي باتت القاعدة الأولى للعثمانيين في أوروبا[1].

تذكر المصادر التاريخية أن العثمانيين تمكنوا من السيطرة على الحصون البيزنطية الأكثر أهمية في شبه جزيرة جاليبولي، فضلًا عن الميناء، بعد زلزال قوي حدث في عام 755هـ/ 1354م ألحق الضرر بهذه الحصون. وسرعان ما أصبح ميناء جاليبولي[2] تحت حكم مراد الأول (763-791هـ/ 1362-1389م) القاعدة البحرية الأولى للعثمانيين[3]. وفي عهد بايزيد الأول (791-804هـ/ 1389-1402م) بُنيت أول ترسانة بحرية في هذا الميناء[4]. وفي عام 758هـ/ 1357م استطاع سليمان باشا قبل وفاته الاستيلاء على كامل شبه جزيرة جاليبولي، ووصل غربًا إلى حدود نهر «ماريتزا» (Maritsa) (مريج)، وبذلك أصبح البيزنطيون محاصرين من الغرب[5]. وعندما أحس كنتاكوزينوس بخطر العثمانيين العظيم، بعد تحقيق تلك المكاسب، حاول الحصول على دعم خصومه من الصرب والبلغار، لكن النتائج التي تمخضت عن سياسة التحالف مع العثمانيين أضعفت موقفه أمام جميع الجهات بمن في ذلك مؤيدوه، حتى انتهى الأمر بعزله عن العرش في نهاية عام 756هـ/ 1355م، ثم انفرد جون الخامس باليولوجوس بالسلطة في الإمبراطورية في عام 759هـ/ 1358م، واضطُّر تحت الضغط العثماني، وفشله

---

(1) Ibid., pp. 40-60, Shaw, op. cit., pp. 16-17, Ostrogorsky, op. cit., pp. 529-31.

(2) أصبح ميناء جاليبولي مكان تمركز الأسطول العثماني وانطلاقه، لأهميته الاستراتيجية الكبيرة، حيث استطاع العثمانيون من خلاله السيطرة على الملاحة في منطقة المضايق، وقد اعترف بهذه الأهمية «روي جنزالس دي كلافيجو» (Ruy Gonzalez de Clavijo)، الذي وصف هذا الميناء في عام 1402م عند رؤيته في طريقه إلى القسطنطينية، فأكد على أن استيلاء العثمانيين عليه مكَّنهم من كل الفتوحات التي قاموا بها في أوروبا، وبفقدهم هذا المكان سيفقدون كل الفتوحات المترتبة عليه، وأعرب عن أن تمركز الأسطول في جاليبولي يمكنه أن يجلب المساعدات سريعًا من آسيا الصغرى. راجع: Fleet, op. cit., pp. 134-135.

(3) David Nicolle, *Ottoman fortifications, 1300-1710* (UK: Osprey Publishing, 2010), p. 8.

(4) Jonathan Grant, "Rethinking the Ottoman "Decline": Military Technology Diffusion in the Ottoman Empire, Fifteenth to Eighteenth Centuries", *Journal of World History*, Vol. 10, No. 1 (Spring, 1999), p. 184.

(5) أوزتونا، **تاريخ الدولة العثمانية**، ج1/ 96.

في استصراخ الغرب، بالاعتراف بكل فتوحات أورخان في أوروبا في مقابل سماح أورخان بوصول الإمدادات إلى القسطنطينية[1]. هكذا ومع امتلاك العثمانيين موطئ قدم على الجانب الأوروبي، حدث تغيير أيديولوجي لا يمكن تصوره، فقد أصبحت الإمارة العثمانية أول دولة إسلامية منذ القرن الأول الهجري تحمل أمانة الجهاد ضد الكفار في أوروبا، مما منحها تميزًا وهيبة جذبتا إليها فيضًا من الأنصار المسلمين للانضمام تحت لوائها[2].

ومن أجل توطيد رأس الجسر الأوروبي، أخذ سليمان ينقل المسلمين من الأناضول إلى أوروبا، خصوصًا العشائر الرُّحّل التي تتميز بسهولة التكيف مع المكان الجديد، مما أدى إلى نشوء قرى تركية جديدة، واستمرت الفتوحات، واتسعت الأراضي العثمانية في تراقيا، إلا إن الوفاة المفاجئة لسليمان في عام 758هـ/ 1357م أرغمت أورخان على عقد الصلح مع بيزنطة، وقد شجع ذلك الإمبراطور فحاول استرداد تراقيا بالوسائل الدبلوماسية، وأصبحت الأراضي التي كانت تحت سيطرة سليمان مهددة، لولا أن قرر الأمير مراد ابن السلطان وقائد قطاع جاليبولي في عام 760هـ/ 1359م، إطلاق حملة جديدة للسيطرة على مدينة «أدرنة» (Adrianople)[3]. وتذكر المصادر أنه في ذي القعدة 760هـ/ أكتوبر 1359م ظهر الأتراك للمرَّة الأولى قبالة أسوار القسطنطينية، فكان ذلك أول تهديد لعاصمة الإمبراطورية. وفي السنة التالية استطاع العثمانيون بالفعل فتح القلاع الواقعة على الطريقين الرئيسيين بين القسطنطينية وأدرنة، مما تسبب في قطع خطوط الإمداد عن المدينة. وفي صيف 762هـ/ 1361م فشلت آخر محاولة للقوات المدافعة عن المدينة، فاستسلمت عاصمة تراقيا للعثمانيين[4].

---

(1) Shaw, op. cit., p. 17.

(2) Daniel Goffman, *The Ottoman Empire and Early Modern Europe*, (Cambridge University Press, 2002), p. 45.

(3) كانت أدرنة الواقعة على منتصف نهر «هبروس» (Hebros) عاصمة تراقيا، والمدينة الثانية في الإمبراطورية بعد العاصمة البيزنطية التي تبعد عنها نحو 46 ميلًا، وكانت تمثل أقوى الحصون بين القسطنطينية ونهر الدانوب لوقوعها على طريق الحرب الرئيسي لكلٍّ من بلجراد والقسطنطينية، وتحكُّمها في الطرق المؤدية من العاصمة البيزنطية إلى جبال البلقان، فضلًا عن كونها مركزًا للجيش البيزنطي والنظم الإدارية في البلقان، لذا استخدمها العثمانيون بنجاح بعد سقوطها قاعدةً للتقدم في أوروبا، حيث ظلت عاصمة لهم حتى فتح القسطنطينية في عام 1453م؛ Shaw, op. cit., p. 18.

(4) خليل إينالجيك، **تاريخ الدولة العثمانية من النشوء إلى الانحدار**، ترجمة: محمد الأرناؤوط (بيروت: دار المدار الإسلامي، 2002م)، 20-21؛

Inalcik, "The Conquest of Edirne", in *The Ottoman Empire Conquest, Organization and Economy* (London, 1978), no. III, pp. 195.

اتبع أورخان في الأراضي المفتوحة عبر تراقيا السياسة المتبعة من قَبل في الأناضول، وهي سياسة الاستقرار والدمج، وذلك عن طريق إرسال أعداد كبيرة من الرعاة التركمان بعد أن عمدت الحكومة العثمانية إلى ترغيب أتراك الأناضول للقدوم والاستقرار في المناطق المفتوحة حديثًا. ومن ناحية أخرى أسس الدراويش زوايا كثيرة تحولت فيما بعد إلى قرى عثمانية جديدة، أسهمت في صهر الأراضي الجديدة ودمجها مع باقي الأراضي العثمانية في الأناضول، بحيث يصعب على القوى المسيحية بعد ذلك طرد المسلمين من أوروبا، مما خلق قاعدة قوية للتوسع العثماني اللاحق في عمق القارة. وهكذا تماشت تلك السياسة الحكيمة مع سياسة الفتوحات الإسلامية الأولى التي اعتمدت بصورة أساسية على التهجير والتوطين، مما أدى إلى امتزاج عناصر السكان المستوطنة بالسكان الأصليين للبلاد المفتوحة، ومن ثَمَّ جعلها جزءًا أصيلًا من أرض الإسلام[1].

---

(1) أدرك العثمانيون في هذه المرحلة أن قوتهم العسكرية والبشرية في أوروبا أقل من أن تسمح لهم بتوسع مماثل لما قاموا به في الأناضول، حيث كانوا يهدفون إلى إعادة بناء الإمبراطورية السلجوقية تحت زعامتهم، لذا تطلب الأمر القيام ببعض الإجراءات، منها إدخال بعض المؤسسات العثمانية إلى تلك المناطق، فضلًا عن تلبية احتياجات طبيعية معينة للدوائر الحاكمة ولعناصر السكان الذين سيطروا عليهم. كانت هجمات الأتراك منذ الفتوحات الأولى لأوروبا تخيف السكان الأصليين الذين فر كثير منهم تاركين أماكنهم للأتراك ينشئون فيها مستوطنات حضرية وريفية جديدة، ومن ثَمَّ وضعوا الطرق العسكرية والنقاط الاستراتيجية في أيدي عناصر يُعتمد عليها، حيث يجري حول هذه النقاط والطرق توطين العناصر التركية الجديدة. وفي كل تلك المواقع والنقاط التي وصل إليها الأتراك كانت «الروابط الآخية» تلعب دورًا مهمًّا، إذ كانوا يقيمون التكايا والزوايا التي أصبحت مراكز نشأت حولها كثير من القرى الجديدة. أما في المدن، فأصبح دور الروابط الآخية غاية في الأهمية؛ ذلك أن طوائف الحرف الأوروبية لم يكن أمامها إلا الاندماج مع أصحاب الحرف والمهن المختلفة الذين يمارسون نشاطهم الاقتصادي تحت حماية الدولة العثمانية. وعلى الرغم من أن الاندماج حمى سكان المدن المسيحية، فإنه سرعان ما تسربت شؤون إدارة المدن من أيديهم إلى قيادات الروابط الآخية، حيث أدى هذا التحول في السلطات الإدارية الذي بدأ خلال الفترة الأولى من الانتصارات العثمانية إلى تحسين الأوضاع التي كانت سائدة في تلك المدن عشية الفتح العثماني. وكنتيجة مباشرة لدور المؤسسات الاجتماعية والدينية العثمانية في أوروبا، وتحسين الأوضاع المعيشية للسكان، وتطبيق التسامح الديني الكامل، مع وضع المزايا لمن يعتنق الإسلام، ومن أهمها المساواة الكاملة مع الأتراك وغيرهم من ذوي الأصول الإسلامية، أُفسح المجال لدخول الآلاف من المسيحيين من أهل البلاد المفتوحة في الإسلام، بل وتبوأ كثير منهم المناصب العظمى في الدولة، مما أدى إلى الاستفادة الكبرى من الخبرات والمهارات المنتمية إلى الديانات والأعراق الأخرى، فضلًا عن امتداد الجذور العثمانية في تلك البلاد، مما يشكِّل صعوبات جمة لمن يريد اقتلاعهم منها. راجع: المرجع السابق، 21؛ سالم، **استراتيجية الفتح العثماني**، 31-33؛ شوجر، **أوروبا العثمانية**،31-33.

عندما تولى السلطان مراد الأول الحُكم، كانت الدعاية في أوروبا ضد الأتراك قد تحولت إلى حملات صليبية مكتملة المعالم، خصوصًا بعد أن بدت القسطنطينية العاصمة البيزنطية على وشك السقوط في أيديهم بعد حصارها من الغرب، غير أن الجيش العثماني في تلك الفترة المبكرة كان لا يزال يعتمد في تشكيله الأساسي على المحاربين التركمان، ولا يمتلك الوسائل الناجعة التي تمكنه من التغلب على التحصينات الهائلة التي تتمتع بها تلك المدينة، فضلًا عن عدم امتلاكه لأسطول قوي يتغلب على موقعها كشبه جزيرة تمتد داخل المياه، لذا آثر مراد التوجه إلى العمق الأوروبي، فبدأ الموجة الثانية للفتوحات العثمانية في أوروبا، التي وصلت إلى جبال البلقان وحتى نهر «ستريمون» (Strymon) الذي يصب شمال بحر إيجة غربًا. وقد أثبتت الاستراتيجية التي اتبعها مراد في فتوحاته الأوروبية عامة، معرفته الكبيرة بالوضع الجغرافي لتلك القارة، فبعد الاستيلاء على أدرنة كان من الواضح أنه عزم على التقدم نحو «صوفيا» (Sofia) التي تسيطر على الحد الفاصل بين وديان نهر ماريتزا و«نيشافا» (Nishava)؛ ومن ثَمَّ يتمكن من عبور جبال البلقان للاستيلاء على «نيش» (Nish)، التي تحمي الطريق المتفرع من سالونيك نحو «بلجراد» (Belgrade) في الشمال، و«أسكوب» (Uskup) التي تتحكم في حوض «مورافا–فاردار» (Morava-Vardar)، حيث يلتقي نهرا الدانوب (الطونة) و«سافا» (Sava)، والطريق الواصل بين الشرق والغرب من القسطنطينية إلى ألبانيا[1].

لم تكن السيطرة على السواحل الأوروبية بالنسبة إلى العثمانيين في هذه المرحلة سوى خطوة في إطار خطوات أخرى تهدف إلى السيطرة بقدر الإمكان على المناطق الحيوية التي تمكنهم بدورها من التحكم في مفاصل القارة الأوروبية، هذا بعكس البندقية - على سبيل المثال - التي كانت سيطرتها على السواحل والجزر ذات الأهمية الاستراتيجية مسألة حيوية، وذلك لتأمين الاتصال البحري الذي تعتمد عليه مع بلدان المشرق، لذا لم تشعر البندقية بالخطر إلا بعد أن بدأ نفوذها البحري في التضرر من فتوحات العثمانيين، خصوصًا في سواحل دالماشيا وألبانيا والجزر الأيونية وبحر إيجة.

أما المجر التي أصبحت القوة الرئيسية في شرق ووسط أوروبا بعد تفسخ إمبراطورية ستيفن دوشان الصربية، فقد شرعت تحت حُكم الملك «لويس الأول (الكبير)»

---

(1) Shaw, op. cit., pp. 17-18.

(Louis the Great) (743-784هـ/ 1342-1382م)، في بناء إمبراطورية من البحر الأدرياتيكي إلى البحر الأسود، مع السيطرة على بلدان الدانوب، لذا رأى الإمبراطور البيزنطي جون الخامس في المجر حليفًا قويًّا يمكن من خلاله مواجهة الأتراك وطردهم من أوروبا، فضلًا عن استعادة كلٍّ من «بموريا» (Pomorie) و«نيسبور» (Nesbur) على البحر الأسود من البلغار. وفي مواجهة التهديدات المجرية البيزنطية، رأى البلغار أنه لا بديل عن السلام مع العثمانيين والتحالف معهم، وهكذا قام القيصر البلغاري «جون ألكسندر» (John Alexander) (731-772هـ/ 1331-1371م)[1]، باستخدام الأتراك ضد المجريين على نهر الدانوب، وضد البيزنطيين على سواحل البحر الأسود بين عامي 766 و768هـ/ 1365 و1367م. وعلى الرغم من تقدم العثمانيين في وادي نهر ماريتزا ناحية إمارة الصرب، فإنهم ظلوا بشكل عام في وضع دفاعي، حيث بذل البيزنطيون جهودًا محمومة لطردهم من تراقيا بين عامي 767 و772هـ/ 1366 و1371م، وهذا ما يوضح قبول العثمانيين التعاون مع القيصر البلغاري.

في إطار جهوده ضد العثمانيين، لم يكتفِ الإمبراطور البيزنطي بالتحالف مع المجر، وإنما حاول الدعاية لحرب صليبية ضد العثمانيين يعلنها البابا وتشارك فيها القوى الأوروبية المختلفة، لذا ذهب مبعوثون لتحقيق هذا الغرض من المجر والإمبراطورية إلى البلاط البابوي في «أفينون» (Avignon) في عام 766هـ/ 1365م، حيث تمخضت تلك المجهودات بالفعل عن إعلان البابا «أوربان الخامس» (Urban V) (763-771هـ/ 1362-1370م)، عن حرب صليبية هدفها طرد الأتراك من أوروبا، وكان أول رد فعل لهذه الدعوات حملة ملك قبرص «بطرس لوزينيان» (Peter I of Lusignan) (751-770هـ/ 1350-1369م) على مدينة الإسكندرية التابعة للمماليك في مصر في شهر محرم 767هـ/ أكتوبر 1365م، حيث أعمل السلب والنهب والتقتيل أسبوعًا كاملًا[2]. أما النتائج المباشرة لإعلان الحملة الصليبية،

(1) قُسِّمت مملكة البلغار بعد موت ألكسندر بين ورثته الثلاثة، وهو ما سهَّل على العثمانيين بعد ذلك التوسع على حساب الأراضي البلغارية. سيطر «جون شيشمان» (John Sisman) على وسط وجنوب بلغاريا، من نهر الدانوب حتى جبال «رودوب» (Rhodope)، والأذرع البلغارية في تراقيا، واتخذ من «ترنوفو» (Tirnovo) القديمة عاصمة له. أما «ستراسمر» (Stracimir) فورث غربي بلغاريا، حيث وادي فاردار وغربي مقدونيا (كانت بقايا الأراضي البلغارية في شرق مقدونيا مستقلة تحت حكم الأمير قسطنطين). وحكم «دبروتش» (Dobrotich) شرق بلغاريا على ساحل البحر الأسود. راجع: Gibbons, op. cit., p. 140.

(2) راجع عن الحملة: النويري السكندري، **كتاب الإلمام فيما جرت به الأحكام والأمور المقضية في وقعة الإسكندرية**، تحقيق: عزيز سوريال عطية (حيدرآباد الدكن: مطبعة دائرة المعارف العثمانية بحيدرآباد

فتمثلت في وصول الكونت «سافوي أماديو السادس» (Amadeo VI)، ابن عم الإمبراطور البيزنطي، على رأس أسطول صليبي من عشرين سفينة إلى الدردنيل، واستطاع به الاستيلاء على جاليبولي من العثمانيين في ذي القعدة 767هـ/ أغسطس 1366م[1]، وتسبب سقوطها في صعوبة عبور العثمانيين إلى أوروبا ما يقرب من عشر سنوات، ثم انتزع بعض الموانئ البلغارية على ساحل البحر الأسود، التي كانت فيما مضى تابعة للبيزنطيين، إلا إن تلك الحملة نفسها ساعدت العثمانيين بشكل من الأشكال في مد نفوذهم إلى النقاط الاستراتيجية شرقي بلغاريا بعد عام 771هـ/ 1370م، وذلك بعد انسحاب أماديو تاركًا المدن التي احتلها للبيزنطيين، فعمل مراد على السيطرة عليها، إذ قام أولًا باحتلال حصن «سوزوبوليس» (Sozopolis) الذي يسيطر على ميناء «بورجاس» (Burgas) المهم على البحر الأسود، وبعد فترة وجيزة تم القضاء التام على النفوذ البلغاري في تراقيا، مما أجبر شيشمان على حذو نهج الإمبراطور البيزنطي في تبعيته للعثمانيين، وعليه بدأت الأراضي البلغارية بالكامل تسقط تباعًا في القبضة العثمانية[2].

أما الصرب، فقد حاولوا من ناحيتهم صد التقدم العثماني نحو أراضيهم، وذلك عن طريق محاولة الاستيلاء على أدرنة - القاعدة الأساسية التي تنطلق منها الحملات نحو أوروبا - في عام 773هـ/ 1371م، لكن قوات الحدود العثمانية ألحقت هزيمة ساحقة بالصرب في «تشيرنومن» (Chernomen)[3] بوادي ماريتزا في 16 ربيع الأول 773هـ/ 26 سبتمبر 1371م، ومع هزيمة الصرب بدأت الهيمنة العثمانية على أراضي السلاف الجنوبية، وتأكدت الفتوحات العثمانية في البلقان باحتلال منظم لليونان وبداية التوجه إلى غربي شبه الجزيرة. هكذا أثار انتصار العثمانيين الذعر وتسبب في الخوف من غزو إيطاليا، وانتشرت

الدكن بالهند، 1968-1976م)؛ سهير محمد نعينع، **الحروب الصليبية المتأخرة.. حملة بطرس لوسينان على الإسكندرية** (القاهرة: عين للدراسات والبحوث الإنسانية، 2002م)؛ عبد الرحمن زكي، «غزوة الإسكندرية»، **المجلة التاريخية المصرية**، المجلد الرابع، العدد الثاني (1952م)، 123؛ حسن حبشي، «هجوم القبارصة على الإسكندرية 767هـ/ 1365م»، **المجلة التاريخية المصرية**، المجلد الخامس عشر (1969م)، 1.

(1) Atiya, op. cit, pp. 379-97.

(2) Gibbons, op. cit., pp. 141-42.

(3) تقع بين أدرنة و«سفلن» (Svilen) الواقعة حاليًا على الحدود البلغارية، أُطلق عليها «مصطفى باشا» بين عامي 1361 و1913م، وقد فَتحت هذه المعركة الطريق للعثمانيين للسيطرة على وادي فاردار دون أي عقبات، Ibid, pp. 145-146.

شائعات مبالغ فيها حول خطط العثمانيين لفتح ألبانيا وموانئ البحر الأدرياتيكي[1]، لذا دعا البابا الغربَ إلى التوجه لحملة صليبية جديدة، وطلب من الحكام المسيحيين في شرق أوروبا إرسال مندوبين للعمل المشترك ضد العثمانيين، إلا إنه لم يحدث شيء من هذا القبيل، على الرغم من إبداء ملك المجر لويس الكبير اهتمامه، وإعرابه عن نيته في الذهاب في حملة صليبية العام المقبل، فطلب من البندقية وراجوزا بناء السفن لهذا الغرض، غير أن نواياه كانت ذات طبيعة أخرى، إذ حفز انتصار العثمانيين على الصرب المخططات القديمة للملك لويس في تعزيز السيطرة المجرية على أراضي الدانوب، ومحاربة الشعوب الأرثوذكسية من صرب وبوسنيين وبلغار، حيث سعى تابعو الكنيسة اللاتينية تحت حمايته وبمباركة البابا إلى تغيير عقيدة السكان في البلقان، وسرعان ما نَفَّرت هذه السياسة أهل البلقان الأرثوذكس وأمراءهم المحليين من المجر، ومَهَّدت الطريق للعثمانيين، الذين انتهجوا سياسة الاستمالة عن طريق تأمين وحماية العقائد المختلفة. وعليه، لم ترَ الشعوب الأرثوذكسية في الخضوع للعثمانيين إلا حماية لها من الاضطهاد الديني. ولم يقتصر الأمر على هذا الحد، وإنما تعداه باعتراف الإمبراطور البيزنطي جون الخامس نفسه بسيادة السلطان مراد في 18 ربيع الثاني 773هـ/ 28 أكتوبر 1371م، بعد رجوعه من إيطاليا وفشله في مساعيه لدى البابا لإرسال حملة صليبية جديدة، فضلًا عن فشله في التعاون مع المجر؛ القوة الوحيدة القادرة على صد التقدم التركي[2].

هذا، وقد استطاع السلطان مراد استغلال التنافس والحروب الأهلية التي اندلعت في القسطنطينية بين عائلة باليولوجوس، في عام 774هـ/ 1373م وبين عامي 778 و781هـ/ 1376 و1379م، المتزامنة مع الحرب الشرسة التي قامت بين البندقية وجنوة لحيازة جزيرة «تينيدوس» (Tenedos)، مفتاح مضيق الدردنيل، بين عامي 780 و782هـ/ 1378 و1381م[3]. فبعد أن وعد أندرونيكوس الرابع الجنوية بحيازة تينيدوس، استطاع البنادقة احتلال المدينة، إلا

---

(1) بعد عبور العثمانيين جبال «رودبي» (Rhodope) استطاعوا عبور نهر فاردار في عام 773هـ/ 1372م، فاندفعت جيوشهم داخل الأراضي الصربية، فضلًا عن ألبانيا والبوسنة حتى جبال دالماشيا، حيث يمكن رؤية البحر الأدرياتيكي، وهكذا استطاع مراد تحطيم إمبراطورية دوشان بلا مجهود كبير، وعليه أصبح الصربيون والبيزنطيون شرقي نهر فاردار أتباعًا للعثمانيين. Ibid, p. 147, George Soulis, op. cit., p.101.

(2) Inalcik, The Ottoman Turks, Vol. VI, pp. 244-45; Ostrogorsky, op. cit., pp. 540-41.

(3) Gibbons, op. cit., pp. 154-155.

إن أندرونيكوس تمكن من الاستيلاء على العرش البيزنطي بمساعدة العثمانيين والجنوية الداعمين له ضد خصمه جون الخامس المدعوم من البنادقة، لذا قام أندرونيكوس في عام 779هـ/ 1377م بإعادة جاليبولي إلى العثمانيين بعد عشر سنوات من حيازة البيزنطيين لها، فضلًا عن أنه لم يستطع منع الأتراك من العبور إلى أوروبا باعتباره تابعًا لمراد. هذا ولم يستطع جون الخامس استعادة عرشه في ربيع الثاني 781هـ/ يوليو 1379م إلا بعد أن وافق بالسماح لمراد بمتابعة حملاته وزيادة الجزية السنوية، فضلًا عن استسلام «فلادلفيا» (Philadelphia) آخر المواقع البيزنطية المهمة على أرض الأناضول.

وفي أعقاب وفاة الملك لويس الكبير (784هـ/ 1382م)، حدث نزاع في المجر على خلافته، وفي الوقت نفسه منع النزاع بين البندقية والمجر على ساحل دالماشيا هاتين القوتين من العمل المشترك ضد العثمانيين حتى عام 796هـ/ 1394م، فضلًا عن التنازع القائم بين جنوة والبندقية. هكذا سهل الانقسام والتناحر الحادثان في أوروبا مواصلة مراد لخططه التوسعية، فأنشأ في عام 785هـ/ 1383م مركز قيادته في أدرنة، حيث أرسل جيشًا بقيادة وزيره الأعظم خير الدين باشا لغزو السهول الساحلية الغنية ومدن غرب تراقيا، وبعد هذه الحملة أصبح نهر ستريمون بمنزلة الحدود الجديدة للدولة العثمانية في الغرب. وفي عام 787هـ/ 1385م جرى تنظيم حملة جديدة تحت قيادة السلطان نفسه، اتجه جزء منها لفتح مقدونيا، حيث استطاعت بالفعل فتح سهل سالونيك دون النجاح في السيطرة على المدينة نفسها، أما الجزء الرئيسي للجيش فسار تحت قيادة السلطان صعودًا في وادي ماريتزا ناحية الدانوب الصربي، حيث استطاع عبور نهر نشافا، وفي خريف عام 787هـ/ 1385م استولى على مدينة نيش، الواقعة على مسافة نحو خمسين ميلًا من العاصمة الصربية، مما اضطر الحاكم الصربي إلى قبول التبعية العثمانية[1].

بينما كان مراد منشغلًا بحملته ضد القرمانيين بالأناضول، حاول الصربيون تشكيل تحالف من دول البلقان ضد العثمانيين، فتحالف كلٌّ من الصرب وبلغاريا والبوسنة، وتمكنوا من توجيه ضربة قوية للجيش العثماني في «بلوشنيك» (Ploshnik) على نهر مورافا في عام 790هـ/ 1388م. وعلى الرغم من ذلك أرسل السلطان وزيره الأعظم علي باشا جاندرلي في خريف 790هـ/ 1388م على رأس قوات من الروملي لشن غارات سريعة في بلغاريا، استطاع

(1) Shaw, op. cit., p. 20.

على إثرها إخضاع شمالي بلغاريا. وعندما عبر السلطان مراد المضيق على رأس قواته انضمت إليه قوات علي باشا بالقرب من «فلبوبوليس» (Philippopolis)[(1)]، وتقدَّم الجيش بأكمله في اتجاه «كوسوفو بولجي» (Kossovo-Polje) أو «قوصوه»[(2)]، حيث وقعت المعركة الفاصلة في 20 جمادى الآخرة 791هـ/ 15 يونيو 1389م، وحَطَّم فيها العثمانيون قوات التحالف الصليبي، وقضوا نهائيًّا على آخر مقاومة في البلقان جنوبي الدانوب. وهكذا فُتح الطريق على مصراعيه لفتح شمال الأراضي الصربية، إلا إن المعركة أسفرت في النهاية أيضًا عن استشهاد السلطان مراد في ساحتها أثناء القتال[(3)]. أما عن أبرز النتائج المترتبة على هذه المعركة، فهي القضاء المبرم على مملكة الصرب في وقت وجيز، مما أظهر للعيان ضعفها الاستراتيجي الذي كان مستترًا خلف حجم الإمبراطورية الهائل، والذي ارتكز على محور أساسي هو تقاطع طريقي التجارة الدولية من الشرق حيث القسطنطينية إلى الغرب مرورًا بفلبوبوليس ونيش وصوفيا، ومن الشمال حيث بلجراد إلى بحر إيجة في الجنوب عند سالونيك، مما مكَّن الغزاة من الوصول إلى قلب إمبراطورية الصرب بسهولة من خلال هذه الطرق، وإذا ما سقط القلب سقطت المناطق الأخرى المعتمدة عليها تباعًا دون أن يكون هناك مجال لمناطق يمكن اللجوء إليها لتنظيم مقاومة أو اتخاذ مواقف دفاعية أو هجومية مضادة، وهو ما حدث بالفعل بعد تلك المعركة[(4)].

بعد أن تولى السلطان بايزيد الأول (الصاعقة) (791-804هـ/ 1389- 1402م) السلطة بعد مقتل أبيه، انشغل بتوطيد سلطته في الأناضول، وعمل حتى عام 794هـ/ 1392م على ضم الإمارات البحرية غربي الأناضول، صاروخان وآيدين ومنتشا، التي أرست قواعد قوته البحرية بفضل موقعها أولًا، وثانيًا بفضل حيازة أساطيلها التي أدت إلى تطور نوعي كبير في القوة العثمانية التي ظلت حتى عهد بايزيد لا تمتلك مقومات المنافسة الحقيقية على الصعيد

---

(1) «بلوفديف» بالبلغارية، و«فلبه» بالتركية، تُعَد ثاني مدن بلغاريا الحالية بعد العاصمة صوفيا، فضلًا عن أنها أهم وأكبر مدن تراقيا، وظلت عاصمة للروملي منذ أن فتحها العثمانيون في عام 1364م وحتى فتح صوفيا في عام 1382م.

(2) تعني «السهل المتسع». أما كوسوفو بولجي فتعني بالسلافية «ساحة الطيور السوداء». ويقع هذا السهل بين ألبانيا واليونان، ومركزه بلدة «برستينا» (Pristina). راجع:

E. S. creasy, *History of the Ottoman Turks* (London, 1854), Vol. I. pp. 22-26.

(3) إينالجيك، **الدولة العثمانية**، 28؛ أوزتونا، **تاريخ الدولة العثمانية**، ج1/ 100، 101؛

Shaw, op. cit., pp. 21-22; Ostrogorsky, op. cit., pp. 546-47; Gibbons, op. cit., pp. 173-79.

(4) كولز، **العثمانيون في أوروبا**، 32.

البحري[1]. وفي الجنوب استولى على أنطالية، آخر مدن أمير تكه، التي أصبحت أول ميناء عثماني على البحر المتوسط[2]، ثم عاد بعد ذلك مرَّة أخرى إلى الجبهة الأوروبية لتأكيد سيادته على الإمارات المسيحية التابعة للدولة هناك، بعد أن دارت خلال غيابه في فلك كلٍّ من المجر والبندقية، ثم في عام 795هـ/ 1393م غزا بلغاريا للسيطرة على الدانوب البلغاري، واستطاع الاستيلاء على «ترنوفو» (Tarnovo) في 7 رمضان 795هـ/ 17 يوليو 1393م، ومن ثَمَّ قام بوضع بلغاريا الشمالية تحت الحكم العثماني المباشر، وعيَّن الملك البلغاري شيشمان أميرًا تابعًا له في «نيكوبوليس» (Nicopolis) للحيلولة دون تعديات كلٍّ من المجر ووالاشيا على الأراضي التابعة للدولة العثمانية[3]، ثم أصر بايزيد على بسط سيطرته المباشرة على المدن والمناطق الاستراتيجية في البلقان، لذا كان التقدم التالي له هو غزو تيساليا وألبانيا في 20 فبراير 1394م، ثم فتح مدينة سالونيك في 21 أبريل من العام نفسه.

لم تقم البندقية حتى ذلك الوقت بالوقوف أمام التوسعات العثمانية، لكنها شرعت في تغيير موقفها عندما بدأت مصالحها التجارية وأمنها البحري في التضرر، بعد بداية السيطرة العثمانية على المراكز البحرية المهمة في بحر إيجة، خصوصًا الإمارات البحرية غربي الأناضول التي انطلق منها المجاهدون لمهاجمة ممتلكات البندقية في بحر إيجة والمورة لكن هذه المرَّة تحت السيادة العثمانية، مما اضطر مجلس الشيوخ البندقي إلى اتخاذ تدابير دفاعية جديدة وإرسال الاحتجاجات إلى السلطان. فضلًا عن القلق المتزايد في البندقية على إثر بناء السفن العثمانية في كثير من المراكز البحرية التابعة للعثمانيين منذ ربيع عام 794هـ/ 1392م، واستخدام الإمبراطور «مانويل الثاني» (Manuel II) (793-828هـ/ 1391-1425م) القوة العثمانية للحيلولة دون الهيمنة البندقية في بحر إيجة والمضايق. هكذا أصبحت البحرية التركية مرَّة أخرى بعد نصف قرن من موت أمور باشا، التهديد الأكبر للمصالح الغربية في الحوض الشرقي للبحر المتوسط، لذا بدأت البندقية منذ ذلك الوقت باتخاذ قرار الهجوم على السفن العثمانية في بحر إيجة، ليس هذا فحسب، بل عملت على إحياء التحالف اللاتيني في بحر إيجة بمشاركة كلٍّ من ليسبوس وخيوس ورودس وقبرص[4].

---

(1) سالم، **استراتيجية الفتح العثماني**، 39.

(2) أوزتونا، **المدخل**، 394؛ مصطفى، **في أصول التاريخ العثماني**، 51، 52.

(3) إينالجيك، **تاريخ الدولة العثمانية**، 29.

(4) Inalcik, The Ottoman Turks, Vol. VI, pp 248-49; Fleet, op. cit., p. 133.

وفي المورة أصبح «تيودور باليولوجوس» (Teodoro Paleologos) (784-810هـ/ 1382-1407م)، تابعًا للعثمانيين في عام 790هـ/ 1388م، وذلك لكسب التأييد العثماني في صراعه مع البارونات اللاتين، وخصوصًا في معركته ضد البندقية لحيازة «أرجوس» (Argos)، لكن عندما طلب بايزيد تسليم أرجوس وباقي الأماكن الاستراتيجية في المورة، تحالف تيودور مع البنادقة ضد العثمانيين بموجب اتفاق «مودون» (Modon) في 1 رجب 796هـ/ 2 مايو 1394م، حيث سلَّم أرجوس للبنادقة وساعدهم على الاستيلاء على «مونيمفاسيا» (Monemvasia) من العثمانيين[1].

قادت الأحداث بايزيد لغزو المجر في عام 796هـ/ 1394م. ونستطيع أن نتبين من الوثائق العثمانية اللاحقة أن الجيش العثماني تحت قيادة السلطان استطاع الوصول بالقرب من بلجراد داخل المجر، ووصل في العمق حتى ترانسلفانيا، ثم تحوَّل جنوبًا داخل والاشيا في اتجاه نيكوبوليس، حيث عبر السلطان نهر الدانوب. وهكذا استطاع بايزيد بين عامي 795 و797هـ/ 1393 و1395م ضم بلغاريا كاملةً، وجعل والاشيا إمارة تابعة. وأصبحت نيكوبوليس التابعة للعثمانيين مفتاح السيطرة على كلٍّ من بلغاريا ووالاشيا، وعليه رأى ملك المجر والإمبراطور الروماني المقدس «سجسموند» (Sigismund) (789-840هـ/ 1387-1437م)، أنه بحاجة إلى دعم كل أوروبا المسيحية، خصوصًا البندقية التي تخلت في هذه المرحلة عن حيادها كما رأينا، وسعت إلى دعم أي صراع أو تحالف ضد العثمانيين[2].

أثار الغزو العثماني لأراضي المجر في عام 796هـ/ 1394م قلق بابا روما «بونيفاس التاسع» (Boniface IX) (791-806هـ/ 1389- 1404م)، فأصدر في أكتوبر 1394م - بناءً على نداء من سجسموند - دعوة لحرب صليبية ضد العثمانيين[3]. وفي 23 ديسمبر وصل مبعوث بيزنطي إلى البندقية طالبًا المساعدة وشجع على الحرب ضد بايزيد. وفي أوائل عام 1395م كانت البندقية ضمن مفاوضات لشن حرب صليبية عكس ما كانت عليه سياستها الحذرة، وقرر في النهاية مجلس شيوخها التعاون الكامل مع المجر ضد العثمانيين، فضلًا عن وعودها بإرسال أسطول إلى الدردنيل لقطع الاتصال بين جناحي الإمبراطورية في البلقان

(1) Inalcik, The Ottoman Turks, Vol. VI, p. 250.

(2) زبيدة عطا، **الترك في العصور الوسطى**، 179.

(3) بروكلمان، **تاريخ الشعوب الإسلامية**، 419؛ عزيز سوريال عطية، **الحروب الصليبية وتأثيرها على العلاقات بين الشرق والغرب**، ترجمة: فيليب صابر سيف (القاهرة: دار الثقافة، 1990م)، 95-97.

والأناضول. ودخلت الدولة البيزنطية التحالف في جمادى الأولى 798هـ/ فبراير 1396م[1].
وبالفعل بدأت القوات الصليبية المتحالفة في التجمع عند مدينة بودا المجرية، فشرع بايزيد، الذي كان قد بدأ حصاره للقسطنطينية في عام 797هـ/ 1395م[2]، في فك حصاره والاستعداد لملاقاة جيش التحالف. وبعد أسبوعين من إعداد جيشه تحرك بأقصى سرعة، وقضى على القوات الاستطلاعية التي أرسلها الصليبيون، وبذلك فاجأ الجيش الصليبي المتمركز حول نيكوبوليس؛ القلعة العثمانية الرئيسية على نهر الدانوب[3]، ثم تقابل الجيشان في معركة نيكوبوليس الفاصلة في 22 ذي الحجة 798هـ/ 25 سبتمبر 1396م، التي انتهت بهزيمة جيوش التحالف الصليبي هزيمة ساحقة أوقفتهم ما يقرب من نصف قرن عن التفكير في حملات مماثلة ضد العثمانيين[4].

هكذا صارت نيكوبوليس نهاية للحروب الصليبية كحركة منظمة من قِبل العالم المسيحي ضد الإسلام، كانت تهدف أساسًا إلى تحرير الأراضي المقدسة. وقد دافع الأتراك عن وجودهم في القارة من خلال هذا الانتصار العظيم الذي أصاب ملوك، فضلًا عن شعوب، الغرب الأوروبي بالإحباط، فما لبثوا أن تركوا شرق أوروبا لمصيره المحتوم. كانت هذه المعركة فصلًا من أقدم وأخطر الفصول في تاريخ المسألة الشرقية، وقد انتهى لصالح العثمانيين بعد أن جرى تقبلهم كدولة أوروبية جديدة على الرغم من غرابة أصلهم ودينهم. وفي المقابل أصبحت المجر حصن الكاثوليكية لوقف الزحف التركي نحو قلب أوروبا، وكان ذلك يمثِّل فرصتها الأخيرة للبقاء كدولة مستقلة[5].

استأنف السلطان حصاره للقسطنطينية بعد ذي الحجة 798هـ/ سبتمبر 1396م[6]. وعقابًا للإمبراطور البيزنطي على الموقف الذي اتخذه أثناء الحملة الصليبية التي قُضي عليها في نيكوبوليس، طلب منه بايزيد تسليم القسطنطينية، وإزاء ذلك استنجد مانويل الثاني بأوروبا

---

(1) Atiya, op. cit, p. 437.

(2) Doukas, *Decline and fall of Byzantium to the Ottoman Turks*, Translated by: Harry J. Magoulias (Detroit: Wayne state university, 1975), pp. 83-84.

(3) داهموس، **سبع معارك فاصلة**، 183.

(4) Atiya, op. cit, pp. 435-457; And see: Atiya, *The crusade of Nicopolis* (London, 1934).

(5) Atiya, *The Crusade*, p. 463.

(6) Gibbons, op. cit., pp. 229-30.

دون جدوى، وحوصرت المدينة لست سنوات[1]، أشرفت في نهايتها على السقوط[2]، غير أنه اضطُّر في النهاية إلى فك حصاره مرَّة أخرى عن المدينة، بعد ظهور التهديد من الشرق هذه المرَّة متمثلًا في المغول وقائدهم تيمورلنك[3]. وسرعان ما التقى الجيشان في معركة أنقرة في 27 ذي الحجة 804هـ/ 28 يوليو 1402م، التي أسفرت عن الهزيمة الساحقة الوحيدة للعثمانيين خلال ثلاثة قرون منذ بداية دولتهم، فضلًا عن أسر السلطان بايزيد ثم موته في الأسر. وعليه، انهارت دولة العثمانيين المركزية، وعادت الإمارات التركية في الأناضول تسيطر على أراضيها من جديد. أما في أوروبا فقد حافظ العثمانيون على وحدة منطقة الروملي عن طريق أمراء الحدود الأقوياء، فضلًا عن استكمال استيطانها بشكل قوي، وهذا ما ساعدهم في الرجوع بقوة الدولة إلى سابق عهدها في وقت قصير نسبيًّا، مع الأخذ في الاعتبار فداحة الكارثة التي حلت بالدولة[4].

أفاقت الدولة العثمانية من الكارثة المصيرية التي حلت بها قبل مرور عشر سنوات، مما ينم عن قوة بنيانها ورسوخ أساسها، فضلًا عن مجهودات السلطان بايزيد في سبيل توحيد الدولة في ظل حكم مركزي، وتوزيع الأراضي المفتوحة حديثًا على شكل إقطاعات للأمراء، مما أدى بالطبع إلى حرصهم على إعادة توحيدها في ظل الحكم العثماني حتى يتسنى لهم

(1) لم يستطع بايزيد خلال ست سنوات الوصول بحصاره إلى الدرجة التي يتطلبها سقوط المدينة، فهو من ناحية لم يمتلك الأسطول القوي بالدرجة الكافية لحصار المدينة من جهاتها البحرية الثلاث، ومن ناحية أخرى لم تكن لديه تلك المدفعية الثقيلة التي تمكنه من دك تلك الأسوار الهائلة واقتحامها، لذا حاول إحكام السيطرة على الاتصال البحري بالمدينة عن طريق تشييده لقلعة أناضولي حصار، في أضيق نقطة لمضيق البسفور على الجانب الآسيوي، إلا إنه مع ذلك لم ينجح، وهو ما سترقى إليه إمكانات الجيش والبحرية العثمانية بعد ذلك بنحو نصف قرن في الحصار الأخير للمدينة الذي أسفر عن سقوطها في عام 1453م، Atiya, *The Crusade*, p. 466; Shaw, op. cit., p. 33.

(2) مصطفى، **في أصول التاريخ العثماني**، 55.

(3) لم يكن غزو تيمورلنك فجائيًّا أو طارئًا، فقد استثارته القوى المسيحية في أوروبا، خصوصًا يوحنا ابن شقيق الإمبراطور مانويل الثاني، وهو الذي كان وصيًّا على العرش في القسطنطينية في غياب الإمبراطور، فضلًا عن الجنويين في جلطة، الذين اتصلوا بتيمورلنك وشرحوا له ما كانوا به من شدة، وأهابوا به أن يشن الحرب على بايزيد وله الجزية التي كانت تدفعها المدينتان لبايزيد، وأبدوا استعدادًا لمعاونته. راجع: هايد، **تاريخ التجارة**، ج3/ 123.

(4) انظر تفاصيل المعركة: أوزتونا، **تاريخ الدولة العثمانية**، ج1/ 110؛ بروكلمان، **تاريخ الشعوب الإسلامية**، 422؛ عنان، **تراجم إسلامية**، 120؛ داهموس، **سبع معارك فاصلة**، 188 وما يليها.

الانتفاع بها، إضافةً إلى سياسة التوطين التي اتبعها السلاطين في المناطق المفتوحة في البلقان. ومن الغريب أن غزو تيمور للأناضول أدى بدوره إلى هروب كثير من الأتراك إلى أوروبا، وهو ما دفع المؤرخ البيزنطي «دوكاس» (Doukas) إلى التأكيد على أن عدد أتراك أوروبا فاق مثيله في الأناضول[1]. وقد أرجع المؤرخ «فنلي» (Finlay) سبب نهوض الدولة العثمانية من كبوتها سريعًا إلى أسباب نجاحها الأول نفسها، وهي تفوق العثمانيين على الشعوب المعاصرة في المعتقدات الدينية والسلوك الأخلاقي والحربي، مما أدى إلى خضوع أعداد كبيرة من المسلمين والمسيحيين لآل عثمان بمحض اختيارهم[2]. لكن هذا الانهيار أخَّر بالطبع محاولات العثمانيين للسيطرة على المراكز المهمة في شرق أوروبا، لا سيما السواحل والمراكز البحرية في بحر إيجة والبلقان، وهو ما كان يهدد بشكل مباشر مصالح الدول اللاتينية وعلى رأسها البندقية، فضلًا عن تأخير سقوط القسطنطينية نصف قرن آخر، وبالتالي تأخير تحول الدولة العثمانية إلى إمبراطورية عالمية تتطلع إلى السيطرة على الشرق الأدنى، بما في ذلك الحوض الشرقي للبحر المتوسط، قلب العالم القديم ومركزه التجاري والاقتصادي. وعلى الرغم من ذلك، لم تستغل تلك الدول حالة الضعف التي حلت بالعثمانيين للتخلص من سيطرتهم أو حتى المحاولة، مما مكَّن العثمانيين من إعادة قوتهم دون معوقات تُذكر من جانب القوى المسيحية، وهو ما يثير كثيرًا من التساؤلات.

ثالثًا: فتح القسطنطينية وتداعياته على عالم البحر المتوسط

كانت الإمبراطورية البيزنطية قد استعادت كلًّا من جاليبولي وسهول تراقيا الغنية وتيساليا، فضلًا عن سواحل البحر الأسود، لكن بعد أن تولى السلطان مراد الثاني (824-855هـ/ 1421-1451م) الحكم، انتهت فترة السلم التي نعمت بها بيزنطة، وذلك بعد أن أفاقت الدولة من كبوتها، وبدا الوضع أشبه ما يكون بما قبل معركة أنقرة[3]، إذ بدأ السلطان الجديد إكمال مسيرة جده بايزيد في التوسع، فشدد الحصار مرَّة أخرى على القسطنطينية في الفترة من جمادى الآخرة/ يونيو وحتى رمضان/ سبتمبر عام 825هـ/ 1422م، فكان أخطر حصار شهدته المدينة من قِبَل العثمانيين، مما يشير إلى تعافي القوة الحربية للدولة، بل وتطورها النوعي

(1) سالم، **استراتيجية الفتح العثماني**، 43؛ عطا، **الترك في العصور الوسطى**، 179.

(2) مصطفى، **في أصول التاريخ العثماني**، 60، 61.

(3) Ostrogorsky, op. cit., p. 499.

كذلك[1]. وقد أثار الحصار انزعاج البنادقة الذين اتخذوا التدابير لحماية سفنهم التجارية وموانئ البحر الأسود من البحرية العثمانية التي كانت تشارك في ذلك الحصار. وانتهزت البندقية فرصة الحصار وتفاوضت مع بيزنطة للسماح لها بالسيطرة على سالونيك والمورة. وبالفعل، تنازل الإمبراطور للبنادقة عن سالونيك التي كان يحاصرها العثمانيون في صيف 826هـ/ 1423م، فسارع العثمانيون إلى عقد الصلح مع بيزنطة في ربيع الأول 827هـ/ فبراير 1424م خشية تنازلهم عن القسطنطينية نفسها، ومن ثَمَّ وافق الإمبراطور على دفع جزية سنوية للعثمانيين، فضلًا عن إعادة الأراضي التي استولى عليها بعد موقعة أنقرة على سواحل بحر مرمرة وبحر إيجة والبحر الأسود باستثناء بعض القلاع[2]، ومن جهتهم التزم العثمانيون بعدم مهاجمة بيزنطة، وتحولوا بكل قوتهم لمحاربة البندقية من أجل استعادة سالونيك[3][4].

---

(1) أظهر مراد الثاني في حصاره للمدينة قوة وتكتيكًا حربيًا ندر أن نراهما في ذلك العصر، فبعد أن حاصر المدينة من البحر عن طريق الأسطول، بنى جسرًا يمتد من سور المدينة عبر القرن الذهبي إلى اليابسة، ويستطيع هذا الجسر تحمل القذائف والأحجار التي يمكن أن تطلق من المدينة، وتحت هذا الغطاء بدأ الجيش في بناء أبراج متحركة قبالة الأسوار لاقتحامها، وفي الوقت نفسه جرى دفع الألغام تجاه الأسوار وتفجيرها، إلا إنها لم تكن بالقوة الكافية لتحطيم تلك الأسوار الهائلة فأصابتها فقط ببعض الأضرار. وعلى الرغم من شدة الهجمات العثمانية على الأسوار، فإن المقاومة كانت عنيفة وأحبطت كل محاولات الاقتحام. راجع:
Creasy, op. cit., Vol. I. pp. 95-97.

(2) هي: «ديركوس» (Derkos)، «مسمبريا» (Mesembria)، «زيتونيون» (Zeitounion) (Lamia)،
Inalcik, The Ottoman Turks, Vol. VI, p. 257.

(3) إينالجيك، **تاريخ الدولة العثمانية**، 34، 35؛ جيبون، **اضمحلال الإمبراطورية الرومانية**، ج3/ 271 وما يليها.

(4) تجنبت البندقية والباب العالي لفترة طويلة الاصطدام المباشر، لكن السلطان محمد الأول (1413–1421م) الذي وحد الإمبراطورية بعد فترة ضعف دامت عشر سنوات، أدرك أن البندقية هي العدو الأول الذي يمكن أن يعرقل صعود الإمبراطورية العثمانية والذي لا بد من قتاله، فأرسل في مناسبات مختلفة أسطوله لتخريب المراكز البحرية التابعة للبنادقة، لكن في 2 ربيع الثاني 819هـ/ 29 مايو 1416م شن أمير البحر البندقي «بيترو لوردانو» (Pietro Loredano) حربًا فاصلة ضد هذا الأسطول بالقرب من جاليبولي، وهزمه هزيمة ساحقة، فكانت هذه المعركة أول عمل ميداني مكشوف بين القوتين، حيث كانت البندقية تملك تفوقًا بحريًا كفل لها النصر. وفي معاهدتي 1416 و1419م اضطر السلطان إلى الموافقة على تنازلات كثيرة. راجع: هايد، **تاريخ التجارة**، ج3/ 135، 136. وخلال السنوات الأولى من حكم مراد ساعدت الحرب التي نشبت بين البندقية والمجر على سواحل دالماشيا على حماية العثمانيين من خطر حملة صليبية جديدة في البلقان. وقد استولى البنادقة بين عامي 815 و823هـ/ 1412 و1420م من المجر على موانئ «سبلاتو» (Spalato) و«سيبينيكو» (Sebenico) و«نيل» (Nail)، مما زاد من نفوذهم في شمال ألبانيا والجبل الأسود. وقادت هذه السياسة في النهاية إلى حرب بين البندقية والحاكم الصربي «ستيفن لازاريفيتش» (Stephen Lazarevich) بين عامي 824

هكذا أعلنت البندقية الحرب رسميًا على الدولة العثمانية في 23 جمادى الآخرة 832هـ/ 29 مارس 1429م، بسبب قوتها البحرية المتنامية، وهجماتها المتواصلة على المراكز المهمة التابعة للبندقية في بحر إيجة. وخلال نضال العثمانيين الطويل لاستعادة سالونيك تألفت تكتيكاتهم من الهجمات البحرية المتواصلة على المواقع البحرية المهمة، فضلًا عن السفن التجارية التابعة للبنادقة في بحر إيجة، وذلك مع الحفاظ على الحصار الطويل الذي يهدف إلى إجبار المدينة على الاستسلام عن طريق تخريب تجارتها وتجويع سكانها، حتى استطاعوا في النهاية إعادة فتح سالونيك في جمادى الآخرة 833هـ/ مارس 1430م[1]. والجدير بالذكر أن العثمانيين استخدموا بالفعل تلك الاستراتيجية بنجاح كبير مع كثير من المدن منذ سقوط بورصة عام 726هـ/ 1326م[2]. وبعد سقوط المدينة وقِّعت معاهدة سلام بين البلدين في شعبان/ يوليو من العام نفسه، أقرت من خلالها البندقية بحيازة العثمانيين لسالونيك ومقدونيا، ومن جانبه اعترف السلطان بسيطرة البنادقة على القواعد الألبانية في الأدرياتك التي أضحت بحوزتهم، فضلًا عن استعادة البندقية حق الإبحار في منطقة المضايق[3]. مع ذلك حطَّم فتح المدينة أمل البنادقة في استخلاص الأراضي التي كانت تابعة للبيزنطيين من السيطرة العثمانية، وهذا ما جعلهم يحاولون توسيع أملاكهم في المورة، مما أثبت بوضوح للسلطان أن النضال ضد العثمانيين كان الهدف الرئيسي للبنادقة في الشرق[4]. وهكذا، شكَّلت حيازة العثمانيين لتلك المدينة المهمة على سواحل بحر إيجة

و826هـ/ 1421 و1423م، وخلال هذه المعارك وجد الحاكم الصربي في قوات الحدود العثمانية حليفًا قويًا استطاع معه التصدي لأطماع البندقية، فاعترف على إثر ذلك بتبعيته للسلطان العثماني، Ibid, p. 258.

(1) يبدو أن سياسة الميل إلى العثمانيين نمت بشكل كبير داخل المدينة، وانتشرت بين كثير من قطاعات مجتمعها، ومن بينها الطبقات الدنيا، أثناء الفترة التي هيمنت فيها البندقية على مدينة سالونيك. وقد ذكر دوكاس أن السلطات البندقية في المدينة ضبطت أعدادًا كبيرة من الأرستقراطيين الذين اشتبهت في تعاونهم مع العثمانيين، فرحَّلتهم إلى نجربونت وكريت والبندقية. وتشير بعض التقارير إلى أنه أثناء الهجوم العثماني على المدينة في عامي 828 و829هـ/ 1425 و1426م، فر كثير من السكان، بمن في ذلك أشخاص عُينوا لحراسة جدران المدينة، إلى الجانب العثماني،

Nevra Necipoglu, *Byzantium between the Ottoman and the Latins* (Cambridge University Press, 2009), pp. 49-50.

(2) Inalcik, The Ottoman Turks, Vol. VI, pp. 262-63.

(3) Shaw, op. cit., p. 48.

(4) هايد، **تاريخ التجارة**، ج3/ 140، 141.

ركيزة كبرى في إطار سعيهم الدؤوب للسيطرة على سواحل بحر إيجة وجزره الاستراتيجية، فضلًا عن تعزيز ضغطهم على القسطنطينية وقطع سبل الاتصال البحري عنها من قوى الغرب وعلى رأسها البندقية.

أعقبت استعادة سالونيك سياسة عنيفة للعثمانيين تجاه البلقان، إذ كان الهدف الرئيسي لهم هو تعزيز حكمهم في ألبانيا وإيبروس، إلا إن ألبانيا ستكون بمنزلة الساحة الرئيسية للتنافس بين العثمانيين والبنادقة لما يقرب من نصف قرن. كانت ألبانيا بالنسبة إلى البندقية منطقة حيوية شديدة القرب من إيطاليا، وذات أهمية كبرى لتواصل البندقية مع العالم خارج بحر إيجة، لذا حظيت ألبانيا بالاهتمام والدعم المتواصل من قِبل البندقية ونابلي فضلًا عن البابوية ضد السيطرة العثمانية. وكان هذا الدعم، إضافةً إلى طبيعة الأرض والناس، سببًا في مقاومة طويلة وقاسية للحكم العثماني. كانت ألبانيا بالنسبة إلى العثمانيين قاعدة لغزو إيطاليا، وبالنسبة إلى الدول الإيطالية خط الدفاع الأول ورأس جسر لحرب صليبية ضد العثمانيين، لذا حاول العثمانيون بعد عام 833هـ/ 1430م، عن طريق الدبلوماسية، تعزيز سيطرتهم على ألبانيا من خلال الاستفادة من الخلافات الحادثة بين الدول الإيطالية. على أي حال، فإن الفترة بين عامي 833 و884هـ/ 1430 و1479م، شهدت صراعًا حاسمًا بين العثمانيين والبنادقة على السواحل الألبانية[1]، فبعد أن استطاع مراد إقامة حكم عثماني مباشر في وسط وجنوب ألبانيا، بدأ بعض الأمراء الألبان في مقاومة الحكم العثماني بمساعدة سرية من البندقية منذ عام 847هـ/ 1443م تحت قيادة إسكندر بك الذي استمر في المقاومة لما يقرب من نصف قرن[2].

بعد الإخفاقات المتتالية التي حظيت بها القوى المسيحية، وتزايد ضغط الأتراك على جبهات شتى في البر والبحر، ازداد الخوف من سقوط القسطنطينية، لذلك سعى الإمبراطور البيزنطي يوحنا الثامن (828–852هـ/ 1425–1448م) في تلك الأثناء إلى القيام بمفاوضات لتوحيد كنيستي القسطنطينية وروما[3]، مما يوطد جهود التحالف المسيحي ضد الأتراك أو الاشتراك في حملة صليبية جديدة، هذا على الرغم من وقوف الشعب البيزنطي وزعماء الكنيسة الشرقية موقف المعارض إزاء هذه المحاولات، لعلمهم بنية الغرب السيئة تجاههم

(1) Inalcik, The Ottoman Turks, Vol. VI, p. 264.

(2) Shaw, op. cit., p. 49.

(3) جيبون، **اضمحلال الإمبراطورية الرومانية**، ج3/ 310 وما يليها.

وأمله في القضاء التام على كنيستهم. مع ذلك، توجه الإمبراطور يوحنا الثامن إلى الغرب في شعبان 841هـ/ فبراير 1438م، وبعد مناقشات ومفاوضات طويلة أُعلن في روما في 24 محرم 843هـ/ 6 يوليو 1439م اتحاد الكنيستين، إلا إنه ثبت بعد ذلك أن هذا الاتحاد كان أمرًا شكليًّا، فالعداء القديم والمستحكم بين الكنيستين، فضلًا عن اتساع هوة الخلاف، جعلا من ذلك أمرًا مستحيلًا على الصعيد الشعبي وليس على صعيد القادة والساسة، وكان الاتحاد بين الكنيستين بقرار من النخبة الحاكمة الذين رأوا أن الأمل الوحيد لإنقاذ بيزنطة يكمن في التعاون الكامل مع الغرب. مع ذلك شكَّل هذا الاتحاد خطوة حاسمة تُعَد بداية لفترة حرجة انتهت بسقوط بيزنطة. ومع اتخاذ هذه الخطوة توقع الإمبراطور احتجاجات شعبية واسعة من جموع المحافظين الأرثوذكس، فضلًا عن رد فعل قوي من قِبل العثمانيين. وبعد أن رجع يوحنا الثامن إلى القسطنطينية مرَّة أخرى، سرعان ما أرسل إليه السلطان مبعوثًا للاستفسار عما حدث، فحاول الإمبراطور أن يخفي الهدف الحقيقي من هذا الاتحاد، لكن كما هو واضح من المصادر العثمانية المعاصرة كان العثمانيون على علم تام بالمفاوضات الجارية بشأن التحضير لشن حملة صليبية جديدة عليهم، يقف خلفها هذه المرَّة حلف قوي، لذا أدركوا أنه إن لم يجرِ القضاء التام على البيزنطيين، فلن يكون هناك أمن ولا مستقبل للدولة العثمانية(1).

اكتشف السلطان مراد متأخرًا أن الأحداث التي وقعت بين عامي 843 و848هـ/ 1439 و1444م، خصوصًا الحروب الصليبية بين عامي 847 و848هـ/ 1443 و1444م، فضلًا عن هجمات القرمانيين في الأناضول، ما هي إلا نتاج النشاط الدبلوماسي البيزنطي(2). وبالفعل تشير المصادر الغربية في ذلك الوقت إلى ذلك التحرك الدبلوماسي في كلٍّ من روما والبندقية وبودا، إذ بدأ مبعوث بيزنطي جولة أوروبية موسعة بداية من شوال 845هـ/ فبراير 1442م، زار فيها البندقية وروما وعددًا من العواصم الأوروبية، من أجل إطلاق حملة صليبية جديدة. وقد أظهر البابا «إيوجينوس الرابع» (Eugenius IV) (834-851هـ/ 1431-1447م) حماسًا كبيرًا حيال ذلك، وسرعان ما قام في رمضان 846هـ/ يناير 1443م بدعوة القوى المسيحية لحملة صليبية عامة ضد العثمانيين، كان أحد أهدافها الرئيسية إنْقاذ القسطنطينية. وفي محرم

(1) Shaw, op. cit., p. 50; Inalcik, The Ottoman Turks, Vol. VI, pp. 268-69; Doukas, op. cit., p. 181; Ostrogorsky, op. cit., p. 562.

(2) إينالجيك، **تاريخ الدولة العثمانية**، 37.

847هـ/ مايو 1443م دعا ابن أخيه فرنسيس قائد الأسطول إلى التعاون مع الجيش المجري. ومع أن البندقية كانت دائمًا تتجنب الدخول في صراع مباشر مع العثمانيين إلا إنها دعمت الأعمال التحضيرية ووافقت على بناء أسطول صليبي من عشر سفن[1].

ومن ناحية أخرى، شن القرمانيون، بتشجيع من الإمبراطور البيزنطي، غارات على الأراضي العثمانية في أواخر عام 1442م وأوائل عام 1443م الموافق لعام 846هـ، اضطر السلطان على إثرها إلى إبرام معاهدة سلام في صيف 847هـ/ 1443م، ثم عاد بعد ذلك إلى أوروبا في الخريف، في حين عبر الجيش الصليبي المكون أساسًا من المجريين نهر الدانوب عند بلجراد في أكتوبر لعلمه بغياب السلطان في الأناضول، إلا إن السلطان علم بالتقدم الصليبي. مع ذلك، وفي 2 رمضان 847هـ/ 24 ديسمبر 1443م، انتصر الصليبيون في هجماتهم الأولية، ولكن مع اقتراب فصل الشتاء اضطروا إلى العودة إلى المجر، وبعدها اضطر العثمانيون بسبب وضعهم الحرج على الصعيد السياسي والعسكري إلى التوصل لاتفاق سلام في أدرنة في 25 صفر 848هـ/ 12 يونيو 1444م، إلا إن البابا أعفى الموقعين على هذا الاتفاق من التزامهم بالسلام مع العثمانيين بحجة أنهم كفار، وحثهم على استئناف القتال. وقد انضمت البندقية مرَّة أخرى إلى كلٍّ من المجر والبابا، أملًا في استعادة سالونيك وجاليبولي، وبالتالي سيطرتها على بحر إيجة والبحر الأدرياتيكي. وبعد أن استطاع مراد العبور بجيشه إلى أوروبا بمساعدة السفن الجنوية في جمادى الآخرة 848هـ/ أكتوبر 1444م، تقابلت القوتان بالقرب من «فارنا» (Varna)[2]، أو وارنا، على البحر الأسود في 29 رجب/ 10 نوفمبر، حيث انتصر الجيش العثماني انتصارًا ساحقًا حطَّم كل آمال بيزنطة في البقاء، وأكد على الهيبة والهيمنة العثمانية في شرق أوروبا فضلًا عن العالم الإسلامي[3].

عندما تولى السلطان محمد الثاني (الفاتح) (855–886هـ/ 1451–1481م) عرش الدولة، كانت بيزنطة تنتظر الضربة الأخيرة من العثمانيين، في وقت صب فيه السلطان كل اهتمامه على إسقاط القسطنطينية لاعتقاده أنها العائق الأكبر في سبيل توطيد دعائم حكمه، فضلًا

---

(1) Donald M. Nicol, *Byzantium and Venice* (Cambridge university press, 1988), p. 381.

(2) هي مدينة «أدسيوس» (Odessos) القديمة، وتقع على الشاطئ الغربي للبحر الأسود، لذا تُعد قاعدة دفاعية مهمة.

(3) Shaw, op. cit., pp. 51-53; Creasy, op. cit., pp. 100-114; Colin Imber, *The crusade of Varna, 1443-45*, (USA, 2006); Martin Chasin, "The crusade of Varna", in *A History of the crusades*, The University of Wisconsin press, Vol. VI, (London, 1989), pp. 276-310.

عن إكمال مسيرة الفتوحات الأوروبية، بعد أن أصبحت القسطنطينية بالفعل في ذلك الوقت عبئًا على كاهل الدولة، نظرًا لكونها قلعة مسيحية تقع داخل نطاق دولة إسلامية، وهذا من شأنه أن يجعل من رعايا السلطان المسيحيين الذين يمثلون أغلبية السكان، عناصر للثورة المضادة[1]، فضلًا عن أن المدينة كانت تقف عائقًا في سبيل توحيد شطري الإمبراطورية[2]. وعليه، سعى السلطان منذ اليوم الأول لحكمه بكل جهده إلى إنهاء الحكم البيزنطي، وفتح عاصمتهم العتيدة التي أرّقت المسلمين وأقضّت مضاجعهم في الحوض الشرقي للبحر المتوسط، ووقفت حائلًا بينهم وبين فتح أوروبا لثمانية قرون.

لم تكن القسطنطينية مدينة عادية، فهي درة مدن العصر الوسيط على الصعيد الاقتصادي والتجاري، لسيطرتها على تجارة البحر الأسود من جهة، ولتمركزها في ملتقى الطرق التجارية بين آسيا وطرقها المؤدية إلى الصين والهند وبين وسط وغرب أوروبا، من جهة أخرى. وكذلك على صعيد الأهمية التاريخية والموقع الاستراتيجي الفريد، لكونها عاصمة للإمبراطورية البيزنطية، ومركزًا للمسيحية الشرقية والحضارة اليونانية، ومرتكزًا لبسط السيطرة على الحوض الشرقي للبحر المتوسط لعدة قرون. وفضلًا عن تلك الميزات، فقد كفل لها موقعها الطبيعي، كشبه جزيرة، مناعة طبيعية، إضافةً إلى الحماية الصناعية التي تفنن الأباطرة المتلاحقون في إنشائها والمتمثلة في الأسوار والأبراج الضخمة والأخاديد المائية[3]، وهو ما لم تشهده مدينة أخرى، وهذا بالطبع لكونها محط أنظار ومطمعًا لقوى عديدة عبر الزمن منذ إنشائها وحتى سقوطها. من هذا المنطلق لم يبدأ محمد الثاني الحصار الأخير للمدينة إلا بعد أن أعد العدة بدقة بالغة، وحسب كل خطوة من الناحية السياسية

---

(1) شوجر، **أوروبا العثمانية**، 84.

(2) Shaw, op. cit., p. 55.

(3) كانت أسوار المدينة عبارة عن ثلاثة نطاقات من الأسوار المتوازية: السور الداخلي هو أعلاها، إذ بلغ ارتفاعه ما بين ثلاثين إلى أربعين قدمًا، وسمكه ما بين ثلاث عشرة إلى خمس عشرة قدمًا، ودُعم ذلك السور بأبراج قوية ترتفع فوق السور إلى ما يزيد على ست عشرة قدمًا، كل برج فيها وحدة دفاعية قائمة بذاتها. أما السور الأوسط فابتعد عن الداخلي بثلاثين قدمًا، وقل عنه في الارتفاع، والفراغ بين السورين يشغله خندق عمقه ست عشرة قدمًا يُملأ بالماء وقت الضرورة. أما السور الخارجي فكان أقل ارتفاعًا من الأوسط، إذ بلغ ارتفاعه ما بين خمس عشرة إلى عشرين قدمًا، ومدعوم أيضًا بأبراج هائلة اعتبر كلٌّ منها قلعة مستقلة، ويقع أمام السور الخارجي خندق آخر بلغ عرضه ثلاثين قدمًا وعمقه عشرة أقدام،

George Young, *Constantinople*, (London: W.D), pp. 64-65; Stephen Turnubull, *The walls of Constantinople* (UK: Osprey Publishing, 2004).

والحربية، واستعرض أسباب القصور في المحاولات السابقة لاقتحام المدينة خصوصًا من قِبل المسلمين على مدار ثمانية قرون، وحاول تدارك الأخطاء، ووضع الآليات والإمكانات الفائقة، حتى يكون الحصار حاسمًا في أقل وقت ممكن، وبذلك أصبح هدف إسقاط هذه المدينة عاملًا محفزًا نتج عنه تطور نوعي هائل في القوة الضاربة للعثمانيين في البر والبحر على السواء.

كانت هناك أسباب واضحة أدت إلى إخفاق الحملات الإسلامية السابقة في حصارها للمدينة يجدر الالتفات إليها. فحملة الخليفة الأموي سليمان بن عبد الملك (96-99هـ/ 715-717م)، ارتكزت على قوة بحرية عظيمة ضربت حصارًا خانقًا حول المدينة لما يقرب من عام[1]، إلا إنها لم تستطع اقتحام الأسوار العملاقة بواسطة آلات المنجنيق التي لا تتناسب قوتها مع عظمة الأسوار. أما حصارا بايزيد الأول ومراد الثاني فلم يرتكزا على هذه القوة البحرية العظيمة، إلا إنهما حاولا، عن طريق المدافع أو استخدام القوة التفجيرية للبارود فضلًا عن آلات الحصار التقليدية، دك الأسوار واختراقها، لكن قوة المدافع أو الألغام كانت أقل من المستوى المطلوب فلم تكن حاسمة[2]. من هنا رأى محمد الثاني أن عليه الاعتماد على قوة بحرية كبيرة وفعالة، إضافةً إلى تطوير حجم المدافع وزيادة أعدادها، فضلًا عن التطور النوعي، فينشأ عن كل ذلك عامل حسم يضع حدًّا لأي حصار طويل. لكن هذا لن يكون فعالًا بقدر كافٍ إلا إذا حدث ترابط وتنسيق تام بين القوات البرية بمختلف وحداتها والقوات البحرية، سواء أثناء الحصار أو عند الهجوم، وهذا ما تطلب وضع خطة محكمة من قِبل السلطان.

كانت الخطوة الأولى للسلطان محمد، في سبيل فرض حصار محكم حول القسطنطينية، إعطاء أوامره لوزيره جاندرلي خليل باشا لبناء قلعة «روملي حصار» في رجب 856هـ/ أغسطس 1452م على الشاطئ الأوروبي للبسفور[3]، قبالة قلعة «أناضولي حصار» التي سبق أن شيدها جده بايزيد الأول. وبالفعل، جرى عن طريقها قطع خطوط الإمدادات عن المدينة

(1) كانت أعظم قوة بحرية استطاعت أن تحشدها دولة إسلامية، فقد بلغت طبقًا لبعض الروايات ألفًا وثمانمائة سفينة. راجع: الطبري، **تاريخ**، ج6/ 530، 531؛ عنان، **مواقف حاسمة**، 41.

(2) Simon Pepper, *Ottoman Military Architecture in the Early Gunpowder* (Cambridge University, 2000), p. 289.

(3) Doukas, op. cit., p. 196.

تمامًا، الآتية من البحر الأسود، وفي الوقت نفسه تأكد وصول تعزيزات الجيش العثماني من الأناضول دون عوائق تُذكر[1]. عندئذ علم آخر أباطرة بيزنطة «قسطنطين الحادي عشر» (Constantine XI) (853-857هـ/ 1449-1453م)، أن السلطان في سبيله لفرض حصار على المدينة، فحاول استجداء المساعدة من الغرب بكل الوسائل الممكنة، حتى إنه أعلن اتحاد الكنيستين مرَّة أخرى وأخيرة في ذي القعدة 856هـ/ ديسمبر 1452م، على الرغم من أن ذلك الاتحاد كان ضد رغبة الشعب البيزنطي، مما جعل الرجل الثاني في الإمبراطورية وهو القائد الأعلى «لوكاس نوتارس» (Lucas Nataras) يقول مقولته الشهيرة: «من الأفضل لنا أن نرى عمائم الأتراك في القسطنطينية، على أن نرى قلنسوات اللاتين». ولم تصل سوى مساعدات قليلة من جنوة والبندقية وجزيرتي رودس وخيوس على شكل سفن حربية تحمل بعض المقاتلين، على رأسها القائد الجنوي «جيوفاني جستنياني» (Giovanni Giustiniani) الذي تولى مهمة الدفاع عن المدينة، وقد وصلت تلك المساعدات في ذي الحجة 856هـ/ يناير 1453م قبل بدء الحصار الفعلي[2].

بدأ السلطان محمد الثاني في إعداد خطة الحصار التي كان من أهم مرتكزاتها استخدام سلاح المدفعية، ذلك السلاح الذي لم يكن حتى ذلك الوقت يُستخدم بفاعلية سواء في المعارك الميدانية أو معارك الحصار، لذا سعى للوصول بالمدفع للمرَّة الأولى إلى سلاح استراتيجي حاسم، مما تطلب تطورًا نوعيًا وتقنيًا في صناعته، ومن هنا استعان بالخبرات الأجنبية ورصد مبالغ كبيرة لذلك، وقد حاول أولًا الاستعانة بالخبرات الإسلامية من المسلمين الذين نزحوا من بلاد الأندلس أمام ضغط الإسبان، وكانت لهم خبرات كبيرة في هذا المجال، ثم استعان بعدد من الأوروبيين الذين أعطوا خبراتهم للعثمانيين في مقابل المال، وكان من أبرزهم المهندس المجري «أورban» (Urban)، الذي عمل من قبل لحساب

---

(1) يُعَد الموقع الذي شُيدت فيه القلعتان، أضيق نقطة في المضيق، إذ يبلغ اتساعه 660م، لذا لم يكن باستطاعة أي سفينة أن تمر بين البحرين الأبيض والأسود تحت النيران المتقاطعة للمدافع العثمانية المثبتة على الطرفين، وبهذا يُعَد السلطان محمد الفاتح المؤسسَ الفعلي لنظام حصار المضايق الذي استُخدم بعد ذلك في كثير من الحروب. راجع: أوزتونا، **تاريخ الدولة العثمانية**، ج1/ 131، 132؛ نيقولا فانتان، «صعود العثمانيين (1451-1512م)»، ضمن كتاب: **تاريخ الدولة العثمانية**، إشراف: روبير مانتران، ترجمة: بشير السباعي (القاهرة 1993م)، ج1/ 117.

(2) Doukas, op. cit., pp. 210-212, 217-219.

البيزنطيين[1]، وترتب على ذلك، التوصل إلى نوعين من المدافع تغيرت على أساسهما استراتيجية الحرب في العصر الحديث، وهما: المدافع البالستية ضخمة الحجم، ومدافع الهاون التي استعملت للمرّة الأولى[2]، فكان لها فاعلية كبرى ضد وحدات الأسطول البيزنطي.

كان على السلطان الفاتح أن يصل إلى حجم مقذوف معين يمكنه التأثير على الأسوار الضخمة للمدينة، وباستشارة الخبراء وجد أن هذا المقذوف سيتطلب صنع مدفع ذي حجم خاص جدًّا لم يُصنع من قبل، وفي النهاية وبعد كثير من التجارب توصلوا بالفعل إلى صنع مدفع وصفه بعض المؤرخين المعاصرين بأنه لم يكن له مثيل حتى ذلك الوقت من حيث الحجم والقوة، ويصل وزن قذيفته لأكثر من ألف ومائتي رطل[3]. ومع هذه النقلة النوعية في حجم المدافع ونوعها، اهتم السلطان بإنشاء فرقة خاصة بالمدفعية سُميت «الطوبجية»[4]، وكانت نواة لجيش عثماني أصبح فيما بعد الأفضل تكتيكيًّا وميدانيًّا من حيث استخدام سلاح المدفعية، فضلًا عن غيره من الأسلحة النارية على مستوى العالم[5]. وقد ارتبطت صناعة المدافع وسبكها بصناعة البارود المتفجر اللازم لعملية إطلاق القذائف، لهذا بدأ إنشاء معامل مؤقتة لصناعة البارود كانت تنتج كميات قليلة تفي بحاجة المدافع المحدودة التي يجري سبكها، لكن بعد التوسع والتطور الذي شهده استخدام الأسلحة النارية في عهد السلطان الفاتح، أنشأ السلطان دار صناعة البارود «البارودخانه» بعد فتحه لاستانبول، ثم توسع العثمانيون بعد ذلك في صناعته منذ القرن السادس عشر[6].

---

(1) Gabor Agoston, *Guns for the Sultan, Military power and the Weapons Industry in the Ottoman Empire*, (Cambridge University Press, 2005), pp. 43-45.

(2) أوزتونا، **تاريخ الدولة العثمانية**، ج1/ 132؛ وانظر مزيدًا عن تأثير استخدام المدافع والأسلحة النارية في حصار القسطنطينية:

Yaacov Leved, "Gunpowder weapons at the Siege of Constantinople", in *war and society in the eastern Mediterranean, 7th-15th centuries*, (Leiden, 1997), pp. 343-62.

(3) أي 544 كجم تقريبًا. وكان المدفع لا يستطيع ضرب أكثر من سبع طلقات في اليوم بسبب شدة الحرارة الناتجة عن الانفجار، التي قد تُسبب انصهار بدن المدفع. راجع: أوزتونا، **تاريخ الدولة العثمانية**، ج1/ 133؛ نيقولو باربارو، **الفتح الإسلامي للقسطنطينية، يوميات الحصار العثماني** 1453م، دراسة وترجمة وتحقيق: حاتم عبد الرحمن الطحاوي (القاهرة: عين للدراسات، 2002م)، 156.

(4) بروكلمان، **تاريخ الشعوب الإسلامية**، 467.

(5) سالم، **استراتيجية الفتح العثماني**، 79.

(6) Agoston, op. cit., pp. 129, 149.

أما المرتكز الثاني في خطة السلطان فكان استخدام الأسطول، ولهذا كان فتح القسطنطينية بالفعل نقطة فاصلة في تاريخ البحرية العثمانية إجمالًا[1]. فكما سبق أن أشرنا، كان وضع القسطنطينية كشبه جزيرة يفرض على السلطان الاستعانة بأسطول قوي، كما استعانت من قبل الجيوش العربية الإسلامية في محاولاتها الأولى[2]. وكما أصبحت حملات العرب على القسطنطينية حجر الزاوية في بناء سياسة بحرية جديدة، وتطورًا مهمًّا في الاستراتيجية البحرية الهجومية للدولة العربية الإسلامية، قوامها خلق تعاون قوي وتنسيق تام بين القوات البرية والبحرية في الهجوم والغزو[3]، كذلك كان حصار القسطنطينية، وبناء خطة هجوم برية بحرية ذات تكامل وتناسق من قِبل السلطان، قد بدأ في تشكيل الاستراتيجيات البحرية للأساطيل العثمانية، وجعلها ذات فاعلية كبيرة وقدرة على اكتساب الخبرة في الميدان البحري بشكل سريع، مما نتج عنه تفوق واضح فيما بعد على أساطيل الدول البحرية المنافسة للعثمانيين في شرق المتوسط، مثل البندقية وجنوة ومن بعدهما إسبانيا، ومن ثَمَّ السيطرة على معظم مراكز وجزر شرق المتوسط وإضعاف الدور اللاتيني فيه، مما سيقود إلى انتقال الصراع العثماني-الأوروبي بشكل كبير إلى الأجزاء الغربية من ذلك البحر، فضلًا عن وسط أوروبا حيث وصلت القوات العثمانية إلى أبواب فيينا في عام 935هـ/ 1529م[4].

ظلت أمام هذا الأسطول، على الرغم من احتلاله للجزر الصغيرة القريبة من المدينة وتحكُّمه في البسفور، عقبة كؤود حتى يتسنى له حصار المدينة بحريًّا بشكل كامل، تمثلت في سلسلة حديدية ضخمة أَغلقت الخليج الذي يحد المدينة من الناحية الشمالية (خليج القرن الذهبي)، ورابطت خلف هذه السلسلة كثير من وحدات الأسطول البيزنطي التي تمكنت من حمايتها ومنع السفن العثمانية من الدخول إلى الخليج خلال الأيام الأولى من

---

(1) بروكلمان، **تاريخ الشعوب الإسلامية**، 468.

(2) اختلفت المصادر في تقدير عدد سفن الأسطول العثماني المشارك في فتح القسطنطينية، فقد ذكر باربارو مائة وخمسًا وأربعين سفينة، بينما يتحدث دوكاس عن ثلاثمائة سفينة. راجع: باربارو، **الفتح الإسلامي للقسطنطينية**، 120؛ Doukas, op. cit., pp. 82-86.

(3) وفيق بركات، **فن الحرب البحرية في التاريخ الإسلامي** (جامعة حلب: معهد التراث العلمي العربي، 1995م)، 55؛ وراجع عن الأسطول الإسلامي في حصار القسطنطينية: العبادي وسالم، **تاريخ البحرية الإسلامية**، ج1/ 31 وما يليها.

(4) سالم، **استراتيجية الفتح العثماني**، 76، 77.

الحصار[1]. كانت هذه الطريقة شائعة في حماية المدن البحرية خلال العصر الوسيط، فقد تحدث المقريزي - على سبيل المثال - عن السلسلة التي كانت تحمي مدينة دمياط الواقعة في دلتا النيل من الحملات الصليبية. غير أن السلطان استطاع التغلب على هذه السلسلة بحيلة بارعة تحدث عنها المؤرخون كثيرًا، وأظهرت ذكاء عسكريًّا فطريًّا، إذ استطاع نقل السفن من مرساها وإنزالها خلف السلسلة عن طريق البر، وكانت المسافة التي يجب أن تقطعها السفن نحو ثلاثة أميال فوق أرض وعرة ومرتفعة. ويتحدث باربارو عن الطريقة التي سُحبت بها السفن عن طريق البر، ذاكرًا أن الجيش العثماني قام بتسوية الطريق وتمهيده، ووضعوا فيه عددًا ضخمًا من البكرات التي جرى تشحيمها جيدًا بالدهون والشحوم، حتى يمكنها أن تسحب السفن إلى الميناء بسرعة وسلاسة. وعندما رأى الأتراك أن الخطة نُفذت بشكل جيد، أقدموا على سحب عدد من السفن التي كانت تحتوي على خمسة عشر مقعدًا إلى عشرين أو اثنين وعشرين مقعدًا للمجدفين[2]، فاستطاعوا نقل ما يقرب من اثنتين وسبعين سفينة في ليلة واحدة، حتى إن البيزنطيين فوجئوا في الصباح بالأسطول العثماني أمام الأسوار الشمالية، فانهارت معنوياتهم تمامًا، وكان ذلك من العوامل التي أسرعت بالنصر[3].

بدأ الحصار الفعلي للمدينة من الجهة الغربية، عندما وصل الجيش العثماني قبالة الأسوار البرية للمدينة، وذلك في 26 ربيع الأول 857هـ/ 6 أبريل 1453م[4]، أي قبل خمسين يومًا تقريبًا من سقوط المدينة في 21 جمادى الأولى/ 29 مايو، وهي مدة قصيرة نوعًا ما لإسقاط أقوى دفاعات في العالم، مما يدل على الاستعدادات الفائقة التي قام بها السلطان. في بداية الحصار كان معسكر الجيش على مسافة ميلين ونصف الميل من الأسوار، ثم في اليوم التالي تحرك السلطان بنصف قواته إلى مسافة ميل واحد، ثم في اليوم الذي يليه تحرك جزء كبير من القوات لمسافة ربع ميل، وانتشر الجند في خط بطول الأسوار البرية للمدينة التي بلغ طولها ستة أميال، وفي 1 ربيع الثاني/ 11 أبريل، نشر السلطان المدافع حول الأسوار، موجهًا الكبير منها باتجاه أضعف أجزاء السور، «بوابة القديس رومانوس» التي عُرفت فيما

---

(1) Shaw, op. cit., pp. 56-57.

(2) باربارو، **الفتح الإسلامي للقسطنطينية**، 131.

(3) Doukas, op. cit., pp. 82-86.

(4) أوزتونا، **تاريخ الدولة العثمانية**، ج1/ 133؛ عنان، **مواقف حاسمة**، 175.

بعد بـ«طوبقابي» أو بوابة المدفع، واصطف خلف المدافع حملة السهام[1]، حيث تمركزت فرقة المدفعية التي اشتملت على أربع عشرة بطارية، في كل واحدة منها أربعة مدافع في نقاط متقاربة[2]، وتضمن ذلك المدفع العملاق الذي جرى نصبه مع ثلاثة مدافع أخرى أمام بوابة القديس رومانوس. وقد تحدث باربارو عن أماكن نصب بطاريات المدافع، لكنه تحدث أيضًا عن تغير يطرأ على بعض أماكن تلك المدافع تبعًا لتغير خطط الهجوم، بحيث تستطيع التمويه أو استغلال انشغال المقاومة في ناحية من الأسوار لرأب صدع حدث فيها، فيحدث الهجوم من ناحية أخرى بواسطة المدفعية إلى جانب المشاة[3].

وفي 2 ربيع الثاني/ 12 أبريل، وصل الأسطول العثماني إلى ميناء القسطنطينية، واستطاع جزء منه النفاذ خلف السلسلة في 12 ربيع الثاني/ 22 أبريل من الشهر نفسه. وهكذا فُتحت أول ثغرة خطيرة في خطوط الدفاع البيزنطية، وبدا الحصار محكمًا حول المدينة من البر والبحر، ومن ثَمَّ أمر السلطان بإنشاء جسر ضخم داخل الميناء عرضه خمسون قدمًا صُفت عليه المدافع، ثم تقدَّمت السفن إلى أقرب مكان من الأسوار[4]، وبدأت المدافع في إطلاق قذائفها على الأسوار، بجانب اشتباكات الأسطول العثماني مع قطع الأسطول البيزنطي. واستمر الحصار مرهقًا بين ضرب المدافع المستمر، والهجوم المتفاوت للجنود ومحاولاتهم اقتحام الأسوار بطرق شتى، من بينها إنشاء أبراج متحركة للقفز فوق الأسوار[5]، أو حفر خنادق للنفاذ إلى داخل المدينة، إلا إن كل هذه المحاولات باءت بالفشل[6].

ظل الوضع على ما هو عليه في البر والبحر حتى 14 جمادى الأولى/ 23 مايو، أي قبل السقوط بستة أيام، وقد أضحت حالة المدينة غاية في السوء والإنهاك، إذ انهارت بالفعل أجزاء كبيرة من السور، وأجرت المقاومة البيزنطية بعض الترميمات العاجلة. عند ذلك، أدرك السلطان أن الهجوم الأخير على وشك الحدوث، فبعث برسالة إلى الإمبراطور قسطنطين يدعوه فيها إلى تسليم المدينة قبل أن تُهدر الدماء، فلم يقبل قسطنطين وآثر الموت على

---

(1) باربارو، **الفتح الإسلامي للقسطنطينية**، 113، 118.

(2) Doukas, op. cit., p. 213.

(3) باربارو، **الفتح الإسلامي للقسطنطينية**، 118.

(4) عنان، **مواقف حاسمة**، 182.

(5) انظر عن هذه الأبراج: باربارو، **الفتح الإسلامي للقسطنطينية**، 153، 154.

(6) جيبون، **اضمحلال الإمبراطورية الرومانية**، ج3/ 347.

التسليم[1]. عندئذ أمر الفاتح الجيشَ بالاستعداد للهجوم الشامل في يوم الثلاثاء 21 جمادى الأولى 857هـ/ 29 مايو 1453م[2].

بدأ الهجوم الشامل على المدينة - حسب معظم المصادر - قبل فجر ذلك اليوم بنحو ثلاث ساعات، فكان هجومًا هائلًا من كل ناحية، وبكل الأسلحة الممكنة، حيث تحرك الأسطول الذي راح يدك الأسوار الشمالية بالمدفعية، وبدأ الإطلاق المتواصل للمدافع الضخمة من ناحية بوابة رومانوس، وواكب ذلك تحرك آلاف الجند ناحية الأسوار، حيث بدأوا في ارتقائها بواسطة السلالم والأبراج، وبدأت صيحات الجند تعلو بالتكبير والتهليل على أصوات المدافع وأصوات الصنج والدفوف والطبول التي تصم الآذان. استطاعت المدافع دك أجزاء من الستائر الأمامية لأسوار المدينة الغربية، وتقدم الجند تحت ستار الدخان الكثيف، ونجحوا في الاستيلاء على الحصون الأمامية، حيث دخلها أكثر من سبعين ألف عثماني بأسلحتهم. وعند شروق الشمس استطاع الجيش تدمير أجزاء من الأسوار بالقرب من بوابة رومانوس تدميرًا تامًّا، واستمر تدفق الجيش العثماني على المدينة[3].

وأخيرًا سقطت القسطنطينية، المدينة الإمبراطورية، المثل الأعلى لمدن العصور الوسطى، ومثَّل سقوطها مفترق طرق بين العصرين، الوسيط والحديث. كان سقوطها موتًا لعصر بأكمله، بعدما شاخت مقوماته وفشلت استراتيجياته. ولم يكن سقوطها ذا تأثير مباشر على مركز الإمبراطورية العثمانية فحسب، بل امتد إلى العالم بأسره.

يقول «برنارد لويس» (Bernard Lewis):

«سقطت القطعة الأخيرة من الإمبراطورية البيزنطية في موقعها اللائق، إذ وضع السلطان ختمه على اتحاد القارتين، مما أسهم في صهرهما في بوتقة واحدة، وغدت إمارة المجاهدين إمبراطورية، وأميرها إمبراطورًا»[4].

---

(1) محمد فريد المحامي، **تاريخ الدولة العلية العثمانية** (بيروت: دار النفائس، 1981م)، 164.

(2) عنان، **مواقف حاسمة**، 184؛ سالم، **استراتيجية الفتح العثماني**، 84.

(3) باربارو، **الفتح الإسلامي للقسطنطينية**، 170؛ أوزتونا، **تاريخ الدولة العثمانية**، ج1/ 139؛ إينالجيك، **تاريخ الدولة العثمانية**، 42.

(4) برنارد لويس، **استانبول وحضارة الخلافة الإسلامية**، ترجمة: سيد رضوان علي (الرياض: الدار السعودية للنشر والتوزيع، 1982م)، 49.

أصبحت القسطنطينية بعد فتحها عاصمة للدولة العثمانية، لتوسطها بين قارتي آسيا وأوروبا، حيث يمتد جناحا الدولة. على الرغم من استيلاء العثمانيين على مراكز حضرية كثيرة أثناء فتوحات القرن الرابع عشر وأوائل القرن الخامس عشر الميلاديين، وعلى الرغم من ترسيخ دعائم الإصلاح الإدارية التي قاموا بها، إلا إنه يمكن وصف العثمانيين قبل فتح القسطنطينية بأنهم مجرد فصائل وجماعات شرقية يتحركون عبر البلاد التي فتحوها دون نقطة ارتكاز، لكن بعد فتحهم القسطنطينية تحولت الدولة العثمانية إلى واحدة من أعظم إمبراطوريات التاريخ[1].

أسهم سقوط القسطنطينية، وتحولها إلى حاضرة إسلامية في أوروبا المسيحية، في إعادة البناء الاجتماعي والاقتصادي والسياسي لشرق أوروبا، حيث انتقلت علامات التغيير إلى بلدان القارة بأكملها. وقد حاول السلطان بعد إتمامه عملية الفتح أن يجعل من المدينة مركزًا للتجارة والعلوم والفنون، على غرار عواصم الدول الإسلامية التي أسهمت في بناء الحضارة الإنسانية، مثل بغداد ودمشق والقاهرة وقرطبة. وكانت سياسته من اليوم الأول ترمي إلى إعادة إعمار المدينة، وحشدها بكل الطوائف والجنسيات المختلفة، لتكون مركزًا عالميًّا يجعل من حاضرة دولته مقرًّا حيويًّا يزيد من ثقل الدولة ويبوئها مركز الصدارة[2]. نقل الفاتح أكثر من خمسة آلاف عائلة مسلمة إلى داخل المدينة، بجانب العناصر الأخرى من ألبان وبلغار وصرب وغيرهم، وأعطى امتيازات وتسهيلات لتنشيط الحركة التجارية داخل المدينة، فأضحت مركزًا تجاريًّا واقتصاديًّا مهمًّا، وازداد عدد سكانها إلى أكثر من خمسة أضعاف العدد السابق، الذي تقدِّره بعض المصادر بخمسين ألفًا، بل إنه وصل في أواخر القرن السادس عشر إلى نحو ثمانمائة ألف نسمة. وبدأ الفاتح في إرساء الدعائم العلمية والعمرانية داخل المدينة، ببنائه المساجد والمدارس ومعاهد التعليم والمكتبات ودور سكن الطلبة، وإنشائه أحواضًا لبناء السفن وترسانات لإنتاج الأسلحة. وعليه، أضحى الفاتح بالفعل مؤسسًا للنهضة العلمية والأدبية والعمرانية التي أصبحت استانبول مركزًا لها في القرن السادس عشر الميلادي[3].

---

(1) كولز، **العثمانيون في أوروبا**، 34، 35.

(2) سالم، **استراتيجية الفتح العثماني**، 87.

(3) سيد رضوان، **السلطان محمد الفاتح** (الرياض: الدار السعودية للنشر والتوزيع، 1982م)، 53.

مع سقوط القسطنطينية سقطت المدينة القديمة بأسوارها ومتاريسها التي فصلتها عن العالم المحيط، وقد أصبحت مدينة العصر الحديث لا تعتمد في دفاعاتها على الأسوار الشاهقة والأبواب المصفحة والانعزال التام، بل باتت أكثر تحررًا من قيود وأغلال العصور الوسطى، فبدأت الصناعة في النمو والازدهار، وأصبحت المدن بوجه عام معبرًا للتجارة ورؤوس الأموال والاستثمارات في جميع المجالات[1].

أدى سقوط القسطنطينية إلى تطور فارق في الاستراتيجيات العسكرية، فقد أصبح سلاح المدفعية سلاحًا فعالًا في الحروب، وبدأ العمل على تطويره والاعتماد عليه، بل إنه انتقل من سلاح مساعد إلى سلاح حسم في المعارك، حتى إنه اعتُمد عليه بصفة أساسية فيما بعد في السفن الحربية. وكان على المدن الانتقال من عصر التحصينات القديمة «المعتمدة على الأسوار»، إلى عصر جديد يُعتمد فيه على الأسلحة النارية. كان لا بد لدول العصور الوسطى التي لم تتعلم من درس سقوط القسطنطينية، ولم تواكب العالم في تطوير استراتيجياتها العسكرية، أن تفشل في الحفاظ على كياناتها السياسية بعد أول اختبار حقيقي. هكذا لم تستطع الدولة المملوكية ذات الطراز القديم الصمود كثيرًا أمام الجيش العثماني، وهكذا بدأت خريطة العالم السياسية في التشكُّل من جديد مع مطلع العصر الحديث.

من ناحية أخرى، كان لسقوط القسطنطينية تأثير مباشر في التوجه الديني للشعوب الأوروبية، فقد كانت سيطرة الدين أو الكنيسة في أوروبا مبدأ تسير عليه أوروبا العصور الوسطى، إذ كانت تقاليد الإمبراطورية السابقة تقوم على فكرة الكنيسة العالمية، ومن ثم اعتبروا العالم المسيحي «الأرثوذكسي» بأكمله يمثِّل دولة واحدة على رأسها زعيمان، هما البابا والإمبراطور، ليعبِّر الأول عن السلطة الدينية، ويعبِّر الثاني عن السلطة الدنيوية، فضلًا عن ذلك كان للكنيسة نفوذ من الناحية السياسية والاقتصادية، فرجال الكنيسة كانوا يجلسون في المجالس التشريعية إلى جانب النبلاء، ويمتلكون أوقافًا ضخمة يتحكمون من خلالها في النواحي الاقتصادية[2]، لكن بعد سقوط الكنيسة الشرقية - إحدى الكنيستين الرئيستين في العالم - بسقوط الدولة الراعية، بدأ عصر جديد بالنسبة إلى أوروبا المسيحية، عصر حديث

---

(1) راجع عن تطور المدينة بوجه عام بين العصور الوسطى والحديثة: لويس ممفورد، **المدينة على مر العصور «أصلها وتطورها ومستقبلها»**، أشرف على ترجمته: إبراهيم نصحي (القاهرة: مكتبة الأنجلو المصرية، 1964م)، ج2/ 577-584، 585-631.

(2) سعيد عبد الفتاح عاشور، **أوروبا العصور الوسطى** (القاهرة: مكتبة النهضة المصرية، 1959م)، ج2/ 286.

يعتمد على أساسيات أخرى غير السلطة الدينية، بعد أن بدأت الشعوب تشعر بالقوميات كأساس يجمعها في كيانات سياسية، تتألف بناءً على الانتماءات العرقية، واللغات القومية التي بدأت في الظهور بشكلها الحديث، فلم تعُد اللاتينية واليونانية متداولتين في معظم الأقطار، لأنهما لم تستمدا قوتهما على البقاء إلا عن طريق الكنيستين.

بفتح القسطنطينية انتهت سياسة العثمانيين الرامية إلى توحيد الهيكل الأساسي للمسيحية الشرقية الأرثوذكسية، تلك السياسة التي بدأت مع احتلالهم لمقدونيا (773-774هـ/ 1372-1373م)، وانتهت بسيطرتهم على الأقاليم التي تضم المسيحيين الأرثوذكس من يونان وبلغار وجورجيين وصرب ورومان، أي في الحقيقة كل المسيحيين الأرثوذكس عدا الرُّوس، لذا شَكَّل سقوط المدينة رمزًا لكلٍّ من الرُّوس والعالم المسيحي الغربي، فبالنسبة إلى الرُّوس كان يدل على انتقال السيادة الرومانية على العالم من «روما الثانية» أو القسطنطينية إلى «روما الثالثة» ألا وهي موسكو، كما رأى الرُّوس في سقوط المدينة على يد العثمانيين انتقامًا إلهيًّا من اليونانيين لخيانتهم المسيحية الأرثوذكسية في عام 842هـ/ 1439م، عندما اعترف ممثلوهم بالسيادة الرومانية الكاثوليكية على الكنائس الشرقية، على أمل شراء المساعدات العسكرية للفرنجة. أما بالنسبة إلى المسيحيين الغربيين، فكان سقوط المدينة دليلًا على أن المسيحية الغربية صارت قَيِّمة على الثقافة اليونانية القديمة[1]، مع أن الشعوب المسيحية الأرثوذكسية فَضَّلت الهيمنة العثمانية على التبعية للشعوب اللاتينية، خصوصًا بعد أن سمح العثمانيون للمسيحيين الأرثوذكس بالاحتفاظ باستقلالهم الكنسي، ومنحهم الحكم الذاتي لطائفتهم داخل الإطار السياسي العثماني، أي إعطاؤهم مزيدًا من الحرية أكثر مما تمتعوا به في ظل حُكم اللاتين، إخوانهم في الدين ومخالفيهم في المذهب[2].

على الصعيد التجاري، أثَّر سقوط القسطنطينية على تجارة العالم بوجه عام، خصوصًا وبشكل ملحوظ على تجارة شرق البحر المتوسط، التي تُعَد أساسًا تقوم عليه عملية التبادل التجاري بين الشرق والغرب، فقد كانت القسطنطينية مركزًا لشبكة مواصلات تجارية واسعة وممتدة[3]، اعتمدت عليها كثير من الدول التجارية في غرب أوروبا، كالبندقية وجنوة

---

(1) توينبي، **الدولة العثمانية في تاريخ العالم**، 113.

(2) المرجع السابق، 115.

(3) كولز، **العثمانيون في أوروبا**، 34.

وفلورنسا، وقد أدى سقوطها في أيدي العثمانيين وما صاحب ذلك من عمليات حربية برية وبحرية واسعة، إلى ارتباك التجارة وانهيار طرقها البرية والبحرية من آسيا وأوروبا عبر البحر الأسود والأناضول والمضايق، لأن السلطات العثمانية أولت كل اهتمامها في ذلك الوقت للعمليات الحربية، ولم تلتفت إلى التجارة، بل إنها قبضت على الجاليات الأجنبية التي احتكرت التجارة في المنطقة منذ أمد بعيد، خصوصًا تجار المدن الإيطالية، لمساعدتهم البيزنطيين في العمليات الحربية، ونتج عن ذلك أن عاود تجار جنوبي أوروبا استعمال الطرق البحرية المعروفة عبر البحر المتوسط، التي تنتهي بالمرافئ المصرية والشامية، حيث تتكدس منتجات الهند والصين، وقد فضَّل التجار الإيطاليون تلك الطرق البحرية وأقاموا مع سلطات المماليك معاهدات أعطتهم امتيازات عديدة ظلت سارية المفعول حتى السيطرة العثمانية على مصر في عام 923هـ/ 1517م، وصارت البندقية أكبر عميل في تجارة شرق المتوسط، وأنشأت لها جالية كبيرة في الإسكندرية وغيرها من موانئ المماليك، وقد أدى هذا إلى انتعاش ملحوظ، غير أنه مؤقت، في تجارة مصر بعد سقوط القسطنطينية، وسنرى بعد ذلك كيف تبدل هذا الوضع تمامًا عندما استقرت الأوضاع السياسية والحربية في شرق أوروبا، وبدأ العثمانيون الالتفات إلى التجارة وأهميتها، ومن ثَمَّ أبرموا الاتفاقيات التجارية مع الدول الأوروبية[1].

على صعيد آخر، دخلت الحروب الصليبية بعد فتح القسطنطينية مرحلة جديدة، أصبحت فيها الأنشطة الصليبية تهدف مباشرة إلى مواجهة التوسعات والهجمات الإسلامية في العمق الأوروبي، فضلًا عن الدفاع عن العالم المسيحي وحضارته في مواجهة الخطر المباشر للإسلام. من هذا المنطلق، لم يَعُد الهدف الرئيسي لتلك الحملات - كما كان في العصور الوسطى - هو تحرير الأماكن المقدسة، وإنما تحرير القسطنطينية وطرد الأتراك من أوروبا. لقد أدى النجاح العثماني إلى تغير جذري في الوضع الاستراتيجي لأوروبا المسيحية[2]،

---

(1) نعيم زكي فهمي، **طرق التجارة الدولية ومحطاتها بين الشرق والغرب أواخر العصور الوسطى** (القاهرة: هيئة الكتاب، 1973م)، 20، 38، 44، 171؛ راجع مزيدًا عن تداعيات سقوط القسطنطينية على الاقتصاد والتجارة: هايد، **تاريخ التجارة**، ج3/ 163-191.

(2) Khalil Inalcik, "A. Mehmed the Conqueror's Empire (1451-1481)", in "The Ottoman Turks and the crusades (1451-1522)", in *A History of the crusades*, Vol. VI (London, The University of Wisconsin press, 1989), pp. 315-16.

وترتب على ذلك اعتراف العالم الإسلامي بمحمد الفاتح زعيمًا للحرب المقدسة على العالم المسيحي، ومن ثَمَّ أضحى يمتلك تفوقًا على جميع الحكام المسلمين، بمن في ذلك سلاطين المماليك أصحاب السيطرة على المدن المقدسة[1]، وهذا ما سيؤكد لاحقًا على انتقال الصراع الصليبي إلى العثمانيين ووراثتهم لهذا الدور بشكل كامل من القوى الإسلامية التي بدأت في الضعف، وعلى رأسها الدولة المملوكية المهيمنة على منطقة الشرق الأدنى.

أما عن أبرز نتائج الفتح العثماني على صعيد الغرب المسيحي، فكانت خسارة السيطرة الأوروبية على منطقة المضايق، مما حرم الغرب من مزايا استراتيجية عظيمة، منها مقدرتهم على قطع الاتصال بين جناحي الإمبراطورية العثمانية في آسيا وأوروبا. وعلى الرغم من أن هذه الاستراتيجية لم تثبت فاعليتها قَطُّ في الخطط الصليبية، لكن كان لها بعض التأثير السلبي على العثمانيين. وبصرف النظر عن التأثير على الصعيد العسكري، كان تأثير السيطرة العثمانية على المضايق أكثر أهمية من حيث عَزْل المستعمرات الإيطالية على شواطئ البحر الأسود ووقوعها تحت رحمة العثمانيين. وقد أعطى محمد الفاتح أهمية كبيرة لمنطقة المضايق الاستراتيجية طوال فترة حكمه البالغة ثلاثين عامًا، فأقام سلسلة من الخطوط الدفاعية من تينيدوس إلى البحر الأسود، لتأمين استانبول من ناحية البحر، فضلًا عن قواعد بجاليبولي وإزميت (نيقوميديا) واستانبول نفسها، وإضافةً إلى هذه الدفاعات القوية هناك تعزيزات القوة البحرية التي أصبحت التحدي الحقيقي لقوة البندقية البحرية وأداة فعالة في بناء إمبراطوريته[2].

انطلقت الدولة منذ فتح القسطنطينية إلى آفاق جديدة، بعد أن أصبح مركزها للمرَّة الأولى مشرفًا على البحرين الأسود والمتوسط، إذ استمرت هذه المدينة التاريخية في لعب دورها المحوري الذي طالما مارسته إبان العصور الذهبية للإمبراطورية البيزنطية، ألا وهو التحكم في الحوض الشرقي للبحر المتوسط. لقد عاد إليها الثقل مرَّة أخرى بعد الضعف الذي شهدته في آخر قرنين من عمر الإمبراطورية. ومع أن أدرنة أهم مدن تراقيا كانت عاصمة ومركزًا مهمًّا انطلق من خلاله العثمانيون، إلا إن إمكاناتها لم ترتقِ

(1) Shaw, op. cit., p. 61.

(2) Inalcik, A. Mehmed the Conqueror's Empire, pp. 315-16.

إلى تلك الإمكانات الفائقة التي تمتلكها القسطنطينية المدينة العظيمة التي استحقت في ذلك الوقت أن تصبح عاصمة لأقوى الدول الإسلامية، وترث ذلك الدور الذي لعبته قرطبة لعدة قرون بوصفها مركزًا للتنوير الإسلامي في أوروبا المسيحية، لكن هذه المرَّة من ناحية الشرق.

الفصل الثاني

السلطان محمد الثاني وجهوده في تدعيم النفوذ العثماني في شرق المتوسط بعد فتح القسطنطينية

بعد أن قضى السلطان الفاتح على بيزنطة، أصبح قادرًا على تبرير دعواه في أن يصبح خلفًا للإمبراطورية في إطار توجيه فتوحاته نحو العالم المسيحي، وكان هذا هو المنطلق الذي شكَّل نواة لتوسعاته على حساب القوى المسيحية. وضع الفاتح يده على مفتاح أوروبا الشرقية من جهة، ومفتاح شرقي المتوسط من الجهة الأخرى، حيث امتلك الزمام الذي يُمكِّنه من بسط سيطرته على ما تبقى من أراضي الإمبراطورية الشرقية المنهارة، وليس هذا فحسب، وإنما تطلع إلى أن يكون سيد العالم، كما ذكر حاكم جلطة في رسالة كتبها بعد فتح القسطنطينية بنحو شهر، جاء فيها:

> «إن السلطان محمد الفاتح يهدف إلى أن يكون سيد العالم، وإنه قبل أن تمضي سنتان سيزحف إلى روما. فإن لم يأخذ النصارى حذرهم أو تحدث معجزات، فإن مأساة القسطنطينية ستتكرر مرَّة أخرى في روما»[1].

أولًا: تطورات الصراع السياسي في شرق المتوسط بعد فتح القسطنطينية

عمل السلطان أولًا، من منطلق وراثته للعرش البيزنطي، على تركيز جهوده للقضاء التام على الأسرات الحاكمة التي تدعي حق وراثة هذا العرش[2]، مثل: إمبراطورية «طرابزون» (Trabzon)، آخر الكيانات المسيحية في آسيا الصغرى، وبعض حكام المورة،

---

(1) محمد سالم الرشيدي، **السلطان محمد الفاتح** (القاهرة: دار البشير، 2013م)، 137.

(2) إينالجيك، **تاريخ الدولة العثمانية**، 43.

وعائلة «جاتليوسو» (Gattilusio)[1] في جزيرة «ليسبوس» (Lesbos) (مدللي أو مدللو)، و«إينوس» (Aenos)[2]، الواقعة على ساحل تراقيا عند مصب نهر ماريتزا، التي صاهرت عائلة باليولوجوس. هذا غير السعي نحو السيطرة على الأراضي التي كانت تابعة للبيزنطيين أو التي أصبحت خاضعة للقوى اللاتينية، خصوصًا البحر الأسود[3].

من ناحية أخرى، بدأ محمد الفاتح، في إطار سعيه لخلق إمبراطورية عالمية، في التخلي عن النظام القديم لحكم أمراء محليين موالين للسلطة العثمانية، من أجل إنشاء حُكم مركزي يقضي بضم الأراضي إلى السلطة العثمانية المباشرة. ومن هنا أحيا الفاتح السياسة العدوانية لجده بايزيد، وجرى تفعيلها أولًا في البلقان.

لقد أدرك السلطان أن العثمانيين أصبحوا العدو اللدود في الوجدان الأوروبي عامة[4]، مما يدفع نحو حرب صليبية مشتركة تحت رعاية البابا، وقد أصبح تجنب هذه الحرب حجر الزاوية في استراتيجية السلطان؛ تفاديًا للقتال على جبهتي الأناضول والبلقان في آنٍ واحد. إلا إن سقوط القسطنطينية أثار موجة عارمة من السخط اجتاحت ربوع القارة الأوروبية،

---

(1) عائلة جنوية، تمكَّنت من السيطرة على مراكز متعددة في بحر إيجة منذ عام 756هـ/ 1355م وحتى منتصف القرن التاسع الهجري/ الخامس عشر الميلادي، بعدما تمكَّن يوحنا الخامس باليولوجوس بمساعدة «فرانشيسكو جاتليوسو» (Francesco Gattilusio) من الإطاحة بمنافسه على عرش بيزنطة جون السادس كنتاكوزينوس في عام 755هـ/ 1354م، فأعطاه السيادة على جزيرة ليسبوس مكافأة له، وزوَّجه من أخته «ماريا» (Maria). وما لبثت سلطة هذه العائلة أن اتسعت فشملت كثيرًا من جزر بحر إيجة، مثل إمبروس وساموثراكي وليمنوس وثاسوس وإينوس، ومن خلال سيطرتهم على هذه المراكز المهمة استطاعوا المشاركة بكثافة في التجارة التي سيطرت عليها جمهورية جنوة. راجع:

Kenneth M. Setton, *The Papacy and the Levant (1204-1571)* (Philadelphia, 1976-78), Vol. I, pp. 225; Vol. II, 188, 238-39.

(2) أطلق عليها الأتراك «إنز» (Enez). وقعت تحت حكم عائلة جاتليوسو منذ عام 756هـ/ 1355م، وأصبحت إمارة اشتمل حكمها على جزيرتي إمبروس وساموثراكي شمالي بحر إيجة. راجع: هايد، **تاريخ التجارة**، ج3/ 181؛

F. W. Hasluck, Monuments of the Gattelusi, *The Annual of the British School at Athens*, Vol. 15 (1908/1909), p. 252.

(3) فاتان، **صعود العثمانيين**، 126، 127؛ Shaw, op. cit., p. 61 .

(4) See: James Hankins, "Renaissance Crusaders: Humanist Crusade Literature in the Age of Mehmed II", *Dumbarton Oaks Papers*, Vol. 49, Symposium on Byzantium and the Italians, 13th -15th Centuries (1995), pp. 111-207.

ومهدت للبابا «نيكولاس الخامس» (Nicholas V) (851-859هـ/ 1447-1455م)، إحلال السلام بين الدول الإيطالية في عام 858هـ/ 1454م[1]، وذلك لتوفير سبل الإعداد لحملة صليبية جديدة، ودفع هذا السلطانَ إلى المسارعة بتوقيع معاهدة مع البندقية في 19 ربيع الثاني 858هـ/ 18 أبريل 1454م[2] لضمان أنها لن توفر دعمًا بحريًّا قد يكفل نجاح الخطط الصليبية التي تعتمد عليه اعتمادًا كبيرًا. أما البندقية، فكان عليها الحفاظ على السلم مع السلطان بعد فتح القسطنطينية حتى لا تتعرض الجمهورية لمزيد من الخسائر. وبالفعل، استفادت البندقية من تلك المعاهدة التي منحتها امتيازات تجارية داخل الأراضي العثمانية، ووافقت على دفع الجزية لمستعمراتها في البحر الأسود وبحر إيجة. أما فرسان رودس، فأعلنوا رفضهم دفع الجزية بناءً على أوامر مباشرة من البابا، لهذا قام العثمانيون بحملة بحرية في بحر إيجة في عام 858هـ/ 1454م لكنها لم تسفر عن الكثير. وبعد تعيين محمود باشا صدرًا أعظم في عام 859هـ/ 1455م اتبع سياسة أكثر حسمًا تجاه جزر بحر إيجة، تهدف إلى السيطرة العثمانية المباشرة، وبالفعل أعلن السلطان الحرب على رودس وخيوس، في حين طلبت ليسبوس مهلة لرفع مقدار الجزية إلى عشرة آلاف دوقية[3].

عمَّ الخوف أرجاء جزر بحر إيجة، خصوصًا الشمالية منها، بعد سقوط القسطنطينية، وذلك خشية سقوطها في يد الأتراك، إلا إن «كريتوبولس» (Critoboulos)، أحد وجهاء جزيرة «إمبروس» (Imbros) (إيمروز)، نجح في إقناع السلطان بالموافقة على تسوية بموجبها تبقى الجزر في ظل النظام السياسي والاجتماعي الذي كانت عليه قبل سقوط القسطنطينية، فتظل «ليمنوس» (Lemnos) (ليمني أو إيلملي) و«ثاسوس» (Thasos) (طاشوز)[4] تحت حكم

(1) تحقق السلام في إيطاليا بموجب معاهدة «لودي» (Lodi) في 10 ربيع الثاني 858هـ/ 9 أبريل 1454م، ومن ثَمَّ أُبرمت المعاهدة الدفاعية الهجومية المشتركة ضد العثمانيين من قِبل القوى الإيطالية لمدة خمسة وعشرين عامًا، في 8 ربيع الأول 859هـ/ 25 فبراير 1455م. راجع:

Ludwig Pastor, *The history of the popes from the close of the middle ages*, Tr. Frederick I. Antrobus, Vol. II, (London, 1894), pp. 273-76.

(2) أولى المعاهدات التجارية بين السلطان محمد الثاني والبندقية بعد فتح القسطنطينية. انظر مزيدًا عن تفاصيل هذه المعاهدة: هايد، **تاريخ التجارة**، ج3/ 176-178.

(3) Doukas, op. cit., p. 254; Inalcik, A. Mehmed the Conqueror's Empire, p. 317.

(4) أطلق عليها الأتراك «طاشوز»، وتقع أقصى شمال بحر إيجة بالقرب من ساحل تراقيا، لهذا كانت لها أهمية استراتيجية خاصة في الدفاع عن هذا الساحل. راجع:

«دورينو الأول» (Dorino I) حاكم ليسبوس (831-859هـ/ 1428-1455م)[1]، وإمبروس تحت حكم «بالاميد» (Palamede) (812-859هـ/ 1409-1455م) شقيق حاكم إينوس و«ساموثراكي» (Samothrace) (سمندريك)، في مقابل دفع جزية سنوية. لكن بعد أن وجد السلطان نفسه مهددًا بشن حملة صليبية من الغرب يمكن أن تتخذ من هذه الجزر قواعد بحرية ضده، تغيرت سياسته تجاه تلك الجزر، فطلب أولًا من «دومنيكو» (Domenico) جاتليوسو (859-862هـ/ 1455-1458م)، الذي خلف أباه دورينو، أن يدفع عن جزيرة ليسبوس ضعف الجزية التي كان يدفعها حتى ذلك الحين، وأن يتنازل عن جزيرة ثاسوس التي سيطر عليها العثمانيون بالفعل في ذي القعدة 859هـ/ أكتوبر 1455م، في مقابل تخفيض قيمة الجزية من ستة آلاف إلى أربعة آلاف دوقية[2].

وقبل أن يسيطر العثمانيون على ثاسوس، أعلن السلطان الحرب على كلٍّ من رودس وخيوس، ومن ثَمَّ قامت البحرية العثمانية في ربيع عام 859هـ/ 1455م بحملة على جزيرة رودس، وقبل أن يصل الأسطول التركي إلى الجزيرة توقف عند خيوس[3]، حيث طالب أمير البحر السكان، باسم السلطان، بدفع مبلغ أربعين ألف دوقية، وعندما رفض السكان الدفع أغار على حقول الكروم والحدائق الموجودة بالجزيرة، ثم فشلت الحملة في رودس نتيجة للدفاع الشرس الذي لاقته من فرسان القديس يوحنا. وبعد عودة الأسطول خاف سكان خيوس من تكرار الهجوم عليهم، وفضلوا شراء سلامتهم بدفع عشرين ألف دوقية. ولم يمنع ذلك السلطان من تجهيز حملة ثانية في السنة نفسها هدفها جزيرة خيوس، إلا إن الأسطول لم يستطع الاقتراب من الجزيرة بسبب عاصفة سببت له أضرارًا، ومع ذلك استطاع السيطرة على فوكاية - المستعمرة الجنوية - في ذي الحجة 859هـ/ نوفمبر 1455م، حيث مصانع الشب الشهيرة، أحد الموارد التجارية الرئيسية التي سيطرت عليها جنوة. وفي الربيع التالي جهز السلطان حملة جديدة ضد خيوس، إلا إنها وافقت على رفع الجزية السنوية إلى

Myres, J. L. Myres, “The Islands of the Aegean”, *The Geographical Journal*, Vol. 97, No. 3 (Mar., 1941), pp. 142.

(1) F. L. W. Sealy, “Lemnos”, *The Annual of the British School at Athens*, Vol. 23 (1918/1919), pp. 155.

(2) هايد، **تاريخ التجارة**، ج3/ 182.

(3) See: Miller, The Genoese in Chios, p. 427.

عشرة آلاف دوقية، ودفع تعويض قدره ثلاثون ألفًا عن سفينة تركية غرقت في قتال جرى بين أهالي خيوس وبين العثمانيين، وقد ضمنت هذه التنازلات فترة طويلة من الهدوء للجزيرة[1].

من ناحية أخرى، لم يُقَدَّر لـ«دورينو الثاني» (Dorino II) (859-860هـ/ 1455-1456م) خليفة بالاميد أن يتمتع طويلًا بإمارته إينوس، حيث انتهز السلطان فرصة وجوده في ساموثراكي، مقامه الشتوي، ليوجه أسطولًا إلى إينوس، ونهض بنفسه على رأس جيش بري فحاصر الموقع من جهة البر في صفر 860هـ/ يناير 1456م، ولم يُبدِ السكان أي مقاومة، وقبلوا الحاكم التركي الذي عُين حاكمًا للمدينة. ولأن جزيرتي إمبروس وساموثراكي[2] كانتا تابعتين لإمارة إينوس، فقد ترك السلطان حق استغلالهما لآخر أمراء إينوس في مقابل دفع جزية قدرها ألفا دوقية[3]. وقد تسببت كل هذه الإجراءات في إثارة القلق العثماني بشأن هجوم محتمل من قِبل الأسطول الصليبي الذي كان يجري إعداده من قِبل البابا. وقد سيطر العثمانيون بعد ذلك على ليمنوس بناءً على دعوة من اليونانيين الذين انتفضوا على «نيكولاس جاتليوسو» (Nicholas Gattilusio) أمير ليسبوس (862-866هـ/ 1458-1462م) في جمادى الآخرة 860هـ/ مايو 1456م. وأصبح مصير الجزر الواقعة شمال بحر إيجة يمثِّل أيضًا قلقًا كبيرًا للبلاط البابوي، فبعد سقوط إمبروس وساموثراكي أصبحت جزيرة ليسبوس نفسها في خطر، وبالتالي أرسلت نداءات استغاثة عاجلة للحصول على مساعدات من البابا وجنوة[4]. أضحت سياسة السلطان الجديدة هي الدافع وراء اهتمامه بحماية الجناح الغربي

(1) ظلت مستعمرة خيوس الجنوية في حالة من الاستقرار، فلم تتعرض للإغارة من قِبل الأتراك، على الرغم من أنها كانت لا تملك سوى فرقة يتراوح عدد أفرادها بين ثلاثمائة وثمانمائة جندي من المرتزقة وسفينة حربية واحدة، وكانت التعزيزات التي يرسلها إليها الوطن الأم أحيانًا في الأوقات العصيبة مقصورة على أشياء قليلة، إلا إن حاكم الجزيرة حرص على ألا يفعل شيئًا من شأنه أن يعكر صفو السلام مع السلطان، فضلًا عن المواظبة على سداد الجزية السنوية منذ عام 1455م، والتي كانت تقدَّر بعشرة آلاف دوقية، ثم زيدت إلى اثني عشر ألفًا في عام 1500م، ثم إلى أربعة عشر ألفًا بعد ذلك. راجع: هايد، **تاريخ التجارة**، ج3/ 180، 181، 198.

(2) هما من أقرب الجزر لمضيق الدردنيل، لهذا اعتبرا حصنًا أماميًّا لحماية الشواطئ العثمانية في بحر إيجة. راجع: Myres, op. cit., pp. 142-43..

(3) هايد، **تاريخ التجارة**، ج3/ 181.

(4) William Miller, "The Gattilusio of Lesbos (1355-1462)", *Byzantinische Zeitschrift*, XXII, 1913, p. 433.

للدولة، فضلًا عن استانبول نفسها، قبل الخروج في حملته إلى بلجراد[1] التي كان مقررًا لها الربيع المقبل، وهكذا شكَّلت السيطرة على هذه الجزر إحدى القضايا الرئيسية بين العثمانيين وأوروبا المسيحية على مدار قرنين من الزمان.

على صعيد آخر، لم تُقْنع الحماسة، التي كانت تتسم بها دعوة البابا، حكامَ الدول الإيطالية بالتحرك لشن حملة صليبية جديدة على العثمانيين، بعد أن أدركوا أن التقارير التي تتحدث عن التهديدات العثمانية لإيطاليا كان مبالغًا فيها، وكان الأمر بالمثل خارج إيطاليا، إذ نجد اللامبالاة الأوروبية نفسها لنداءات البابا، في حين نجد أن ذلك الاهتمام من قِبل البابا، فضلًا عن البندقية، بهذه الدعاية الصليبية كان لتحقيق مآرب خاصة، لذا لم يلقَ النجاح المطلوب. وفي واقع الأمر، كان الغزو العثماني لإيطاليا بعد فتح القسطنطينية مباشرة أمرًا مستبعدًا، وذلك في ضوء الأوضاع السياسية القائمة في ذلك الوقت، إذ كان التفوق البحري لا يزال قائمًا للدول الأوروبية في البحر المتوسط، خصوصًا البندقية وأراجون، فضلًا عن وجود بؤر استيطانية مسيحية في أماكن استراتيجية في ألبانيا والمورة، هذا إضافةً إلى الصراع القائم في بحر إيجة الذي شكَّل عقبة أمام أي تقدم عثماني، وعلى الأرض شكَّل التهديد المجري للنفوذ العثماني في الصرب مصدر القلق الرئيسي للسلطان في ذلك الوقت[2].

جرى بالفعل إعداد أسطول صليبي مكون من ست عشرة سفينة وخمسة آلاف جندي وثلاثمائة مدفع، لكن في النهاية لم تبحر سوى عشر سفن في بحر إيجة بدءًا من منتصف يونيو 1456م، وكان هدفها تحويل بعض القوات العثمانية عن وجهتها الرئيسية على الجبهة

---

(1) شن السلطان خلال صيف عام 860هـ/ 1456م حملة على المجر، تهدف إلى فتح بلجراد، لكنه انسحب بعد حصار دام ستة أسابيع. والجدير بالذكر أنه كان الحصار العثماني الثاني للمدينة، بعد الحصار الذي حدث في عام 845هـ/ 1441م في عهد مراد الثاني واستمر تسعة وثلاثين يومًا. وهكذا استمرت بلجراد تابعة للمجر لأكثر من نصف قرن آخر، حتى استطاع السلطان سليمان القانوني فتحها في عام 927هـ/ 1521م. وقد اعتبرت أوروبا فشل السلطان وانسحابه انتصارًا عظيمًا، مما أدى إلى ردود فعل قوية في كل أنحائها، حتى كتب البابا كاليكستوس الثالث أنه الآن يتطلع «ليس فقط لاستعادة القسطنطينية، وإنما لتحرير أوروبا وآسيا والأراضي المقدسة». راجع: الرشيدي، **السلطان محمد الفاتح**، 162-165؛

R. Nisbet Bain, "The Siege of Belgrade by Muhammad II", July 1-23, 1456, *The English Historical Review*, Vol. 7, No. 26 (Apr., 1892), pp. 235-52; Shaw, op. cit., p. 63; Setton, op. cit., Vol. II, p. 183.

(2) Inalcik, A. Mehmed the Conqueror's Empire, p. 319.

المجرية، فضلًا عن إنقاذ كلٍّ من خيوس وليسبوس من وقوعهما تحت سيطرة السلطان، وتأمين تعاونهما من أجل استعادة الجزر الشمالية لبحر إيجة من يد العثمانيين، وبذلك يجري إحياء التحالف المسيحي من جديد أمام الوجود التركي في بحر إيجة، إلا إن خيوس لم توافق على التنصل من ولائها للسلطان والانضمام إلى قوات البابا، بعد أن وافقت بالفعل على دفع ثلاثين ألف دوقية تعويضًا ورفع الجزية السنوية إلى عشرة آلاف دوقية. وقد استطاع الأسطول البابوي احتلال كلٍّ من ليمنوس وإمبروس بموجب اتفاق، أما ثاسوس فقد احتلها بالقوة، وترك بها حامية للدفاع عنها، في حين غابت البحرية العثمانية خلال هذه العمليات، ومن الواضح أنها كانت منشغلة في البحر الأسود أثناء حملة بلجراد في فصل الصيف[1].

في ربيع عام 861هـ/ 1457م، سارع السلطان بإرسال أسطول قوي تحت قيادة إسماعيل، حاكم جاليبولي، لمحاربة عائلة جاتليوسو. وانطلاقًا من الاستعدادات الكبيرة لهذا الأسطول، يبدو أن السلطان كان يدور في خلده ضم ليسبوس كما فعل مع باقي الجزر الشمالية لبحر إيجة. ومع تقدم الأسطول العثماني تراجع الأسطول البابوي إلى جزيرة خيوس، ومن ثَمَّ ضرب أمير الأسطول العثماني الحصار على قلعة «موليبدوس» (Molybdos) دون نتيجة، وبعد ذلك غادر الجزيرة وعاد إلى جاليبولي في 18 رمضان/ 9 أغسطس. وخلال عام 861هـ/ 1457م اتبع دوق الأرخبيل خطى ليسبوس في تقديم الولاء للسلطان، ووافق على دفع الجزية[2]. وهكذا ظلت كلٌّ من ليمنوس وثاسوس في يد الصليبيين، حيث وُضعا من قِبل البابا تحت حماية زعيم الإسبتارية بعد عودة الأسطول البابوي إلى إيطاليا في عام 862هـ/ 1458م. ومع أن البنادقة والقطلان أرادوا السيطرة على هذه الجزر، إلا إن البابا «كاليكستوس الثالث» (Calixtus III) رفض طلباتهم، لكن بعد وفاته اعتزم البابا الجديد «بيوس الثاني» (Pius II) (862-868هـ/ 1458-1464م) وضعها تحت حماية جنوة[3]. على أي حال، حاول اللاتين بين عامي 861 و863هـ/ 1457 و1459م، إنشاء قواعد على هذه الجزر من أجل الدفاع، أو الهجوم على العثمانيين، لكن السلطان محمد الفاتح استطاع السيطرة عليها بين عامي 863 و864هـ/ 1459 و1460م، وإنهاء هذه الخلافات بسهولة عن طريق تعاون سكانها اليونانيين المناوئين للحكم اللاتيني[4].

---

(1) Doukas, op. cit., pp. 254-56.

(2) Miller, The Gattilusio of Lesbos, p. 435.

(3) Ibid., p. 434.

(4) Setton, op. cit, Vol. II, pp. 223-24.

أما جزيرة ليسبوس، فعلى الرغم من قيام نيكولاس جاتليوسو الحاكم الجديد للجزيرة بدفع الجزية للسلطان للحيلولة دون أي هجوم من قِبله، فقد أخذ كل التدابير اللازمة لوضع الجزيرة في حالة استعداد، وطلب مساعدات سريعة من جنوة، مما دفع السلطان لاتهامه بإجراء اتفاقيات سرية مع الإيطاليين وتمكين القراصنة القطلان من استخدام الجزيرة كقاعدة، ومن ثَمَّ شن هجومًا حاسمًا على الجزيرة في عام 866هـ/ 1462م، حيث ضرب الصدر الأعظم محمود باشا حصارًا قويًّا على «ميتيليني» (Mytilene)[1] المدينة المحصنة، بأسطول مكون من تسع عشرة سفينة، في حين جاء السلطان بنفسه عن طريق البر مع الجزء الرئيسي من الجيش، وأقام معسكره في مدينة إزميت المقابلة للجزيرة في شهر أغسطس. وسرعان ما بدأت المدفعية في قذف الأسوار التي لم تتحمل كثيرًا، فاستسلمت قلعة «ميلانوديون» (Melanoudion)، ثم استسلم نيكولاس جاتليوسو في سبتمبر، فدخلت الجزيرة على الفور تحت الحكم العثماني المباشر. وعلى الرغم من أن أسطول البندقية كان يتابع العمليات العسكرية العثمانية عن كثب، فإن الأوامر كانت تقضي بعدم الدخول في مواجهة مباشرة مع القوات العثمانية[2].

كان استسلام جزيرة ليسبوس وحاكمها الجنوي، يُعَد نهاية لنفوذ جنوة في بحر إيجة، حيث لم يَعُد لدى جنوة كما كان لها من قبل أساطيل كبيرة ترسلها إلى الأرخبيل بعد فقدها مراكزها التجارية في القسطنطينية والبحر الأسود، فضلًا عن الصراع الذي أصبحت رهينة له في خمسينيات وستينيات القرن الخامس عشر بين فرنسا وأراجون من أجل النفوذ في إيطاليا، إضافةً إلى الصراعات الداخلية، حتى إن الوطن الأم لم يستطع تزويد جزيرتي خيوس وليسبوس بوسائل دفاعية أكثر من فرقة قوامها مائتا جندي من المرتزقة وسفينتان حربيتان، وحتى هذا المدد الضعيف لم تتولَّ الدولة تجهيزه، بل جهَّزه بنك سان جورج بعد نفاد خزائن الدولة ثم ضياع استقلالها السياسي، حيث خضعت لملك فرنسا ثم دوق ميلانو في عام 868هـ/ 1464م[3].

---

(1) أطلق عليها الأتراك «مدللي» أو «مدللو»، كما أطلقوا الاسم ذاته على الجزيرة نفسها، وهي أهم مدن جزيرة ليسبوس وأكبرها، وتقع في الجنوب الشرقي مقابل ساحل آسيا الصغرى، وبها ميناء مهم كان يربطها بجزيرتي ليمنوس وخيوس. راجع:

W. H. D. Rouse, "Lesbos", *The Annual of the British School at Athens*, Vol. 2 (1895/1896), pp. 145-46, 148.

(2) Inalcik, A. Mehmed the Conqueror's Empire, pp. 321-22.

(3) هايد، **تاريخ التجارة**، ج3/ 183؛ فهمي، **طرق التجارة**، 40؛

أدت النجاحات العثمانية في البلقان وبحر إيجة إلى لجوء القوى الأوروبية، خصوصًا جنوة والبندقية، إلى تشجيع ودعم أطماع بعض الإمارات التركمانية في الأناضول، التي تعاونت بدورها مع آخر السلطات اليونانية هناك، وهي إمبراطورية طرابزون الواقعة على الساحل الجنوبي للبحر الأسود، من أجل الضغط على الجبهة الشرقية للعثمانيين وبالتالي الحد من تهديدهم. من هنا شعر السلطان بالحاجة الملحة إلى استكمال سيطرته على طول ساحل البحر الأسود لإحباط أي محاولة اعتداء بإيعاز من القوى الأوروبية[1]. وبالتالي، عزم السلطان بعد فرض نفوذه في بحر إيجة، وقضائه على معظم الزعامات المحلية هناك، أن يوجه جيوشه صوب الأناضول، للقضاء أولًا على إمبراطورية طرابزون التي كانت تمثِّل أهمية كبيرة لتجارة الجمهوريات الإيطالية. وفي أثناء الإعداد لتلك الحملة في عام 864هـ/ 1460م لم يفصح السلطان عن هدفها، وذلك لاستغلال عامل المفاجأة الذي كان ينتهجه دائمًا. وتألفت الحملة من ستين ألف فارس وثمانية آلاف من المشاة. وفي عام 865هـ/ 1461م، تقدمت القوات واستولت على مدينة سينوب، ثم أمر السلطان أسطوله بالإبحار مباشرة إلى طرابزون، وتقدَّم بنفسه على رأس القوات البرية إلى أرمينية باتجاه قلعة قيونلو حصار الواقعة جنوبي طرابزون واستولى عليها، ثم شرع السلطان من البر، يساعده الأسطول من البحر، في فرض حصار على المدينة امتد لاثنين وثلاثين يومًا، تلاها تسليم اليونانيين للمدينة من دون قتال في ذي القعدة 865هـ/ أغسطس 1461م. وهكذا سقطت إمبراطورية طرابزون آخر الكيانات البيزنطية بعد أن استمرت أكثر من قرنين ونصف من الزمان[2].

على صعيد آخر، سعى البابا بيوس الثاني للدعوة إلى حملة صليبية عامة، وذلك في أثناء قيام العثمانيين بطرد قوات البابا من جزر شمال بحر إيجة، بعد أن استطاع السلطان في عام 863هـ/ 1459م طرد المجريين من بلاد الصرب والاستيلاء على كامل البلاد باستثناء بلجراد، وصارت منذ ذلك الحين ولاية عثمانية أطلق عليها ولاية «سمندرة»[3]، وقد أمَّنت

Vincent Ilardi, *The Italian League and Francesco Sforza - A Study in Diplomacy, 1450-1466* (Doctoral dissertation - unpublished: Harvard University, 1957), pp. 151-153, 161-162, 495-98, 500-05.

(1) Shaw, op. cit., pp. 64.

(2) هناء محمد إبراهيم بركات، **التاريخ السياسي لإمبراطورية طرابزون البيزنطية منذ منتصف القرن الرابع عشر حتى سقوطها سنة 1461م**، رسالة ماجستير غير منشورة (كلية الآداب - جامعة طنطا، 1998م)، 195-202.

(3) شن السلطان الفاتح، بوجه عام، منذ فتحه للقسطنطينية وحتى عام 867هـ/ 1463م، سلسلة من الغزوات لفرض نفوذه المباشر جنوبي نهر الدانوب، خصوصًا الصرب وملكها جورج برانكوفيتش، الخاضع للنفوذ

للعثمانيين الاتصال المباشر مع مقدونيا من الشمال. هذا فضلًا عن أنه استطاع فتح مدينة «أثينا» (Athens) التاريخية، وبسط سيطرته على معظم الأراضي اليونانية بما في ذلك المورة[1].

وهكذا، أُعلنت حرب صليبية عامة لمدة ثلاث سنوات بدءًا من عام 864هـ/ 1460م. وفي الوقت نفسه حدثت تطورات جديدة في «والاشيا» (Wallachia) (الأفلاق) والبوسنة، أدت إلى اندلاع صراع مفتوح بين المجريين والعثمانيين، حيث سعى السلطان في عام 865هـ/ 1461م إلى استعادة ولاء أمير والاشيا «فلاد الثالث» (Vlad III) المعروف بـ«المُخَوْزِق»[2]، إلا

المجري. فأطلق السلطان في ربيع عام 859هـ/ 1455م حملة على مدينة «نوفو بردو» (Novo Brdo) الاستراتيجية، التي تُعَد من أهم مدن البلقان التجارية، وسقطت المدينة بالفعل في يد العثمانيين بعد أربعين يومًا من الحصار في جمادى الآخرة 859هـ/ يونيو 1455م. ثم قضى العثمانيون باقي الصيف في إخضاع الجزء الجنوبي الغربي من الصرب، ولم يبقَ من الصرب سوى بلجراد الحصينة بوابة المجر. وعندما مات جورج برانكوفيتش في شهر محرم 861هـ/ ديسمبر 1456م، ترك البلاد في حالة مزرية سهلت مهمة السلطان الذي استطاع في عام 863هـ/ 1459م ضمها إلى النفوذ المباشر للدولة العثمانية. أما دوقية أثينا، فكانت تقع تحت حكم أسرة «أكسيولي» (Acciauli) الفلورنسية، وعندما مات حاكمها «نيريو» (Nerio) في عام 857هـ/ 1453م تزوجت امرأته من رسول موفد البندقية بيترو ألميرو، فخشي أهل أثينا من اللاتين إذا وقعت السلطة بيد البندقية، فرفعوا الأمر إلى السلطان الذي لم يسمح بتوسيع نفوذ البنادقة في اليونان، فأمر قائده عمر بن طرخان بالاستيلاء عليها، وقد حدث هذا بالفعل في عام 860هـ/ 1456م. انظر: الرشيدي، **السلطان محمد الفاتح**، 173، 174؛ Ibid., p. 63.

(1) Ibid., p. 63.

(2) فلاد الثالث (841-881هـ/ 1438-1476م) أمير والاشيا، وأحد أفراد عائلة دراكوليتش، وأحد أبناء فلاد الثاني دراكول أمير والاشيا منذ عام 839هـ/ 1436م، ومن أبرز أعضاء تنظيم التنين منذ عام 834هـ/ 1431م؛ ذلك التنظيم السري الذي أسسه الإمبراطور الروماني المقدس سجسموند في عام 811هـ/ 1408م بالتعاون مع ملوك وأمراء أوروبا لحماية المسيحية في أوروبا الشرقية من المد العثماني، وقد اشتهر فلاد بلقب «دراكولا» (Dracul)، بالعثمانية «فلاد دره قول»، وتعني ابن التنين، قبل أن يُطلق عليه «فلاد المخوزق»، لاتباعه طريقة الإعدام بالخازوق. صار أميرًا لوالاشيا ثلاث مرات، أطولها الفترة الثانية بين عامي 860 و866هـ/ 1456 و1462م. أرسله أبوه هو وأخاه رادول إلى البلاط العثماني في عام 847هـ/ 1443م كرهينة لدى السلطان مراد الثاني بعد أن عاونه في الرجوع إلى العرش الذي أزيح عنه في عام 846هـ/ 1442م من خلال مؤامرة دبرها ملك المجر، وخلال الفترة التي قضاها في أدرنة حتى عام 851هـ/ 1447م تعلم كثيرًا من العلوم والفنون حتى القرآن واللغة التركية. وبعد أن توفِّي والده في عام 851هـ/ 1447م أجلسه السلطان مراد على عرش والاشيا. لكن علاقته ساءت مع الدولة العثمانية بعد أن تولى السلطان محمد الثاني، نظرًا للخصومة التي كانت بينهما منذ أن كان في البلاط العثماني بأدرنة، وهذا ما دفعه إلى التعاون بقوة مع مملكة المجر. نُسجت حوله الأساطير الخيالية أثناء حياته وبعد مماته بسبب استخدامه الوحشية والسادية المفرطة في تعذيب وقتل خصومه ومعارضيه. وتتحدث الروايات عن عدد ضحاياه المباشرين الذي بلغ ثمانين ألفًا كحد أدنى، وهو ما جعل قصة حياته تتحول إلى حكايات فلكلورية الطابع في التراث الشعبي الأوروبي،

إنه رد على ذلك بتحالفه مع ملك المجر، بل ذهب إلى أبعد من ذلك حين انتهز غياب السلطان في حملة طرابزون وهاجم مراكز عثمانية على نهر الدانوب، ونتيجة لذلك أقدم السلطان في عام 866هـ/ 1462م على غزو والاشيا وعزل فلاد وتعيين شقيقه «رادول الثالث» (Radul III) المعروف بـ«الوسيم»، ولم ينتهِ الأمر بعزله، بل كان بداية لصراع ضارٍ بينه وبين الفاتح استمر حتى وفاته في عام 881هـ/ 1476م، حيث صار خصمًا عنيدًا أرّق السلطان بعد شروعه في عديد من المذابح للمسلمين في مناطق النفوذ العثماني. أما ملك البوسنة «ستيفن توماسيفيتش» (Stephen Tomashevich) (865-867هـ/ 1461-1463م)، فقد تحالف مع الكاثوليكية الغربية ضد العثمانيين، لهذا لم يتردد في تسليم بعض الحصون إلى المجريين في عام 866هـ/ 1462م. غير أن الانقسام الديني الداخلي الحادث في البوسنة سهّل على السلطان فتحها في عام 867هـ/ 1463م، ثم قبلت «الهرسك» (Herzegovina) التبعية للسلطة العثمانية، إلى أن ضمها السلطان في نهاية المطاف، ليمتد نفوذه المباشر بالقرب من البحر الأدرياتيكي[1].

في العام ذاته أدت سلسلة من الغزوات إلى إقناع العثمانيين بضرورة اتخاذ إجراءات حاسمة ضد الخصمين الرئيسيين في ذلك الوقت: المجر والبندقية، في حين وقّع كلٌّ من البلدين اتفاقية دفاع وهجوم مشترك في الثاني عشر من سبتمبر من العام نفسه، جعلت البابا يعتقد أن الحملة الصليبية أصبحت حقيقة واقعة. تلا ذلك في 19 أكتوبر تحالف آخر بين البابا و«بورجندي» (Burgundy). وقد أُعدت بناءً على ذلك خطة مسبقة ذَكرت تقسيم أراضي الدولة العثمانية بين الدول المسيحية في حالة فوزها، ونصت على أن البندقية ستحصل على المورة و«بيوتيا» (Boeotia) و«أتيكا» (Attica)[2] والمنطقة الساحلية من إقليم إيبروس على البحر الأدرياتيكي، وسيحصل إسكندر بك على مقدونيا، أما الأراضي التي كانت تخضع

فأصبح أساسًا لحكايات «الفامفيري» أو «مصاصي الدماء» باللغة الرومانية. وقد ساهمت الكتب الكثيرة التي طبعت في ألمانيا مع نهاية القرن الخامس عشر متناولة سيرته في رسم الصورة التي انطبعت له في أذهان العامة حتى اليوم. راجع مزيدًا عن سيرته:

Radu R. Florescu & Raymand T. Mcnally, *Dracula: Prince of many faces* (Brown and company, 1989).

(1) Inalcik, A. Mehmed the Conqueror's Empire, pp. 325-26.

(2) بيوتيا إقليم يوناني يقع شمال شرق خليج كورنثه الفاصل بين اليونان وشبه جزيرة المورة، وجنوبه يقع إقليم أتيكا وهو عبارة عن شبه جزيرة في الطرف الجنوبي الشرقي لشبه جزيرة البلقان، وتقع به مدينة أثينا العاصمة اليونانية.

للإمبراطورية البيزنطية، وهي في الأساس تراقيا وتيساليا، فستُقسم بين العائلات اليونانية الحاكمة، أما الصرب والبوسنة وبلغاريا ووالاشيا فستكون من نصيب المجر[1].

وفي ألبانيا، واصل الصليبيون مناوأة النفوذ العثماني منذ عام 867هـ/ 1463م، عندما تبنى البنادقة علنًا دعم المتمردين الألبان وعلى رأسهم «إسكندر بك» (Skanderbeg)[2] (807-872هـ/ 1405-1468م)، وذلك لخوفهم من التوسعات العثمانية في سواحل البحر الأدرياتيكي[3]، على الرغم من العلاقات التي كانت متوترة بين الفريقين على إثر الحروب التي خاضوها بعضهم ضد بعض[4]. وكذلك، كان البابا وملك نابولي في مقدمة داعمي

---

(1) Setton, op. cit, Vol. II, pp. 243, 249; Shaw, op. cit, p. 65.

(2) أحد أبناء «جورج كاستريوتي» (George Kastrioti) أمير شمال ألبانيا، وقد تظاهر بالإسلام والإخلاص للسلطان مراد الثاني، حتى قرَّبه إليه وأدخله الخدمة في الجيش العثماني. وفي أوائل نوفمبر سنة 1443م تخلى عن السلطان ومعه ثلاثمائة جندي ألباني في أثناء معركة نيش أمام الصرب، وتوجهوا إلى مدينة «كرويا» (Krujë) الواقعة شمال تيرانا العاصمة الألبانية الحالية. وعن طريق خطاب مزوَّر من السلطان إلى حاكم المدينة تمكَّن منها، ثم استدعى رؤساء قبائل الأرناؤوط وأظهر لهم مشروعه باستخلاص ألبانيا من يد الأتراك، فوافقوه وأمدوه بالمال والرجال، فسار معهم وطرد العثمانيين من أغلب بلاد أجداده، ووطد حكمه في ألبانيا متخذًا من كرويا عاصمة له، وظل في منازلة مع العثمانيين لأكثر من عشرين عامًا. راجع، المحامي، **تاريخ الدولة العلية**، 158، 159؛

John V. A. Fine, *The Late Medieval Balkans: A Critical Survey from the Late Twelfth Century to the Ottoman Conquest* (University of Michigan Press, 1994), pp. 556-59; Setton, op. cit., Vol. II, p. 72.

(3) Shaw, op. cit., p. 64; Setton, op. cit., Vol. II. p. 273.

(4) بعد أن وحَّد إسكندر بك الأمراء الألبان تحت قيادته، شرع أحد أعضاء عائلة «دوكاجيني» (Dukagini) بشمال ألبانيا في قتل أمير «داجنوم» (Dagnum)، ونتيجة لذلك سلمت والدته القلعة للقائمين على المستعمرات البندقية بألبانيا، فأسرع إسكندر بك على إثر ذلك بحث البندقية على تسليم داجنوم إلى الاتحاد الألباني لكونها مدينة مهمة تشرف على حراسة طريق تجاري مهم، إلا إن البندقية رفضت ذلك، وبالتالي كان إسكندر بك مستعدًا لخوض حرب ضد الجمهورية نفسها في عام 851هـ/ 1447م. ومن أجل الضغط على البنادقة، هاجم إسكندر بك ميناء دورازو وغيره من المدن التابعة للبندقية في غرب ألبانيا على البحر الأدرياتيكي، وهنا بدأت البندقية معاملته بوصفه تابعًا متمردًا من رعايا الدولة العثمانية، وطلبت تدخل العثمانيين ضده في الوقت الذي كان فيه العثمانيون يحاصرون حصن «سفيتيجراد» (Svetigrad)، لكن إسكندر بك تمكَّن من هزيمة البنادقة ومن لحقهم من العثمانيين في 14 أغسطس 1448م في معركة «أورونيتشيا» (Oronichea)، مما قلص الوجود البندقي في ألبانيا، وأرغم البندقية في النهاية على إبرام معاهدة مع إسكندر بك في عام 867هـ/ 1463م عندما بدأت في حربها ضد العثمانيين. راجع:

Harry Hodgkinson, *Scanderbeg: From Ottoman Captive to Albanian Hero*, (Centre for Albanian Studies, 1999), pp. 83-86.

هؤلاء المتمردين بالمال والإمدادات فضلًا عن القوات. وعلى الرغم من توصل السلطان إلى اتفاق هدنة مع إسكندر بك قبل خروجه إلى حملة طرابزون، فإن إسكندر بك ظل في حرب مستمرة ضد العثمانيين حتى وفاته في عام 872هـ/ 1468م[1]، بعد أن قدمت له القوى الغربية الدعم المالي حتى يتجاهل شروط اتفاقه مع السلطان ويتحالف معهم للهجوم على العثمانيين. ومن ناحيتها، أبرمت البندقية اتفاقًا مع أوزون حسن حاكم آق قيونلو[2] والمنافس الرئيسي للسلطان في شرق الأناضول. وفي النهاية بدأت قوى التحالف الهجوم على العثمانيين في وقت مبكر من عام 867هـ/ 1463م، إذ بدأ أسطول البندقية الهجوم على بعض المراكز والحصون في المورة والبلقان وبحر إيجة، في الوقت الذي شرعت فيه المجر بالاستيلاء على العاصمة البوسنية «يايتسا» (Yaytse)[3]. وفي مواجهة ذلك تصدى محمد الفاتح للتهديدات على جميع الأصعدة، فبعث أولًا محمود باشا على رأس جيش كبير إلى المورة، ومن أجل تعزيز القوة البحرية للدولة أسرع بإنشاء ترسانة جديدة بميناء قادرغة باستانبول، دعمت الأسطول العثماني في المنطقة. ولضمان سلامة مركز الدولة باستانبول نفسها شرع في شتاء عام 868هـ/ 1463م في بناء قلعتين على جانبي الدردنيل، هما: قلعة «كليت البحر» (Kilidulbahr) وقلعة «سلطانية» التي عُرفت فيما بعد باسم «چناق قلعة» (Chanakkale)[4]، ثم استطاع العثمانيون هزيمة البنادقة في المورة، وأجبروهم على التنازل عن شبه الجزيرة، واتجه السلطان إلى البوسنة في صيف 868هـ/ 1464م لتخليص يايتسا وطرد المجريين، لكنه لم يوفق. وفي طريق عودته إلى صوفيا في سبتمبر، علم بدخول الملك المجري «ماتياس»

---

(1) Constantin A. Chekrez, "Albania and the Balkans", *The Journal of Race Development*, Vol. 7, No. 3 (Jan., 1917), pp. 333-34.

(2) تكونت دولتان تركمانيتان في جنوب شرق الأناضول في منتصف القرن الرابع عشر، هما: دولة الشاة البيضاء (الآق قيونلو)، ودولة الشاة السوداء (القره قيونلو). وتركزت الأولى في ديار بكر وما حولها، واستوطنت الأخرى شمال بحيرة فان (وان). وقد كثر النزاع بين الدولتين نتيجة لاختلاف المذهب الديني، إذ كانت الأولى سُنية والثانية شيعية. وظل هذا النزاع قائمًا بين الدولتين إلى أن تولى حكم الآق قيونلو، أوزون حسن (حسن الطويل) (1453-1478م)، فاستطاع أن يقضي على آخر حكام القره قيونلو ويُدعى «حسن علي»، ويضم دولته إليه في عام 1469م. وظل أوزون حسن يوسع أملاك دولته حتى شملت أجزاء من شمال العراق وبلاد فارس وأرمينية، واصطدم بالنفوذ العثماني في الأناضول.

(3) أطلق عليها الأتراك «يايجة»، وكانت عاصمة لملوك البوسنة قبل السيطرة العثمانية، وتقع شمالي البوسنة على بُعد مائة وستين كيلومترًا من مدينة سراييفو العاصمة الحالية.

(4) إينالجيك، **العثمانيون النشأة والازدهار**، 65.

(Matthias) (862-895هـ/ 1458-1490م)[1] إلى البوسنة، فأرسل قوة تحت قيادة محمود باشا أجبرته على الانسحاب. وعليه، استطاع السلطان مواجهة تهديدات التحالف الصليبي بنجاح كبير، مما أدى سريعًا إلى انهيار الحملة الصليبية[2].

بدأ السلطان في ربيع عام 870هـ/ 1466م في حملته على ألبانيا، لمعاقبة إسكندر بك على نقضه الاتفاق. وبعد تنفيذ عمليات عسكرية في المرتفعات الألبانية، شيَّد السلطان قلعة «الباسان» (Elbasan) القوية في أرض منخفضة بوسط ألبانيا، لتكون قاعدة ضد من يواصل المقاومة من الألبان عن طريق المعاقل الجبلية. وبعد مغادرة السلطان استطاع إسكندر بك وقوات من البندقية داعمة له هزيمة «بالابان بك» (Balaban beg) الذي كان يضغط وقتذاك على قلعة كرويا (آقجه حصار)، ثم حاصر قلعة الباسان التي شُيدت حديثًا. وقد دفعت هذه الأعمال العدائية السلطان للقيام بحملته الثانية على ألبانيا في عام 871هـ/ 1467م. ومن أجل بث الخوف في قلوب أعدائه هاجم السلطان الألبانيين بشراسة، وداهم الموانئ البندقية على الساحل الألباني بقوة، بما في ذلك «سكوتاري» (Scutari) (أشقودره) و«دورازو» (Durazw). ومن هنا أصبحت ألبانيا واحدة من الساحات الرئيسية للحرب بين البندقية والدولة العثمانية[3].

ثانيًا: الحرب العثمانية-البندقية (1463-1479م)، وأثرها على التوسعات العثمانية في شرق المتوسط

تُعَد حرب الستة عشر عامًا التي دارت رحاها بين العثمانيين والبنادقة، حربًا بالغة الأهمية، كان لا مفر من وقوعها بعد أن اصطدم التوسع العثماني بالنفوذ البندقي في شرق المتوسط، خصوصًا بعد سقوط القسطنطينية، أهم القواعد التجارية للبندقية، فضلًا عن توجه السلطان بقوة نحو فرض الهيمنة العثمانية على قواعد وجزر شرق المتوسط، في إطار العمل على

(1) «ماتياس كورفينوس» (Matthias Corvinus)، ملك كلٍّ من المجر وكرواتيا منذ عام 862هـ/ 1458م. عندما كان في الرابعة عشرة من عمره، وبعد كثير من الحملات العسكرية أصبح ملك بوهيميا (873-895هـ/ 1469-1490م)، ودوق النمسا (891-895هـ/ 1486-1490م)، وكانت له محاولات كثيرة باءت بالفشل لضم مولدافيا إلى المجر، وكان خصمًا عنيدًا للعثمانيين في أوروبا، وخاض ضدهم العديد من المعارك لمنعهم من التوسع على حساب الأراضي المسيحية.

(2) Inalcik, A. Mehmed the Conqueror's Empire, p. 326.

(3) Ibid, p. 327.

إنهاء القوة البحرية للصليبيين المتمثلة في الدول الإيطالية وعلى رأسها جنوة والبندقية، حيث اعتمد النفوذ البندقي - كما ذكرنا من قبل - اعتمادًا كاملًا على المراكز البحرية، في حين لم يبدِ اهتمامًا كبيرًا بحيازة الأراضي، إلا إن البندقية ظلت تتبع سياسة السلم مع العثمانيين منذ أن عقدت معاهدة عام 858هـ/ 1454م لتجنب الحرب المباشرة بين القوتين، لكن شرعت سياستها في التغير بعد أن بدأ نفوذها المباشر في التضرر جراء وصول العثمانيين إلى سواحل اليونان ومدينة أثينا وشبه جزيرة المورة وحتى سواحل البحر الأدرياتيكي.

كانت البندقية ترصد اللحظة التي يعتزم فيها الأتراك الاستيلاء على ممتلكاتها في الأرخبيل والمورة، إذ إن فَقْد هذه الممتلكات بالنسبة إلى الجمهورية كان يعني القضاء على تفوقها في المياه اليونانية، ذلك التفوق الذي لم يكن متوقفًا فحسب على قوتها البحرية، بل أيضًا على عدد وكفاءة المحطات التي أنشأتها ببراعة في المنطقة كلها. وإذا ألقينا نظرة على هذه المراكز، فسنجد أنها كانت موزعة بشكل يكفل للبنادقة سهولة التنقل والاتصال لتأمين قوافلهم التجارية، فمن بين جزر «كيكلادس» (Cyclades)[1] كانت هناك جزيرتان أو ثلاث تنتمي مباشرة إلى البندقية، لكن كلما امتدت سيطرة الأتراك وصارت تهدد المنطقة اعتمدت الجمهورية بشكل أكبر على إخلاص أمراء الجزر المنحدرين أصلًا من أسر بندقية، ومن أهم المراكز التي انتمت مباشرة إلى البندقية كانت جزيرتا «يوبيه» (Euboea) (أجريبوز)[2] و«كريت» (Crcte)، فضلًا عن جزر «سكيروس» (Scyros) (اسكيري)، و«سكياثوس» (Sciathos) (اسكادوس)، و«سكوبيلوس» (Scopelos) (اسكابولوس)، في مجموعة جزر «سبورادس الشمالية» (Northern Sporades)[3]. وقد عززت سيادتها على هذه الجزر في

(1) هي مجموعة الجزر اليونانية الواقعة جنوبي بحر إيجة، وتتكون من نحو ألفين ومائتي جزيرة، معظمها غير مأهول بالسكان لصغر حجمها، وقد أطلق عليها اليونانيون «كيكلادس» وتعني «الدائرة»، لأنها تحيط بجزيرة «ديلوس» (Delos) المقدسة لديهم.

(2) ثاني أكبر الجزر اليونانية بعد جزيرة كريت، أطلق عليها الأتراك «أجريبوز»، يفصلها عن إقليم بيوتيا في شرق اليونان مضيق «إيوريبوس» (Euripus)، وتُعَد امتدادًا جغرافيًّا لبلاد اليونان. أما عن امتدادها الجغرافي من الجنوب، فعبارة عن ثلاث جزر تدخل في إطار مجموعة كيكلادس، هي: «أندروس» (Andros) و«تينوس» (Tinos) و«ميكونوس» (Mykonos)، وكانت أهم مدنها مدينة «نجربونت» (Negroponte) الاستراتيجية الواقعة على أضيق نقاط المضيق الذي يفصلها عن أرض اليونان.

(3) مجموعة جزر تقع غربي بحر إيجة، على طول الساحل الشرقي لليونان، إلى الشمال الشرقي من جزيرة يوبيه، تتألف من أربع وعشرين جزيرة، أهمها سكيروس وسكياثوس وسكوبيلوس.

أعقاب تسوية مع السكان الذين حُرموا من قاعدتهم السياسية بسقوط الإمبراطورية البيزنطية، ومن ثَمَّ أرادوا أن يضعوا أنفسهم تحت حماية دولة مجاورة. ومن أهم المراكز التي امتلكتها البندقية على اليابسة كانت «أرجوس» (Argos) و«ناوبليا» (Nauplie) بإقليميهما[1]، وأخيرًا «مودون» (Modon) و«كورون» (Coron)[2]، إضافةً إلى أقاليم ممتدة على طول ساحل البحر الأدرياتيكي وخليج «ليبانتو» (Lepante)[3].

قام العثمانيون في عام 864هـ/ 1460م بغزو المورة والسيطرة عليها باستثناء عدد قليل من الحصون الخاضعة للبندقية على السواحل، وكان ذلك ناتجًا عن عدم استجابة الأمراء الصغار في المورة لدعوة البندقية إلى الوحدة، باعتبارها الوسيلة الوحيدة للحفاظ على تبعية شبه الجزيرة للعالم المسيحي[4]. ووفقًا للمؤرخ اليوناني «ميخائيل كريتبولوس» (Michael Critobulus) اندلعت الأعمال العدائية بين العثمانيين والبنادقة بسبب هروب عدد من الرقيق الألبان من حاكم أثينا العثماني إلى الحصن البندقي في كورون، ومعهم مائة ألف عملة فضية عثمانية جرى تسليمها إلى السلطات البندقية، وبالتالي رفضت البندقية تسليمها إلى العثمانيين، في انتهاك واضح لمعاهدة عام 858هـ/ 1454م بين البلدين، وبهذه الذريعة شرع الحاكم العثماني بوسط اليونان عمر بك في مهاجمة حصن استراتيجي مهم تابع للبندقية، وهو حصن «ليبانتو» (Lepanto)[5] والاستيلاء عليه في صفر 867هـ/ نوفمبر 1462م. وفي 14 رجب 867هـ/ 3 أبريل 1463م، استطاع حاكم المورة العثماني عيسى بك بن أوره نوس

---

(1) مدينتان تقعان شرقي شبه جزيرة المورة، تقع الأولى على الساحل، بينما تبعد الثانية إلى الداخل بنحو أحد عشر كيلومترًا، وكانت لهما أهمية تجارية في العصر البيزنطي، وجرى احتلالهما من قِبل الصليبيين إبان الحملة الصليبية الرابعة، ثم تبعتا دوقية أثينا، واشتراهما البنادقة في عام 1388م.

(2) مدينتان استراتيجيتان جنوبي شبه جزيرة المورة، كانت لهما أهمية تجارية كبيرة، فضلًا عن كونهما مركزين من المراكز البحرية المهمة في البحر المتوسط، لهذا حرصت البندقية دائمًا على السيطرة عليهما، وهو ما قوبل بالرفض من قِبل العثمانيين، مما أدى إلى كثير من الصراعات بين القوتين.

(3) هايد، **تاريخ التجارة**، ج3/ 184، 185.

(4) المرجع السابق، ج3/ 185.

(5) هو حصن مدينة «نافباكتوس» (Nafpaktos) اليونانية التي أطلق عليها البنادقة «ليبانتو»، وأطلق عليها العثمانيون «إينه بختي». تقع على الساحل جنوب غرب البر الرئيسي لليونان، واكتسبت أهميتها الاستراتيجية من إشرافها على خليج ليبانتو، أضيق نقطة واصلة بين خليجي كورنثه وباتراس الفاصلين بين اليونان شمالًا والمورة جنوبًا.

الاستيلاء على مدينة أرجوس التابعة للبندقية[1]، وكان الاستيلاء على هذه المدينة القشة التي قصمت ظهر البعير بالنسبة إلى البنادقة، الذين اقتنعوا أخيرًا بضرورة إعلان الحرب على العثمانيين، وهو ما حدث بالفعل في 11 شوال 867هـ/ 28 يونيو 1463م، فقد كانت المورة تعني الكثير في نظر شعب تجاري كشعب البندقية، إذ كان هذا الإقليم يُدر رسوم جمارك بلغت وحدها عائدًا يربو على الثلاثين ألف دوقية، ولكي تبقى مسيطرة على السواحل كان لا بد لها أن تطرد العثمانيين نهائيًّا من داخل شبه الجزيرة[2].

حاولت البندقية في أثناء حربها على العثمانيين بناء تحالفات من شأنها أن تحيط بالعثمانيين من الشرق والغرب. وكما ذكرنا آنفًا، كان على رأس تلك القوى المسيحية مملكة المجر التي ضمنت التحرك البري ضد العثمانيين من الغرب، أما من ناحية الشرق فقد أرسلت البندقية سفيرًا، في ذي القعدة 867هـ/ أغسطس 1463م، إلى كلٍّ من أوزون حسن، حاكم آق قيونلو، وإبراهيم، حاكم إمارة قرمان[3]. وهاجمت قوات التحالف العثمانيين في وقت متزامن بداية من خريف عام 868هـ/ 1463م في أكثر من مكان، وبالنسبة إلى البندقية فقد استطاعت آنذاك استعادة أرجوس من العثمانيين في أوائل أغسطس، وحصنت برزخ كورنثه، وأعادت بناء سور «هيكساميليون» (The Hexamilion wall)[4]، وجهزته بالعديد من المدافع، مما شجع كثيرًا من مدن وبلدات المورة على الوقوف مع البنادقة وإعلان الثورة ضد العثمانيين، وهو ما تسبب في إرغام المسلمين المتبقين في شبه الجزيرة على اللجوء إلى بعض الحصون التي لا تزال في أيديهم، ثم شرع البنادقة في محاصرة قلعة «أكروكورنث» (Acrocorinth)[5]

(1) Setton, op. cit, Vol. II, p. 241.

(2) هايد، **تاريخ التجارة**، ج3/ 185، 186.

(3) See: John E. Woods, *The Aqquyunlu* (The University of Utah press, 1999), pp. 87-123.

(4) سور دفاعي يرجع في الأصل إلى العصر البيزنطي، أقيم على برزخ كورنثه، ذلك المعبر الأرضي الضيق الذي يصل شبه جزيرة المورة شمالًا باليونان على مقربة من مدينة كورنثه، ويُعَد المعبر الأرضي الوحيد للمورة، جرى هدمه بواسطة السلطان مراد الثاني بعد حصار العثمانيين الرابع للقسطنطينية، ثم عاود البنادقة بناءه في بداية حربهم مع العثمانيين بواسطة ثلاثين ألف عامل، فجاء بارتفاع اثنتي عشرة قدمًا، ويعلوه مائة وستة وثلاثون برجًا، ويحميه خندقان عريضان، ونُصب على طول تحصينات هذا السور أربعمائة مدفع. راجع: Clement, P. A., "The Date of the Hexamilion", in *Essays in Memory of Basil Laourdas* (Thessaloniki, 1977).

(5) هي الجزء المرتفع من مدينة كورنثه اليونانية القديمة أو ما يُسمَّى «الأكروبول»، جرى تحصينها في العصر البيزنطي لاستخدامها قلعةً دفاعية، وبالفعل استخدمت قلعة أكروكورنث فيما بعد من قِبل البنادقة والعثمانيين

التي تسيطر على شمال شرق المورة، وخاضوا على إثر ذلك مواجهات متكررة مع القوات العثمانية المدافعة، وعلى رأسها قوات عمر بك، حتى لحقت بهم هزيمة كبرى في 7 صفر/ 20 أكتوبر، واضطروا بعدها لرفع الحصار والتراجع إلى هيكسامليون وناوبليا. وعلى الرغم من بدء فصل الشتاء، فقد قام السلطان بإرسال محمود باشا على رأس جيش قوي إلى المورة، استطاع تحقيق انتصارات سريعة على الرغم من الرسائل التحذيرية الواردة من عمر بك، التي أشارت إلى الموقف القوي فضلًا عن الأسلحة النارية الفعَّالة للبنادقة في هيكسامليون، تلك المنطقة التي قرر عمر بك السير إليها أملًا في استغلال عامل المفاجأة لتحقيق نصر حاسم. وبالفعل وصل إلى برزخ كورنثه في الوقت الذي بدأ فيه الجيش البندقي في التخلي عن مواقعه والتراجع إلى ناوبليا، وذلك بسبب مرض الزحار الذي تفشى بين الجند، مما أضعف الروح المعنوية. ثم شرع الجيش العثماني مرَّة أخرى في هدم هيكساMليون، وتقدم خلال المورة واسترد أرجوس، وبعد ذلك أُعطيت الأوامر لعمر بك بقيادة جيش محمود باشا والسيطرة على المراكز الجنوبية للمورة التي كانت بحوزة البنادقة، والتي تمحورت بشكل أساسي حول مودون وكورون[1].

في تلك الأثناء عيَّنت الجمهورية «سجسموندو مالاتستا» (Sigismondo Malatesta)، حاكم «ريمني» (Rimini)[2] وأحد أقدر القادة الإيطاليين، حاكمًا على المورة، لقيادة الحملة المتوقعة على العثمانيين في عام 868هـ/ 1464م، لكنه لم يتمكن من فعل الكثير في أثناء فترة ولايته للمورة، فبعد أن وصل في منتصف الصيف شن هجمات على الحصون العثمانية وشارك في حصار «ميستراس» (Mystras)[3] في أغسطس وأكتوبر، لكنه فشل في إسقاط القلعة، واضطر إلى التخلي عن الحصار بعد المَدد الذي بعث به عمر بك. بعد ذلك استمرت

بوصفها خط الدفاع الأخير في جنوب اليونان لإشرافها على برزخ كورنثه الذي يمكن من خلاله صد الأعداء عن دخول شبه جزيرة المورة. راجع:

John Boardman, Jasper Griffin and Oswyn Murray, *The Oxford History of the Greece and the Hellenistic World*, vol. I, (UK: Oxford University Press, 1988), p. 31.

(1) Setton, op. cit, Vol. II, pp. 248-249.

(2) مدينة تقع على ساحل البحر الأدرياتيكي شمال شرق شبه الجزيرة الإيطالية، وهي عاصمة لإقليم إيطالي يحمل الاسم نفسه.

(3) مدينة محصنة بجنوب وسط المورة، تقع بالقرب من إسبرطة اليونانية القديمة، فتحها السلطان محمد الثاني في أثناء فتحه للمورة في عام 864هـ/ 1460م فأصبحت مركزًا للواء عثماني.

الحرب على نطاق ضيق من كلا الجانبين على شكل غارات وغارات مضادة، إلا إن البنادقة ظلوا محصورين إلى حدٍّ كبير داخل قواعدهم المحصنة، في حين جاب جيش عمر بك ربوع البلاد، لكن صعوبة الإمدادات في المورة أرغمت عمر بك على التراجع إلى أثينا في خريف 870هـ/ 1465م. أما مالاتستا فقد حرص، بسبب الظروف الصعبة التي واجهته في المورة، على سرعة العودة إلى إيطاليا لمباشرة شؤون عائلته ومتابعة الخلاف القائم مع البابوية، وقد فتر نشاطه خلال عام 870هـ/ 1465م على الرغم من الضعف النسبي الذي لحق بالحاميات العثمانية في أعقاب انسحاب القائد عمر بك من شبه الجزيرة. وفي بحر إيجة حاول قائد الأسطول البندقي الجديد «أورساتو جستنياني» (Orsato Giustiniani) الاستيلاء على جزيرة ليسبوس في ربيع عام 868هـ/ 1464م، وحاصر العاصمة ميتيليني ستة أسابيع، حتى وصل أسطول عثماني تحت قيادة محمود باشا في 11 رمضان/ 18 مايو، وأرغمه على الانسحاب، وقضى خليفته «ياكوبو لوريدان» (Jacopo Loredan) ما تبقى من السنة في مغامرات غير مجدية قبالة مضيق الدردنيل[1].

وخلال عام 869هـ/ 1465م أجرى السلطان مفاوضات لإقرار السلام بينه وبين المجر والبندقية لتهدئة الجبهة الغربية، وذلك من أجل التعامل مع الأوضاع غير المستقرة في الأناضول، لكنه لم يستطع التوصل إلى اتفاق، فبدأ على إثر ذلك في صيف عام 869هـ/ 1466م حملة على ألبانيا لمعاقبة إسكندر بك، وفي الوقت نفسه مهاجمة الموانئ الخاضعة للبنادقة على الساحل الألباني مثل سكوتاري ودورازو، كما أشرنا آنفًا[2]. وللحيلولة دون التواصل بين قوات إسكندر بك والمستعمرات البندقية في الأراضي الألبانية، شرع السلطان عند وصوله أولًا في بناء حصن الباسان في موقع استراتيجي منخفض في وسط الأراضي الألبانية خلال خمسة وعشرين يومًا فقط، مما أدى إلى تقسيم البلاد عمليًّا إلى قسمين، فجرى بذلك عزل إسكندر بك في المرتفعات الشمالية عن المراكز الجنوبية التي تسيطر عليها البندقية. وبعد انسحاب السلطان[3] تقدم إسكندر بك من المرتفعات الشمالية إلى قلعة كرويا التي كان يحاصرها الجيش العثماني، واستطاع بالفعل فك الحصار عن المدينة، وتوجَّه بعدها

---

(1) Setton, op. cit, Vol. II, pp. 251-53, 255-57, 284.

(2) Inalcik, A. Mehmed the Conqueror’s Empire, p. 327.

(3) انسحب السلطان محمد من حصار كرويا في شوال 870هـ/ يونيو 1466م، تاركًا بالبان بك على حصارها، إلا إن السلطان اضطر إلى التوجه إلى ألبانيا مرَّة أخرى عقب مقتل قائده بالبان بك في أثناء الهجوم الفاشل الذي شنه لفتح كرويا في رمضان 871هـ/ أبريل 1467م، Setton, op. cit, Vol. II, pp. 279, 282.

في نهاية عام 1466م إلى إيطاليا لطلب مزيد من المساعدة لمجابهة العثمانيين، وعند رجوعه في عام 871هـ/ 1467م بدأ في مهاجمة حصن الباسان، مما دفع السلطان إلى القيام بحملة جديدة على ألبانيا[1]. وقد تواترت الأخبار إلى روما منذ 4 شعبان 871هـ/ 11 مارس 1467م بأن السلطان يُعِد جيشًا كبيرًا لمهاجمة الأراضي المسيحية من البر والبحر[2]، وبالفعل عاد السلطان إلى ألبانيا بجيش كبير في الصيف، وعلى إثر ذلك أبحرت آلاف المراكب من الموانئ الألبانية مذعورة وهاربة عبر الأدرياتك إلى إيطاليا، حتى خلت بعض الموانئ الألبانية التابعة للبندقية من السكان مثل دورازو التي لم يكن بها سوى الحامية العسكرية، ومع ذلك لم يهتم السلطان في ذلك الوقت بحيازة تلك المدينة، واكتفى جيش من الفرسان بنهب ما حولها، لكنه هاجم المعاقل الألبانية القوية في الشمال، وأصبحت كرويا على حافة الخطر، إلا إن السلطان غادر فجأة بجيشه باتجاه الشرق، وظل الألبان وحلفاؤهم يحتفظون بكرويا. وفي 22 جمادى الآخرة 872هـ/ 18 يناير 1468م مات إسكندر بك، وانتهى بذلك التحالف بين البندقية والقيادات الألبانية ضد الوجود العثماني غربي البلقان[3].

في شوال 872هـ/ مايو 1468م، كان معروفًا للبنادقة أن السلطان في طريقه لعبور الأناضول في حملة ضد أوزون حسن، وبالتالي كان من المناسب منح بعض الراحة لأفراد وقادة الأسطول البندقي، إلا إن مجلس الشيوخ أمر باستمرار الحرب، وبالفعل استدعى قائد الأسطول لوريدان كثيرًا من الجنود من الأراضي التابعة للبندقية مثل كريت وكورفو، ليكونوا على استعداد وقت الحاجة إليهم، وأرسل ألفين منهم تحت قيادة «ياكوبو فينيير» (Jacopo Venier)، قائد أسطول البحر الأدرياتيكي، لتعزيز المراكز البندقية على الساحل الألباني. وخلال شهر يونيو أرسلت البندقية خطابًا إلى روما تتحدث فيه عن الفرصة الذهبية المواتية لضرب الباب العالي في أثناء انشغال السلطان في الأناضول، على الرغم من تيقن مجلس الشيوخ من أن انشغال السلطان بعيدًا لا يقلل من مقدرة العثمانيين على ضرب القوى

(1) Caroline Finkel, *Osman's dream: The story of the Ottoman Empire 1300-1923*, (London, 2006),p. 64.

(2) ورد في أحد التقارير التي قُدمت إلى البابا من مبعوثَي البندقية «بيترو موروسيني» (Pietro Morosini) و«جيوفاني سورانزو» (Giovanni Soranzo) بتاريخ 2 يونيو 1467م، أن ألبانيا تُعَد خطرًا مخيفًا إذا استطاع الأتراك الاقتراب منها بجيش قوي، لذا فإن السلطان يخطط لغزوها لعلمه بأهميتها، فإذا تسنى له احتلال الساحل الألباني فسيسفر ذلك عن غرق البندقية بالقرب من الحدود الألبانية، ولن يثنيه شيء بعد ذلك عن العبور إلى إيطاليا وقتما شاء لتحطيم العالم المسيحي، Setton, op. cit., Vol. II, p. 289.

(3) Ibid, Vol. II, pp. 282-83, 290; Finkel, op. cit., p. 64.

المسيحية في أي مكان من شرق المتوسط. هكذا عملت البندقية بمفردها، وحاولت استغلال غياب السلطان بالهجوم الفعَّال على المراكز العثمانية، حتى عاد السلطان إلى استانبول في جمادى الأولى 873هـ/ نوفمبر 1468م بعد أن حقق نجاحات على القرمانيين في الأناضول[1].

تطورت الحرب العثمانية البندقية إلى الأسوأ مع مرور الأيام. وعلى الرغم من الدمار الذي لحق بكثير من مدن الأناضول على أيدي البنادقة، فإن السلطان لم يوافق على عرض السلام المقدم منهم، بل لم يأخذه على محمل الجد. وخلال صيف عام 873هـ/ 1469م أرسلت البندقية أسطولًا مكونًا من اثنتي عشرة سفينة من جزيرة يوبيه، ووجَّهت عدة ضربات إلى السواحل الخاضعة للعثمانيين تحت قيادة القائد العام الجديد «نيكولو دا كاناله» (Niccolo da Canale)، في ظل انشغال الأسطول العثماني بعملياته ضد جنوة في البحر الأسود، حيث أغار على أجزاء من شواطئ مقدونيا، واستطاع ضرب محيط مدينة سالونيك، والنَّيل من جزيرتي ليمنوس وإمبروس وبعض المراكز التجارية المهمة مثل إينوس وفوكاية الجديدة التي نُهبت وأحرقت، ثم انتقل الأسطول بعد ذلك إلى المورة واستولى على حصن «فوستيتسا» (Vostitsa) الواقع على ساحل خليج باتراس شمال غرب المورة، حيث شرعت البندقية في تعزيزه ليصبح قاعدة لها فيما بعد، إلا إن ظهور أسطول قوي أرسله السلطان بقيادة محمود باشا غيَّر مجرى الأمور، فلم يستطع البنادقة الاحتفاظ بشيء من مكاسب الغزوات التي قاموا بها، فضلًا عن أن انطلاق الحملات البندقية من يوبيه وتهديدها للمصالح والممتلكات العثمانية في بحر إيجة كانا دافعًا كبيرًا للسلطان لإخضاع تلك الجزيرة التي تُعَد أكبر قاعدة للبندقية في شرق المتوسط، خصوصًا بعد إخضاعه معظم الجزر الشمالية لبحر إيجة فضلًا عن الساحل الرئيسي لليونان[2].

كانت جزيرة يوبيه تعني الكثير بالنسبة إلى البندقية، فهي إحدى أهم وأكبر المستعمرات البندقية منذ تكونت إمبراطوريتهم البحرية كنتيجة مباشرة لغزو الصليبيين للقسطنطينية في عام 600هـ/ 1204م، تلك الإمبراطورية التي اعتمدت أساسًا على استعمار القواعد أو المحطات البحرية المنتشرة على سواحل وجزر شرق المتوسط، مثل مدينتي مودون وكورون الواقعتين على الساحل الجنوبي للمورة، إلا إن البعض الآخر من هذه المستعمرات كان

---

(1) Setton, op. cit., Vol. II, pp. 291-92.

(2) Ibid, p. 293; Inalcik, A. Mehmed the Conqueror's Empire, p.327.

احتلالًا لإقليم أو جزء كامل من الأرض، مثل جزيرتي كريت ويوبيه اللتين ارتقتا بمرور السنوات على نحو متزايد حتى أصبحتا جزءًا لا يتجزأ من الإمبراطورية. وبحلول منتصف القرن الخامس عشر أصبحت البندقية قوة استعمارية حقيقية، بعد أن عملت على تطوير أسلوبها الاستعماري على عكس منافستها جنوة. وبالتالي، فإن أي هجوم على جزيرتي كريت ويوبيه لم يكن مجرد هجوم على شبكة البندقية البحرية، وإنما هجوم على مركزها الإمبراطوري. وعلى عكس العديد من مستعمراتها الأخرى التي تغيَّرت وتبدَّلت باستمرار بين عامي 600 و868هـ/ 1204 و1464م، مثل الحصون اليونانية على طول الساحل الشرقي للبحر الأدرياتيكي، لم يكن لدى البندقية استعداد للاستغناء عن هاتين الجزيرتين المهمتين، سواءً حفظًا لمصالحها التجارية أو حفظًا لمركزها الإمبراطوري، لذلك كانت معظم الحروب التي دارت بين عامي 867 و884هـ/ 1463 و1479م من أجل هاتين الجزيرتين أو المراكز والجزر التابعة لهما[1].

كان الهدف الأول للحملة العثمانية على يوبيه، التي بدأت في 3 ذي الحجة 874هـ/ 3 يونيو 1470م[2]، هو إخضاع نجربونت أكبر مدن الجزيرة كنواة للسيطرة عليها بالكامل، وكانت الحملة قد انطلقت بعد استعدادات ضخمة نتبينها من الرقم الكبير للسفن الحربية التي شاركت فيها، إذ وصل حسب تقديرات بعض المؤرخين إلى ثلاثمائة سفينة[3]. وفي

(1) See: Sally Mckee, *Uncommon dominion: Venetian Crete and the myth of ethinc purity*, (Philadelphia:University of Pennsylvania press , 2000).

(2) كان نجاح السلطان في نجربونت سيمنحه تحكمًا في البحر، وتوطئة للغزو العثماني لإيطاليا، وسيعرِّض رودس وقبرص وغيرهما من الجزر المسيحية للخطر نفسه، لذا حاولت البندقية خلال عامي 1469 و1470م تقوية التحالف الإيطالي وتعزيز مركزه في شبه الجزيرة، وكذا في اليونان والجزر المختلفة، والحصول على المساعدات من القوى المسيحية ضد العدو المشترك للعالم المسيحي. وبالفعل، نجحوا في إحياء سلام «لودي» (Lodi) وتحالف عام 1454م، لكن ذلك جاء متأخرًا، فخلال أيام سقطت نجربونت في يد السلطان، ولم يتحقق التحالف فعليًا بين الأطراف المختلفة إلا في 29 جمادى الآخرة 875هـ/ 22 ديسمبر 1470م، Setton, op. cit., Vol. II, p.30.

(3) تشير التقديرات إلى أن مائة وثماني سفن كانت من نوع «جالي» (Galley) (قادس) كبيرة الحجم وسريعة المناورة، وستين سفينة للنقل، أما باقي الثلاثمائة فكانت من نوع «جاليوت» (Galliot) أو «فوستا» (Fuste) صغيرة الحجم وسريعة الحركة، وعلى متنها نحو سبعين ألف رجل، Ibid, p.300؛ وانظر مزيدًا عن أنواع السفن الحربية خصوصًا الجالي ودورها وأهميتها في هذه الفترة:
Angus Konstam, *Renaissance war Galley (1470-1590)* (Osbrey publishing, 2002).

الوقت الذي انطلق فيه الأسطول من مياه الدردنيل تحت قيادة محمود باشا، انطلق السلطان على رأس جيش بري دخل إلى إقليم تيساليا باليونان، ثم إقليم أتيكا، ليصل إلى مشارف الجزيرة[1]. وفي اليوم الثامن من الشهر نفسه وصل الأسطول إلى جزيرة إمبروس، وشرع في محاصرتها ومهاجمة القلاع والاستيلاء على إحداها. وفي اليوم العاشر وصل إلى جزيرة ليمنوس وحاصر قلعة «بوليكاستر» (Polycastre)، لكنهم لم يستطيعوا إسقاطها خلال خمسة أيام، فأبحروا نحو جزيرة سكيروس ونهبوا أجزاء من مدينة سان جورج في الثالث عشر من الشهر. وعقب إخفاق محمود باشا في سكيروس غيَّر وجهته نحو «كابس دورو» (Capes Doro) و«مانتيلو» (Mantelo) و«كاريستو» (Karysto) في النهاية الجنوبية لجزيرة يوبيه، ثم أبحر خلال قناة «أوريب» (Euripe)، وهي القناة التي تفصل الجزيرة عن اليابسة اليونانية، واستولى على قلعة «ستيرا» (Styra) التي تقطع القناة. وفي الخامس عشر من الشهر استطاع الأسطول الرسو في خليج «بوركيو» (Burchio) أو «بوركوس» (Bourkos) بالقرب من مدينة نجربونت. وفي الثامن عشر من الشهر وصل الجيش البري الذي يتكون من نحو ثلاثمائة ألف آخرين إلى المشهد تحت قيادة السلطان[2].

أما عن الأسطول البندقي فقد تتبع الأسطول العثماني منذ إبحاره دون هدف محدد، لكنه غيَّر وجهته فجأة إلى جزيرة كريت، مما زاد من قلق أهل الجزيرة لعدم معرفتهم بوجهة القوة العثمانية. وفي ذلك الوقت، كان تعداد الجيش العثماني تحت قيادة السلطان قد اكتمل، وبدأت التحضيرات الفعلية لحصار نجربونت، وقبل الحصار حاول السلطان الضغط على المدافعين عن نجربونت لتسليمها. ومن وصف شاهد عيان هو «جاكومو ريزاردو» (Giacomo Rizzardo) نتبين رفض المدافعين عن المدينة تسليمها إلى السلطان في 25 يونيو، بعد أن عرض عليهم إعفاء أهل الجزيرة من الضرائب لمدة عشر سنوات، فضلًا عن ضمان عيشة رغدة لوجهاء الجزيرة والقائمين عليها، سواءً إذا استمروا في الإقامة على متنها أو انتقلوا إلى استانبول، إلا إن الرد جاء إلى محمود باشا مصحوبًا بإهانة وسخرية من السلطان نفسه: «أخبر سيدك بأن يذهب لأكل أجنحة السمك، قبل أن يأتي لمقابلتنا كعبيد». وعندئذ بدأت المدافع العثمانية الكبيرة في صب قذائفها على أسوار المدينة بكثافة، في حين أخذ ألفا

(1) أوزتونا، **تاريخ الدولة العثمانية**، ج1/ 159.

(2) Setton, op. cit., Vol. II, p. 301; John B. Bury, “The Lombards and Venetians in Euboia (1340-1470)”, *The Journal of Hellenic Studies*, Vol. 9 (1888), pp.112-14.

فارس يجوبون أنحاء الجزيرة ويقتلون اللاتين واليونان على السواء، ومنذ ذلك الوقت بدأ الحصار الفعلي للمدينة[1].

ندرك منذ بداية الحصار التفوق التكتيكي والتقني للعثمانيين، فبينما رصد أسطولهم تحركات أسطول البندقية، قامت القوات البرية تحت قيادة السلطان على الأرض ببناء جسر من القوارب يربط الجزيرة مع البر الرئيسي، وبالتالي أصبحت لديهم المقدرة على توفير المدد للجيش، ثم استمر القصف المدفعي المكثف الذي تميزت به حملات محمد الفاتح بعد نشر المدافع العملاقة حول الأسوار. وفي اليوم السابع من يوليو، بدأ السلطان في ردم الخنادق الملاصقة للأسوار، وعندها بدأ أول اشتباك مباشر بين الجيشين، مما تسبب في مقتل أكثر من ستة عشر ألف عثماني وحرق أربعين سفينة كانت على مقربة من الأسوار. واستمرت المعارك بين الفريقين أيام الثامن والتاسع والعاشر من الشهر، فَقَد خلالها العثمانيون آلاف الجنود[2]، مما دفع السلطان في اليوم الحادي عشر إلى جمع فرق الجيش للتمركز في جانب واحد من الأسوار، وقبيل فجر 13 محرم 875هـ/ 12 يوليو 1470م بدأ الأتراك في تحريك كل قواتهم على متن الأسطول ناحية شاطئ خليج بوركيو، عند النقطة التي استمرت فيها عشرة مدافع بدك الأسوار، وملأوا الخنادق بأجساد الخيل النافقة والموتى، وعند اقتراب الفجر بدأ الهجوم الأخير مُركَّزًا على الأسوار، حتى استطاعوا السيطرة عليها ثم النفاذ إلى داخل المدينة، حيث فرضوا سيطرتهم الكاملة عليها قبيل الظهر على وجه التقريب. وبعد سقوط المدينة سرعان ما بسط الجيش العثماني سيطرته على كامل الجزيرة، ثم توجَّه عمر بك إلى المورة على رأس 25 ألف مقاتل، واستطاع استرداد فوستيتسا من البنادقة، وعلى إثر ذلك أخلت الحامية البندقية في مدينة «كالاماتا» (Kalamata)، الواقعة على خليج ميسينيا جنوبي المورة، الحصون وأحرقت المكان خشية استخدامه من قِبل الأتراك، ومع ذلك لم يستطع العثمانيون التمكن منها إلا في عام 886هـ/ 1481م[3].

أثار ضياع جزيرة يوبيه قلقًا كبيرًا، ليس فقط لدى البنادقة، وإنما في أوروبا بأكملها، إذ

---

(1) Setton, op. cit., Vol. II, p. 301.

(2) كانت خسائر العثمانيين خلال هذه الحملة فادحة في الأرواح، حيث أشارت بعض التقديرات إلى أن الجيش العثماني بوجه عام فقد نحو 77 ألف جندي، مقابل نحو ستة آلاف بندقي فقط، Ibid, p. 302.

(3) Ibid, pp. 302-03; Bury, op. cit., pp. 112-16.

يُعَد ضياعها إحكامًا للسيطرة العثمانية على بحر إيجة[1]. لهذا عرضت حكومة البندقية أن تستردها بالمال، لكنها قوبلت برفضٍ باتٍّ من السلطان الذي صمم على ألا يعقد الصلح إلا بشروط رأت الجمهورية أنها مجحفة ومخزية، مما اضطرها إلى مواصلة الحرب على الرغم من أنها كَلَّفت خزانتها نفقات بلغت في المتوسط مائة وعشرين ألف دوقية[2]. وعلى هذا، عيَّن البابا «سكستوس الرابع» (Sixtus IV) (875-889هـ/ 1471-1484م) في بداية عام 1471م، ستة كرادلة لمهمة إثارة حماس أوروبا من أجل تدشين حملة صليبية جديدة ضد الأتراك، وقد جرى بالفعل الاتفاق على تكوين حلف ثلاثي بين كلٍّ من البابا والبندقية ونابولي، عُرف باسم حلف «كارافا» (Caraffa)، في حين ظلت باقي الدول الأوروبية في معزل[3]. وإدراكًا لخطورة الوضع خلال حملاته في الشرق، حاول السلطان تحييد خصومه الغربيين عن طريق إبرام السلام، فأرسل في محرم 876هـ/ يوليو 1471م مبعوثًا إلى البندقية لعرض السلام، لكن عندما أصر هذا المبعوث على التسليم بالسيطرة العثمانية التامة على جزر بحر إيجة والمورة وألبانيا فضلًا عن دفع جزية سنوية، انهارت المفاوضات في شوال 876هـ/ مارس 1472م، وعلى هذا واصلت البندقية حربها ضد العثمانيين[4].

في هذه الأثناء كان أوزون حسن حاكم آق قيونلو في صراع حياة أو موت مع العثمانيين في الأناضول، ولم يقتصر هذا الصراع على النزاع المسلح وإنما تعدَّاه إلى الجهود الدبلوماسية، حيث أرسل أوزون حسن في شتاء 1470-1471م مبعوثًا زار كلًّا من البندقية وروما ونابولي للوصول إلى اتفاق ضد العثمانيين. وتحت تأثير سقوط نجربونت، وعلى الرغم من السلام

(1) بسقوط يوبيه سقطت بالتبعية مع مرور الوقت بعض الجزر والقلاع والمدن المحيطة بها، مثل إمبروس وليمنوس وسكوبيلوس و«بيتالي» (Petali) وأندروس و«بتليون» (Ptelion)، وعلى الرغم من محاولات البنادقة المتكررة لاستعادة الجزيرة، فإن الحكم العثماني استقر بها بعد أن باءت كل تلك المحاولات بالفشل. راجع: Bury, op. cit., p. 116 .

(2) هايد، **تاريخ التجارة**، ج3/ 187.

(3) أعلن سكستوس الرابع في 31 ديسمبر 1471م منشورًا بابويًّا، يناقش فيه التحركات المزمعة للعالم المسيحي ضد العدو المشترك، ويعرب فيه عن ألمه العميق من تسارع وتيرة هجمات الأتراك على المسيحية، وهم الذين احتلوا الأراضي المسيحية في البلقان وآسيا الصغرى، وفتحوا القسطنطينية وغيرها من أراضي ومدن الإمبراطورية البيزنطية، ولا يزالون متعطشين للدماء المسيحية، ويشير إلى أن قوتهم تنمو بفتوحاتهم، حيث اجتاحوا أراضي المجر وصولًا إلى ألمانيا بالسيف والنار، ثم روى فظائع الأتراك ببلاغة حزينة، وعبَّر عن أسفه بسقوط نجربونت. راجع: Setton, op. cit., Vol. II, p. 315.

(4) Inalcik, A. Mehmed the Conqueror's Empire, pp.327-28.

القائم من قِبل السلطان في عامي 1471 و1472م، وصلت البندقية إلى اتفاق مع أوزون حسن، مفاده إرسال البندقية المساعدات والأسلحة النارية التي كانت تنقص قوات آق قيونلو بواسطة السفن إلى ساحل إمارة قرمان، على أن تتلقاها قوات أوزون حسن، وبعد النصر المتوقع على العثمانيين وسيطرة آق قيونلو على الأناضول يمتنعون عن تحصين السواحل أو بناء القلاع قرب الشواطئ التي تبحر فيها سفن البندقية، فضلًا عن السماح لسفن البندقية بالوصول إلى البحر الأسود، هذا غير ضمان عودة البنادقة إلى المورة ويوبيه وكذا ليسبوس، وقد أكد البنادقة لأوزون حسن مقدرتهم على اقتحام المضايق والاستيلاء على استانبول. وبالفعل شرع جيش آق قيونلو بالتحالف مع القرمانيين في صيف عام 877هـ/ 1472م في غزو الأراضي العثمانية وصولًا إلى وسط الأناضول، إلا إن السلطان استطاع أن يوقف تقدم هذا الجيش في ربيع الأول/ أغسطس، ثم أخذ يستعد لمواجهة حاسمة بعد أن أمَّن قوات يصل عددها إلى سبعين ألف مقاتل، في حين أخذ الأسطول الصليبي المكون من سبع وثمانين سفينة من البندقية ونابولي ورودس والبابوية وقبرص، يعيث فسادًا على طول شواطئ البحر المتوسط التابعة للعثمانيين طوال فصل الصيف، فقاموا على سبيل المثال بنهب أنطالية ثم إحراقها في ربيع الأول/ أغسطس، وكذا أزمير في 9 ربيع الثاني 877هـ/ 13 سبتمبر 1472م[1].

في صيف عام 878هـ/ 1473م، نجح الأسطول الصليبي بالتعاون مع قوات قاسم بك القرماني في احتلال بعض حصون «كوريكوس» (Corycus) و«سيجين» (Sigin) و«سلفكه» (Silifke) بإقليم كليكيا أو قليقية جنوبي الأناضول، فسارع السلطان باتخاذ التدابير اللازمة لصد الهجوم الصليبي المتحالف مع التركمان، وأرسل على عجل في فصل الشتاء قوة من الروملي إلى المنطقة المحيطة بـ«سيواس» (Sivas)، حتى جاء فصل الربيع فخرج السلطان بنفسه على رأس جيش كبير إلى أرزنجان لمجابهة أوزون حسن بعد أن انقطع اتصاله مع القوات الصليبية التي نزلت في كوريكوس بالقرب من طرسوس على ساحل المتوسط، واستطاع هزيمته في معركة «باشكنت» (Bashkent) الفاصلة في 16 ربيع الأول 878هـ/ 11 أغسطس 1473م، وفرض عليه بعدها شروطًا قاسية، وأرغمه على التنازل عن حصن «قره حصار»، فضلًا عن تعهده بعدم انتهاك السيادة العثمانية مرَّة أخرى[2]. وبالفعل، تجنب أوزون

(1) إينالجيك، **تاريخ الدولة العثمانية**، 46، 47؛ الرشيدي، **السلطان محمد الفاتح**، 274-276؛ Ibid, p. 328.

(2) Woods, op. cit, pp. 112-20.

حسن بعد ذلك التصادم مع العثمانيين على الرغم من إلحاح البندقية ودوق بورجندي، مما ترتب عليه تركيز العثمانيين على الجبهة الغربية، فبدأوا بحصار مدينة سكوتاري على الساحل الألباني في عام 879هـ/ 1474م، ذلك الحصار الذي استمر أربع سنوات، واستنفد كثيرًا من إمكانات البندقية[1].

في ذلك الحين، تدهورت علاقات البندقية مع البابوية في إيطاليا، عقب رفض البابا سكستوس الرابع في رجب 879هـ/ نوفمبر 1474م الانضمام إلى التحالف الذي وقَّعت عليه كلٌّ من البندقية وميلانو وفلورنسا لإحياء سلام لودي، معتقدًا أن الغرض منه هو الحد من السلطة الزمنية للكنيسة في إيطاليا. مع ذلك واصلت البابوية دعم البندقية في حربها ضد العثمانيين على الرغم من أن البندقية كانت بعيدة عن تحويل مجرى الحرب لصالحها، بعد أن أثبتت عدم مقدرتها على إيجاد بدائل لسياستها الفاشلة، خصوصًا ما يتعلق بالتحالفات التي عقدتها مع روما ونابولي والمجر فضلًا عن أوزون حسن في الشرق. وأصبح وضع البندقية يتجه إلى الأسوأ نتيجة التطورات الجديدة، خصوصًا مع فشل آخر الحملات البرية ضد العثمانيين، وباتت تشعر بالخطر المتزايد عن طريق البحر. وخلافًا للسنوات الأولى من الحرب التي لم تشك فيها البندقية في مقدرتها على مواجهة القوة البحرية للعثمانيين، أصبحت الآن قلقة بشأن استطاعة سفنها الكبيرة الصمود في مواجهتهم. وبحلول عام 880هـ/ 1475م بدأت تشعر بأن قوة العثمانيين البحرية صارت متفوقة من حيث قوة السفن وحجمها إلى درجة تستحيل مقاومتها عن طريق نظيرتها البندقية. ومن هنا ثار التساؤل للمرَّة الأولى عن مدى جدارة قوة البندقية البحرية في مواجهة قوة بحرية أخرى غير منافستها جنوة، مما يُظهر مدى التطور الذي وصلت إليه القوة البحرية العثمانية، على الرغم من كونها في ذلك الوقت لا تزال متأخرة من الناحية التكنولوجية[2].

واصلت البندقية استخدام وسائل اقتصادية متنوعة لدعم مجهودها الحربي بين عامي 879 و882هـ/ 1474 و1477م، واستمرت كذلك في محاولاتها من أجل التفاوض مع السلطان للوصول إلى اتفاق سلام بشروط مقبولة، مع أنها في الحقيقة كانت غير راغبة في الاشتراك في اتفاق يضع شروطه السلطان، لأنه يظهرها على عكس المفترض في كثير من الأحيان

---

(1) إينالجيك، **تاريخ الدولة العثمانية**، 47؛ هايد، **تاريخ التجارة**، ج3/ 188.

(2) Setton, op. cit, Vol. II, pp. 325-26.

بأنها غير قادرة على مواصلة حرب استنزاف ضد العثمانيين. لكن بحلول عام 882هـ/ 1477م أصبحت البندقية على استعداد أكبر لقبول السلام، وثمة صعوبة في معرفة السبب وراء استعدادها لقبول سلام مشروط من قِبل السلطان في هذا الوقت تحديدًا، لكن من المؤكد أن بعض التطورات الفارقة لعبت ذلك الدور، خصوصًا بعد أن عجزت البندقية تمامًا عن تغيير مسار الحرب عن طريق العمل العسكري.

عملت البندقية في إطار حربها الاقتصادية التي خاضتها جنبًا إلى جنب مع الحرب التقليدية، على وقف تجارتها بالكامل مع القسطنطينية وباقي الأراضي العثمانية، إلا إن تلك السياسة لم تجدِ نفعًا كبيرًا، لأن جنوة كانت هي الأولى تجاريًّا في شمال شرق بحر إيجة والبحر الأسود، وهو ما جعل الخسائر تقع على البندقية أكثر من وقوعها على الجانب العثماني، فضلًا عن أن مصادر الدخل لدى السلطان محمد كانت أكثر تنوعًا بكثير مما كانت عليه لدى البندقية، زيادة على أنه كانت لديه قدرة كبيرة على حشد القوات دون دفع نقود بشكل مباشر، وهو ما فاق به العثمانيون في ذلك الوقت أي دولة أوروبية معاصرة. مع تلك الأسباب الاقتصادية كانت هناك عوامل أخرى غيرت الوضع، من أهمها الجهود التي بذلتها البندقية في جزيرة قبرص من أجل تحويلها إلى مستعمرة بندقية لتحل محل جزيرة يوبيه التي أثَّر فقدها كثيرًا على مركز الجمهورية بحريًّا وتجاريًّا[1].

على الجانب العثماني، كثَّف السلطان حربه على البندقية منذ عام 879هـ/ 1474م، حيث أرسل سليمان باشا لمحاصرة سكوتاري المنيعة، «وكر النسر» كما أطلق عليها السلطان الفاتح، وذلك لأن القائد الإيطالي المحنك أنطونيو لوريدانو هو الذي كان يتولى قيادة حاميتها في ذلك الوقت. وبالفعل، وصل سليمان باشا أمام المدينة في منتصف ذي

(1) تدخَّلت البندقية بشكل كبير في السياسة الخارجية لمملكة قبرص منذ وقت مبكر من عام 1473م، وذلك عندما عيَّنت الجمهورية ملكة بندقية على الجزيرة، هي «كاترينا كورنر» (Caterina Corner)، كوسيلة للسيطرة على وراثة عرش الجزيرة بعد أن مات ملك قبرص جيمس الثاني ووريثه الطفل جيمس الثالث في عام 1474م. ومنذ ذلك الحين أولت البندقية اهتمامًا كبيرًا للسياسة القبرصية، فأرسلت مستشارين وقائدًا عامًّا للقوات من أجل السيطرة على الجزيرة، وأرسلت أيضًا في أواخر عام 1477م وأوائل عام 1478م مائة من النبلاء وعائلاتهم إلى الجزيرة من أجل ترسيخ الاستثمارات البندقية بقبرص وتحويلها إلى مركز تجاري تابع للجمهورية،

Harry Luke, "The kingdom of Cyprus 1369-1489", in *a history of the crusades*, Vol III, pp. 361-95.

الحجة 887هـ/ أوائل مايو 1474م، وسرعان ما بدأ إطلاق نيران مدافعه على أسوارها، لكن المحاصَرين استبسلوا في الدفاع، وبادروا على الفور بإصلاح ما عطب من الأسوار نتيجة القصف الشديد، وعندما حدثت بعض الثغرات في السور ظن سليمان باشا أنه اقترب من النصر، فأرسل إلى قائد الحامية إنذارًا يطلب منه التسليم مقابل ضمان سلامته هو ومن معه، فأجاب لوريدانو: «إنني بندقي، ومن أسرة لا تعرف معنى تسليم القلاع. سأحتفظ بسكوتاري أو أموت دونها». وعليه، أعطى سليمان باشا أوامره بالهجوم الشامل على حصون القلعة، فنشب قتال عنيف بين الفريقين استمر لساعات، اضطر بعدها سليمان باشا إلى الارتداد ورفع الحصار بعد أن فقد كثيرًا من جنوده[1].

وفي عام 882هـ/ 1477م أُرسل سليمان باشا للاستيلاء على ليبانتو، مع الوضع في الاعتبار أن السلطان - على الأرجح - لم يكن ينتوي جديًّا فتحها بقدر ما كان يرمي إلى شغل البندقية وصرف أسطولها عن أعمال التخريب في آسيا الصغرى، ويدعم هذا الرأي قيام سليمان باشا بمحاصرتها من الجانب البري فقط مع علمه باستحالة هذا من الناحية الحربية، بينما بقي طريق البحر مفتوحًا تَرِد منه الإمدادات المتواصلة، فذهبت كل هجماته أدراج الرياح، إذ لم يكن خافيًا أن حصار مثل هذه القلعة المنيعة لن يجدي من دون أسطول قوي يحاصرها من الناحية البحرية أيضًا. وعليه، رفع الحصار وانسحب بجيشه في النهاية[2]. وفي العام نفسه حاصر القائد العثماني أوره نوس أوغلو أحمد البنادقة في قلعة كرويا الألبانية، واستطاع في الوقت نفسه صد التعزيزات البحرية بقيادة «فرانسسكو كونتاريني» (Francesco Contarini) ومنعها من محاولة الهبوط على الشاطئ، حتى استسلمت كرويا للسلطان في ربيع الأول 883هـ/ يونيو 1478م بعد حصار استمر لأكثر من عام، وبعدها سقطت كلٌّ من «دريفاستو» (Drivasto) (درشت) و«أليسيو» (Alessio) (ليش) في شمال ألبانيا[3]. وفي خريف 883هـ/ 1477م قاد إسكندر باشا والي البوسنة حملة برية على أراضي البندقية في شمال إيطاليا قبالة مدينة البندقية نفسها. وفي محرم 883هـ/ أبريل 1478م قاد السلطان نفسه حملة على البنادقة في ألبانيا، حيث شرع مباشرة في محاصرة قلعة سكوتاري التي قاومت

(1) الرشيدي، **السلطان محمد الفاتح**، 283-285.

(2) المرجع السابق، 285، 286.

(3) Setton, op. cit, Vol. II, p. 327.

بكل قوة[1]، وبعد أن قطع السلطان الإمدادات عنها عن طريق البحر عاد بالجزء الأكبر من الجيش، وبسبب عجزها عن الاستمرار في الحفاظ على سكوتاري وخوفًا من الغارات الأخيرة على البندقية نفسها استأنفت الجمهورية مفاوضات السلام[2].

أرسلت البندقية، في إطار تكثيف جهودها لإنهاء الحرب مع الباب العالي، «توماسو ماليبيرو» (Tommaso Malipiero) مبعوث سلام للتفاوض مع محمد الفاتح، وأصدرت إليه تعليمات للتأكيد على أولويات البندقية في تقديم مزيد من المصداقية على أن التدخل البندقي في شؤون قبرص دافعه إيمانهم بأن قبرص يمكن أن تكون محفزًا لهم أكثر من أي وقت مضى من أجل الوصول إلى السلام مع العثمانيين. وفي شعبان 882هـ/ نوفمبر 1477م صدرت التعليمات لماليبيرو بمحاولة الحد من الخسائر الإقليمية، على الرغم من السماح له بالتنازل عن حصون وقلاع ألبانيا إذا لزم الأمر، على أن يجري توطين سكان تلك الأراضي المتنازل عنها في قبرص وجزر البندقية الأخرى، مما يعزز أراضي البندقية ديمغرافيًا واقتصاديًا. وهكذا، كالعادة دائمًا، تكون الأولوية لدى البندقية تغليب مركز الإمبراطورية البحري على قواعدها البرية. وبالفعل جرى الاتفاق النهائي بواسطة «جيوفاني داريو» (Giovanni Dario) السفير البندقي في عام 883هـ/ 1478م، وجرى التصديق عليه من قِبل الطرفين في 3 ذي القعدة 883هـ/ 25 يناير 1479م[3].

كانت المعاهدة التي جرى توقيعها، على شكل امتياز ينظم في المقام الأول عودة التجارة إلى وضعها الطبيعي، ويتم ذلك عن طريق الضمانات المعتادة لسلامة البنادقة وبضائعهم داخل الإمبراطورية، وأُلزمت حكومة البندقية في مقابل ذلك بأن تدفع للسلطان في كل عام على يد ممثليها مبلغ عشرة آلاف دوقية، فضلًا عن مائة وخمسين ألف دوقية كانت مستحقة الدفع قبل اندلاع الحرب، تسبب دفعها في إفلاس عدد كبير من البيوت التجارية البندقية في القسطنطينية وأدرنة وجاليبولي وفوجة وبروسة[4]، إلا إن أكبر خسائر هذه الحرب بالنسبة إلى البندقية كانت فَقْدها جزيرة يوبيه، على الرغم من أن قبرص كانت على وشك أن تتبوأ مكانها ضمن النظام الاستعماري للجمهورية، إذ كانت تُعَد الأفضل من ناحية وقوعها على

---

(1) انظر تفاصيل الحصار عند: الرشيدي، **السلطان محمد الفاتح**، 289-292.

(2) Inalcik, A. Mehmed the Conqueror's Empire, p. 330.

(3) Setton, op. cit, Vol. II, pp. 327-28.

(4) هايد، **تاريخ التجارة**، ج3/ 189، 190.

طريق التجارة الرئيسي إلى الإسكندرية ودمشق. أما باقي خسائر البندقية الأخرى فكانت ذات أهمية ثانوية وغير مهمة من الناحية الاستراتيجية، إذ انحصرت في جزيرة ليمنوس وعدد من الحصون في ألبانيا والمورة مثل سكوتاري وكرويا، التي كانت تمثل أهمية للعثمانيين ارتكزت عليها سلطتهم الإقليمية. وفي الوقت نفسه تمكن البنادقة من الحفاظ على القلاع ذات الأهمية الاستراتيجية من الناحية البحرية مثل كورون ومودون، فضلًا عن المراكز المهمة على البر الرئيسي لليونان مثل ليبانتو، ومونيمفاسيا ونابوليا في شرق وجنوب شرق المورة، فضلًا عن جزر كريت وكورفو وكيثيرا (شريجو) و«إيجينا» (Aegina) و«تينوس» (Tenos) (استندل) و«ميكونوس» (Mykonos) (موكنه) وبعض الجزر الأخرى الصغيرة في جنوب بحر إيجة[1]. وبناءً على هذه المعاهدة استطاع السلطان تحييد القوة البحرية العدائية الأولى، ومن ثَمَّ أصبح قادرًا على توجيه هجماته إلى رودس وإيطاليا والبابوية دون قلق.

ثالثًا: حملتا رودس وأوترانتو في عام 1480م

بعد أن استطاع محمد الفاتح تحييد أكبر القوى الصليبية البحرية التي يمكن أن تقف في سبيل توسعاته، بدأ عمليًا في التفكير في استئصال شأفة البابوية، معقل المسيحية، والمحرِّض الأول للحملات الصليبية، سواءً في الشرق ضد العثمانيين أو في الغرب ضد الوجود الإسلامي في الأندلس، الذي كان في طريقه إلى الزوال آنذاك[2]. وفي الوقت نفسه مثَّلت شبه الجزيرة الإيطالية موقعًا جيواستراتيجيًا حيويًا يمكن من خلاله التحكم ثم السيطرة

---

(1) Setton, op. cit, Vol. II, pp. 328-30.

(2) عقب الفتوحات الكبيرة لمحمد الفاتح في القارة الأوروبية، بدأت أنظار المسلمين في الأندلس تتجه إليه، كان ذلك بعد أن بعثوا كثيرًا من رسائل الاستغاثة إلى عديد من حكام المسلمين، خصوصًا المماليك في مصر. فأرسل أهل غرناطة في منتصف عام 882هـ/ 1477م سفارات إلى استانبول، ملفتين نظر الفاتح إلى حالة المسلمين بالأندلس، وطالبين تدخله لإنقاذهم. ولا شك أن الدولة العثمانية آنذاك كانت بعيدة كل البعد عن حلقة الصراع بين المسلمين والصليبيين في الحوض الغربي للبحر المتوسط، إلا إن جهود السلطان وسعيه الحثيث من أجل الحصول على موطئ قدم في إيطاليا يلفت النظر إلى نية خفية لديه تحاول الوصول فعليًا إلى ساحة الصراع غربي المتوسط، عن طريق نقاط ارتكاز في شبه الجزيرة الإيطالية وما حولها من جزر، خصوصًا أن مملكة أراجون الإسبانية، أحد أهم أطراف الصراع غربي المتوسط، كان لها نفوذ في بعض أجزاء إيطاليا كجزيرة صقلية ومملكة نابولي. راجع: عبد الجليل التميمي، رسالة من مسلمي غرناطة إلى السلطان سليمان القانوني سنة 1541م، **المجلة التاريخية المغربية**، العدد الثالث (يناير 1975م)، 38؛ أحمد سالم سالم، «في ذكرى سقوط غرناطة، لماذا لم يُنقذ العثمانيون الأندلس؟»، **مجلة العربي الكويتية**، العدد 717 (أغسطس 2018م).

على حوض المتوسط بشقيه، إلا إنه كان على السلطان أثناء تفكيره في غزو إيطاليا أن ينظر بعين الحذر إلى القوى الصليبية التي يمكن أن تقض مضجعه من الخلف أثناء هجومه الكبير، ولم يكن هناك سوى خطر فرسان القديس يوحنا في رودس، لذا توصل السلطان إلى ضرورة إجراء عمل عسكري متزامن يخلق عامل المفاجأة، ويؤدي إلى إرباك أي تحالف محتمل بين القوى الصليبية على الجبهتين.

وكما توقع العالم المسيحي بأسره هجومًا محتملًا يمكن أن يشنه السلطان على الأراضي الإيطالية، ترقبت رودس أيضًا هجومًا عثمانيًا على أراضيها منذ وقت مبكر[1]، ويمكن أن نتبين ذلك من خلال خطاب بعثه البابا «بولس الثاني» (Poul II) (868-875هـ/ 1464-1471م)، إلى حاكم جزيرة رودس أو ما كان يُطلق عليه «الأستاذ الكبير» (The Grand master)، بتاريخ 20 يناير 1471م/ 28 رجب 875هـ، ردًا على خطاب كان قد تلقاه منه، ويمكننا أن نتبين أيضًا من تلك المراسلات مدى سعة أفق السلطان باستشعاره الخطر من إمكانية حدوث تحالف بين الجبهتين. قال البابا في ذلك الخطاب:

«لقد تلقينا خطابك الذي تبين لنا من خلاله مدى قلقك بشأن تزايد خطر التهديد التركي لرودس، بالفعل يجب علينا أن نخاف، لكن ليس على نحو يحبط مساعينا لطلب المساعدة ورأب الصدع، إذ يتوجب علينا التحرك سريعًا وباهتمام كبير. لا تسلموا أنفسكم للفشل واربطوا على قلوبكم، فنحن نعمل بالتنسيق مع الإيطاليين وباقي القوى المسيحية لاتخاذ عدة خطوات تتضمن الهجوم الكبير الذي تخشاه. سندعم دومًا وبأقصى طاقتنا مدينتكم التي نحبها مثل مدننا، لكن منذ أن علمنا أن برج حصن «سانت نيكولاس» (St. Nicholas) الخاص بالميناء لم يَعُد بحالة جيدة، إضافةً إلى أن المدينة ليست محصنة بالشكل الكافي على طول الخنادق، أردنا تحذيركم لاتخاذ كل الاحتياطات اللازمة والاهتمام بذلك الشأن»[2].

---

(1) لم يكد السلطان يفرغ من فتح القسطنطينية حتى بعث إلى «جان دي لاستيك» (Jean de Lastic) زعيم فرسان رودس، يطلب منه الخضوع لسلطانه ودفع الجزية، فأجابه قائلًا: «إننا معشر الفرسان لا يجوز لنا أن ندفع إتاوة لأمير نصراني، فكيف لنا أن ندفع الجزية لأمير مسلم؟ وقد توليت إمرة هؤلاء العصابة وهم سادة أحرار، فكيف أختم عليهم بخاتم الذلة والمهانة؟ فإذا كان السلطان قد صمم على فتح رودس، فعليه أولًا أن يمر فوق جثتي وجثث هؤلاء الفرسان». انظر: الرشيدي: **السلطان محمد الفاتح**، 303.

(2) Setton, op. cit, Vol. II, pp. 309-10.

واستمر البابا بعد ذلك في كتابة خطابات تؤكد على موقفه الداعم لرودس وتحالفه معها أمام أي هجوم عثماني.

لم تكن رودس مركزًا من أهم مراكز تهديد الدولة العثمانية فحسب، بل كانت منذ وقت مبكر مرتكزًا للحملات الصليبية على الشواطئ الشرقية للبحر المتوسط، لموقعها الاستراتيجي الذي يشرف على مدخل بحر إيجة، ولقربها في الوقت نفسه من سواحل الشام وآسيا الصغرى، وبعد جلاء الصليبيين عن الشام أصبحت هي وقبرص مأوى لفرسان «القديس يوحنا الأورشليمي» (Hospitallers of Saint John)[1]، حيث استطاعوا تأسيس مملكة مسيحية تحت رعاية البابا وملك قبرص الذي عاونهم على انتزاع رودس من الدولة البيزنطية في عام 709هـ/ 1309م، امتد نفوذها ليشمل جزر الدوديكانيز القريبة، فتحولت هذه الطائفة منذ ذلك الحين إلى عصابة من القراصنة في الحوض الشرقي للبحر المتوسط تعمل لحساب البابا والدول الأوروبية الصليبية لعرقلة الملاحة الإسلامية على وجه العموم[2]، لذا حاولت دولة المماليك في مصر والشام القضاء على نفوذ فرسان القديس يوحنا عن طريق احتلال جزيرة قبرص في عام 829هـ/ 1426م، وإخضاع آل لوزينيان ملوك قبرص الداعمين الأُول لهم، لكن ذلك لم يكن كافيًا، فحاولوا احتلال الجزيرة نفسها عن طريق إرسال ثلاث حملات بين عامي 844 و848هـ/ 1440 و1444م بتشجيع من العثمانيين أنفسهم، بعد أن سمع السلطان مراد الثاني بمحاولات ضم فرسان القديس يوحنا للحلف الصليبي الكبير الذي كان يتكون آنذاك في أوروبا ضد العثمانيين، إلا إن محاولات فتحها باءت بالفشل[3].

---

(1) كانت بدايتهم كمنظمة خيرية دينية، لها مكان في بيت المقدس قبل الحروب الصليبية لمساعدة المحتاجين، خصوصًا الحُجاج المسيحيين الذين يزورون الأراضي المقدسة. وعندما اندلعت الحروب الصليبية تحولت إلى منظمة عسكرية تحت اسم «الإسبتارية»، وظلوا يؤدون دورًا كبيرًا في محاربة المسلمين في الشام، حتى طردوا نهائيًا في عام 690هـ/ 1291م. راجع مزيدًا عنهم: جونثان سميث، **الإسبتارية: فرسان القديس يوحنا في بيت المقدس وقبرص 1050-1310م**، ترجمة: صبحي الجابي (دمشق، 1989م)؛ David Nicolle, *Knight Hospitaller, 1306-1565* (UK: Osprey publishing, W.D).

(2) جونثان سميث، **الإسبتارية**، 46-62؛ عمر محمد الباروني، **الإسبان وفرسان القديس يوحنا في طرابلس** (طرابلس: مطبعة ماجي، 1953م)، 75؛ العبادي وسالم، **تاريخ البحرية الإسلامية**، 309.

(3) راجع: محمد مصطفى زيادة، «المحاولات الحربية للاستيلاء على جزيرة رودس»، ترجمة: جمال الدين الشيال، **مجلة الجيش** (1946م)؛ العبادي وسالم، **تاريخ البحرية الإسلامية**، 336-339؛ عاشور، **الحركة الصليبية**، ج2/ 1235، 36؛ **العصر المماليكي في مصر والشام** (القاهرة: مكتبة الأنجلو المصرية، 1994م)، 179-183.

ساعدت الظروف والأوضاع الدولية على حسم قرار السلطان بشأن إرسال الحملتين، ومن أهمها الأوضاع الصعبة التي كانت تشهدها الدويلات الإيطالية آنذاك، والتي كانت تنذر بالأسوأ على جميع الأصعدة. ونتبين بعض تلك الأوضاع من مرسوم البابا سكستوس الرابع الذي أصدره في 5 فبراير 1479م/ 12 ذي القعدة 883هـ، بعد إقرار السلام بين العثمانيين والبنادقة، وقد استنكر في ذلك المرسوم انتصارات السلطان المتواصلة تحت ما أطلق عليه «لواء الشيطان»، بعد أن نجح في إخضاع ألبانيا والسيطرة على«كافا» (Caffa)، وذبح واستعبد المسيحيين في البلقان، ثم قيامه بإعداد جيوشه وأساطيله مرَّة أخرى لإخضاع كل العالم المسيحي إن استطاع[1]. وكان هذا المرسوم وغيره يُعلن مواقف البابا الصريحة إزاء العثمانيين وهجماتهم المستمرة على الأراضي المسيحية، ويشير أيضًا إلى ما يمكن أن يتخذه البابا من خطوات، أهمها بالطبع محاولة تشكيل تحالف من شأنه أن يصعب مهمة العثمانيين في هجماتهم المستقبلية، لكن حين علمت البندقية عن هذا التحالف الذي بدأ الإعداد له، سرعان ما ظهر موقفها في أوامر مجلس الشيوخ التي أصدرها في 3 يونيو 1480م لـ«زكريا باربارو» (Zaccaria Barbaro)، السفير الجديد لدى البابا، بعدم الانخراط في أي تحالف من شأنه أن يعكر صفو السلام مع العثمانيين[2].

كان السلطان على علم بالخلافات الحادثة في إيطاليا، فآثر استغلال الفرصة لزيادة الانشقاقات، خصوصًا لمعرفته المسبقة بموقف البندقية ومحاولتها الحفاظ على ذلك السلام الذي كلفها كثيرًا صونًا لمصالحها، فحاول بحصافة اجتذاب البندقية للتحالف معه، وإغراءها بمهاجمة البابا وملك نابولي اللذين كانا على عداء للجمهورية في ذلك الوقت. وفي غضون ذلك جرت الاستعدادات على الأرض بحشد القوات في ميناء «فالونا» (Valona) (فلورا)[3] الألباني تحت قيادة كديك أحمد باشا الذي عُين قائدًا لذلك اللواء تمهيدًا للحملة المزمعة،

---

(1) Setton, op. cit, Vol. II, p. 325.

(2) Ibid, p. 340.

(3) «فالونا» أو «فلورا» بالألبانية، مدينة تقع في جنوب غرب ألبانيا على ساحل الأدرياتك، وتُعَد ثاني أكبر الموانئ الألبانية بعد دورازو. أصبحت مركزًا للواء أو سنجقًا بعد أن دخلت تحت الحكم العثماني في عام 1417م، وأصبحت في القرن السادس عشر مركزًا مهمًا ليهود السفرديم الذين نزحوا من إسبانيا والبرتغال عقب انتهاء الحكم الإسلامي في شبه جزيرة أيبيريا؛

Benjamin Braude & Bernard Lewis, *Christians and Jews in the Ottoman Empire: The central lands*. Vol. 2 (Holmes & Meier Publishers, 1982), p. 246.

والذي سرعان ما أرسل مبعوثًا إلى البندقية يعرب عن الهجوم المحتمل بمساعدة أو من دون مساعدة البنادقة. وعلى الرغم من أن البنادقة رأوا في التدخل العثماني في إيطاليا إمكانية تخليص الأراضي الفلورنسية التي احتلها دوق كاليبريا في أثناء حرب تسكانا، فضلًا عن وضع حدٍّ للتدخلات الأراجونية في إيطاليا، فإنهم رأوا أن حيازة الأتراك لميناء فالونا القريب، ثم وجودهم المحتمل في أوترانتو الإيطالية، سيسهمان بلا شك في الحد من سلطة البنادقة في البحر الأدرياتيكي، مما سيؤدي بعد ذلك إلى تدمير الإمبراطورية التجارية للجمهورية، وبناءً على هذا رفض مجلس الشيوخ بأدب في 5 جمادى الآخرة 884هـ/ 23 أغسطس 1479م اقتراح كديك أحمد باشا[1].

بدأ نشاط الأسطول العثماني في الأدرياتك تمهيدًا للهجوم على إيطاليا في أواخر صيف عام 884هـ/ 1479م، وبما أن الحملة موجهة إلى أراضي مملكة نابولي، فكان على العثمانيين أولًا تصفية الجيوب الواقعة تحت النفوذ النابولي في البحر الأدرياتيكي، لذا قام «ليوناردو الثالث توكو» (Leonardo III Tocco) الموالي لملك نابولي، وآخر حكام إيبروس اليونانية (852-884هـ/ 1448-1479م) ودوق جزيرة «ليوكاديا» (Leucadia) أو «سانتا مورا» (S. Moura) وكونت جزيرتي كيفالونيا و«زانتا» (Zante)[2]، بالفرار بحياته قبل أن يصل الأسطول العثماني الذي أبحر من فالونا إلى قاعدة جزيرته سانتا مورا، مجتازًا قناة «كورفو» (Corfu)، حيث صادف في طريقه القائد العام للأسطول البندقي الذي ألقى عليه التحية، ثم انطلق بعد ذلك حتى وصل أولًا إلى سانتا مورا فوجدها خاوية تمامًا بعد فرار من كانوا فيها،

---

(1) Setton, op. cit, Vol. II, p. 340.

(2) «ليوكاديا» (Leucadia) و«كيفالونيا» (Cephalonia) و«زانتا» أو «زاكينثوس» (Zakynthos)، هي مجموعة جزر تقع غربي اليونان بالبحر الأيوني. وقعت في العصور الوسطى ضمن أراضي الإمبراطورية البيزنطية حتى عام 581هـ/ 1185م عندما صارت تحت نفوذ مملكة نابولي. ومنذ عام 758هـ/ 1357م حكمتها عائلة «توكو» (Tocco) تحت النفوذ النابولي، ثم بدأت هذه العائلة اتخاذ الجزر نقطة انطلاق للتوسع في البر الرئيسي لليونان، وبالفعل نجحت في السيطرة على إقليم إيبروس غربي اليونان منذ عام 814هـ/ 1411م، ثم بدأت تواجه زحف العثمانيين، مما أدى إلى فقدهم تلك الأراضي تباعًا، حتى انحصروا مرَّة أخرى على متن هذه الجزر، إلى أن نجح العثمانيون في السيطرة عليها، لكنَّ حكمهم المباشر لها امتد فقط حتى 26 ربيع الأول 889هـ/ 22 أبريل 1484م عندما جرت مفاوضات مع البنادقة تبعًا لاتفاقية عام 884هـ/ 1479م بشأن موقف هذه الجزر، وأدت المفاوضات في النهاية إلى سيطرة البندقية على الجزر نظير جزية سنوية تُدفع للعثمانيين.

فترك فيها حامية قبل أن يكمل طريقه إلى جزيرة كيفالونيا التي استولى عليها وعلى حصنها، هكذا وبعد ضياع كل ممتلكاته لجأ ليوناردو وعائلته إلى مملكة نابولي؛ حيث استقبله ملكها «فيرانتي الأول» (Ferrante I)[1] بكل حفاوة[2].

وفي خطاب وصل من السلطان إلى البندقية في محرم 885هـ/ مارس 1480م، طلب السلطان صراحة مساعدة البنادقة لأحمد باشا في حملته المزمعة. وفي حين لم يتخذ البنادقة أي خطوة لإقناع السلطان بالعدول عن قراره بمهاجمة إيطاليا، عملوا على تأمين أنفسهم من شخص محمد الفاتح الذي خبروه جيدًا، فهو شخصية يصعب التكهن بتحركاتها، إذ يمكن أن يستخدم القوة التي جمعها لمهاجمة نابولي في مهاجمة القواعد البندقية في اليونان والأدرياتك، لهذا حرصوا بشكل مستمر على تفقد الشواطئ الشرقية للبحر الأدرياتيكي، حيث تقع المدن والحصون التابعة لإمبراطوريتهم، والتي عانت من قبل من الهجمات غير المتوقعة للأتراك. وعلى الرغم من أن البنادقة لم يكونوا واثقين مما إذا كان الأسطول العثماني في فالونا سيُستخدم لمهاجمة رودس أو إقليم أبوليا أو حتى الأراضي البندقية، فقد صدر قرار مجلس الشيوخ في 21 مارس 1480م/ 9 محرم 885هـ، بإرسال خمسة آلاف دوقية لـ«فيتور سورانزو» (Vettore Soranzo)، القائد العام للأسطول البندقي، لتحصين المراكز الاستراتيجية من أي هجوم تركي، حيث لم تُرسل أي نقود للمراكز البندقية في شرق الأدرياتك أو اليونان منذ أن عُقد السلام مع الدولة العثمانية، باستثناء ما يُرسل عادة إلى الموظفين البنادقة في جزيرة كورفو[3].

يبدو أن العثمانيين دفعوا البنادقة دفعًا للشك في إمكانية استمرار السلام، نظرًا للاهتمام الشديد الذي أولاه البنادقة لتلك المسألة، وخوفهم من التحركات العثمانية، وهو ما نراه جليًّا في تتابع الرسائل المحملة بالأخبار من مسرح الأحداث إلى مجلس الشيوخ بشكل يومي. وردًّا على تلك الرسائل كتب مجلس الشيوخ في 2 يوليو 1480م/ 23 ربيع الثاني 885هـ، لسورانزو، القائد العام للأسطول، أنهم تلقوا منه أربع رسائل كان آخرها مبعوثًا من كورفو

---

(1) أو «فرديناند الأول» (Ferdinand I) ملك نابولي بين عامي 862 و899هـ/ 1458 و1494م، ابن «ألفونسو الخامس» (Alfonso V) ملك أراجون، ومن ثَمَّ كان ممثلًا للنفوذ الأراجوني الإسباني في الصراعات الحادثة بين الدول الإيطالية.

(2) Ibid, p. 341.

(3) Ibid, pp. 341-42.

بتاريخ 24 يونيو، وأنهم علموا من خلال رسائله أن الأسطول العثماني غادر استانبول، وأنه انقسم إلى قسمين، اتجه الأكبر منهما إلى رودس، والآخر إلى البحر الأدرياتيكي، لذا رابط سورانزو بأسطوله في الأدرياتك للدفاع عن المراكز البندقية إذا جرت مهاجمتها من قِبل الأتراك، لكن الأوامر كانت تقضي بعدم التحرك من مواقعه إذا تابع الأسطول العثماني سيره لمهاجمة إقليم أبوليا. وفي هذه الأثناء، تحديدًا في 25 يوليو 1480م، جرى تجديد التحالف بين كلٍّ من نابولي وميلانو وفلورنسا وفيرارا لمدة خمس وعشرين سنة من أجل مواجهة الأتراك، غير أن العداء المستحكم من قِبل البنادقة لنابولي وملكها فيرانتي جعل من الصعب ضم البندقية إلى هذا التحالف. ومن ناحية أخرى، حاول البابا مساعدة فرسان القديس يوحنا في رودس، حيث أرسل رسالة إلى الأمراء الإيطاليين بتاريخ 27 يوليو يحثهم فيها على الاتحاد أمام الخطر المشترك والدفاع عن رودس، إلا إن سفراءهم في روما أعربوا عن خوفهم من اندلاع الحرب في إيطاليا نفسها[1].

وبعد ثلاثة أيام من تجديد تحالف نابولي، ويوم واحد من مراسلة البابا للأمراء، أي في 28 يوليو 1480م/ 20 جمادى الأولى 885هـ، نزل الأتراك على الساحل الشرقي لشبه جزيرة «سالينتين» (Salentine)[2] على مقربة من أوترانتو، وعلى مسافة تقل عن خمسين ميلًا من الساحل الألباني، حيث انطلقت القوات العثمانية بقيادة كديك أحمد باشا من فالونا، مما أثار الذعر في إيطاليا، وتسبب في صدمة لأوروبا بأكملها، ومن ثَمَّ أثيرت تساؤلات حول ما يمكن أن يحدث في المستقبل، وهل هذا الفعل هو مجرد استقراء لفرانتي ملك نابولي، أم هو تعبير لكره السلطان للأراجونيين الذين تحالفوا مع إسكندر بك، أم أنه توطئة لغزو

(1) كتب البابا في رسالته: «نحن بالتأكيد لسنا من أولئك الذين يعتزمون عرقلة السلام الإيطالي، الذي حاولنا دائمًا بكل جهدنا وبحذر ويقظة الحفاظ عليه، خصوصًا في هذا الوقت الذي نهاجَم فيه بعنف من قِبل خطر واسع، وبالتالي نحن نعتقد أنه لا شيء يمكن أن يقف في وجه القوة العثمانية غير اتحاد هدف المقاومة بين الدول الإيطالية... الآن يقف العدو على الأبواب، وعلى مرأى من العين يستعد لضرب إقليم أبوليا بأسطول كبير، أما إذا حاصر «راجوزا» (Ragusa) أو رودس - لا قدر الله - فلن يتبقى شيء من أمتنا... لذا اسمعوا صوت البابا واعملوا للخطر المشترك، واعلموا كم هي الحاجة كبيرة إلى تسريع وتيرتنا... لقد كنا أول من يقوم بما في وسعه، لكننا لا نستطيع العمل وحدنا... وسيقوم الرجال بتبرئتنا من أي لوم في خضم كارثة واضحة، حال ذهبت نداءات البابوية أدراج الرياح»؛ Ibid, p. 343.

(2) هي شبه الجزيرة المتصلة بالطرف الجنوبي الشرقي لشبه الجزيرة الإيطالية، الواقعة ضمن إقليم أبوليا، وتُسمَّى بالإيطالية «سالينتو» (Salento).

موسع لإيطاليا؟ إلا إن الإجابة عن هذه التساؤلات لم تكن مطروحة آنذاك. لقد أعطى السلطان أوامره بالهجوم في وقت مناسب انشغلت فيه العائلات الحاكمة في إيطاليا بمطامعها وصراعاتها، حيث كان البابا يدبر للحصول على مدينة «بيزارو» (Pesaro) لابن أخيه، فضلًا عن إبعاد حكم عائلة «ميدتشي» (Medici) من فلورنسا، وكان ملك نابولي يسعى للسيطرة على مدينة «سيينا» (Siena) بواسطة قواته، وإيجاد طريقة لمهاجمة البنادقة، لذا تسبب هذا الهجوم المفاجئ في إرباك كبير للدول الإيطالية وعلى رأسها البابوية[1].

انتشرت الأنباء الواردة عن الهجوم التركي[2]، بينما كانت المعلومات عن عدد سفن الأسطول المهاجم ليست مؤكدة، وكان الأسطول كبيرًا إلى درجة يمكن معها التصديق بأنه ضم كل السفن التي ذهبت إلى رودس. وفي ليل اليوم الثاني من أغسطس كتب ملك نابولي لأخيه «ألفونسو» (Alfonso) حاكم «كالابريا» (Calabria)، يستدعيه من سيينا مع قواته، وبعدها كتب البابا: «لنضع العداوة جانبًا أمام الخطر المشترك». وفي ذلك الوقت جرى الإبلاغ بالفعل عن أن الأتراك استولوا على ثلاث قرى، هي: «كوتروفيانو» (Cutrofiano) مع ثلاثمائة منزل وقلعة واحدة، و«سوجليانو» (Sogliano) مع ثمانين منزلًا، وريسجليانو مع نحو ألف منزل، وذلك بواسطة ثمانية عشر ألف تركي حسب بعض التقديرات. أما الأسطول فكان مكونًا من ثماني عشرة سفينة من نوع جالي، ومائة وعشرين سفينة من الأنواع الأخرى تقريبًا. بعد ذلك وصل فرسان من «تارانتو» (Taranto)[3]، وأبلغوا عن أكثر من ثلاثمائة وخمسين سفينة عثمانية، وأن الأتراك هاجموا قلعة أوترانتو والمنطقة المحيطة وصولًا إلى «ليتشي» (Lecce)[4]. استسلمت قلعة أوترانتو بعد مقاومة شديدة استمرت أربعة

---

(1) Ibid, pp. 343-344.

(2) كتب سادوليتو لدوق فيرارا في الأول من أغسطس: «وصل صباح اليوم أربعة فرسان إلى نابولي قادمين من نابوليا ومحيط أوترانتو على وجه السرعة، وذهبوا للعثور على الملك في «أفيرسا» (Aversa) التي ذهب إليها مساء أمس، وذلك لإخباره كيف نزل الأتراك بأوترانتو بمائة وخمسين سفينة، وشنوا ثلاث هجمات على القلعة. لقد جاءت هذه الأنباء من نابولي وليس لديَّ معلومات مؤكدة غير رجوع الملك على وجه السرعة من أفيرسا خلال ساعة». Ibid, p. 343.

(3) هي مدينة وميناء مهم، تقع جنوب شبه الجزيرة الإيطالية ضمن إقليم أبوليا على خليج بالبحر الأيوني يحمل الاسم نفسه.

(4) مدينة إيطالية تقع ضمن إقليم أبوليا، أقصى جنوب شرق شبه الجزيرة، تبعد بنحو أحد عشر كيلومترًا عن ساحل الأدرياتيكي، وثلاثة وعشرين كيلومترًا عن ساحل البحر الأيوني. راجع: Ibid, p. 344.

عشر يومًا، مات خلالها نحو اثني عشر ألفًا من حامية القلعة البالغ عددها اثنين وعشرين ألفًا، ومن ثم قسم كديك أحمد باشا جيشه إلى فرقتين، توجهت إحداهما ناحية الشمال الشرقي حيث «برنديزي» (Brindisi)، والثانية ناحية الشمال الغربي حيث تارانتو. أما أوترانتو نفسها فجعلها مركز لواء، حيث استقر أميرًا عليه خير الدين مصطفى بك مع ستة آلاف وخمسمائة من المشاة وخمسمائة من الخيالة[1].

في صباح 7 جمادى الآخرة/ 14 أغسطس، وصلت الأنباء المفزعة إلى نابولي بسقوط أوترانتو في 4 جمادى الآخرة/ 11 أغسطس، فاستدعى فيرانتي على إثر ذلك كلًّا من سادوليتو وسفراء ميلانو وفلورنسا، نظرًا لازدياد خطورة الوضع، وأرسل مبعوثًا إلى روما يلتمس من البابا حث البندقية على الانضمام إلى تحالف نابولي ضد الأتراك، فضلًا عن أن الدول المتحالفة أرسلت مبعوثين مباشرين إلى البندقية، ومع علمهم أن البندقية ربما تتراجع عن المساعدة، إلا إنهم كانوا ينتظرون على الأقل معرفة مواقع تمركزهم. وفي ذلك الوقت كان مجلس الشيوخ البندقي قد أصدر قرارًا في التاسع من أغسطس إلى قائد الأسطول المتجه إلى كورفو للانضمام إلى القائد العام للأسطول، بأن عليه تجنب الأتراك، وإذا حتم عليه الأمر مصادفتهم في طريقه فعليه أن يفسح لهم المجال دون الانحراف عن مساره. أما عن مناشدات دول التحالف فقد رفضتها البندقية على وجه الإطلاق، مما يشير إلى قرارها بعدم دخول حرب ضد العثمانيين مرَّة أخرى إلا من أجل البقاء أو لحفظ مركزها في شرق المتوسط[2].

ومع أن العثمانيين استطاعوا إقامة رأس جسر في شبه الجزيرة الإيطالية، وحافظوا عليه زهاء العام، وكان يمكن من خلاله مد فتوحاتهم في شبه الجزيرة، إلا إن الظروف لم تمهلهم للحفاظ على موطئ قدمهم هذا، فقد أمر ملك نابولي ابنه دوق كاليبريا - الذي كان مشغولًا بقتال الفلورنسيين - بأن يترك القتال فورًا ويتوجه للقاء العثمانيين ووقف زحفهم. وبالفعل، عاد الدوق إلى نابولي وحشد فيها القوات وزحف لصد الأتراك، وسرعان ما لحق به ملك نابولي، فضلًا عن توافد المدد إليه من كل أنحاء أوروبا، غير أن كل هذه الحشود لم تستطع إثناء العثمانيين عن هدفهم أو صرفهم عن مواقعهم التي نزلوا بها، حتى إذا جاء شتاء 885هـ/ 1480م توقف القتال بعد أن لاذ جيش الصليبيين بالمعاقل والحصون، فاغتنم

---

(1) أوزتونا، **تاريخ الدولة العثمانية**، ج1/ 176.

(2) Setton, op. cit, Vol. II, p.345.

كديك باشا الفرصة وعاد إلى استانبول سرًّا ليطلع السلطان على وضع الحملة والحاجة الملحة لوجوده على رأس الجند، وبعد انتهاء زيارته ذهب إلى فالونا ليحشد جيشًا آخر تعداده نحو 25 ألف مقاتل ليعزز به القوات الرابضة في جنوب إيطاليا. وفي أوائل ربيع عام 886هـ/ 1481م خرج السلطان من استانبول إلى أسكودار، وسرعان ما أعد بها جيشًا للخروج إلى وجهة لا يعلمها غيره، إلا إن المَنِيَّة عاجلته قبل خروجه بذلك الجيش في 4 ربيع الأول 886هـ/ 3 مايو 1481م، وفي هذه الأثناء كان كديك باشا لا يزال في ميناء فالونا الألباني، حيث بلغته وفاة السلطان فعدل عن السفر وعاد فورًا إلى استانبول. وعليه، انسحب الجيش العثماني من إيطاليا، وتمكن الملك فيرانتي بعدها من إعادة السيطرة على أوترانتو في 15 رجب 886هـ/ 10 سبتمبر 1481م[1].

وتزامنًا مع حملة أوترانتو، انطلقت حملة أخرى تحت قيادة مسيح باشا للسيطرة على رودس وما يتبعها من جزر، والقضاء على فرسان القديس يوحنا ومن يتبعهم من قراصنة، لنزع شوكة قاسية من ظهر الدولة لطالما أقضَّت مضجعها وأرقتها. منذ أن انتخب «بيير دي أوبوسون» (Pierre d'Aubusson)[2] قائدًا أو أستاذًا لطائفة الفرسان في عام 881هـ/ 1476م، وهو يترقب كل ربيع أسطولًا وجيش حصار يغادر البسفور ليُغير على الجزيرة، وعندما عُقد السلام بين الأتراك والبنادقة في 884هـ/ 1479م شَعر أنه خلال أشهر قليلة سيحدث الهجوم المرتقب من قِبل العثمانيين، لذا شيد خلال ثلاث سنوات تحصينات إضافية فضلًا عن إصلاح الأسوار والأبراج وزيادة مخازن الطعام والذخيرة.

بجانب الاستعدادات الكبيرة التي أجراها الفرسان لتحصين الجزيرة، عملوا أيضًا على المستوى الدبلوماسي. فعلى الرغم من التحذيرات التي وصلت إلى رودس في محرم 884هـ/ أبريل 1479م بالاستعدادات التي يقوم بها الأتراك في استانبول، فقد قَبِل أوبوسون رسميًّا في أواخر صيف 884هـ/ 1479م الهدنة مع الأتراك بناءً على وساطة جم سلطان، ثاني أبناء السلطان محمد الفاتح، وذلك بسبب حاجة الأتراك إلى مزيد من الوقت لتحضير الأسطول والجيش، في الوقت نفسه الذي احتاج فيه الأستاذ الكبير إلى مزيد من الوقت حتى تستطيع

---

(1) فاتان، **صعود العثمانيين**، 147؛ الرشيدي، **السلطان محمد الفاتح**، 321-323.

(2) «بيير دي أوبوسون» (Pierre d'Aubusson) (826-908هـ/ 1423-1503م)، انضم إلى فرسان القديس يوحنا بين عامي 1444 و1445م، وانتخب لتولي منصب الأستاذ الكبير أو الجراند ماستر في 17 يونيو 1476م. راجع مزيدًا عنه: Dominique Bouhours, *Histoire de Pierre d'Aubusson* (Paris, 1677).

الأديرة الأوروبية إرسال فرق فرسانها لتشارك في الدفاع عن الجزيرة. وزيادة على ذلك أبرم أوبوسون السلام مع السلطان المملوكي قايتباي، الذي لم تكن له رغبة في استيلاء العثمانيين على رودس، فسمح لأهالي الجزيرة بارتياد الموانئ المملوكية في مصر والشام للتزود أو لإجراء الإصلاحات الضرورية لسفنهم. ولم يقتصر الأمر على سلطان مصر، بل عقد معاهدة مماثلة مع سلطان تونس الحفصي[1].

بدأ السلطان تجميع قواته البرية في منطقة أسكودار، حيث عبر البسفور إلى الأناضول واتجه جنوبًا حتى وصل إلى خليج «مارماريز» (Marmaris)[2]، وفي 20 رمضان 884هـ/ 4 ديسمبر 1479م أبحر القائد العثماني مسيح باشا على رأس أسطوله ثم هاجم جزيرة «تيلوس» (Telos) (بسكوبي) الواقعة شمال رودس والتابعة لها، ومنذ ذلك الحين أصبح فرسان القديس يوحنا والجزر التابعة لهم تحت الحصار بشكل عملي. وفي هذه الأثناء كان الأستاذ الكبير يجري تحضيرات لصد الهجوم التركي، حيث هدم كنيستين خارج الأسوار، إحداهما هي كنيسة «سانت أنطوني» (St. Anthony) الواقعة شمال المدينة، خوفًا من أن يتخذوها درعًا عند وصولهم، ثم قطع أشجار الفاكهة، وبعد 18 صفر 885هـ/ 29 أبريل 1480م لم يسمح لأي سفينة بمغادرة ميناء رودس، وعند قدوم الربيع كانت رودس بحاجة إلى حماية، ففي حين انطلق أسطول تركي في الأدرياتك لمهاجمة أوترانتو، انطلق أسطول تركي آخر من مضيق جاليبولي في 20 صفر/ 1 مايو، وفي 13 ربيع الأول/ 23 مايو بدأ ذلك الأسطول في عملية الإنزال على الشاطئ الشمالي للجزيرة، بقوة قدَّرتها بعض المصادر بأربع وثمانين إلى مائة وثلاثين سفينة، مع أن أوبوسون كتب إلى ملك نابولي أنه في يوم 18 ربيع الأول/ 28 مايو قامت قوات تركية تقدر بمائة وستين سفينة على متنها سبعون ألف رجل بعملية الإنزال على متن الجزيرة لمحاصرة المدينة. أيًا ما كان الأمر فقد استطاع العثمانيون بسهولة احتلال تل سان ستيفانو، وهو الجزء المرتفع من مدينة رودس القديمة الواقع خارج الأسوار الشمالية، الذي اتخذوه مركزًا لمعسكرهم كما فعلوا مستقبلًا في حصار عام 928هـ/ 1522م، ثم عاد جزء من الأسطول إلى الأناضول لحمل مزيد من القوات[3].

---

(1) الرشيدي، **السلطان محمد الفاتح**، 247؛ Setton, op. cit, Vol. II, pp. 346-347.

(2) يقع قبالة مدينة مارماريز أو «فيسكوس» (Physkos) الواقعة جنوب غربي الأناضول على ساحل بحر إيجة.

(3) Ibid, pp.348-51; Ettore Rossit, "The Hospitallars at Rhodes (1421-1523)", in *A history of the Crusades*, Vol. III, p. 324.

بدأت الهجمات التجريبية للجيش العثماني لاختبار دفاعات الأسوار، ثم بدأوا في تركيز هجماتهم على حصن «سانت نيكولاس» (St. Nicholas)[1]، الذي أقيم على نتوء يمتد داخل البحر شمال أسوار المدينة، وذلك لأنهم وجدوا أن احتلالهم لهذا الحصن، فضلًا عن جبل «كانون» (Cannon) الواقع في نهاية النتوء، يمكنهم من تهديد الميناء الشرقي لرودس، والحيلولة دون دخول السفن المسيحية بالإمدادات البشرية أو المادية إلى الخطوط الدفاعية داخل المدينة. وبالفعل، تمكن الأتراك من وضع بطارية من ثلاثة مدافع كبيرة بالقرب من كنيسة سانت أنطوني شمالي المدينة، كما حدث قبل ذلك بسبعة وعشرين عامًا في القسطنطينية، وبناءً على ذلك استطاعوا تغطيةِ المرسى الصغير لحصن سانت نيكولاس الذي يبعد عن أرض الجزيرة بنحو مائتي ياردة، إلا إنهم لم يستطيعوا دخول الميناء الشرقي الرئيسي بسبب إغلاقه بواسطة سلسلة حديدية امتدت بين برجي «نايلاك» (Naillac)[2] و«الطواحين» (Windmills)[3]، وحتى من دون هذه السلسلة كانوا سيقعون في مرمى نيران هذين البرجين[4].

صمد البرج أمام القصف لفترة ليست بالقصيرة، لم يكف خلالها المدافعون عن التصدي

---

(1) بُني حصن وبرج سانت نيكولاس الذي تُطلق عليه المصادر العثمانية «عرب قَلَه سي» أي «قلعة العرب»، لحماية ميناء «ماندراكي» (Mandraki) الحربي، وقد بُني فيما بين عامي 868 و871هـ/ 1464 و1467م بواسطة الأستاذ الكبير «زاكوستا» (Zacosta)، على نهاية نتوء طبيعي يمتد داخل البحر، ومن ثَمَّ أصبح نقطة الدفاع الأولى عن المدينة ومفتاحها. وقد تميزت رودس منذ سيطرة الفرسان عليها في القرن الرابع عشر بدفاعاتها الحصينة التي أنشأها الفرسان على الدفاعات البيزنطية القديمة على شكل هلال حول المدينة، ثم بدأوا بتطوير هذه الدفاعات بما يناسب القوة الهائلة لضربات المدفعية، التي أصبحت سلاحًا ناجعًا للحصار منذ فتح القسطنطينية. وقد ظهرت خبرتهم الطويلة التي اكتسبوها في بناء الحصون على مدار ثلاثة قرون قضوها في الأراضي المقدسة إبان فترة الحملات الصليبية، حيث ظهرت قوة تحصيناتهم جلية أمام الحصار المملوكي الذي استمر زهاء الأربعين يومًا في عام 844هـ/ 1440م. راجع مزيدًا عن تحصينات رودس:
Konstantin Nossov, *The Fortress of Rhodes 1309-1522* (Uk: Osprey Publishing, 2010).

(2) بُني بين عامي 798 و824هـ/ 1396 و1421م بواسطة الأستاذ الكبير «فليبرت دي نايلاك» (Philibert de Naillac)، على نهاية اللسان الغربي للميناء التجاري، وهو مربع الشكل كمعظم أبراج العصور الوسطى، ويبلغ ارتفاعه نحو ستة وأربعين مترًا، وكان يستخدم برجًا للمراقبة لمواجهته للميناء.

(3) عُرف أيضًا بـ«برج فرنسا» أو «برج الملاك»، وهو أحد برجين يقومان على حماية الميناء التجاري، وقد بُني على نهاية النتوء الطبيعي شرقي الميناء بواسطة أوبوسون، وأُطلق عليه «برج الطواحين» لوقوعه في نهاية صف من ثلاث عشرة طاحونة هواء، أقيمت على اللسان الشرقي للميناء.

(4) Setton, op. cit, Vol. II, pp. 351-52; Rossit, op. cit, p. 325.

للهجمات التركية، سواءً من الحصن أو عبر أسوار المدينة، إلا إنه في النهاية لم يلبث أن تضرر تضررًا كبيرًا جراء تكثيف ضربه بالمدفعية التركية، حتى إن الأستاذ الكبير بعث إلى الإمبراطور «فريدريك الثالث» (Fredrick III) يخبره بأن الآلاف من الرجال يعملون ليل نهار لإصلاح ما تهدم من الحصن بعد ضربه بثلاثمائة قذيفة مدفعية، وبأنهم قاموا على الرغم من الدفاعات القوية على طول الأسوار بحفر خنادق حول الأبراج ملأوها بالمتاريس الخشبية، فضلًا عن تمركز أعداد غفيرة من الجند أعلى الحصن وفي الأرض التي تلي الحصن من الجنوب حتى لا يستطيع الأتراك الالتفاف حوله أو احتلال الأرض التي تصله بالمدينة، فيسهل حينئذ السيطرة عليه أو تهديد الميناء. كان باستطاعة نيران مدافع الفرسان المثبتة أعلى الأسوار الشمالية تأمين الحماية المباشرة على طول النتوء الذي يقع عليه الحصن، ومع ذلك غامر الأتراك في أول هجوم جدي لهم في 30 ربيع الأول/ 9 يونيو بالالتفاف حول الحصن والدخول إلى مينائه وإنزال قوة مهاجمة، مما أسفر عن تكبدهم خسارة ما يقرب من سبعمائة جندي، إلا إن ذلك لم يفت في عضدهم، فبعد فترة وجيزة جاء هجوم آخر على البرج، لكن هذه المرَّة على القطاع الشرقي من الأسوار صوب خليج «أكانديا» (Akandia)، حيث اشتد الصراع بين الطرفين ووقع المئات من القتلى[1].

وضع مسيح باشا بطارية من ثمانية مدافع كبيرة قبالة الدفاعات الإيطالية، إضافةً إلى مدفع آخر موجَّه ناحية برج الطواحين الواقع على النتوء الشرقي، أما مدافع الهاون فأخذت تصب قذائفها على الحي اليهودي المكتظ بالسكان خلف التحصينات الإيطالية، في محاولة لضرب قطاعين مختلفين في الوقت نفسه يقعان شمالًا وجنوبًا لتشتيت المدافعين وإجبارهم على الاستسلام. وقد أجمعت المصادر على أن القصف التركي استمر ليلًا ونهارًا، وطال جزيرة «كوس» (Cos) (استانكوي) في الشمال الغربي وحتى «شاستو روج» (Chasteau Rouge) الواقعة على ساحل آسيا الصغرى، فنتج عن ذلك دمار كبير في المدينة، فضلًا عن فرار المدنيين من منازلهم، وحاول الأتراك أثناء ذلك تلغيم الأسوار إلا إنهم لم يمتلكوا بعد تلك المهارة الكبيرة التي ظهرت في حصارهم للجزيرة في عام 928هـ/ 1522م. مع ذلك سرعان ما بدأت التحصينات الإيطالية في التهاوي من وقع الضرب المستمر، وأدرك

---

(1) Elias Kollias, *The knights of Rhodes - the palace and the city* (Athens, 1994), pp. 46-48; Setton, op. cit, Vol. II, p. 353; Rossit, op. cit, p. 325.

أوبوسون حينها أن نجاح الأتراك في اختراق تلك الدفاعات ليس إلا مسألة وقت، لذا جمع السكان والفرسان، وحتى النساء والأطفال، لحفر خندق جديد داخل الأسوار قبالة النقطة المتداعية، وحَمْل ما يمكن لسد هذه النقطة ريثما يستطيعون بناءها من جديد. وبالفعل، حفر المدافعون خندقًا جديدًا داخل الأسوار في هذه النقطة، وبنوا تحصينات داخلية جديدة، واستطاعوا على إثر ذلك مع مقاومتهم المستميتة رد الهجوم العثماني القوي للمرَّة الثانية[1].

على الرغم من عمليات الإنزال الفاشلة التي حاول العثمانيون القيام بها عند برج سانت نيكولاس، فإنها كانت حافزًا لتطوير هجومهم بما يتناسب مع الأساليب الدفاعية المواجهة لهم، فقد أقاموا برج حصار ضخمًا على الجانب المقابل من الخليج، مع منصة لإطلاق القذائف، حتى يكون مكافئًا لبرج سانت نيكولاس، ومع أن هذا البرج كان غير قابل للحركة، إلا إنه مع هذا الارتفاع يمكنهم الحمل على المدافعين الموجودين أعلى الحصن المقابل والمنطقة المحيطة به. وبالفعل، بدأ القصف في 4 ربيع الثاني/ 13 يونيو، واستمر لمدة أربعة أيام متواصلة، وتحت غطاء هذا القصف أقام الأتراك جسرًا عائمًا كبيرًا عبر الخليج يصل بين الشاطئ القريب من سانت أنطوني والحصن على الضفة الأخرى، وعرضه كافٍ لسير ستة رجال متجاورين، وكانت أولى محاولاتهم لاستخدام هذا الجسر في ليلة 17 يونيو المظلمة، إلا إن الهجوم فشل عندما سمع أحد البحارة الإنجليز الصوت المكتوم الصادر عن المجاديف، واتجه إلى البحر بشجاعة، وقطع الحبل الذي ثبته الأتراك في مرساة في صخر قاعدة الحصن، فما كان من الأتراك إلا أن عاودوا المحاولة مجددًا ليلة الثامن عشر والتاسع عشر، لكن هذه المرَّة بمؤازرة دعم بحري. فأثناء عملية نصب الجسر اقترب من البرج أسطول مكون من ثلاثين سفينة يضم قوارب وسفن نقل ثقيلة لنقل الحجارة والمدافع إلى مسافة قريبة، فضلًا عن مقاتلات الإنزال، حتى يُهاجم الحصن من جوانبه الثلاثة المطلة على الماء، ومن أجل استغلال عامل المفاجأة أُنجز كل شيء في هدوء تام إلى أن تحين اللحظة المناسبة، وبالتالي لم تُقرع أجراس الإنذار إلا عند اقتراب الجسر العائم من اتخاذ موقعه، وعلى الفور اتخذ المدافعون أماكنهم في الوقت نفسه الذي تتقدم فيه الإنكشارية ويتسلق بعضهم حطام سانت نيكولاس، وتهجم قوات أخرى من الجانب الآخر للنتوء. في تلك اللحظة بدأت المدفعية المثبتة على الجانب الفرنسي من التحصينات، فضلًا

(1) Nossov, op. cit, pp. 48-49; Setton, op. cit, Vol. II, p. 354.

عن الموجودة في شرفات قصر الأستاذ الكبير، في إطلاق قذائفها. وقد أسفرت بالفعل عن شطر الجسر العائم إلى نصفين، وغرق كثير من الجند العثماني. وعلى الرغم من ذلك لم يتوقف الهجوم، وواصلت القوات العثمانية الانقضاض على أنقاض برج سانت نيكولاس، غير أن المدافعين كانوا بالمرصاد، فضلًا عن السفن التي جرى توجيهها للتصدي للسفن التركية حتى غرق العديد منها. واستمرت المعركة حتى مساء اليوم التاسع عشر من يونيو، وأُحبطت من جديد محاولات العثمانيين للسيطرة على الحصن بعد خسارة كثير من القادة ونحو ألفين وخمسمائة جندي[1].

بدأ الأتراك منذ منتصف يوليو، أي بعد مرور نحو عشرين يومًا على آخر هجوم، في الحفر حول أماكن الدفاعات الإيطالية، أضعف نقاط الدفاع حينذاك، حتى وصلوا إلى الخنادق المحيطة بها وبدأوا في ردمها، وذلك ليصبح الارتقاء إلى أعلى التحصينات يسيرًا. وفي تلك الأثناء تمكن الفرسان من بناء ما يشبه المنجنيق الكبير، استطاعوا من خلاله إلقاء الأحجار الثقيلة على المحاصِرين، فألحقوا الأذى بالأعمال التي أنجزوها على الأرض، ووضعوا أيضًا براميل المازوت والكبريت والبارود وغيرها من المواد القابلة للاشتعال داخل الأسوار، وجرت تغطيتها بالأخشاب وفروع الأشجار من أجل امتصاص صدمات القذائف. هكذا انقضى ما يزيد على عشرة أيام حين قرر مسيح باشا أن الهجوم الشامل على المدينة سيكون فجر يوم الجمعة 20 جمادى الأولى/ 28 يوليو. وقبل الهجوم كان يُسمع من المعسكر العثماني صوت هائل ناتج عن قرع الصنج وطبول الحرب، تلك العادة التي اشتهر بها الجيش العثماني لبث الرعب في قلوب الأعداء قبل الهجوم، ثم أمر مسيح باشا أن تُرفع راية سوداء إنذارًا لأهل المدينة وحثهم على الاستسلام. وصلت بعد ذلك رسائل عبر السهام إلى داخل المدينة تنذر بالوعيد الشديد لأهلها إن لم يجرِ تسليمها على الفور، وأنه سيُقتل أو يسبى جميع السكان. أما فيما يتعلق بفرسان القديس يوحنا فقد جُهِّز لهم عدد كافٍ من الخوازيق كطريقة مثلى لإعدامهم[2].

قبل الهجوم الشامل بيومين دكَّت المدافع الثمانية الكبار الأسوارَ بشكل متواصل حتى فجر ذلك اليوم المشهود، فتحولت أجزاء من الحصون إلى كتل مشتعلة من الأنقاض والركام

(1) Nossov, op. cit, pp. 51-52; Setton, op. cit, Vol. II, p. 354.

(2) Setton, op. cit, Vol. II, pp. 356-57.

بعد ضربها بأكثر من ثلاثمائة قذيفة. وبعد اتخاذ جميع التدابير ساد صمت مطبق، وكأنه الهدوء الذي يسبق العاصفة، أعقبه صوت دوي طلقة مدفعية واحدة إشارةً على بدء الهجوم العام. استطاعت القوات التركية الصعود إلى أعلى الأسوار بواسطة الركام والحطام، وهذا أسهل كثيرًا من عمل المدافعين الذين تسلقوا عشرين قدمًا بواسطة السلالم. لقد شكَّلت القوات غير النظامية التي لا تخضع لانضباط معين موجة الاقتحام الأولى، تبعتها جحافل الإنكشارية الذين يخضعون لتنفيذ الأوامر بدقة بالغة، حتى في ظل وابل القذائف التي تُطلق من قِبل المدافعين. هنا أدرك أوبوسون أن الأسوار شبه المتهدمة في الدفاعات الإيطالية لا يمكنها الصمود كثيرًا أمام هذا الهجوم العنيف، فأعطى أوامره للمدافعين بالتراجع والتخندق، وفي تلك الأثناء توالت موجات المقتحمين على أنقاض الأسوار، ووصلوا إلى أماكن المدافعين وهاجموهم، حيث استطاع ما يقرب من ألفين وخمسمائة تركي تسلق الأسوار في الهجوم الأول، وسرعان ما تبعهم عدد وافر، تحدثت بعض التقديرات عن أنه وصل إلى ما يقرب من الأربعين ألفًا. وبالفعل، بعد أن استطاعت المدفعية إحداث خرق في الجزء المتهاوي من الأسوار، دخلت قوة من ثلاثمائة إنكشاري إلى المدينة، إلا إنهم أُوقِفوا لاحقًا من قِبل المدافعين.

وفي ذروة الهجوم التركي حدث تحول خطير في مسار المعركة، أصبح مثار خلاف كبير بين المؤرخين، وأدى إلى توقف ذلك الهجوم الشرس، ومن ثم انسحاب سريع للقوات التركية. أسهبت المصادر الغربية في الحديث عن الشجاعة النادرة للفرسان وقائدهم الذي حارب بنفسه في المعركة حتى أُثخن بالجراح، مما أرغم القوات غير النظامية على التراجع، وهو ما أدى بدوره إلى محاولة الإنكشارية منعهم من الانسحاب بالقوة فقتلوا كثيرًا منهم، وأدى ذلك إلى إرباك صفوف المهاجمين، مما قَلَب هجومهم إلى فرار أمام ضغط المدافعين. أما المصادر التركية[1] فتعزو السبب الرئيسي لهذا التحول وفشل الهجوم إلى مسيح باشا، الذي رأى دخول كثير من الجنود إلى المدينة فخشي أن يستولوا على غنائم الجزيرة الهائلة كلها، فأمرهم بعدم الاستيلاء على شيء لأن الجزيرة أصبحت ملكًا للسلطان، وما إن وصلت تلك

(1) انظر على سبيل المثال: مؤلف مجهول، **رودس تاريخي** (استانبول، 1312هـ)، 125؛ كاتب جلبي، **تحفة الكبار في أسفار البحار** (استانبول، 1329هـ)، 17، وترجمته الإنجليزية:

Haji Khalifeh, *The history of the Maritime wars of the Turks*, Translated by James Michell (London, 1831),p. 18.

الأنباء إلى الجنود حتى توقفوا عن القتال مبهوتين من وقع الخبر، فكانت تلك هي اللحظة الحاسمة التي استغلها الفرسان بالهجوم العنيف على العثمانيين المهاجمين، مما أرغمهم على ترك مواقعهم وبدء الانسحاب، وتحولت المعركة إلى مذبحة حين تعقبهم المدافعون إلى معسكرهم على سفح مرتفع سانت ستيفانو، ثم رجعوا مرَّة أخرى إلى المدينة بعد أن قَتلوا ما يقرب من ثلاثة آلاف وخمسمائة تركي، وبعد عشرة أيام من انسحابهم رُفع الحصار في شهر جمادى الآخرة/ أغسطس، ثم أبحر الأسطول العثماني عائدًا من حيث أتى[1].

يُعَد حصار رودس من الإخفاقات الحربية القليلة للعثمانيين في عهد السلطان محمد الفاتح، وقد ترك بصمة مؤثرة على الصعيدين العثماني والعالمي، لكن على الرغم من ذلك الإخفاق فإن العثمانيين خبروا من خلاله أساليب قتالية جديدة عن طريق اصطدامهم بمحاربين محنكين عسكريًّا وبحريًّا من أمثال فرسان القديس يوحنا، واستطاعوا عن طريق ذلك أن يطوروا كفاءاتهم القتالية وخططهم الاستراتيجية وسرعتهم في المناورة وقوتهم في الحصار، فضلًا عن معرفتهم بجغرافية الجزيرة وحصونها ونقاط ضعفها، وهذا ما مكنهم على ما يبدو من فتح الجزيرة في عام 929هـ/ 1523م بعد حصارهم الثاني لها. أما على الصعيد العالمي، فقد لعب الحصار العثماني الأول لرودس دورًا مهمًّا في التاريخ العسكري، إذ ساهم مساهمة فعالة في الانتقال من أساليب العصور الوسطى القديمة في الحصار إلى الأساليب الحديثة القائمة على الأسلحة النارية، فلعبت المدفعية مرَّة أخرى، كما فعلت في حصار القسطنطينية، الدور الرئيسي في حصار الجزيرة، على الرغم من استخدام بعض أساليب العصور الوسطى التقليدية كأبراج الحصار التي استخدمها العثمانيون جنبًا إلى جنب مع سلاح المدفعية الحاسم، وشكَّل هذا التطور في الحصار بدوره دافعًا قويًّا من الناحية المقابلة لتطور نوعي في بناء القلاع والحصون والأسوار لتعتمد هي الأخرى في الدفاع على البارود والأسلحة النارية، وهو ما رأينا مراحل تطوره بعد ذلك تباعًا على مدار سنوات العصر الحديث.

وصلت أنباء فشل حملة رودس إلى السلطان محمد في ربيع الثاني 885هـ/ أغسطس 1480م، بعدما انسحب الأسطول تمامًا من الجزيرة، إلا إن حملة أوترانتو كانت قائمة في ذلك الوقت على قدم وساق، ففي هذا الشهر نفسه استطاعوا إقامة رأس جسر بإيطاليا وفتح

(1) Setton, op. cit, Vol. II, pp. 357-58; Nossov, op. cit, pp. 52-53; Kollias, op. cit, pp. 46-48.

مدينة أوترانتو والتوسع حولها. مع ذلك بدأ السلطان في الإعداد لحملة كبيرة بعدما غادر العاصمة في 25 صفر 886هـ/ 25 أبريل 1481م، واجتاز منطقة المضايق إلى الأناضول، لكن وجهة هذه الحملة ظلت أمرًا مجهولًا نظرًا لموت السلطان المفاجئ في 4 ربيع الأول 886هـ/ 3 مايو 1481م[1]، وأغلب الظن أن الحملة كانت موجهة نحو إيطاليا بعد أن استطاع كديك أحمد باشا بحملته التمهيدية تهيئة الوضع للسلطان حتى يستطيع القيام بحملة كبرى تستهدف روما نفسها. وهناك بعض التقديرات ترجح أنه كان ينتوي الاتجاه إلى رودس لينجز بنفسه ما فشل فيه مسيح باشا. وأيًّا كان الأمر، فقد وضعت وفاة السلطان محمد الفاتح حدًّا لحملة إيطاليا بعدما نشبت النزاعات بين ابنيه بايزيد وجم، ولم يخاطر بايزيد الثاني الذي استلم العرش في هذه الأثناء بإصدار الأوامر لأسطوله بالدفاع عن أوترانتو، بعدما تواترت الأنباء عن ظهور أسطول صليبي في الأدرياتك في صيف 886هـ/ 1481م، فأصدر بناءً على ذلك أمر الانسحاب من شبه الجزيرة الإيطالية[2].

توفِّي السلطان الفاتح بعد أن أرسى دعائم ثابتة وسياسة قوية للدولة في شرق المتوسط، فقد استطاع بحنكته ومهارته تحويل الدولة العثمانية من دولة آسيوية الطابع تجاهد لتوسيع دائرة نفوذها في أوروبا، إلى دولة ذات ثقل في السياسة الدولية لا سيما الأوروبية، استطاعت إحكام سيطرتها على الحلقة الرابطة بين آسيا وأوروبا فضلًا عن البحر الأسود، وهو ما أدى إلى سيطرتها على التجارة الشرقية العابرة من آسيا إلى أوروبا، وتغيير الخارطة السياسية والاقتصادية لكثير من دول القارة الأوروبية، وتقويض الدور التجاري المهم لجنوة والبندقية، خصوصًا بعد بدء الدور البحري للعثمانيين الذي استطاعوا من خلاله السيطرة على بحر إيجة وجزره لتأمين الاتصال بين جناحي الإمبراطورية. وعليه، استطاع محمد الفاتح وضع الركائز الكبرى والسياسات العامة التي ستسير عليها الدولة لتتحكم تمامًا في شرق المتوسط في ظل تفوقها الإقليمي والعالمي في القرن السادس عشر.

---

(1) المحامي، **تاريخ الدولة العلية**، 177، 178؛ أوزتونا، **تاريخ الدولة العثمانية**، ج1/ 176، 177.

(2) Andrew C. Hess, “The Evolution of the Ottoman Seaborne Empire in the Age of the Oceanic Discoveries, 1453-1525”, *The American Historical Review*, Vol. 75, No. 7 (Dec., 1970), p. 19.

الفصل الثالث

تطور الأوضاع الدولية في أواخر القرن الخامس عشر وتأثيره على التوجه العثماني في شرق المتوسط

كان موت السلطان محمد الفاتح إيذانًا ببدء صراع ضارٍ على العرش بين ابنيه بايزيد وجم، مما أوقف الانطلاقة الكبرى للعثمانيين في شرق المتوسط، التي كادت تتوج بفتح إيطاليا. فما كاد خبر وفاة السلطان يعم الآفاق حتى أعلن الأمير جم نفسه سلطانًا، متخذًا من مدينة قونية في آسيا الصغرى مركزًا له، إلا إن بايزيد كان الأقوى بدعم كبار رجال الدولة، فضلًا عن الإنكشارية الذين ما لبثوا أن سيطروا على العاصمة استانبول فور وفاة السلطان، ثم توجهوا مباشرة لقتال جم في قونية، فاستطاعوا بالفعل هزيمته في موقعة «يني شهر»، لكنهم لم يستطيعوا منعه من الفرار، وبصحبته والدته وزوجته، واللجوء إلى الدولة المملوكية في مصر، التي وصل إليها في شعبان 886هـ/ أكتوبر 1481م[1]. كان من مصلحة المماليك في ظل نزاعهم المستمر مع العثمانيين حينذاك دخول الأخوين في حرب أهلية تتيح لهم إعادة السيطرة على إمارات جنوب الأناضول الفاصلة بين الدولتين. لهذا دعم السلطان المملوكي قايتباي (872-901هـ/ 1467-1496م) الأميرَ جم، وأمده بالعتاد والسلاح، وسمح له بالانطلاق من مصر لمواجهة أخيه، لكنه هُزم للمرَّة الثانية في جنوب الأناضول، واضطر في هذه المرَّة إلى اللجوء إلى جزيرة رودس حيث فرسان القديس يوحنا في 13 جمادى الآخرة 887هـ/ 29 يوليو 1482م، وذلك بقصد العبور إلى أوروبا ومتابعة الحرب ضد أخيه بدعم من أخواله المجريين[2].

---

(1) Louis Thuasne, *Djem-Sultan Fils de Mohammed II Frere de Bayezid II (1459-1495)* (Paris, 1892), pp. 39-40.

(2) كانت أمه «ججك» (Gigek) مسيحية وتمت بصلة قرابة إلى ملك المجر ماتياس كورفينوس، وأُخذت أسيرة عند دخول أبيه محمد الفاتح بلاد الصرب في عام 1459م. انظر: أحمد السيد الدراج، «جم سلطان والدبلوماسية الدولية»، **المجلة التاريخية المصرية**، المجلد الثامن (1959م)، 215.

مثَّل هروب الأمير جم إلى جزيرة رودس فرصة ذهبية لفرسان القديس يوحنا وكبيرهم دي أوبوسون، للضغط على العثمانيين ومنعهم من غزو الجزيرة، وهذا ما حدث بالفعل، بل اضطر بايزيد الثاني إلى التفاوض لعقد الصلح والرضوخ لشروط الجزيرة، فقَبِل أن يدفع 45 ألف دوقية سنويًا في مقابل الاحتفاظ بجم ومنعه من استئناف القتال ضده، إلا إن أوبوسون نقل جم إلى أحد البيوت المملوكة للفرسان جنوبي فرنسا، حتى يكون بعيدًا كل البعد عن أعين العثمانيين، ومن ثَمَّ يستطيع المساومة عليه. ولم ينحصر أمر الأمير جم والمساومة عليه في إطار فرسان رودس، بل تعدَّاه إلى كل العالم المسيحي الذي تحيَّن الفرصة للانتقام من العثمانيين. فعلى الفور، أُجريت المفاوضات بين فرسان رودس والقوى الأوروبية المختلفة لبحث كيفية القيام بحملة صليبية جديدة، إلا إن الأمر انحصر في النهاية في استخدام جم ورقة ضغط يستطيعون من خلالها وقف التهديد العثماني الذي وصل إلى ذروته قبيل موت السلطان محمد الفاتح، بعد أن حدث تنافس على حيازته من قِبل القوى الأوروبية - كلٍّ على حدة - لاستخدامه للمصلحة الشخصية، وهو ما أفشل البابوية في التنسيق بين تلك القوى لتكوين حملة صليبية تُطبق على العثمانيين في الأراضي الأوروبية، خصوصًا في أثناء انشغال السلطان بايزيد بالنزاع مع المماليك في الأناضول[1].

أولًا: السياسة العثمانية في شرق المتوسط في عهد بايزيد الثاني (1481-1512م)

نستطيع القول إن وجود الأمير جم في يد القوى الصليبية أدى إلى تغيير مسار السياسة العثمانية مع الغرب في تلك الآونة[2]، وأسفر عن توقف المشاريع التوسعية في شرق المتوسط، بعد أن كانت آخذة في الازدياد باطِّراد مستمر منذ فتح القسطنطينية. فبعد أن كان العثمانيون يملون شروطهم بناءً على القوة العسكرية الكاسحة التي يمتلكونها على الصعيدين البري والبحري، أصبح السلطان يخشى من أي تحرك يمكن أن يستثير القوى الصليبية فتتلاعب بدورها بورقة

(1) Khalil Inalcik, “The Ottomans, the crusade, and Renaissance Diplomacy (1481-1522)”, in ‘The Ottoman Turks and the crusades (1451-1522)’, in *A History of the crusades*, Vol. VI (London: The University of Wisconsin press, 1989), pp. 331-32; Thuasne, *Djem-Sultan*, pp. 54-57; Atiya, *The crusade*, p. 230.

(2) وذلك حتى وفاة الأمير جم في نابولي في 28 جمادى الأولى 900هـ/ 24 فبراير سنة 1495م. انظر: الدراج، **جم سلطان**، 241.

الضغط الرابحة، وهي الأمير جم، وهو ما رأيناه حدث بالفعل من البندقية، التي ضغطت على العثمانيين لتعديل الشروط القاسية للصلح الذي وُقِّع بينهما في عام 884هـ/ 1479م، هذا الصلح الذي لم يترك لها سوى بعض المراكز التجارية ذات القيمة الثانوية في شبه جزيرة المورة وبعض الجزر الصغيرة في مدخل البحر الأدرياتيكي وجزيرتي كريت وقبرص[1]. وبالفعل، رضخ السلطان للضغوط، وقدَّم عدة تنازلات للبندقية في اتفاق جرى توقيعه في 26 ذي القعدة 886هـ/ 16 يناير 1482م[2]، واستطاع من خلال هذه التنازلات أن يضمن استمرار السلام مع البندقية أو تحييدها إذا اضطر إلى الدخول في مواجهة مع أي قوة أوروبية أخرى. أما البندقية، فكانت حريصة على إبعاد الخطر العثماني من أجل التفرغ لمواجهة التحالف الإيطالي الذي نشأ ضدها في ذلك الوقت، والمكون من البابوية ونابولي وفيرارا وفلورنسا وميلانو، فأُجبرت على الانسحاب من شبه جزيرة المورة والأرخبيل. ولم يقتصر الأمر على البندقية، بل سعى بايزيد إلى توقيع اتفاق سلام مع مملكة نابولي التي انسحب من أراضيها عقب وفاة السلطان محمد الفاتح، حتى يضمن أولًا عدم اتباع ملكها فرانتي السياسة الأراجونية التقليدية، وهي السعي لإثارة التمرد في الأراضي الألبانية - وهو ما حدث بالفعل - أو الانضمام إلى أي تحالف صليبي يقوده البابا ضد العثمانيين. وبالفعل، وُقِّع هذا الاتفاق في عام 889هـ/ 1484م[3]. وعلى الرغم من بعض النتائج السلبية التي نتجت عن السياسة التي اتبعها السلطان، فقد تطورت القدرة السياسية لدى الدولة في عصره تطورًا ملحوظًا، ويظهر ذلك جليًّا بعد أن وُفِّقت الدولة في إلحاق موانئ الشمال التجارية المهمة على البحر الأسود «كيليا» (Kilia) و«آق قرمان» إثر حملة البغدان التي خرج على رأسها السلطان بنفسه في عام 889هـ/ 1484م[4].

(1) شارل ديل، **البندقية جمهورية أرستقراطية**، ترجمة: أحمد عزت عبد الكريم وتوفيق إسكندر (القاهرة، 1948م)، 140؛ الدراج، **جم سلطان**، 222.

(2) وافق السلطان على التنازل عن الجزية السنوية المتفق عليها وهي عشرة آلاف قطعة ذهبية، ورخَّص للبندقية أن تدفع مبلغ خمسين ألف دوقية على ثلاثة أقساط، وهي قيمة الثلث الأخير من الدَّين الذي تركه مزارعو الشب عند فرارهم، وأخيرًا وافق على تخفيض قيمة الرسوم الجمركية على تجارة البندقية من خمسة إلى أربعة في المائة. هايد، **تاريخ التجارة**، ج3/ 191.

(3) Inalcik, The Ottomans, pp. 332-33.

(4) من الملاحظ أيضًا أن السياسة التي اتبعها بايزيد زادت من الازدهار الاقتصادي والثراء الفكري وتنشيط الحركة الثقافية المرتبطة والمتأثرة بالمشرق الإسلامي، فضلًا عن اتساع نطاق الاستقرار الحضاري في أنحاء الدولة، خصوصًا بعد أن توقف إلى حدٍّ ما توجيه كل موارد وأنشطة الدولة لاستيعاب أعباء الفتوحات المستمرة في عصر محمد الفاتح. انظر: إينالجيك، **العثمانيون**، 72.

من ناحية أخرى، لا نستطيع أن نتغافل عن الخطر المملوكي القائم حينذاك على جبهة الأناضول، فضلًا عن التأثير الدبلوماسي لدولة المماليك على الدول الأوروبية، لا سيما التجارية منها. لذا، كانت للحرب المملوكية العثمانية التي نشبت بين عامي 890 و896هـ/ 1485 و1491م[1] عظيم الأثر في السياسة العثمانية إزاء القضايا الأوروبية برمتها، فقد أجبرت السلطان على سياسة المهادنة وتجنب أي تحالف غربي يمكن أن يسفر عن حملة صليبية جديدة تضعه بين شقي الرحى، حيث المماليك شرقًا والقوى الصليبية غربًا. وعليه، يمكننا أن نرى بوضوح بعد انتهاء هذه الحرب، وفي العام نفسه الذي عَقد فيه بايزيد السلام مع مصر، إرهاصات التغيير في سياسة المهادنة التي مارسها تجاه القوى الأوروبية منذ توليه العرش، وذلك حين بدأ في اتخاذ استعدادات على نطاق واسع لشن حملة برية وبحرية كبيرة في عام 897هـ/ 1492م، وكان من بين هذه الاستعدادات تجهيز أسطول كبير يتكون من ثمانين سفينة، مما أثار الذعر في عموم إيطاليا بسبب عدم القدرة على التكهن بوجهة هذه الحملة، فاتخذت على إثر ذلك كلٌّ من ألبندقية ونابولي تدابير دفاعية وإجراءات وقائية عاجلة. أما البابا، فقد استعد لاستخدام الأمير جم في ردع أي هجوم عثماني، إلا إنه بحلول شهر يونيو اطمأنوا على وجهة هذه الحملة، التي كان مقررًا لها التوجه إلى الأراضي المجرية لمحاصرة بلجراد. لكن الظروف اقتضت تغيير وجهة الحملة إلى البحر الأدرياتيكي لسحق التمرد الألباني وإخضاع الجبل الأسود[2].

---

(1) كان للصدام العثماني المملوكي بين عامي 890 و896هـ/ 1485 و1491م جذور قبل أن يتولى السلطان بايزيد مقاليد الحكم، فقد شكَّل التوسع العثماني في الأناضول في عهد محمد الفاتح انتقاصًا كبيرًا من النفوذ المملوكي، خصوصًا بعد أن انتزع محمد الفاتح إمارة قرمان من المماليك بشكل نهائي وأقام في ذي القادر (دلغادر) أميرًا تابعًا للعثمانيين. هكذا لم يبقَ من النفوذ المملوكي في الأناضول سوى إمارة بني رمضان وبعض الثغور التابعة للمماليك بشكل مباشر مثل أذنة وطرسوس وملطية. لهذا أراد السلطان المملوكي قايتباي أن يستغل مسألة الأمير جم لصالح المماليك، وفي الوقت نفسه أدت هذه المسألة إلى توتر العلاقات بين الدولتين بوصفها عملًا معاديًا، مما أدى في النهاية إلى صدام لا مفر من تجنبه، حتى إن المؤرخ الإنجليزي توينبي يرى أن الحملة التي جهزها محمد الفاتح ومات قبل أن يتمها كانت تهدف إلى غزو إمارة ذي القادر الواقعة في الجنوب الشرقي من الأناضول لضمها نهائيًا إلى الدولة العثمانية، ولو كان هذا الأمر صحيحًا لأصبحت هذه الحرب نتاجًا مباشرًا للأحداث والصراع القائم بين الدولتين. انظر: مخلف عبد الله صالح الجبوري، **إمارة دلغادر في السياسة المملوكية والعثمانية** (عَمَّان: دار الحامد، 2014م)؛

Arnold J. Toynbee, *A study of history*, *The Growths of Civilizations*, Vol. III (Oxford University Press, 1934), p. 368.

(2) Setton, op. cit, II, pp. 425-26.

حاول السلطان في أثناء حملته أن يتجنب بقدر الإمكان استثارة البابا الذي لا يزال يمتلك ورقة الأمير جم، فقبل أن تغادر الحملة استانبول في 18 جمادى الآخرة 897هـ/ 16 أبريل 1492م أظهر بايزيد نيته في استمرار السلام مع البابا بإرساله أربعين ألف قطعة ذهبية مع بعض الأغراض المقدسة. أما البندقية، فبدأت علاقتها مع العثمانيين تتوتر على نحو متزايد منذ عام 896هـ/ 1491م، وذلك بسبب التنافس المستمر بين القوتين للسيطرة على سواحل ألبانيا والجبل الأسود، فضلًا عن الوضع غير المستقر في المورة، حيث سيطر البنادقة على أهم الموانئ والقواعد البحرية بما في ذلك «نافارين» (Navarino) ومودون وكورون ومونيمفاسيا ونابوليا، إضافةً إلى ذلك وصول أسطول عثماني إلى الساحل الألباني، وحدوث غزو غير متوقع لألبانيا بواسطة جيش يقوده السلطان بنفسه، مما شكَّل تهديدًا مباشرًا لإيطاليا وممتلكات البندقية في البحر الأدرياتيكي. ووصل التهديد إلى ذروته عندما تمكن العثمانيون من إنزال قوة في «جاشا» (Gasha) على بُعد نحو خمسة عشر ميلًا من «سينج» (Senj) الواقعة على الساحل الكرواتي شمال الأدرياتيك، وعندئذٍ سارعت البندقية لتدارك الخطر العثماني، فتقدمت بطلب إلى البابا من أجل استخدام الأمير جم لإجلاء العثمانيين، ومَهَّد هذا إلى إنشاء حلف بين كلٍّ من البندقية وميلانو والبابوية في 8 رجب 898هـ/ 25 أبريل 1493م، هدفه وقف التهديد العثماني. وأخيرًا استطاعت البندقية الحد من الخطر العثماني بتعزيز مراكزها في الممر المائي الحيوي بين أفلونا وإيطاليا، عن طريق إجبار الباب العالي على الاعتراف بسيادتها على جزيرة زانتا بموجب اتفاق جرى التوصل إليه في 16 رجب 899هـ/ 22 أبريل 1494م، فضلًا عن تعزيز تحصيناتها في جزيرة كورفو، إحدى النقاط الرئيسية في إمبراطورية البندقية البحرية، وبهذا تصبح أي عملية بحرية من قِبل العثمانيين ضد ممتلكات البندقية في المورة والبحر الأدرياتيكي أو حتى على إيطاليا غير ممكنة من الناحية الاستراتيجية، وبالتالي يقل التهديد العثماني من ميناء أفلونا الألباني، أهم قاعدة بحرية للعثمانيين خارج الدردنيل[1].

على صعيد آخر، أسفرت الحملة العثمانية الواسعة في كرواتيا في عام 896هـ/ 1491م عن خسائر فادحة في الأرواح بلغت نحو عشرة آلاف جندي، إلا إن الحملة الناجحة التي تلتها في عام 897هـ/ 1493م في سلوفينيا وكرواتيا و«ستيريا السفلى» (lower Styria) تحت

---

(1) Inalcik, The Ottomans, pp. 343-44.

قيادة يعقوب باشا والي البوسنة تُوِّجت بنصر في «كربافا» (Krbava) في التاسع من سبتمبر[1]. بعد ذلك تأزمت الأوضاع في أوروبا بسبب غزو ملك فرنسا «شارل الثامن» (Charles VIII) لإيطاليا في عام 898هـ/ 1494م[2]، مما أسفر عن هدنة بين المجر وحلفائها من جهة، والعثمانيين من جهة أخرى، في أبريل من عام 900هـ/ 1495م. وبعد الغزو الفرنسي اتحد البابا مع ملك نابولي الجديد «ألفونسو الثاني» (Alfonso II) (898-899هـ/ 1494-1495م) لمجابهة شارل الثامن، ثم طلب من السلطان المساعدة العسكرية مقابل المال، بعد أن حاول إقناعه بأن ملك فرنسا يحاول أسر الأمير جم. لكن بايزيد لم يرسل سوى المال المطلوب مقابل الحفاظ على جم، وهو أربعون ألف دوقية، غير أن هذا المال لم يصل، إذ هاجم

---

(1) منذ سقوط مملكة البوسنة في قبضة العثمانيين في عام 867هـ/ 1463م، ازدادت غاراتهم ناحية الغرب على نحو متواصل، مما شكَّل تهديدًا مباشرًا على أراضي مملكة كرواتيا الواقعة تحت نفوذ المجر. واستمرت هذه الغارات بشكل سنوي دون اصطدام مباشر بالجيوش النظامية، إلا إن إحدى هذه الغارات في صيف عام 896هـ/ 1491م اعتُرضت في طريق العودة من قِبل جيش كرواتي استطاع هزيمتها في موقعة «فربل» (Vrpile) التي يُطلق عليها أيضًا «كرباقا الأولى» في أوائل سبتمبر، مما أوقف الغارات العثمانية على هذه المناطق في العام التالي. وفي عام 898هـ/ 1493م هاجم يعقوب باشا الخادم حاكم البوسنة مدينة يايتسا بثمانية آلاف جندي، لكنه فشل في إسقاط قلعتها، فاستدار ناحية الشمال الغربي داخلًا كاربيولا وستيريا، في حين كان النزاع محتدمًا على الحكم في كرواتيا، فدفع الخطر العثماني المتنازعين إلى المهادنة لمواجهة الخطر المشترك، حيث اعترضوا الجيش العثماني في طريق عودته إلى البوسنة في سهل كرباقا الذي سُميت باسمه المعركة، الواقع قرب أودبينا الحالية وسط كرواتيا، مما أدى إلى هزيمة الجيش الكرواتي هزيمة ساحقة أمام العثمانيين في 9 سبتمبر 1493م، إلا إن هذه الهزيمة لم تسفر عن مكاسب إقليمية للعثمانيين، وانتهى الأمر بهدنة بين العثمانيين وبين مملكة المجر وكرواتيا التابعة لها في أبريل من عام 1495م، وذلك بسبب غزو شارل الثامن ملك فرنسا لإيطاليا. انظر عن معركة كرباقا: أوزتونا، **تاريخ الدولة العثمانية**، ج1/ 187، 188.

(2) يُطلق عليها «الحرب الإيطالية الأولى» (899-903هـ/ 1494-1498م)، وتُعَد فاتحة الحروب الإيطالية التي تنافست فيها عدة قوى أوروبية على رأسها فرنسا وإسبانيا على النفوذ في شبه الجزيرة الإيطالية خلال عصر النهضة. وبدأت هذه الحرب بسبب سعي دوق ميلانو «لودفيكو سفورزا» (Ludovico Sforza) لإنشاء تحالف ضد البندقية، فحث ملك فرنسا على غزو إيطاليا منتهزًا فرصة موت ملك نابولي فيرانتي الأول في عام 899هـ/ 1494م. وبالفعل، غزا شارل الثامن شبه الجزيرة آملًا في استخدام نابولي قاعدةً لشن حملة ضد العثمانيين، لكنه سرعان ما تراجع عن ذلك وتفرغ لصراعاته في أوروبا. انظر مزيدًا عن الحروب الإيطالية: عبد العزيز محمد الشناوي، **أوروبا في مطلع العصور الحديثة** (القاهرة: مكتبة الأنجلو المصرية، 1975م)، 136-296؛

Michael Mallett & Christine Shaw, *The Italian Wars: 1494-1559* (England: Harlow - Pearson Education Limited, 2012); Luigi Barzini, *The Italians: A Full Length Portrait* (New York, 1964).

الفرنسيون الرسول بالقرب من أنكونا وصادروا المال والخطابات المرسلة إلى البابا. وفي اليوم التالي أعلن شارل الثامن من فلورنسا، قبل مسيره إلى روما، أن هدفه الأول من هذه الحملة هو محاربة العثمانيين وتحرير الأماكن المقدسة، وأن حملته على نابولي ما هي إلا خطوة ضرورية في سبيل تحقيق ذلك. وفي النهاية لم يملك البابا إلا الموافقة على طلبات الملك الفرنسي في 18 ربيع الثاني 900هـ/ 15 يناير 1495م، ومن أهمها حملة صليبية ضد العثمانيين، وتسلم الأمير جم، وحرية المرور عبر أراضي البابوية لاحتلال مملكة نابولي. وبالفعل، دخل شارل الثامن نابولي منتصرًا في 26 جمادى الأولى/ 22 فبراير بعد أن تسلم جم من البابا في روما، لكن بعد دخوله بيومين توفِّي الأمير جم بشكل مفاجئ وتوفِّيت معه سياسة المهادنة والاحتواء التي اتبعها السلطان بايزيد، مما دفع بالملك الفرنسي إلى التخلي عن خططه لحرب العثمانيين وصرف انتباهه إلى أعدائه الأوروبيين[1].

أعقب اندلاع الحروب الإيطالية تشكيل ائتلاف مناهض لفرنسا في 4 رجب 900هـ/ 31 مارس 1495م، أُطلق عليه «الائتلاف المقدس ضد الإسلام»، وقد جمع كلًّا من البابا ألكسندر السادس والإمبراطور ماكسمليان والبندقية وميلانو وملكي إسبانيا فرديناند وإيزابيلا، مما أدخل العالم المسيحي في صراع طويل امتد أتونه خلال القرن السادس عشر، ذلك الصراع الذي كان عاملًا رئيسيًّا مهد للعثمانيين الطريق ليبسطوا سيطرتهم حتى وسط أوروبا، فضلًا عن دخول أساطيلهم منطقة الصراع في الحوض الغربي للبحر المتوسط. وقد غَيَّر ذلك الصراع من خريطة تحالفات القوى السياسية في القرن السادس عشر، وجعلها تسير بمبدأ المثل السائر «عدو عدوي صديقي»، وهو المبدأ الذي قارب بين الدولة العثمانية وفرنسا على حساب إمبراطورية هابسبورج.

بعد وفاة الأمير جم بدأت الأمور تتجه نحو صدام وشيك بين الدولة العثمانية والبندقية في البحر، وكان لهذا الصدام كثير من المسببات التي تداركها كلا الطرفين من قبل نتيجة لضغوطات أخرى تتعلق بالأحداث على الساحة الدولية آنذاك، لكن من الواضح أن السلطان كان يُعِد العدة لصدام محتمل، خصوصًا بعد أن رفض البنادقة طلب السلطان في أثناء حربه مع المماليك (890-896هـ/ 1485-1491م) باستخدام ميناء فاماجوستا الواقع في جزيرة قبرص

(1) Mallett & Shaw, op. cit, pp. 22-32; Inalcik, The Ottomans, pp. 346-47; Setton, op. cit, II, pp. 448-82.

ليستطيع إمداد قواته الحدودية عند جبال طوروس عن طريق البحر بعد أن حدث اختلال في نظام الإمداد البري نتيجة الحرب المندلعة، فضلًا عن هيمنة أساطيل البندقية على المناطق الاستراتيجية بشبه الجزيرة اليونانية وتزكيتها لتمرد الأرناؤوط في ألبانيا ضد الدولة، مما يشكِّل خطرًا على النفوذ العثماني. من هذا المنطلق، بدأ السلطان يستعين بخبرات القباطنة البحريين المتمرسين في الحروب البحرية، أو من يُطلق عليهم في ذلك الوقت «رياس البحر»، من أجل إنشاء قوة بحرية لا تنافس. ولم يكتفِ بذلك، بل استعان بهؤلاء في شغل المناصب في تلك المنظومة المزمع بناؤها، وكان من أشهر من تبوأوا المناصب في البحرية العثمانية في عام 900هـ/ 1495م كلٌّ من كمال ريس[(1)] وبراق ريس وبيري ريس. وقد قدَّم هؤلاء القادة، من ذوي الخبرة والكفاءة القتالية والمعرفة البحرية، نتيجة سريعة في الارتقاء بكفاءة وقوة البحرية العثمانية، وعندما حل عام 904هـ/ 1499م كان الأسطول العثماني يتفوق في قوته الضاربة وتكتيكاته القتالية على أقوى الأساطيل المسيحية في حوض البحر المتوسط، حتى إنه ضم أكبر سفينتين حربيتين في العالم آنذاك، تستطيع الواحدة منهما حمل نحو سبعمائة جندي فضلًا عن المدافع[(2)].

ازداد قلق العثمانيين من التقدم المستمر الذي تحرزه البندقية في الشرق الأدنى، ووصل هذا القلق إلى ذروته في عام 903هـ/ 1498م، عندما حلَّت الجمهورية في قبرص محل الملكة كاترين، بعد أن كانت تحكم الجزيرة عن طريق حكَّام موالين لها، وهو ما سيؤدي حتمًا إلى تدعيم قوتها ونفوذها في شرق المتوسط، مما دفع السلطان على الفور إلى اتخاذ خطوات

---

(1) أحمد كمال الدين ريس (855-917هـ/ 1451-1511م)، أحد أشهر وأهم قادة الأسطول العثماني على مر التاريخ، وأحد رجالات البحر المؤثرين الذين شاركوا في العمليات البحرية في زمن السلطان بايزيد الثاني، وهو عم الجغرافي وعالم البحرية الشهير محيي الدين بيري ريس. بدأ حياته العملية قائدًا للأسطول البحري لجزيرة يوبيه، وفي عام 892هـ/ 1487م كلَّفه السلطان بايزيد بمهمة الدفاع عن أراضي الأمير أبو عبد الله محمد الأحمر حاكم غرناطة آخر معاقل المسلمين في الأندلس، حيث لعب دورًا كبيرًا في إنقاذ آلاف المسلمين الأندلسيين ونقلهم إلى الأراضي العثمانية. وعندما أثبت كفاءته عيَّنه السلطان بايزيد الثاني قائدًا عامًّا للأسطول في عام 900هـ/ 1495م، حيث أدى بعدها دورًا كبيرًا في النهوض بالقوة البحرية العثمانية،

Palmira J. Brummett, *Ottoman Seapower and Levantine Diplomacy in the Age of Discovery*, (New York, 1994), p. 105.

(2) Hess, *The Evolution*, pp. 1904-06; Brummett, op. cit. p. 89.

عدائية تجاه البندقية[1]، إلا إن هذه الخطوات كانت قد بدأت بالفعل في عام 901هـ/ 1496م بعد وفاة الأمير جم بفترة قصيرة، وكانت أولاها وقف تصدير الحبوب إلى البندقية مع العلم أنها إحدى السلع الحيوية بالنسبة إليها، ثم احتلال العثمانيين لإقليم الجبل الأسود التابع للبندقية في العام نفسه[2]. لكن البندقية كانت حريصة على تجنب الحرب مع العثمانيين، ولهذا قدَّم سفير البندقية مقترحًا لاستمرار السلام بين البلدين في مقابل أن تدفع البندقية مبلغًا سنويًّا قدره ثلاثة آلاف دوقية من أجل استمرار حيازتها لجزيرة كيفالونيا ومدينة «كوتور» (Kotor) الواقعة على ساحل الجبل الأسود شرقي الأدرياتيك، مع إمكانية تخليها عن إقليم الجبل الأسود باستثناء الأجزاء الساحلية منه، التي أكدت على التمسك بها عن طريق تعزيز وجود قواتها البحرية في خليج كوتور الاستراتيجي المتحكم في سواحل الإقليم[3]. لكن من الواضح أن السلطان كان يعتزم إعلان الحرب على البندقية[4]، ليس لتأمين نفوذ الدولة في النقاط الاستراتيجية التي تهيمن عليها الجمهورية فحسب، ولكن أيضًا لفرض السيطرة البحرية الكاملة للعثمانيين في شرق المتوسط بعد الطفرات التي أحرزتها البحرية العثمانية من حيث الكم والكيف، فليس من الممكن بعد الآن ترك الأساطيل المسيحية وعلى رأسها أساطيل البندقية تصول وتجول في شرق المتوسط. ومن هذا المنطلق عمل على تقطيع أوصال الجمهورية عن طريق انتزاع مرتكزاتها البحرية الكبرى في المورة والأدرياتك، مما يشل قدراتها وخطوط إمدادها في شرق المتوسط فضلًا عن تجارتها، وهو ما سيؤدي لا محالة إلى الحد من قوة إمبراطوريتها البحرية، وبالطبع لا مكان لمن يتبوأ مكانها سوى الدولة العثمانية.

---

(1) اتخذت البندقية جزيرة قبرص أكبر مركز تجمع لمتاجرها شرقي البحر المتوسط، خصوصًا بعد أن ساءت علاقاتها بالسلطات العثمانية، وحصلت من الدولة المملوكية على حق حُكم الجزيرة مع دفع الجزية السنوية، وبذلك ضمنت البندقية حرية تجارتها وحماية مخازنها في شرق المتوسط، لذا اعتبر العثمانيون حكم البندقية للجزيرة بشكل مباشر تقويةً لمركزها التجاري ومن ثَمَّ الحربي في شرق المتوسط، وهو ما يشكِّل خطرًا على النفوذ العثماني. انظر: فهمي، **طرق التجارة**، 182؛ هايد، **تاريخ التجارة**، ج3/ 192.

(2) Shaw, op. cit, I, pp. 75.

(3) Inalcik, The Ottomans, p. 348.

(4) بعد أن بدأت الأخبار تنتشر تباعًا في استانبول عن القوة البحرية التي كان يُعِدها السلطان، شعر التجار البنادقة بعدم الأمان، فاعتزموا مغادرة استانبول، لكن حاكم المدينة قبض عليهم وسجنهم في قلعة تُشرف على البحر الأسود في 4 يوليو 1499م، وامتد الأمر بعد ذلك إلى اعتقال كل البنادقة الموجودين في المدينة، وهو ما ينبئ عن النية المبيتة تجاه البندقية، الأمر الذي اعتبر إعلانًا للحرب عليها. هايد، **تاريخ التجارة**، ج3/ 192.

أخيرًا انطلق الأسطول العثماني من مضيق الدردنيل في 7 ذي القعدة 904هـ/ 16 يونيو 1499م، بقوة قوامها مائتان وخمسون إلى ثلاثمائة سفينة مختلفة الأنواع والأحجام، مما تسبب في انزعاج شديد وتأهب على مستوى شرق المتوسط من رودس مرورًا بمصر وحتى البندقية، لكن البندقية علمت بعد القبض على رعاياها في استانبول أن الوجهة الحقيقية لهذا الأسطول كانت المورة. وقبل انطلاقه في أبريل كان الحديث في استانبول على أن وجهة الأسطول هي جزيرة كورفو، وبالفعل كانت الجسور تُبنى على الأنهار في ألبانيا لإمداد الجيوش البرية المقابلة، ولكن بعد أن عبر الأسطول بقيادة داود باشا كلًّا من نجربونت ونابولي دي رومانيا أصبح بعد أقل من شهر راسيًا في جزيرة «سابينزا» (Sapienza) المواجهة للرأس الجنوبي الغربي للمورة والقريبة من مودون. وفي وقت إبحار الأسطول أُرسلت قوة برية كبيرة تحت قيادة إسكندر باشا، قائد قوات الحدود في البوسنة، لمهاجمة ممتلكات البندقية في دالماشيا وألبانيا وإرباكها وشل حركتها، واتجه في الوقت نفسه جيش آخر تحت قيادة قوجه مصطفى باشا، بكلربك روملي، نحو ليبانتو شمالي المورة لمحاصرتها من ناحية البر، بينما انطلق السلطان على رأس الجيش الرئيسي من أدرنة للمشاركة في ذلك الحصار[1].

أما البنادقة، فسارعوا بإعداد قوتهم البحرية تحسبًا للهجوم العثماني، حيث جمع القائد البندقي «أنطونيو جريماني» (Antonio Grimani) وحدات الأسطول المرابطة في كورفو أو مودون لمراقبة تحركات الأسطول العثماني فضلًا عن حماية المواقع البندقية، وعندما علم الأتراك بمرابطة الأسطول البندقي في مودون أبحروا ببطء شمالًا بمحاذاة الساحل الغربي للمورة. وفي 1 محرم 905هـ/ 8 أغسطس 1499م وصلت تعزيزات إلى الأسطول البندقي على رأسها القائد «أندريا لوريدانو» (Andria Loredano)، بعدها دخل الأسطولان في مناورات لمدة ثلاثة أيام بالقرب من نافارين، إلى أن تقابل الأسطولان في 5 محرم/ 12 أغسطس في واحدة من أهم المعارك البحرية الفاصلة وهي معركة «زونكيو» (Zonchio)[2]، حيث استطاع العثمانيون هزيمة

(1) Sydney N. Fisher, *The Foreign Relations of Turkey, 1481-1512* (Urbana, 1948), pp. 67-68.

(2) أُطلق عليها أيضًا معركة «سابينزا» (Sapienza)، ومعركة «ليبانتو الأولى» (First Lepanto)، وزونكيو هي حاليًّا ميناء ببلوس في البيلوبونيز (المورة)، وقد وقعت تلك المعركة بين الأسطول العثماني بقيادة كمال ريس والأسطول البندقي بقيادة لوريدانو وجريماني، في أربعة أيام منفصلة هي 12 و20 و22 و25 من شهر أغسطس 1499م، بينما كان الأسطول البندقي يحاول وقف تقدم الأسطول العثماني ومنعه من الدخول إلى

البنادقة هزيمة مؤثرة في أول معركة بحرية مفتوحة بين القوتين، كان لها عميق الأثر في سير مجريات الأحداث بينهما، سواء على المدى القريب في إطار الحرب الناشبة، أو على المدى البعيد في إطار السياسات القائمة وتغير ميزان القوى في المنطقة، خصوصًا من الناحية البحرية.

عندما التقى الأسطولان في 5 محرم/ 12 أغسطس، حاول القائد البندقي لوريدانو، عن طريق هجوم استباقي، التوغل في الجناح الأيمن للأسطول العثماني الذي كان تحت قيادة براق ريس، وهنا جنح براق ريس بسفينته كبيرة الحجم حتى أصبح في أقرب نقطة من الأسطول البندقي، ثم فجَّر خزان البارود بسفينته مضحيًا بنفسه وبمن معه، مما تسبب في دمار هائل في السفن البندقية فضلًا عن موت القائد لوريدانو. ولم تتوقف المعركة، بل أسرع كمال ريس من القلب مستغلًّا هذا الانفجار، وأخذ في قصف باقي قطع الأسطول بمدافعه بعيدة المدى، بينما تسقط قذائف العدو في البحر قبل أن تصل إلى أهدافها، فاضطر الأسطول البندقي إلى الانسحاب من المعركة على الفور[1]. وظل الأسطول البندقي ثلاثة وثلاثين يومًا بعد ذلك في محاولات مستمرة لوقف تقدم الأسطول العثماني في اتجاه خليج كورنثه، لكن في النهاية اضطر البنادقة إلى الانسحاب إلى قاعدتهم في كورفو بعد أن استطاع الأسطول العثماني في 18 محرم/ 25 أغسطس الوصول بالفعل إلى ليبانتو، وهناك وجدوا الجيش يحكم الحصار عليها من البر بقيادة السلطان. لكن نجاح الجيش البري يعتمد اعتمادًا كبيرًا على قدرة الأسطول على صد القوة البحرية للبندقية، ثم إحكام الحصار البحري حول المدينة، وبالتالي كان وصول الأسطول إلى ميناء ليبانتو عاملًا حاسمًا في سقوط المدينة واستسلام قائدها البندقي في 21 محرم 905هـ/ 28 أغسطس 1499م[2].

هكذا سقطت ليبانتو، فكان لسقوطها دوي هائل لدى القوى الأوروبية التي استشعرت ذلك الخطر العثماني الجديد المتمثل في القوة البحرية الفتية المتنامية باطِّراد، مما دفع البابا ألكسندر السادس في خريف 905هـ/ 1499م إلى مناشدة الدول الأوروبية لضرورة التوحد

خليج كورنثه حيث ميناء ليبانتو الاستراتيجي، وتُعَد هذه المعركة من المعارك المهمة في التاريخ البحري، حيث استخدمت فيها البحرية العثمانية للمرَّة الأولى مدافع السفن طويلة المدى، فضلًا عن اشتراك أكبر سفينتين في العالم آنذاك في الحرب للمرَّة الأولى. انظر مزيدًا عن المعركة:

Ibid, pp.69-70; Inalcik, The Ottomans, p.349.

(1) أوزتونا، **تاريخ الدولة العثمانية**، ج1/ 199.أوزوتونا

(2) Fisher, op. cit, p.70; Setton, op. cit, II, pp.511-514; Inalcik, The Ottomans, p.349.

والقيام بحملة صليبية جديدة. وبالفعل، بدأ في شوال 905هـ/ مايو 1500م بجمع ما يُسمَّى «الأعشار»، لتمويل الحملة المنتظرة. وفي أول يونيو بدأ بالضغط على المشاركين من خلال تأكيده على خطر غزو العثمانيين لإيطاليا، بعد أن امتلكوا القوة البحرية الناجعة التي تمكنهم من الاستيلاء على جميع المنافذ البحرية الاستراتيجية على السواحل. أما البنادقة، فبذلوا من جانبهم قصارى جهدهم لإقناع الملك المجري «لاديسلاس» (Ladislas) بالانضمام إلى الحملة الصليبية جنبًا إلى جنب مع حليفهم الملك الفرنسي «لويس الثاني عشر» (Louis XII) (899-905هـ/ 1494-1500م)، الذي كان قد تعاون بالفعل مع البندقية في حربها ضد العثمانيين منذ عام 904هـ/ 1499م؛ ذلك التعاون الذي وصلت أخباره إلى السلطان العثماني. إضافةً إلى ذلك حاول البنادقة مد ذلك التحالف بإشراك ملك بولندا «جون ألبرت» (John Albert) (897-906هـ/ 1492-1501م) الذي تضرر كثيرًا بغزوه مرتين من قِبل العثمانيين منذ عام 903هـ/ 1498م بسبب طموحه المتزايد في مولدافيا[1].

تزامنًا مع تلك التحركات، حاول البنادقة وحلفاؤهم الفرنسيون تقديم مقترح يتوصلون من خلاله للسلام بعد أن رأوا التقدم المطَّرد للعثمانيين، إلا إن ذلك التقدم الذي أحرزه العثمانيون في المورة جعلهم يملون شروطهم لقبول ذلك المقترح، فطالبوا فضلًا عن الجزية السنوية بتسليم كلٍّ من مودون وكورون ونابولي دي رومانيا، مما دفع البنادقة إلى تحويل حربهم ضد العثمانيين إلى حملة صليبية شاملة، في وقت بذل فيه البابا مجهودًا كبيرًا بين الدول المسيحية وصولًا إلى روسيا. وفي المقابل شجع بايزيد منافسي البندقية في إيطاليا، فسمح على سبيل المثال بإنشاء قنصلية لفلورنسا باستانبول، وعرض مساعدات عسكرية كبيرة لنابولي في مقابل تسليم أوترانتو. وقبل كل هذا استمر في استكمال مخططه إزاء البندقية وممتلكاتها، فوضع نصب عينيه في تحركه المقبل السيطرة على أهم مرتكزين للبندقية جنوبي المورة، وهما مدينتا مودون وكورون، اللتان يطلق عليهما «عينا الجمهورية» لأهميتهما الاستراتيجية[2].

---

(1) Setton, op. cit, II, pp.526-27.

(2) احتلت كلٌّ من مودون وكورون مكانة كبيرة في إمبراطورية البندقية التجارية، ونتبين ذلك من رسائل الجمهورية إلى الدول الصديقة بعد ضياع مودون. ومما جاء في تلك الرسائل وصف مودون بأنها «العش الذي كانت تلوذ به فيما مضى كل السفن الذاهبة إلى الشرق الأدنى»، فإضافةً إلى كونهما محطتين رئيسيتين على طريق التجارة من البندقية إلى شرق المتوسط والعكس، كانتا مركزًا لشحن وتسويق البضائع الآتية من

وبالفعل، بدأ الحصار الفعلي لمودون في شهر شعبان 905هـ/ مارس 1500م، إلا إن الأسطول العثماني انطلق متأخرًا من ليبانتو بعد أن جاءته التعزيزات، فوصل المدينة في 20 ذي الحجة/ 17 يوليو، فتأخر وصول مدفعية الحصار الثقيلة، مما أطال أمد الحصار، وبعد وصول الأسطول أمكنهم الإحاطة التامة بالتحصينات من البر والبحر، حيث تمكنت المدفعية العثمانية في بضعة أسابيع من أن تحدث ثغرات في التحصينات المنيعة، وعلى الرغم من تدخل الأسطول البندقي سقطت مودون في 14 محرم 906هـ/ 10 أغسطس 1500م، بعد أن استطاع الأسطول العثماني تحت قيادة كمال ريس دحر البنادقة في موقعة مودون أو موقعة ليبانتو الثانية. وبعد أسبوع من سقوطها اضطرت كورون إلى الاستسلام من دون مقاومة في 20 محرم/ 16 أغسطس، وبسقوطها لم يتبقَّ بيد البندقية في المورة سوى مونيمفاسيا ونابولي دي رومانيا[1].

أخيرًا استطاع العثمانيون بالاستيلاء على هاتين المدينتين توجيه ضربة قاصمة لتجارة البندقية، مما زعزع مركزها وأخل بثقلها البحري في شرق المتوسط، اضطرت معه الجمهورية إلى اتخاذ إجراءات استثنائية خصوصًا فيما يخص طرق قوافلها التجارية في البحر، إذ باتت تمر عبر جزيرة كورفو بشكل أساسي عوضًا عن المدينتين[2]. وقد ألهب سقوط المدينتين عزم البابا للقيام بالحملة الصليبية المزمعة على العثمانيين، فحرص على الانضمام إلى الفرنسيين في نابولي ضد الملك فريدريك (902-906هـ/ 1497-1501م) لتقسيم مملكة نابولي، وانضم بعد ذلك إلى التحالف الفرنسي الإسباني في 13 ذي الحجة 906هـ/ 29 يونيو 1501م، ذلك التحالف الذي أعلن أن نابولي ما هي إلا خطوة مهمة على الطريق لمجابهة العثمانيين، في حين علق فريدريك أمله على مساعدة السلطان، وكان بالفعل ذلك الحلف نواة لحملة صليبية تشكَّل تحت مظلتها أسطول قوامه سفن عدة دول مسيحية، على رأسها البابوية والبندقية

الشرق، فضلًا عن استخدامهما كمستودعات ومخازن للسلع، حيث قامت البندقية بتقسيم سفنها الآتية من الإسكندرية وبيروت محملة بالسلع إلى قسمين: يصل أحدهما في سبتمبر، ثم يصل الآخر في أبريل من العام التالي، وبين هذين التاريخين يجري توزيع السلع في أوروبا، وكانت ترسل أحيانًا بين هذين التاريخين سفنًا تُعرف باسم «فائض المدة» لتحمل ما تبقى من السلع في مخازن الإسكندرية وبيروت، ثم يجري تخزينه بعد ذلك في المراكز التجارية الواقعة على الطريق التجاري، والتي أهمها بالطبع مدينتا مودون وكورون. انظر: فهمي، **طرق التجارة**، 179-180؛ هايد، **تاريخ التجارة**، ج3/ 192-194.

(1) Fisher, op. cit, pp.72-76; Setton, op. cit, II, p.522; Inalcik, The Ottomans, p.350.

(2) فهمي، **طرق التجارة**، 180.

وإسبانيا وفرنسا، لضرب أهداف عثمانية، حيث انطلق ذلك الأسطول في الخريف مسيطرًا بسهولة في 13 جمادى الآخرة 907هـ/ 24 ديسمبر 1501م على جزيرة كيفالونيا، فضلًا عن قلعة نافارين التي كانت قد سقطت في يد العثمانيين في أغسطس. وعلى الجانب الآخر، كان العثمانيون في حالة تأهب، فبينما وقف علي باشا خادم لحراسة المورة، هاجم إسكندر باشا ممتلكات البندقية في دالماشيا[(1)].

وبداية من عام 907هـ/ 1501م بدأت الأساطيل الصليبية تهاجِم بشكل منفصل وفي عدة مناطق، مما شكَّل صعوبات للعثمانيين، فقد حاولت قوة من البندقية أن تقوم بعملية إنزال في أفلونا، إلا إن القوات العثمانية قضت عليها في 1 صفر 907هـ/ 15 أغسطس 1501م، ثم هجموا على دورازو التابعة للبنادقة على ساحل ألبانيا واستطاعوا السيطرة عليها. وأرسلت قوات التحالف ثمانين سفينة قامت بعملية الإنزال على جزيرة ليسبوس، وفرضوا الحصار على عاصمتها ميتيليني، مما هدد استانبول نفسها، حيث أبحرت ست وعشرون سفينة فرنسية إلى مضيق الدردنيل لمنع وصول التعزيزات البحرية العثمانية، فشكَّل ذلك التحرك صعوبات جمة واجهت العثمانيين في سبيل إرسال تعزيزاتهم برًّا عن طريق الأناضول إلى المدينة المحاصرة، فضلًا عن صعوبة التعبئة البحرية في غير موسم الحملات العسكرية. لكن في النهاية، وبعد أن استطاعت القوات البرية الوصول إلى شواطئ الأناضول قبالة الجزيرة، وجدوا العدو قد رفع الحصار وغادر. وعلى الجانب الآخر، استعاد الأسطول العثماني نافارين، تحت قيادة كمال ريس، في 28 مايو، بالتعاون مع القوات البرية، فأغار على إثر ذلك القائد الإسباني «جونسالفو فرناندو» (Gonsalvo Fernando) على سواحل الأناضول، فألحق بها ضررًا بالغًا. وفي عام 907هـ/ 1502م شن الأسطول البندقي هجمة مباغتة على ساحل تراقيا، لا سيما سالونيك، بينما شرع الأسطول الرئيسي لقوات التحالف في عملية الإنزال في جزيرة ليوكاديا (سانتا مورا) وحاصر القلعة. وتحت ضغط الأحداث المتلاحقة بدأ العثمانيون ينظرون إلى عروض السلام البندقية، ففي الوقت الذي هدد فيه بايزيد بإعداد أسطول ضخم من خمسمائة سفينة لمهاجمة البندقية نفسها، لوَّح وزيره بمزايا السلام، مما دفع البنادقة في النهاية إلى الموافقة على إبرام السلام في ربيع الأول 908هـ/ سبتمبر 1502م، لكن تأخر التصديق النهائي على الاتفاق حتى 17 صفر 909هـ/ 10 أغسطس

---

(1) Setton, op. cit, II, p.523; Inalcik, The Ottomans, p.350.

1503م، وذلك بسبب إصرار السلطان على عودة جزيرة ليوكاديا للعثمانيين فضلًا عن دفع البندقية تعويضات عن خسائر الحرب(1).

وافقت البندقية أخيرًا على عودة ليوكاديا إلى السيادة العثمانية، وعلى دفع عشرة آلاف دوقية جزيةً سنوية، كما في معاهدة 884هـ/ 1479م. وفي المقابل وافق العثمانيون على السماح بإقامة قنصل بندقي أو ما يُسمَّى «بايل» دائم في العاصمة استانبول، فضلًا عن عودة البضائع المصادرة خلال الحرب، والتخلي عن جزيرة كيفالونيا للبندقية، مع احتفاظ العثمانيين بفتوحاتهم في المورة المتمثلة في كورون ومودون وليبانتو، ودورازو في ألبانيا. وبهذا يكون العثمانيون قد حققوا انتصارًا كبيرًا ستكون له نتائجه الواسعة في المستقبل(2). فمن خلال مواجهات البحرية العثمانية للأساطيل الأوروبية مجتمعة، وحنكتهم في المناورة والهجوم، وسرعتهم في الانتقال والدفاع، وحسمهم في الحصار، أثبت العثمانيون أنهم قوة بحرية عظمى قادرة على التربع فوق عرش البحرية المتوسطية خلال القرن السادس عشر، ليس في الحوض الشرقي للمتوسط فحسب، بل في غربه كذلك، خصوصًا بعد حيازتهم المراكز البحرية المهمة في الحرب الأخيرة، التي ستمكنهم بسهولة من التقدم نحو الغرب، وهذا ما سنراه يحدث بالفعل خلال القرن السادس عشر.

كان هذا الانتصار سببًا مباشرًا في تحديد مصير شرق المتوسط لثلاثمائة عام مقبلة، فلم تكن السيطرة العثمانية على كلٍّ من الشام ومصر على يد سليم بن بايزيد في العقد المقبل سوى نتيجة من نتائج ضعف القوة البحرية للبندقية، وانعدام مراكز اتصالها البحري بشرق المتوسط، وهو ما أضعف نفوذ الجمهورية وتأثيرها على تلك المناطق، وهو أيضًا من العوامل التي سهلت فيما بعد فتح رودس على يد سليمان حفيد بايزيد في عام 929هـ/ 1523م، فضلًا عن السيطرة التامة على اليونان والجزء الأدنى من البحر الأدرياتيكي. وقد أثبتت هذه الحرب أيضًا، واتفاقية السلام الختامية المبرمة، أن العثمانيين أصبحوا عاملًا مهمًّا في معادلة توازن القوى الأوروبي، لا سيما العلاقات الدبلوماسية بين دول القارة، فضلًا عن أنهم أصبحوا قوة اقتصادية كبرى بحكم سيطرتهم على مزيد من طرق التجارة الدولية بين الشرق والغرب. وقد أدى هذا الازدهار الاقتصادي فيما بعد إلى نجاح

---

(1) Fisher, op. cit, pp.76-81; Shaw, op. cit, I, pp.75-76.

(2) Ibid, p.76.

الحملات العظيمة التي قام بها كلٌّ من سليم وسليمان في قارات العالم القديم الثلاث، حتى وصلت الدولة في عهدهما إلى قمة اتساعها من الناحية الجغرافية، وذروة ازدهارها من الناحية الحضارية[1].

على صعيد آخر، لم ينل اتفاق السلام الموقَّع رضا البابا وباقي القوى المسيحية، فمن دون البندقية لا يمكن للحملة الصليبية أن تستمر. وعلى الرغم من الجهود التي بذلها البابا الجديد «يوليوس الثاني» (Julis II) (908-919هـ/ 1503-1513م)، ظلت البندقية محافظة على السلام مع السلطان لحماية مصالحها، فبعد توقيع معاهدة السلام في عام 909هـ/ 1503م اعتمدت البندقية على العثمانيين في توفير الأمن لتجارتها الجارية في شرق المتوسط، وهو ما جعل البندقية توجِّه مواردها العسكرية والاقتصادية غربًا على نحو متزايد، حيث الصراع بين البابا والهابسبورج وإسبانيا وفرنسا[2]. وفي الوقت نفسه، حاول إسماعيل الصفوي (906-930هـ/ 1501-1524م)، مؤسس الدولة الصفوية في فارس، أن يتفق مع البندقية للقيام بهجوم مشترك على العثمانيين من الجبهتين الشرقية والغربية، فكان رد البنادقة أن الوقت لم يحن بعد لنقض السلام مع السلطان، إلا إنهم أعربوا عن امتنانهم بالتعاون المستقبلي مع الصفويين. من هنا بدأ خطر جديد يلوح من الشرق لم يكن في حسبان العثمانيين الذين كرَّسوا كل إمكاناتهم ومجهوداتهم للجبهة الأوروبية في البر والبحر على السواء. ولم يقتصر الأمر على الصفويين، بل ظهرت تحديات أخرى أهمها وصول البرتغاليين إلى المحيط الهندي والبحر الأحمر والخليج العربي عن طريق رأس الرجاء الصالح في أواخر القرن الخامس عشر وتحالفهم مع الصفويين، مما شكَّل تهديدًا مباشرًا للعالم الإسلامي من الشرق والجنوب، وهو ما سيكون له عظيم الأثر في تبدل وجهة العثمانيين في مستهل القرن السادس عشر إلى عمق جديد، حيث المشرق العربي.

ثانيًا: الخطر الصفوي ومحاولات التمدد الشيعي

دأبت الدول الإسلامية مع اختلاف توجهاتها منذ صدر الإسلام على التصدي لحركات

---

(1) Fisher, op. cit, p. 89.

(2) Palmira Brummett, “Foreign Policy, Naval Strategy, and the Defence of the Ottoman Empire in the Early Sixteenth Century”, *The International History Review*, Vol. 11, No. 4 (Nov., 1989), pp. 614.

التشيع التي اتسمت بالهرطقة الدينية ومحاولة شق وحدة الصف الإسلامي[1]، إلا إن هذا الخطر عاد إلى الظهور مرَّة أخرى في أواخر القرن الخامس عشر من ناحية المشرق على يد الصفويين، حاملًا معه كثيرًا من الصراعات السياسية في المنطقة، أدت إلى تطورات كبيرة على الصعيدين الإقليمي والعالمي. فعلى الرغم من انتماء غالبية إيران إلى المذاهب السنية منذ الفتح الإسلامي، لكنها كانت مرتعًا خصبًا للانحرافات الفكرية، نظرًا لامتزاج الدين الإسلامي الحنيف في تلك البقاع مع الموروث الفكري والعقائدي لأهل البلد الأصليين، مما جعلها بيئة ملائمة لنمو الطرق المبتدعة والطوائف المنحرفة فكريًّا وعقائديًّا، لا سيما من الصوفية الغلاة الأقرب إلى التشيع. وقد تسربت كثير من هذه البدع إلى ما وراء النهر، حيث تعيش القبائل التركمانية حديثة العهد بالإسلام، فلم يكد يبدأ القرن الرابع الهجري/ العاشر الميلادي حتى ظهر في فرغانة وبخارى من أطلقوا على أنفسهم «الباب» أو «البابا»، وتزعموا الفرق الضالة التي تستهدف التحلل من شروط العقيدة وقيود العبادات، من هنا تأثرت بعض العناصر التركية حديثة العهد بالإسلام آنذاك، ووقعت تحت تأثير البدع الإيرانية، فكانت هذه البدع من مميزات التراث الذي حملته معها عند هجرتها إلى الأناضول. لهذا نجد أن أهم علماء المذهب الإمامي أو الاثني عشري منذ بداية القرن الرابع الهجري/ العاشر الميلادي، وحتى أواسط القرن السادس الهجري/ الثاني عشر الميلادي، هم من الفُرس، مما مهد الطريق بعد ذلك للحركات السياسية في تلك المناطق لتتبنى نهج التشيع بصفة رسمية[2].

وعلى الرغم من أن أكثر القرى والمدن الإيرانية كان قد غلب عليها المذهبان الشافعي والحنفي، فقد شهدت إيران في العصرين المغولي والإيلخاني، وخصوصًا في النصف الثاني

---

(1) كانت أهم هذه الحركات وأكثرها تأثيرًا في التاريخ الإسلامي، الحركة التي أدت إلى ظهور الدولة العبيدية أو الفاطمية صاحبة المذهب الإسماعيلي في شمال إفريقيا، مع ضعف قبضة الخلافة العباسية على أقاليمها في المغرب، وما لبثت هذه الدولة أن تحولت إلى خلافة تنازع دولة الخلافة الأصلية في زعامتها الروحية وتصبح العدو اللدود لها، وامتدت سياسيًّا في أواسط القرن الرابع الهجري/ العاشر الميلادي لتشمل كلًّا من مصر والشام والحجاز، واستمرت حتى سقوطها على يد الأيوبيين في عام 567هـ/ 1171م. انظر مزيدًا عن قيامها: لين بول، **تاريخ مصر**، 197 وما يليها.

(2) انظر: محمد عبد اللطيف هريدي، **الحروب العثمانية الفارسية وأثرها في انحسار المد الإسلامي عن أوروبا** (القاهرة: دار الصحوة، 1987م)، 9؛

Moojan Momen, *An introduction to Shi'i Islam: The history and Doctrines of twelver Shi'ism* (New Haven Yale university press, 1985), pp. 84-123.

من القرن التاسع الهجري/ الرابع عشر الميلادي، ازدهار حركات مغالية على المستوى الشعبي، انتشرت أكثر في الشمال الغربي لإيران إضافةً إلى الأناضول التي شهدت تدفقًا هائلًا للقبائل التركمانية الرُّحَّل كنتيجة للغزوات المغولية والسياسات القبلية التي اتبعها السلاجقة في السابق، فكان تحول معظم هذه القبائل إلى الإسلام اسميًّا، بسبب استمرار سيطرة العقائد البدائية على أفكارهم، مما سهل تبني الأفكار المهرطقة لمذاهب التشيع عامة، وعلى الأخص المذهب الإمامي[1] الذي تركز في مناطق رئيسية في إيران قبل العصر الصفوي مباشرة، وهي المراكز الإمامية التقليدية كالري وسبزاور وقاشان وقم، إضافةً إلى بعض الأجزاء الشمالية[2].

أما الصفوية التي كانت السبب الرئيسي لانتشار مذهب الإمامية في إيران، فلم تكن في بادئ أمرها سوى طريقة صوفية في بلدة أردبيل في أذربيجان عند بداية القرن الثامن الهجري، ودخل مؤسسها الشيخ صفي (ت735هـ/ 1335م) في التصوف على يد الشيخ تاج الدين إبراهيم زاهدي (ت700هـ/ 1301م)، ثم تزوج ابنته، وبعد وفاته غدا الشيخ صفي رأسًا للطريقة التي عُرفت باسمه بعدها، وقد حازت الطريقة الصفوية احترام السلطات السياسية المعاصرة منذ تأسيسها في عهد الإيلخانيين وحتى وصولهم إلى العصر التيموري في القرن الخامس عشر، مما يشير إلى جو التسامح العام السائد في إيران قبل العصر الصفوي[3].

---

(1) لا شك أن العشائر التركمانية المستوطنة لسهوب آسيا الوسطى وحديثة العهد بالإسلام كانت قد تأثرت بما هو سائد حولها من معتقدات، بصرف النظر عن تلك التي تتفق وتراثها الديني القديم. ولما كانت منطقتا ما وراء النهر وخراسان (فارس) تموجان بالبدع والتيارات المارقة عن الإسلام، فقد ساعد ذلك في انتشار التشيع، خصوصًا في منطقة الديلم التي كانت مكمن المجوس ومعقلًا للمتآمرين ضد الدولة العباسية خلال حكم البويهيين في القرن الرابع الهجري/ العاشر الميلادي، أي في الفترة نفسها التي زاد فيها إقبال الترك على الإسلام. لهذا عندما حدثت هجرات تركية إلى الأناضول قبل قيام الدولة السلجوقية في إيران والعراق واستمرت في عهد السلاجقة بشكل أكثر كثافة وتنظيمًا، أصبح الأناضول ملاذًا للقبائل الفارة أمام الاجتياح المغولي إبان القرن السابع الهجري/ الثالث عشر الميلادي، وكانت هذه القبائل تضم عناصر إما حديثة العهد بالإسلام أو لم تعتنق الإسلام بعد، فأدى عدم الاستقرار السياسي والاجتماعي في الأناضول حينذاك إلى إشاعة جو من القلق والفوضى جعل العامة والدهماء يلوذون بالتكايا والزوايا ويصدقون كل مهرطق ومبتدع، فازداد تبعًا لذلك انتشار الفرق الضالة خصوصًا في مناطق شرق الأناضول. انظر: هريدي، **الحروب العثمانية الفارسية**، 8، 9.

(2) كولن ترنر، **التشيع والتحول في العصر الصفوي**، ترجمة: حسين علي عبد الستار (بغداد: منشورات الجمل، 2008م)، 99، 100.

(3) See: Michael M. Mazzaoui, *The origin of the Safavids*, (Wesbaden, 1972).

مع استخلاف الجنيد (ت864هـ/ 1460م) شيخًا للطريقة، دخلت الصفوية في تحول كبير لا يمكن تفسيره، حيث تراجع التصوف التأملي أمام غلو مهرطق صارخ. ويشير إلى ذلك ابن روزبهان خونجي، الكاتب السني في بلاط السلطان يعقوب بن أوزون حسن آق قيونلو، إذ قال إن أتباع الطريقة دعوا صراحة الشيخ الجنيد إلهًا وابنه ابن الإله، وكان حيدر بن الجنيد يُعَد بدوره شخصًا إلهيًا، حيث يشد الناس إليه الرحال ليعبدوه ويسجدوا على قدميه. كان هذا التبدل الدرامي المفاجئ مصحوبًا بتغير جذري في ميول الطريقة الصفوية، حوَّلها إلى حركة مُسلَّحة استطاعت في أقل من نصف قرن تنصيب إسماعيل حفيد الجنيد على العرش في تبريز. وأخيرًا، فإن التحول الديني لا يمكن أن يُفهم إلا في ضوء التحول السياسي، إذ لم يكن التحول الديني سوى مجرد ستار للأطماع السياسية لدى الشيخ الجنيد. وعلى الرغم من أن التاريخ مليء بأمثلة عن استغلال الدين سياسيًا[1]، فإن حالة الشيخ الجنيد تنفرد في كونها الأولى ضمن سلسلة الخطوات التي أدت إلى قيام الدولة الصفوية، ومنها إلى تبني مذهب الإمامية دينًا رسميًا للدولة، وربما لو لم يقم الجنيد بهذه النقلة الهائلة لظل التشيع بعيدًا عن مجرى التاريخ الإيراني[2].

تعاظمت طموحات الجنيد في المُلْك بزواجه من أخت أوزون حسن، حيث أصبح الزعماء الصفويون أمراءً للبلاد، وبهذه المصاهرة بدأ في الجمع بين السلطة الروحية والسلطة الزمنية. وتحت قيادة حيدر بن الجنيد تبلورت الطريقة الصفوية كحركة سياسية ذات ميول دينية مغالية باطِّراد، قادها رجال مختارون من أتباع الطريقة القبلية، شكلوا حلقة وصل قوية بين القيادة الصفوية والقبائل والعشائر التي تدين لها بالولاء. وعُرف أتباع حيدر بـ«القيزلباش» (الرؤوس الحمراء)[3]، وذلك بسبب القلنسوة الحمراء ذات الاثنتي عشرة طَيَّة، التي أمرهم

---

(1) حاول الجنيد إعادة ما فعله دعاة الدولة الفاطمية من استغلال المذهب الديني في إثارة حماس أتباعهم، حيث استخدموا الدِّين في أي صورة، وكيفوه على جميع الأوجه، لحماية ذلك الحماس. فلم يكن التشيع نفسه في الأساس إلا عملًا سياسيًا لا دخل للدين فيه، حتى إنه لا يُعلم بالضبط كيف ومتى اعتنق مؤيدو ذرية علي بن أبي طالب تلك الخرافات المنسوبة إلى الشيعة، ولم يُسمع عن أي تجاوز أو انحراف في العقيدة للأئمة العلويين أنفسهم أو تابعيهم، وأغلب الظن أن ذلك الانحراف العقائدي الذي حدث لم يكن له أي صلة بالعائلة العلوية، وإنما كان الانتساب إلى هذه العائلة وما صاحبه من انحراف في الفكر والعقيدة ذريعة دينية تمثِّل غطاء لتحقيق الأهداف السياسية. انظر: لين بول، **تاريخ مصر**، 200-204؛ محمد ضياء الدين الريس، **النظريات السياسية الإسلامية** (القاهرة، 1960م).

(2) ترنر، **التشيع**، 119-120.

(3) Momen, op. cit, pp. 101-107.

حيدر بارتدائها. بدأ حيدر تحقيق أهدافه السياسية بمساعدة خاله أوزون حسن، الذي كان قد هَزم سلالة قره قيونلو واستولى على أراضيهم، وتوثقت علاقة حيدر بسلالة آق قيونلو بزواجه من ابنة خاله التي أنجبت له إسماعيل. كل ذلك ساعده على تحقيق أهدافه بالدعاية للحركة بين القبائل التركمانية شرقي الأناضول، والتي لاقت إقبالًا كبيرًا، فشكَّلت تلك القبائل الجزء الأكبر من القوات الصفوية[1].

جرى تنصيب حيدر على أردبيل في عام 874هـ/ 1470م، مما أدى إلى تدفق أتباع الطريقة من الأناضول وشمال الشام. وعندما قُتل حيدر في عام 893هـ/ 1488م حل محله ابنه إسماعيل الذي بدأ يجمع حوله التركمان ويرسل بعضهم إلى أردبيل، حيث يجري تشييعهم لاستخدامهم في الأغراض السياسية[2]. من ناحية أخرى، أدت نهاية أوزون حسن على يد العثمانيين إلى تدهور في الوضع السياسي، حيث حاول السلطان يعقوب بن أوزون حسن الحد بقدر الإمكان من النفوذ الصفوي وكبح جماحه، إلا إن إسماعيل الصفوي استطاع أن يفر إلى إيران مصطحبًا معه سبع قبائل من القيزلباش مكنته من استغلال تفكك إيران وتحولها إلى حلبة للصراع بين الأمراء والزعماء القبليين والقادة العسكريين، ومن ثَمَّ القضاء على الأسر الحاكمة الصغيرة التي قامت على أنقاض التيموريين وبعض أجزاء دولة الآق قيونلو[3]. وبعد عدة معارك تمكن إسماعيل الصفوي من الانتصار وفتح السبيل إلى تبريز التي دخلها في عام 1501م معلنًا نفسه شاهًا[4]. وبحلول عام 915هـ/ 1509م، بعد أن استطاع إسماعيل الاستيلاء على بغداد، أصبحت البلاد بأكملها تقريبًا تحت حكمه[5].

---

(1) كوندز، **الدولة العثمانية المجهولة**، 208.

(2) المرجع السابق، 208، 209.

(3) مصطفى، **في أصول التاريخ العثماني**، 77.

(4) اختُلف في سنة دخول إسماعيل الصفوي إلى تبريز وإعلانها عاصمة لدولته، وتراوحت أبرز الآراء بين عامي 906 و907هـ/ 1500 و1502م. انظر:

Ghulam Sarwar, *History of Shah Isma'il Safavi* (Aligarh, 1939), pp. 38-39.

(5) كانت العراق أول البلدان العربية التي سعى الشاه إسماعيل إلى ضمها لأراضيه، فهي جغرافيًا تمثل الامتداد الطبيعي لإيران من ناحية الغرب، وكانت لها أهمية اقتصادية كبيرة من الناحيتين الزراعية والتجارية، فضلًا عن أهميتها الدينية بالنسبة إلى الشيعة، فهي تُعَد مركزًا للمقدسات والمزارات الشيعية حيث النجف وكربلاء، لذا اتبع الشاه في العراق سياسته نفسها في إيران، من فرضه للمذهب الشيعي، وقد نجح بالفعل في ذلك، لكنه لم يماثل نجاحه في إيران، خصوصًا بعد أن تمكن العثمانيون بعد ذلك من فتح العراق في عهد سليمان القانوني، فعملوا على حماية أهل السُّنة والرفع من شأنهم، فكان ذلك التنافس سببًا في أن أصبح العراق

أراد إسماعيل امتلاك السيادة الدينية التي تؤهله هو وخلفه لامتلاك السيادة الفعلية في إيران، ومن الطبيعي أنه لن يستطيع بلوغ هذه السيادة على أهل إيران السُّنة الذين كان معظمهم يدين بالولاء للخلافة السُّنية، سواء العباسية في ظل المماليك أو بعد ذلك عندما انتقلت إلى استانبول، ولهذا فإن مجابهة هذه المشاعر الدينية كانت تستلزم تغيير المذهب الشائع في إيران من التسنن إلى التشيع، والغلو في المذهب لإثارة العداء بين الطائفتين، ودَفْع الناس إلى القتال بوازع الحفاظ على العقيدة. لذا بدأ إسماعيل في فرض مذهبه بالقتل والتعذيب والمذابح العامة لأهل إيران السُّنة[1]، وبهذه الطريقة استطاع أن يشق طريقه بسرعة، وأن يغير مذهب إيران في وقت قصير إلى المذهب الاثني عشري، ويجعل منها جزيرة شيعية في وسط بحر من أهل السُّنة، ويترك أثرًا عميقًا رهيبًا في الوحدة الإسلامية والحياة السياسية في الشرق الأدنى، بل في العالم كله، منذ مطلع القرن العاشر الهجري/ الخامس عشر الميلادي[2].

هكذا لم تقتصر القوة الناشئة للصفويين في آسيا على الإخلال بتوازن القوى السياسي في الشرق الأدنى فحسب، لكنها عملت أيضًا على شق وحدة الصف الإسلامي بنشر التشيع بين المسلمين امتدادًا إلى الأناضول العثماني، مما شكل تهديدًا حقيقيًّا للعثمانيين[3]، أكثر مما كان عليه الوضع في عهد أوزون حسن، وقد تجلى هذا التهديد في فتنة «شاه قولو»[4] التي استمرت

حتى الوقت الحاضر موزعًا توزيعًا متوازنًا بين السُّنة والشيعة. ترنر، **التشيع**، 123-125؛ محمد أنيس، **الدولة العثمانية والشرق العربي** (القاهرة: مكتبة الأنجلو، 1993م)، 105، 106؛

Denison Rossm, "The early years of Shah Ismai'l, Founder of the Safavid dynasty", in *JRAS* (April, 1896).

(1) سالم، **استراتيجية الفتح العثماني**، 135. ذكرت بعض المصادر أن عدد ضحايا مذابح الصفويين من أهل السُّنة بلغ نحو مليون مسلم. انظر مزيدًا من التفاصيل: أحمد الخولي، **الدولة الصفوية تاريخها السياسي والاجتماعي - علاقاتها بالعثمانيين** (القاهرة: مكتبة الأنجلو، 1981م)، 51.

(2) نصر الله فلسفي، **إيران وعلاقاتها الخارجية في العصر الصفوي**، ترجمة وتقديم: محمد فتحي يوسف الريس (القاهرة: دار الثقافة، 1989م)، كب.

(3) Fisher, op. cit, p. 90.

(4) كان اسمه نور خليفة، وأطلق على نفسه «شاه قولو» أو «عبد الشاه»، ثم أُطلق عليه بعد ذلك «شيطان قولو» أو «عبد الشيطان»، وكان شابًّا تركمانيًّا، خدم في الجيش العثماني كسباهي، وذهب إلى أردبيل، حيث دُرِّب ليكون مُلَّا شيعيًّا بدرجة خليفة، ثم عاد بشكل سري إلى الأناضول، وبدأ يجمع شباب التركمان الرُّحَّل، ثم نشر التشيع بينهم، حتى اعتلى الشاه إسماعيل عرش إيران فكان عدد أتباعه بالآلاف، فبدأ يدعو بالبيعة للشاه

نحو عامين (915-917هـ/ 1509-1511م)، وكانت من أكبر وأخطر الفتن في التاريخ العثماني، فضلًا عن أن فارس تحت حكم الشاه أصبحت ملجأ للفارين من السلطات العثمانية[1]، ومركزًا للمؤامرات والدسائس التي تحاك للدولة سواءً في الداخل أو من القوى الخارجية. وكان أبرز مثال على ذلك، التعاون الذي حدث بين الشاه إسماعيل والبرتغاليين، بعد أن استطاع القائد البرتغالي «ألفونسو دي البوكيرك» (Afonso de Albuquerque) (857-921هـ/ 1453-1515م) الوصول إلى منطقة الخليج العربي والسيطرة على هرمز بين عامي 913 و921هـ/ 1507 و1515م، حيث أرسل الشاه مبعوثًا إلى البوكيرك في عام 919هـ/ 1513م يدعوه إلى إرسال ممثل عنه إلى فارس للتباحث في كيفية التعاون ضد العدو المشترك لهما في المنطقة وعلى رأسه المماليك والعثمانيون، فما لبث أن أرسل البوكيرك «ميجال فيريرا» (Miguel Ferreira) إلى تبريز عن طريق هرمز، حيث قابل الشاه عدة مرات لمناقشة المصالح المشتركة في التعاون لدحر المماليك والعثمانيين والحد من نفوذهم في الشرق الأدنى[2]. ومنذ ذلك الحين استمر التعاون بين القوتين لاقتلاع النفوذ العثماني من البحار الشرقية[3].

إسماعيل، ووصل بدعوته إلى البلقان. ولم يقتصر الأمر على الدعوة، بل بدأ يعيث في الأرض فسادًا، ويهاجم البلدة تلو الأخرى، فهاجم على سبيل المثال مغنيسيا، وسيطر على أنطالية في عام 915هـ/ 1509م، وحاصر كوتاهية في محرم 917هـ/ أبريل 1511م، حتى وصل إلى مشارف بورصة وحاصرها، وألحق الهزيمة بكثير من الحملات التي جردتها الدولة ضده. واستمر على هذا المنوال حتى سار إليه الوزير الأعظم علي باشا واستطاع القضاء عليه في «كوجك جاي» بين قيصرية وسيواس في ربيع الثاني 917هـ/ يوليو 1511م. انظر: كوندز، **الدولة العثمانية**، 209؛ هريدي، **الحروب العثمانية الفارسية**، 46-48؛ سيد محمد السيد، **تاريخ الدولة العثمانية (النشأة - الازدهار)** (القاهرة: مكتبة الآداب، 2007م)، 227.

(1) أنيس، **الدولة العثمانية**، 106.

(2) دارت أهم بنود الاتفاقية التي وقعها الشاه إسماعيل مع البرتغاليين في عام 921هـ/ 1515م حول مساعدة السلطات الإيرانية للبحرية البرتغالية في غزوها للبحرين والقطيف، فضلًا عن اتحاد الحكومتين في حربهما ضد العثمانيين، لهذا تغاضى الشاه إسماعيل عن جزيرة هرمز المهمة، ووافق على أن يكون أمير هرمز بعد ذلك تابعًا لملك البرتغال ويدفع له الخراج، بينما لا تتدخل إيران في شؤون الجزيرة. انظر: فلسفي، **إيران وعلاقاتها الخارجية**، 11-15؛

John Holland Rose & Arthur Percival Newton & Ernest Alfred Benians, *The Cambridge history of the British empire*, Vol II, CUP Archive, 1959, p. 12.

(3) جاءت الرسائل بين الطرفين دالة على استمرار هذا التعاون، ومما جاء في إحدى هذه الرسائل المرسلة من البوكيرك إلى الشاه إسماعيل: «إني أقدر احترامك للمسيحيين في بلادك، وأعرض عليك الأسطول والجند والأسلحة ضد قلاع الترك في الهند، وإذا أردت أن تنقض على بلاد العرب أو تهاجم مكة فستجدني إلى جانبك في البحر الأحمر أمام جدة أو عدن أو في البحرين أو القطيف أو البصرة، وسيجدني الشاه بجانبه

أثمر التعاون بين الصفويين والبرتغاليين في الإضرار بالمصالح العثمانية، فما إن بدأ هذا التعاون حتى وقف الصفويون حجر عثرة في سبيل وصول الدولة العثمانية إلى الهند وتحقيق السيطرة على طرق التجارة الشمالية، بعد أن استطاعت البرتغال السيطرة على الطرق الجنوبية المؤدية إلى الهند، واحتكار تجارة التوابل. وعليه، حاول السلطان سليم الأول في بادئ الأمر فرض حصار تجاري على الدولة الصفوية، خصوصًا تجارة الحرير التي تمر عبر الأراضي العثمانية عن طريق حلب-الإسكندرونة في طريقها إلى الغرب الأوروبي، وخطا السلطان خطوة أخرى حين راح يصادر البضائع الإيرانية من جميع التجار الذين تحولوا نحو الجنوب عبر وادي الرافدين[1]. هكذا شكَّلت إيران بالنسبة إلى الدولة العثمانية حاجزًا سياسيًا من الصعب اجتيازه من الناحية الشرقية، إذ كان الأناضول التركي فيما مضى امتدادًا طبيعيًا للأراضي الإيرانية وأراضي آسيا الوسطى، بعد أن سيطر العنصر التركي ذو الأصول الآسيوية في وقت من الأوقات على مجمل الأراضي من آسيا الوسطى إلى البحر المتوسط، وأقام دولة واسعة في هذه المنطقة، وظل السلاجقة من بعدهم والعثمانيون يعتمدون على المهاجرين التركمان القادمين من الشرق في بناء المجتمع التركي ونموه في الأناضول أو في البلقان، وكان ذلك دافعًا قويًا لهدم هذا الحاجز وإعادة الاتصال مع الشرق.

من ناحية أخرى، وصل خطر الصفويين إلى العمق العربي الإسلامي، فلم تقف طموحاتهم عند بغداد وأراضي الرافدين، بل تعدَّتها لتصل إلى غزو مصر، كما تشير كثير من الدلائل، ومنها ما ذكره ابن إياس في حولياته، حيث يقول، على سبيل المثال، في حوادث سنة 916هـ/ 1510م:

«وفيه جاءت الأخبار من عند نائب البيرة بأنه قبض على جماعة من عند إسماعيل الصوفي، وعلى أيديهم كتب من عند الصوفي إلى بعض ملوك الفرنج بأن يكونوا معه عونه على سلطان مصر، وأنهم يجيئون إلى مصر من البحر ويجيء هو من البر، فقبض نائب البيرة عليهم وبعث بهم إلى السلطان»[2].

على امتداد الساحل الفارسي، وسأنفذ له كل ما يريد». انظر: صلاح العقاد، **التيارات السياسية في الخليج العربي** (القاهرة، 1947م)، 16.

(1) هريدي، **الحروب العثمانية الفارسية**، 44، 45؛ محمد سهيل طقوش، **تاريخ الدولة الصفوية في إيران** (بيروت: دار النفائس، د.ت)، 72.

(2) ابن إياس، **بدائع الزهور في وقائع الدهور**، الجزء الرابع، باعتناء: باول كاله ومحمد مصطفى وموريتس سوبرنهيم (استانبول، 1931م)، 191.

ويقول أيضًا في حوادث ربيع الأول سنة 918هـ/ 1512م:

«وفي يوم الخميس ثامن عشر أرسل نائب سِيس إلى السلطان عشرة رؤوس وعليهم طراطير حمر، وزعموا أنهم من عسكر الصوفي كانوا يفسدون في البلاد، فقبض عليهم نائب سيس وحزَّ رؤوسهم وأرسلوهم إلى السلطان، فلما عُرضوا عليه رسم بإشهارهم على رماح، فأشهروهم في القاهرة، ثم علقوهم على باب النصر وباب الفتوح، وقد قويت الإشاعات بأن الصوفي متحرك على البلاد، وأن قاصده واصل إلى السلطان»[1].

لم يقتصر الأمر على هذا الحد، بل وصل إلى الانتهاكات العسكرية السافرة من قبل الشاه إسماعيل على أراضي الدولة العثمانية، تلك الانتهاكات التي بدأت منذ هاجم الصفويون إمارة ذي القادر، مما اضطرهم إلى عبور الحدود العثمانية عند قيصرية، وهو ما دفع الشاه إلى تقديم اعتذار رسمي إلى السلطان، إلا إن اعتذاره جاء متأخرًا، حيث انتهز الأمير سليم - ابن السلطان وحاكم طرابزون - انتهاك الصفويين، واخترق على الفور الحدود الإيرانية عدة مرَّات منذ عام 913هـ/ 1508م، واستولى على أجزاء كبيرة من شرقي الأناضول، وقام خلالها بمناوشات وصلت إلى أرزنجان، حيث تمكن من أسر إبراهيم شقيق الشاه إسماعيل نفسه. وسيتضح بعد ذلك من ملابسات الأحداث أن اختراق سليم السريع كان على الأرجح بإيعاز من والده بايزيد، الذي لم يستجب لاحتجاج الشاه لدى البلاط العثماني على هذه التعديات، بل أساء استقبال السفارة الصفوية القادمة لهذا السبب. وما إن آل العرش العثماني إلى السلطان سليم في عام 917هـ/ 1512م[2] حتى بدأ التوتر يتصاعد بسرعة كبيرة، خصوصًا بعد أن فر أخو السلطان الأمير أحمد إلى البلاط الصفوي، حيث قُدِّم له العون في التمرد على أخيه. وتفاقم الأمر في تلك الفترة نفسها بعد المساعدات التي قدمها الشاه إلى الشيعة داخل الحدود الشرقية للدولة في أثناء تمردهم على الحكم العثماني، مما أسفر عن

(1) المصدر السابق، ج4/ 262.

(2) كانت الأحداث المتوالية على الجبهة الشرقية من الأسباب المباشرة لوصول سليم إلى العرش بعد استبعاده لوالده بايزيد، فقد أدرك سليم الخطر الشيعي في وقت مبكر، وبدأ في اتخاذ إجراءات وتدابير حاسمة، على عكس سياسة والده بايزيد التي لم ترتقِ إلى مستوى الحدث، مما دفع الجيش إلى مساندة سليم في إزاحة والده عن العرش لوضع حد للخطر الشيعي المتزايد. أوزتونا، **تاريخ الدولة العثمانية**، ج1/ 205، 206.

مهاجمتهم لقرمان وسيواس وقتل الحاكم العثماني في منطقة الحدود الشرقية. وبناءً على تلك التطورات تصاعدت العداوة، وتضاربت المصالح بين القوتين إلى الحد الذي أوصلهما إلى منحنى خطير أنذر بصدام وشيك لا مفر من حدوثه[1].

كان على السلطان سليم قبل الإقدام على عمل عسكري ضد الصفويين، أن يُخلِّص شرق الأناضول العثمانية من الموالين للدعوة الصفوية الشيعية، حيث وجدت قبائل القيزلباش بأعداد كبيرة منذ عهد السلطان بايزيد الثاني، ووصلت في بداية حكم السلطان سليم - حسب بعض التقديرات - إلى أربعين ألفًا، فكان للتعبئة المعنوية التي قام بها السلطان كخطوات أولى أثرها الكبير في شحذ الهمم ضد التشيع ومعتنقيه[2]. مع ذلك، لم يتخذ السلطان إجراءً مضادًا تجاههم إلا بعد استصدار فتاوى شرعية من العلماء، وعلى رأسهم شيخ الإسلام ابن كمال الذي أفتى بجواز العمل على القضاء على من لم يتب منهم أو يرتدع، خصوصًا بعد ما قاموا به من مذابح بحق عامة المسلمين. وعلى هذا قتل السلطان سليم عدة آلاف منهم وسجن آخرين قبل خروجه للحملة في عام 920هـ/ 1514م[3]، فأمن بذلك من غدر قبائل القيزلباش عند توجهه للقتال. وإمعانًا في تأمين ظهره، حاول السلطان سليم سد الجبهات التي يخاف غدرها في أثناء وجوده على رأس جيشه في الشرق، فأعاد تجديد الاتفاقيات المبرمة مع الدول الأوروبية، لا سيما المجر والبندقية[4]، وحاول التحالف مع المماليك الذين لم يأمنوا بدورهم من الخطر الصفوي، إلا إنهم آثروا الحياد، أو هذا ما أبدوه في الظاهر، فكما سيتبين في الفصل اللاحق سنرى أنهم تدخلوا بشكل غير مباشر لإحباط انتصار العثمانيين.

---

(1) انظر: طقوش، **تاريخ الدولة الصفوية**، 69 وما يليها؛ أوزتونا، **تاريخ الدولة العثمانية**، ج1/ 205، 206؛ Fisher, op. cit, pp. 95-99.

(2) ذكر المؤرخ نامق كمال إحدى الخطب التي ألقاها سليم على جيشه ورجال دولته قبل التوجه للقتال، وجاء فيها: «إن العالم المسيحي ما انفك يتربص بنا، وإن كان الآن مختبئًا فهو يراقبنا من ثقب الباب متحينًا الفرصة للانقضاض علينا، ولا ندري أي خطر يحيق بنا لو انقسم الناس إلى مذاهب في هذه الفترة الحرجة... من المؤسف أن تجمع القبائل التركية أموالها ومتاعها وتذهب بها حاجَّة إلى هذا الملعون، وكأنهم ذاهبون إلى مكة أو المدينة، لقد أراق هذا الملعون دم أهل السُّنة واستحل أموالهم وسبى نساءهم، مع ذلك تعتبر هذه القبائل مكانه كعبة، بل وصل الأمر بهم إلى السجود كلما ذُكر اسمه». هريدي، **الحروب العثمانية الفارسية**، 52.

(3) كوندز، **الدولة العثمانية**، 217.

(4) المحامي، **تاريخ الدولة العلية**، 73؛ عباس إسماعيل صباغ، **تاريخ العلاقات العثمانية الإيرانية: الحرب والسلام بين العثمانيين والصفويين** (بيروت: دار النفائس، 1999م)، 128.

بعد اتخاذ التدابير الدبلوماسية والعسكرية، انطلق السلطان في النهاية على رأس جيش بلغ تعداده نحو مائة وأربعين ألف مقاتل من مدينة أدرنة في 22 محرم 920هـ/ 19 مارس 1514م، فوصل إلى أرضروم شرقي الأناضول في 13 جمادى الآخرة 920هـ/ 5 أغسطس 1514م، وأثناء سيره الطويل قاطعًا أراضي الأناضول تبادل مع الشاه عدة رسائل مليئة بالتهديد والوعيد والسخرية من شخص الشاه ومذهبه[1]. أما الشاه، فحاول تجنب الاصطدام المباشر مع السلطان، لكنه في النهاية أُجبر على ملاقاته في سهل تشالديران الواقع شرقي تبريز، الذي سميت باسمه المعركة، في يوم الأربعاء 2 رجب 920هـ/ 23 أغسطس 1514م. كانت هذه المعركة بالنسبة إلى السلطان سليم أولى معاركه الحربية الكبرى، مع التذكير بأنه كان أميرًا في شرق الأناضول لمدة طويلة بلغت ثلاثين عامًا، وهذا الأمر قد يعطينا إشارة أخرى عن توجهه الشرقي منذ أولى معاركه الحربية، فخبرته الطويلة التي اكتسبها من هذه المناطق على الصعيد العسكري والسياسي تؤهله لخوض صراع يمكن أن يفضي إلى نجاحات على جميع الأصعدة، وهو ما سيقود بلا شك إلى نجاحات أخرى على مستوى الشرق الأدنى، خصوصًا في الشام ومصر حيث الدولة المملوكية.

---

(1) لم تكن تلك الرسائل هي أولى الرسائل التي يتبادلها السلطان مع الشاه، فقد ذكر ابن إياس أمثلة من الرسائل المتبادلة بينهما تدل على الاختلاف الحادث منذ وقت مبكر، خصوصًا من الناحية الدينية. ومن أمثلة ذلك خطاب ذكره في حوادث سنة 917هـ؛ بعث به الشاه إلى السلطان، جاء فيه:

نحن أناسٌ قد غدا شأننا ... حُب علي بن أبي طالب
يعيبنا الناس على حبه ... فلعنة الله على العائب

فكان رد السلطان سليم:

ما عَيبكم هذا ولكنه ... بُغْض الذي لُقِّب بالصاحِب
كَذَّبتُموا عنه وعن ابنته ... فلعنة الله على الكاذِب

ومن أبرز الخطابات التي بعث بها سليم إلى الشاه في أثناء سيره إلى المعركة، خطاب جاء فيه: «أنا زعيم وسلطان آل عثمان، أنا سيد فرسان هذا الزمان، أنا الجامع بين قوة وسلطان أفريدون وعظمة الإسكندر، وعدالة وعفو كيخسرو، أنا كاسر الأصنام مهلك أعداء الإسلام، مرهب الظالمين ومن في هذا الزمان من الفراعين، أنا الذي تذل أمامه ملوك الكبر والجبروت، وتتحطم على يديه صوالج العزة والعظموت، أنا السلطان المعظم سليم خان... أتكرم وأوجه إليك كلامي أيها الأمير إسماعيل، قائد الجنود الفارسية... لما أفتى جميع أهل الشرائع والأحكام وعلماؤنا علماء دين الإسلام، بقتلك وقتالك، لكفرك وضلالك، أعددنا العدة والعتاد لمحو رسمك واسمك ومن تبعك من خاصتك وجندك». انظر: ابن إياس، **بدائع الزهور**، ج4/ 221؛ محمد عبد اللطيف البحراوي، **فتح العثمانيين عدن وانتقال التوازن الدولي من البر إلى البحر** (القاهرة: دار التراث، 1979م)، 113؛ وانظر النص الكامل للرسالة عند: إدوارد شيفرد كريسي، **تاريخ الأتراك العثمانيين**، ترجمة: أحمد سالم سالم (الدوحة: دار جامعة حمد بن خليفة، 2019م)، 199-201.

كان جيش العثمانيين في تشالديران واحدًا من أقوى جيوش عصره وأحدثها، أبرز ما يميزه تنظيماته المستحدثة، فقد ضم الجيش فرقة المدفعية الثقيلة التي جعلها العثمانيون فرقة أساسية في تشكيلة الجيش فأصبحت ذات بعد استراتيجي في الميدان، بعد أن حولها العثمانيون من سلاح قلاع وحصار إلى سلاح ميداني جرى توظيفه بإتقان ومهارة، بحيث يتآلف مع باقي فرق الجيش أثناء الهجوم، وهذا ما سيضفي على المعارك العثمانية البرية في القرن السادس عشر عامل حسم فعَّالًا، إضافةً إلى البنادق التي تَسلَّح بها كثير من المشاة[1]. أما قوات الشاه إسماعيل فكان اعتمادها الأساسي على وحدات الفرسان الأقل عددًا ذات الفاعلية الكبيرة من حيث المهارة وسرعة الحركة، وإن كانت بلا مدافع أو بنادق.

انقسم الجيش العثماني في بداية المعركة ثلاثة أقسام، تمركزت في القلب منها وحدات المدفعية إلى جانب آلاف الإنكشارية المزودين بالأسلحة النارية وراء ساتر من العربات. وعند بدء المعركة سارع الجيش الصفوي بالهجوم من خلال الفرسان على أجنحة الجيش العثماني في محاولة لتجنب ضربات المدفعية المتمركزة في القلب، لكن السلطان سليم تحسبًا لمثل هذه المناورة أمر بفتح جناحي الجيش على شكل هلال، ثم بدأت المدفعية بإطلاق النار مباشرة في الوقت الذي تمكن فيه الجناحان من تطويق الجيش الصفوي، ثم تقدمت وحدات من القلب وهجمت مباشرة على الجناح الأيمن الذي يضم الشاه، فبدأ على الفور فرار جنود الصفوي من الميدان، وكانت الهزيمة الساحقة، وهو ما دفع إسماعيل بعد ذلك إلى إدخال تعديلات جذرية على وحدات جيشه، فأصبحت الأسلحة النارية منذ ذلك الحين جزءًا لا يتجزأ من الجيوش الإيرانية[2].

انتهت المعركة بانتصار ميداني ساحق للعثمانيين، وعلى الرغم من ذلك لم تكن تشالديران من المعارك الفاصلة كما حدث بعد ذلك مع المماليك في مرج دابق والريدانية، إذ لم يستطع السلطان القضاء على الشاه أو إسقاط دولته لعوامل كثيرة، على الرغم من دخول عاصمته تبريز في 16 رجب 920هـ/ 6 سبتمبر 1914م، حيث اضطر إلى الانسحاب والتراجع إلى الأناضول بعد دخول فصل الشتاء، لصعوبة الإمداد والتموين، فضلًا عن تذمر

---

(1) سالم، **استراتيجية الفتح العثماني**، 165.

(2) أوزتونا، **تاريخ الدولة العثمانية**، ج1/ 217، 218؛ كريسي، **تاريخ الأتراك العثمانيين**، 202-204؛ Robert Irwin, "Gunpowder and Firearms in the Mamluk Sultanate Reconsidered", in *The Mamluks in Egyptian and Syrian politics and society*, ed. Michael Winter & Amalia Levanoni, Brill, 2004, p 127.

الإنكشارية بعد مقتل الآلاف منهم نتيجة للعوامل الجوية السيئة، أملًا في العودة في فصل الربيع لاستكمال احتلال إيران والقضاء على الصفويين تمامًا، لكن العوامل الجغرافية وطبيعة البلاد الوعرة لم تمكنه من التوغل بجيشه الكبير ومعداته الثقيلة لمسافات طويلة داخل البلاد. مع ذلك كان لانتصار تشالديران كثير من النتائج الإيجابية للعثمانيين، فقد بسطوا سيطرتهم على شرق الأناضول وشمال العراق، حيث تمكنوا من أرمينية وسائر مدن كردستان، وأهمها ديار بكر وماردين والموصل وسنجار وحصن كيفا، مما أدى إلى سيطرتهم على الممرات الاستراتيجية المفضية من الأناضول إلى القوقاز وسوريا وإيران، فاستطاعوا بذلك فرض السيطرة التامة على طريق التجارة الشمالي من وإلى الهند، فضلًا عن مهاجمتهم لإمارة ذي القادر، والقضاء على أميرها علاء الدولة، وجعلها موالية لهم، وقد جعلت هذه الأمور السلطان قادرًا على تطبيق الحصار الاقتصادي على التجارة الإيرانية، فأصدر مرسومًا بمنع الاتجار في البضائع الفارسية أو السماح بمرورها عبر البلاد، مما سيكون له أثر كبير في تواصل العداء بين البلدين مستقبلًا[1].

هكذا شكَّل ظهور الصفويين عاملًا مهمًّا، إن لم يكن أساسيًّا، في ذلك التحول التاريخي الذي حدث في الاستراتيجية العثمانية في عهد السلطان سليم، إذ أصبح الشرق عامل الجذب الأساسي للسياسة العثمانية. لهذا نجد مؤرخًا كبيرًا هو «أرنولد توينبي» (Arnold Toynbee) يُرجع التوسع العثماني ناحية الشرق أساسًا إلى ظهور القوة الصفوية وانبعاث حركات ثورية خطيرة في العالم الإيراني، معتبرًا الدولة العثمانية جزءًا من ذلك العالم، إذ كان المجتمع الإسلامي بعد انهيار الخلافة العباسية في بغداد في عام 656هـ/ 1258م ينقسم في رأيه إلى مجتمعين متمايزين: المجتمع العربي، والمجتمع الإيراني، وظل هذان المجتمعان متمايزين لما يقرب من قرن ونصف القرن من الزمان قبل أن يحدث الغزو الشامل الذي شنه العثمانيون، كنتيجة مباشرة لظهور دعوى الانشقاق الديني الشيعية على يد إسماعيل الصفوي بين عامي 905 و930هـ/ 1500 و1524م، من قلب العالم الإيراني الذي ينتمي إليه العثمانيون أنفسهم. وعلى هذا يُقِر توينبي بأن الفتوحات التي قام بها سليم في العالم العربي ما هي إلا حلقة من حلقات الصراع التي دارت بين القوتين: السُّنية المتمثلة في العثمانيين، والشيعية المتمثلة في

---

(1) مصطفى، **في أصول التاريخ العثماني**، 80-81؛ سالم، **استراتيجية الفتح العثماني**، 165، 166؛ هريدي، **الحروب العثمانية**، 55؛ صباغ، **تاريخ العلاقات العثمانية الإيرانية**، 132؛ 81-83 Shaw, op. cit, I, pp.

الصفويين[1]. مع ذلك، لا يمكننا أن نسلم بهذا القول تسليمًا تامًّا، نظرًا إلى وجود أحداث وملابسات عالمية أخرى أشركها كثير من المؤرخين مع السبب سالف الذكر، من أهمها الكشوف الجغرافية التي حدثت نتيجة لنهضة الغرب الأوروبي، وذلك الصدام الكبير الذي حدث بين القوى الأوروبية والبلدان الإسلامية التي كانت في ذلك الوقت في حالة من الضعف لا تؤهلها إلى صد هذه الهجمة الشرسة، فلم يجد العثمانيون بُدًّا من حمل المسؤولية الثقيلة، ألا وهي الدفاع عن العالم الإسلامي.

ثالثًا: الكشوف الجغرافية وخطر الإمبريالية الغربية على الشرق الأدنى والعالم الإسلامي

دخلت أوروبا مع بدايات العصر الحديث مرحلة جديدة اختلفت جذريًّا في مقوماتها وطبيعتها عن العصور الوسطى، فمن بيئة معادية لكل ما يتعلق بالعقل والبحث العلمي، إلى بيئة شغوفة بالعلم ومتعطشة للمعرفة. فقد كانت الكنيسة في العصور الوسطى هي وحدها ملاذ الثقافة، كما كانت الوارث الحقيقي للتقاليد السياسية للإمبراطورية الغربية المنهارة، فضلًا عن أن الكنيسة ظلت الوصية على التفكير الأوروبي، الذي ظل مقصورًا على طوائف الرهبان الذين تناقلوه داخل المدارس والجامعات في نطاق النصوص المقدسة وما يتفرع عنها من آداب، وما دون ذلك كان يدخل في إطار الهرطقة المحرمة. ومع إرهاصات العصر الحديث اتضحت معالم أخرى قَدَّمت لنا أقوى تعارض لوجهة النظر الكهنوتية التي سيطرت على أوروبا في العصور الوسطى، حيث بدأ التفكير العلماني يتبوأ مكانة مهمة بعيدًا عن الكنيسة، وبدأت الدراسات القائمة على العلم تأخذ مكانها، وما لبثت تلك الثقافة العلمانية أن نمت بطابع أرستقراطي نظرًا إلى طبيعة القصور المترفة التي احتضنتها أولًا في إيطاليا، لكنها سرعان ما أصبحت مشاعًا للجميع بفضل اختراع الطباعة[2]، لكن في خضم ذلك ظهر

---

(1) Toynbee, *A study of history*, Vol. III, p. 347.

(2) دخلت أوروبا عصر الطباعة في النصف الأول من القرن الخامس عشر على يد الألماني «يوهان جوتنبرج» (Johannes Gutenberg) (1398م-1468م). وانطلاقًا من ألمانيا انتشرت الطباعة خلال عدة عقود في أكثر من مائتي مدينة أوروبية، حتى إن آلات الطباعة التي انتشرت في أوروبا الغربية استطاعت في عام 1500م إنتاج أكثر من عشرين مليون مجلد، وقد تضاعف هذا العدد عدة مرَّات خلال القرن السادس عشر، مما كان له تأثير كبير في النهضة الأوروبية وفي تركيب المجتمع الأوروبي على وجه الإجمال، فقد بدأ عصر الإعلام

صراع الكنيسة للحفاظ على سيادتها ومصالحها[1] في ظل هذا اللون الجديد من المعرفة الذي لا يرتبط بعلوم الدين، ومن أبرزها العلوم الجغرافية التي شغلت قسطًا مهمًّا من هذه المعرفة، سيكون له عظيم الأثر في تغيير مجرى التاريخ[2].

لم تكن الكشوف الجغرافية التي بدأت في القرن الخامس عشر على يد كلٍّ من إسبانيا والبرتغال نتاج عامل يمكن تحديده داخل إطار معين، سواءً كان دينيًّا أو اقتصاديًّا أو حتى علميًّا ومعرفيًّا، بل كانت نتاجًا للدخول في مرحلة مخاض أو انتقال من عصر إلى آخر، مرت خلالها أوروبا بمرحلة تطور واضحة ساعدت على اضمحلال سلطة ونفوذ النظام الإقطاعي ونمو وظهور القوميات الحديثة التي ارتبطت بسلطة الملك من ناحية، ومن ناحية أخرى بأبناء الطبقات الوسطى وطبقة رجال المال والأعمال، فضلًا عن نشأة نظام الضرائب المباشرة التي زادت من تدعيم مركز الملوك، لذا سارعت الدول التي استطاعت التوحد تحت تاج واحد بمحاولة بسط سيادتها على غيرها من الأراضي والشعوب التي تأخرت وحدتها وشعورها بانتمائها القومي. هكذا اتجهت الدول الموحدة في أوروبا، وعلى رأسها فرنسا وإسبانيا، إلى توسيع أملاكها داخل القارة أولًا، كما حدث عندما نشب الصراع الفرنسي الإسباني على

الذي انتشرت فيه المعلومة في وقت قصير على نطاق واسع، وبدأ عصر الأفكار الثورية التي تخطت الحدود وألهمت الجماهير بالإصلاح وهددت قوة السلطات الدينية والسياسية، وقد ساهم ذلك في زيادة الوعي الثقافي لدى الناس، مما أدى إلى كسر حاجز احتكار النخبة المثقفة للتعليم، وعزز صعود الطبقة الوسطى، فضلًا عن الارتقاء بفكرة القومية،

See: Elizabeth L. Eisenstein, *The Printing Revolution in Early Modern Europe* (Cambridge University Press, 2005); John Man, *The Gutenberg Revolution: The Story of a Genius and an Invention that Changed the World* (London, 2002).

(1) سيطرت الكنيسة في العصور الوسطى على حياة البشر، حتى أصبح رجالها حائلًا بين الخالق والمخلوق، فساد بيع صكوك الغفران واستغلال الدِّين والتحكم بالأموال وشراء المصالح، ودخل البابوات ورجال الدِّين نطاق الحياة السياسية، وصارعوا مع الحكومات الزمنية، وتزوجوا وخالفوا قواعد دينهم نفسه، وجاهروا بكثير من الآثام، فضلًا عن قبولهم الرشاوى والاختلاس والاشتراك في المؤامرات، الأمر الذي أدى إلى ضعف البابوية وهبوط نفوذها وسيطرتها، ومن هنا جاءت حركة النهضة علمانية من خارج الكنيسة رافضة لممارساتها، وبالتالي عملت على إضعافها فساعدت بذلك على استمرار التغير الاجتماعي والفكري. انظر: جلال يحيى، **عصر النهضة والعالم الحديث** (القاهرة: هيئة الكتاب، 1979م)، 82، 88.

(2) انظر: هربرت فيشر، **أصول التاريخ الأوربي الحديث**، ترجمة: زينب عصمت راشد وأحمد عبد الرحيم مصطفى (القاهرة: دار المعارف بمصر، د.ت)، 10–13؛ ج. ج. كولتون، **عالم العصور الوسطى في النظم والحضارة**، ترجمة وتعليق: جوزيف نسيم يوسف (القاهرة: دار المعارف بمصر، 1964م)، 177–190.

النفوذ في إيطاليا. وكانت الخطوة التالية أن اتجهت دول شبه الجزيرة الأيبيرية - خصوصًا بعد عملية الاسترداد - إلى التوسع خارج القارة نفسها، بحكم موقعها الجغرافي أولًا، ونتيجة لشعورها بالقوة والمقدرة على التوسع وبسط السيطرة على مساحات أخرى من العالم ثانيًا، ما من شأنه أن يفتح لها مجالات تجارية واقتصادية جديدة، بعد أن كان التوسع الاقتصادي لأوروبا الغربية محصورًا في البحر المتوسط من ناحية وفي بحر الشمال وبحر البلطيق من ناحية أخرى[1].

على الرغم من ذلك، نجد كثيرًا من المؤرخين يعزون أسباب انطلاق الكشوف الجغرافية أولًا إلى العداء القائم مع الإسلام والمسلمين[2]، وبالفعل لا يمكننا أن ننحي هذا العامل جانبًا، فالجانب الديني والروح الصليبية المستعرة ضد المسلمين منذ العصور الوسطى كان لها عامل كبير، خصوصًا بعد استيلاء العثمانيين على القسطنطينية، وتوسعهم في البحر المتوسط، وتمكنهم من السيطرة على طرق الشرق التجارية عقب هيمنتهم على المراكز التجارية لجنوة والبندقية في البحرين الأسود والمتوسط، فضلًا عن احتكار المماليك في مصر والشام لتجارة التوابل الآتية من الشرق، حيث المصادر الأصلية لتلك التجارة التي سيطر المسلمون أيضًا على جزء كبير منها، ففي الهند كان مسلمو المغول، وفي شرق آسيا وجنوبها كانت الممالك الإسلامية في ملقا والجزر الإندونيسية[3]، وبهذا يكون المسلمون قد سيطروا على التجارة العالمية، وتحكموا في البضائع والسلع وأثمانها، مما خلق دافعًا قويًّا لدى القوى الأوروبية لإطلاق محاولاتها الدؤوبة من أجل الوصول إلى السلع الشرقية من دون وساطة العالم الإسلامي. ومع أن الصراعات القومية بدأت في العصر الحديث تنال الزخم الأكبر وتحل محل الصراعات الدينية، إلا إن الصراع القديم بين الشرق والغرب المتمثل بشكل صارخ في الحروب الصليبية، سيستمر كذلك لكن في حلة جديدة قوامها القوة البحرية التي تدعمها رؤوس الأموال والتجارة.

شكَّلت حروب الاسترداد الإسبانية، ومحاولات القوى الصليبية في شبه جزيرة أيبيريا القضاء على الحكم الإسلامي الذي استمر بها زهاء ثمانية قرون، قدرًا كبيرًا من الأهمية في

(1) انظر: جلال يحيى، **المغرب الكبير - العصور الحديثة وهجوم الاستعمار**، الجزء الثالث (القاهرة: الدار القومية للطباعة والنشر، 1966م)، 7، 8.

(2) أحمد توفيق المدني، **حرب الثلاثمائة سنة بين الجزائر وإسبانيا** (1492-1792م) (الجزائر، 1984م)، 28.

(3) انظر: فهمي، **طرق التجارة**، 38 وما يليها؛ هايد، **تاريخ التجارة**، ج3/ 173-194.

مستقبل منطقة المغرب الإسلامي برمتها وتعرضها للغزوات الصليبية المستمرة، خصوصًا بعد تفككها السياسي وانهيارها الاقتصادي في أواخر العصور الوسطى[1]. في حين بدأت البرتغال نشاطها الاستعماري في وقت مبكر من القرن الخامس عشر، كانت إسبانيا لا تزال تتكون من مملكتي قشتالة وأراجون، فاتجهت قشتالة بحكم موقعها الجغرافي نحو المحيط الأطلسي، وكانت بحكم دورها في الصراع مع المسلمين تهتم بما يجري في المغرب. أما مملكة أراجون، فكان نشاطها يتجه نحو البحر المتوسط بحكم امتلاكها جزر البليار وصقلية وسردينيا، فضلًا عن وجود أحد أفراد أسرة أراجون الحاكمة على رأس حكومة مملكة نابولي الإيطالية، لهذا كانت سياستها تهدف إلى تأمين طريق بحري آمن في غرب البحر المتوسط بين إشبيلية وصقلية الغنية بالحبوب[2]، فكان لا بد لتحقيق ذلك من إيجاد

---

(1) توحدت بلاد المغرب والأندلس لآخر مرّة في العصر الإسلامي في ظل دولة الموحدين، تلك الدولة التي بلغت بتاريخ المغرب ذروته خلال العصور الوسطى، وما لبث هذه الدولة أن بدأت في الانهيار بعد هزيمتها القاسية على يد الصليبيين الإسبان في موقعة العقاب في عام 609هـ/ 1212م، التي تُعَد بداية لنهاية الوجود الإسلامي في الأندلس، وبداية التشرذم والتناحر في بلدان المغرب العربي. ففي الأندلس أدت الهزيمة إلى تشجيع ملوك النصارى على المضي قدمًا في الاستيلاء على المدن والحصون الإسلامية، حتى تجمع بقايا المسلمين خلف جبال غرناطة في مملكة صغيرة تحت لواء بني نصر في عام 630هـ/ 1233م، واستطاعت الحفاظ على الركن الجنوبي الذي يمثل ثمن شبه الجزيرة تقريبًا حتى عام 897هـ/ 1492م. أما في المغرب، فقد ضعفت قبضة الموحدين، فزادت الفتن والاضطرابات، مما أدى إلى انهيار الدولة وانقسام السلطة في شمال إفريقيا إلى ثلاثة أقسام رئيسية، هي: بنو مرين في المغرب الأقصى، وبنو حفص في تونس، ثم نشأت إمارة بني زيان في المغرب الأوسط متخذين من تلمسان عاصمة لهم. فبدأت تبعًا لذلك المطامع الأوروبية تزداد رغبة في السيطرة على بلدان الشمال الإفريقي. انظر: حسين مؤنس، **معالم تاريخ المغرب والأندلس** (القاهرة: هيئة الكتاب، 2004م)، 235؛ يحيى، **المغرب الكبير**، 3؛ ممدوح حسين وشاكر مصطفى، **الحروب الصليبية في شمال إفريقية وأثرها الحضاري** (الأردن: دار عمار، 1998م)، 499-503.

(2) لم يمنع اهتمام أراجون بالنفوذ في غرب البحر المتوسط وجودها في الحوض الشرقي لذلك البحر، فقد دأبت على الاشتراك في الحملات البحرية ضد العثمانيين، فضلًا عن إغارة قراصنتها على شواطئ مصر والشام وعلى السفن الإسلامية بشكل متواصل، حتى إنه عندما توترت العلاقات بين الحبشة وسلطنة المماليك عرض ملك الحبشة إسحاق بن داود (1412-1427م) فكرة التحالف مع ألفونسو الخامس ملك أراجون (1416-1458م)، الذي تعهد بإعداد حملة بحرية تدهم مصر من الشمال في الوقت الذي يزحف عليها ملك النوبة من الجنوب قاطعًا مجرى النيل عن مصر، إلا إن شيئًا من هذا الترتيب لم يحدث. انظر: عبد العزيز محمود عبد الدايم، الصراع بين القوى المسيحية ودولة المماليك الجراكسة في مياه البحر المتوسط، ضمن كتاب: **مصر وعالم البحر المتوسط**، إعداد وتقديم: رؤوف عباس (القاهرة: دار الفكر، 1986م)، 212، 213؛ أحمد السيد الدراج، **المماليك والفرنج في القرن التاسع الهجري (الخامس عشر الميلادي)** (القاهرة: دار الفكر العربي، 1961م).

نقاط ارتكاز لها على سواحل شمال إفريقيا، وعلى الرغم من أن مصالح المملكتين كانت مختلفة إلا إنهما اجتمعتا في عامل واحد هو العداء للإسلام والمسلمين، وبالتالي كان على المملكتين الاتحاد لمواجهة الوجود الإسلامي، سواء في شبه الجزيرة الأيبيرية أو في شمال إفريقيا والمغرب[1].

اتحدت المملكتان بالفعل عندما تزوج «فرديناند الثاني» (Ferdinand II) الكاثوليكي (884-922هـ/ 1479-1516م) ملك «أراجون» (Aragon)، من «إيزابيلا الأولى» (Isabella I) (879-920هـ/ 1474-1514م) ملكة «قشتالة» (Castile)، فدخلت بذلك إسبانيا إلى العصر الحديث ملكية قومية موحدة، لكن هذه الوحدة كانت مرتبطة ارتباطًا وثيقًا بالناحية الدينية والتعصب الكاثوليكي، وعمل هذا بالطبع بالتوازي مع قرون من العداوة المستمرة والحروب الطاحنة مع المسلمين، على زيادة هذا التعصب لكل ما هو إسلامي[2]. كان ذلك الاتحاد حافزًا للتوسع في اليابس الأيبيري، واستكمال حركة الاسترداد المسيحي بالقضاء على مملكة غرناطة آخر معاقل المسلمين في الأندلس في عام 897هـ/ 1492م، فكان هذا التطور في مساحة وقوة إسبانيا حافزًا للحاق بجارتها البرتغال ومنافستها في الكشوف الجغرافية وفي المجال الاستعماري فيما وراء البحار، لكن ما لبث هذا التنافس أن تحول إلى اتفاق بين الدولتين لتنظيم القوى وتوحيدها للقضاء على الإسلام نهائيًا في الأندلس وشمال إفريقيا، فضلًا عن القضاء على قوة المسلمين الاقتصادية بسلب تجارتهم عن طريق اكتشاف طرق تجارية جديدة، وتغيير وجه الخريطة العالمية من الناحية التجارية والاقتصادية. هكذا عقدت الدولتان في 3 رمضان 899هـ/ 7 يونيو 1494م اتفاقيتهما الشهيرة «توردسيلاس» (Tordesillas) تحت رعاية البابا، لتقسيم أقاليم ما وراء البحار غير المكتشفة بينهما؛ ذلك التقسيم الذي جعل المستعمرات الشرقية المكتشفة من نصيب البرتغال، والمستعمرات الغربية المكتشفة من نصيب إسبانيا. أما في بلدان الشمال الإفريقي، طبقًا للاتفاقية المكملة في عام 915هـ/ 1509م، فيجري تقسيم بلاد المغرب إلى منطقتين: الأولى تقع شرق حجر

(1) محمد خير فارس، **تاريخ الجزائر الحديث من الفتح العثماني إلى الاحتلال الفرنسي** (بيروت: مكتبة دار الشروق، 1979م)، 14.

(2) See: J. N. Hillgarth, *The Spanish Kingdoms (1250-1516)*, Volume II (Oxford University Press 1978), pp. 367-393.

باديس، الواقعة الآن في الجزائر، ويتولى فيها الإسبان مهمة التنصير لمسلميها، والثانية تقع غربي المنطقة سابقة الذكر وتُركت للبرتغال[1].

ومع أن نشاط البرتغال الاستعماري خارج قارة أوروبا جاء مبكرًا كما سبقت الإشارة، فالكشوف الجغرافية البرتغالية حذاء سواحل إفريقيا لم تجذب إلا الجغرافيين فقط حتى منتصف القرن الخامس عشر، وذلك لأن فكرة ربط الكشوف بالعامل الاقتصادي كانت في بادئ الأمر فكرة غريبة، فضلًا عن أن البرتغال لم تكن في حاجة إلى البحث عن أسواق خارجية، كما أن تجارتها كانت بسيطة، وبحريتها لا تسمح لها بأن تقوم بدور في المستقبل يشبه ذلك الذي وصلت إليه. وبالتالي فإن الدوافع الأولى لهذه العملية كانت دوافع عسكرية واستراتيجية، تتصل بخضوعهم لفترة طويلة للحكم الإسلامي، وخشيتهم من معاودة هذا الخطر، مما دفعهم إلى القضاء عليه تمامًا. من هنا جاءت أولى حملاتهم العسكرية التي احتلت مدينة سبتة المغربية في عام 818هـ/ 1415م[2] في ثوب حرب صليبية وطنية ضد المسلمين، لكنها كانت أيضًا فاتحة معنوية لسلسلة من الحملات انتهت بالوصول إلى الهند والسيطرة على التجارة الشرقية[3].

جاءت حملة سبتة، وما تبعها من الحملات الناجحة ذات الآثار بعيدة المدى، بفضل

---

(1) إبراهيم شحاتة حسن، **وقعة وادي المخازن في تاريخ المغرب (قراءة تاريخية عبر علاقات المغرب الدولية في القرن السادس عشر الميلادي)** (الدار البيضاء: دار الثقافة، 1979م)، 26، 27؛ صلاح العقاد، **المغرب العربي** (القاهرة: مكتبة الأنجلو، 1969م)، 15، 16؛

J.H. Parry, *The Age of Reconnaisance: Discovery, Exploration, and Settlement, 1450-1650* (London, 1973), p. 194; Frances Gardiner Davenport, *European Treaties bearing on the History of the United States and its Dependencies to 1648*, (Washington D.C, 1967), p. 100.

(2) كان ميناء سبتة هو أول هدف استعماري للبرتغال بسبب موقعه الجغرافي، إذ كان يمثِّل مفترق طرق بين البحر والمحيط لوقوعه في منتصف مضيق جبل طارق على الساحل الإفريقي، لهذا لعب دورًا كبيرًا لصالح المسلمين في العصور الوسطى في الربط بين المغرب والموانئ الأندلسية، وجاءت حملة سبتة في وقت كانت مملكة غرناطة لا تزال تقف حائلًا أمام تقدم الأوروبيين نحو إفريقيا، فكان لا بد من احتلال نقاط استراتيجية على سواحل المغرب تكون نقاط ارتكاز للحملات الاستكشافية المزمع إطلاقها، هذا فضلًا عن دورها في قطع سبل الاتصال بين مسلمي المغرب والأندلس. وانطلاقًا من هذا الموقع الاستراتيجي استطاعت البرتغال بالفعل مد نفوذها إلى اليابان شرقًا والبرازيل غربًا، بعد أن أصبحت سبتة مركزًا أماميًا للحملات البحرية المنطلقة إلى أرجاء المعمورة، ولم يقتصر دورها على هذا فحسب، بل أصبحت مركزًا لتخزين الذهب الآتي من السودان، ومحطة رئيسية للبحرية التجارية العائدة إلى أوروبا.

(3) يحيى، **عصر النهضة**، 73.

أمير برتغالي شهير هو الأمير «هنري الملّاح» (Henry the navigator) (796-864هـ/ 1394-1460)، الذي تمتع بسعة المعرفة والاطلاع على معارف عصره الجغرافية، والذي صمم على الاستفادة من موقع بلده على المحيط الأطلسي بعد أن نَصَّبه والده ملك البرتغال «يوحنا الأول» (John I) (787-836هـ/ 1385-1433م) على إحدى مقاطعات البرتغال الجنوبية، مع أنه ساد الاعتقاد حتى ذلك الوقت - طبقًا لنظرية بطليموس - بأن ذلك المحيط خضم من الماء يستحيل ولوجه، إلا إنه بشكه في تلك النظرية أوقف كل جهوده لاستكشاف طريق جديد عبر ذلك المحيط، فجمع حوله طائفة من البحارة المهرة المدربين، وأنشأ معهدًا بحريًّا في مدينة «ساجر» (Sagres) البرتغالية في عام 822هـ/ 1419م، كما أنشأ بها دار صناعة، ووضع بناء على ذلك مشروعًا عامًّا لحركة الكشف الجغرافي، أراد من ورائه الوصول إلى هدفين: أولهما، تعقب المسلمين في الشمال الإفريقي ونقل الحروب الصليبية إلى بلادهم. وثانيهما، الوصول إلى ذهب السودان، وتحويل التجارة عن طريق القوافل إلى الطريق البحري وإلى موانئ المحيط الأطلسي، بدلًا من موانئ البحر المتوسط[1].

استمر هنري الملاح بعد موت والده في عام 836هـ/ 1433م في حمل سياسته قيد التنفيذ، على الرغم من تغير سياسة البرتغال في ظل خلفه الملك «ألفونسو الخامس» (Alfons V)، الذي وضع المشروع الشرقي برمته في إطار الحرب على الإسلام، خصوصًا بعد أن تمكن العثمانيون من فتح القسطنطينية واستجابته لنداء البابا الذي دعا إلى حرب صليبية جديدة على

(1) يمكننا أن نرى بوضوح الروح الصليبية التي اتسمت بها حملات هنري الملاح، وعلاقة البابوية بهذه الحملات، من خلال مراسلاته مع البابا نيكولاس الخامس. ففي إحدى هذه المراسلات كتب البابا: «إن سرورنا العظيم أن نعلم أن ولدنا هنري أمير البرتغال قد دُفع باسم الله إلى أقصى البلاد وأبعدها عن مجال علمنا، كما أدخل بين أحضان الكاثوليكية الغادرين من أعداء الله وأعداء المسيح مثل العرب والكفرة، وسيستطيع في الحين نفسه أن يدخل في الطاعة والخضوع بإذن من الملك جميع الوثنيين الذين لم تمسهم حتى الآن يد الإسلام، ويدخل اسم المسيح في نطاق علمهم». انظر: ك. م. بانيكار، **آسيا والسيطرة الغربية**، ترجمة: عبد العزيز توفيق جاويد (القاهرة: دار المعارف، 1962م)، 27، 28؛ إبراهيم علي طرخان، «البرتغاليون في غرب إفريقيا»، **مجلة كلية الآداب - جامعة القاهرة**، المجلد الخامس والعشرون - الجزء الأول (مايو 1963م)، 20-23؛ وعن هنري الملاح انظر:

C. Raymond Beazley, *Prince Henry the Navigator, the Hero of Portugal and of Modern Discovery, 1394-1460*, (London, 1894); Bailey Diffie & George D. Winius, *Foundations of the Portuguese empire, 1415-1580*, (University of Minnesota Press, 1977); Peter E Russell, *Prince Henry "the Navigator": a life*, (New Haven: Yale University Press, 2000).

القوى الإسلامية التي تهدد العالم المسيحي. لكن حملات البرتغال ظلت متركزة على سواحل المغرب الأقصى سواء المتوسطية أو سواحل غرب إفريقيا، فاستطاعوا أولًا الاستيلاء على ميناء القصر الصغير الواقع بين سبتة وطنجة في عام 862هـ/ 1458م كموقع متقدم للدفاع عن سبتة وتوطئة للاستيلاء على طنجة التي ظلت الحُلم الذي يتطلع إليه التاج البرتغالي. وبعد كثير من المحاولات استطاع البرتغاليون السيطرة على طنجة في عام 876هـ/ 1471م، بعد خمسة أيام فقط من احتلالهم مدينة أصيلا، فتحكموا بذلك في منطقة المضيق. ومنذ ذلك التاريخ أصبح ملك البرتغال يلقب بـ«ملك البرتغال والأقاليم البرتغالية فيما وراء البحار»، حيث استطاع البرتغاليون بعد ذلك السيطرة على معظم سواحل المغرب الأقصى المطلة على المحيط الأطلسي في طريقهم لاستكشاف الساحل الإفريقي[(1)].

وقد استمرت رحلات الكشف عن ساحل غرب إفريقيا بشكل متواصل منذ الاستيلاء على سبتة، ففي عام 821هـ/ 1418م اكتشف البرتغاليون جزيرة «ماديرا» (Madeira)، وفي 837هـ/ 1434م تمكنوا من المرور فيما وراء رأس «البوجادور» (Bogador)، التي كانت تمثل نهاية الحد الجنوبي للإبحار المعتاد، وهنا تبدأ مرحلة الكشوف الفعلية، فاستطاعوا في عام 845هـ/ 1441م الطواف حول رأس «بلانكو» (Blanco)، التي إلى الجنوب منها اكتشف «دينز دايز» (Diniz Dias) و«نونو تريستاو» (Nono Tristao) جزيرة صغيرة عُرفت باسم «أرجوين» (Arguin)، لعبت دورًا مهمًّا بعد ذلك بوصفها مرتكزًا للتجارة البرتغالية خصوصًا تجارة الرقيق[(2)]. وحتى ذلك الوقت لم يجد البرتغاليون في الساحل الإفريقي المكاسب الاقتصادية التي تطلعوا إليها، إذ كان الساحل المسكون بعدد قليل من المسلمين قحلًا وغير صالح للاستيطان، فبدأوا بشراء كميات صغيرة من الذهب من تجار الصحراء الذين كانوا بدورهم يحصلون عليه من التجارة مع مالي، لذا اختار البرتغاليون جزيرة أرجوين قاعدةً ملائمة لتجارة الساحل، تلك التجارة التي كانوا يأملون تطويرها إلى داخل

---

(1) السلاوي الناصري، **الاستقصا في أخبار المغرب الأقصى**، الجزء الرابع، تحقيق وتعليق: جعفر الناصري ومحمد الناصري (الدار البيضاء: دار الكتاب، 1955م)، 110 وما يليها؛ أحمد مختار العبادي، **دراسات في تاريخ المغرب والأندلس** (الإسكندرية، 1968م)، 455-461؛ شوقي عطا الله الجمل، **المغرب الكبير في العصر الحديث** (القاهرة: مكتبة الأنجلو المصرية، 1977م)، 44-49؛ أحمد سالم سالم، «العلاقات العثمانية المغربية خلال القرن السادس عشر»، **دورية كان التاريخية**، العدد الثالث عشر (سبتمبر، 2011م)، 50.

(2) جيمس دفي، **الاستعمار البرتغالي في إفريقية**، ترجمة: الدسوقي حسنين المراكبي (القاهرة: مكتبة الأنجلو، 1963م)، 35.

إفريقيا بحيث تقضي على طريق القوافل الواصل بين مالي ومراكش[1]، وعلى هذا الأساس، بدأ البرتغاليون في عام 852هـ/ 1448م في بناء حصن في هذه الجزيرة. وفيما بين عامي 848 و849هـ/ 1444 و1445م استطاع دينز دايز الوصول إلى مصب نهر السنغال، مما قادهم فيما بعد إلى الوصول إلى ما وراء الصحراء، حيث غينيا والأراضي الخصبة المزروعة، التي كانت تابعة للزنوج الخاضعين لنفوذ الدول الإسلامية في شمال إفريقيا. وهنا بدأت أولى عمليات استرقاق الزنوج من قِبل الأوروبيين، التي أصبحت فيما بعد تجارة أساسية للرحلات البحرية الأوروبية عبر الأطلسي، فكانت البرتغال هي المؤسس الأول لهذه التجارة التي راجت في أوروبا والأمريكتين، وأصبح لا غنى عنها في السياسة الإمبريالية الغربية، خصوصًا بعد الطفرات الكبرى التي شهدها الغرب في الزراعة والصناعة طوال قرون العصر الحديث[2].

استمرت الرحلات البرتغالية بعد توقف دام ثماني سنوات بعد موت هنري الملاح في عام 864هـ/ 1460م، حيث استطاعوا بعد ذلك اكتشاف ساحل غانا وعبور خط الاستواء للمرَّة الأولى في عام 875هـ/ 1471م، إلى أن تمكن «بارثولونيو دياز» (Bartholomew Diaz) في عام 892هـ/ 1487م من الوصول إلى أقصى نقطة على الساحل الإفريقي جنوبًا، التي أطلق عليها «رأس العواصف»، لكن الملك «يوحنا الثاني» (Jean II) (886-900هـ/ 1481-1495م) أطلق عليها «رأس الرجاء الصالح» تيمنًا بالكشف الجديد. وفي الرحلة التالية قام «فاسكو دا جاما» (Vasco Da Gama) بالدوران حول الطرف الجنوبي لإفريقيا واكتشاف الساحل الشرقي

---

(1) عندما احتل البرتغاليون سبتة وجدوا أن قوافل الصحراء التجارية تحمل الذهب من بلاد تمبكتو إلى سبتة، ومع أنهم لم يستطيعوا غزوها بسبب الصحراء الشاسعة الفاصلة بينهما، إلا إنهم صمموا على ضرورة تحويل تجارتها والإشراف على أسواقها، وكان هذا على ما يبدو من العوامل الاقتصادية التي تعلق بها البرتغاليون في أثناء اكتشافهم للساحل الإفريقي. ويُذكر أن الطريق التجاري بين تمبكتو ومراكش، الذي كان يمر بسجلماسة، هو واحد من أربعة طرق كبيرة للتجارة كانت تربط تمبكتو بالمراكز التجارية الإفريقية، أولها كان يقصد مصر مارًّا بكانم وجاغ، والثاني تونس ويمر بحجار، والثالث يقصد السودان ويمر بملي. انظر: أ. و. بوفيل، **الممالك الإسلامية في غرب إفريقية وأثرها في تجارة الذهب عبر الصحراء الكبرى**، ترجمة: زاهر رياض (القاهرة: مكتبة الأنجلو المصرية، 1968م)، 152؛ عبد الرحمن زكي، **تاريخ الدول الإسلامية السودانية بإفريقية الغربية** (القاهرة، 1961م)، 223.

(2) فيج. جي. دي، **تاريخ غرب إفريقيا**، ترجمة وتقديم وتعليق: السيد يوسف نصر (القاهرة: دار المعارف، 1982م)، 111؛ إيناكورين براون، **تاريخ الزنوج**، ترجمة: م. عيسى (القاهرة، د.ت)؛
Ivana Elbl, "Cross-Cultural Trade and Diplomacy: Portuguese Relations with West Africa, 1441-1521", *Journal of World History*, Vol. 3, No. 2 (Fall, 1992), pp. 165-204.

للقارة في عام 902هـ/ 1497م، فوصل أولًا إلى مدينة «سوفالا» (Sofala) ومنها إلى موزمبيق التي رزحت تحت نير الاستعمار البرتغالي منذ ذلك الوقت حتى عام 1975م، فرأى الساحل الشرقي لإفريقيا الذي كان عامرًا بالمدن الإسلامية، تلك المدن التي اتخذها المسلمون قاعدة لهم في أثناء رحلاتهم التجارية من وإلى الهند فباتت مزدهرة على إثر تجارتهم، ووجد في أثناء محاولاته المتكررة للرسو على السواحل أن الإمارات الإسلامية في شرق إفريقيا مثل «مالندي» (Malindi) و«كلوة» (Kilwa) و«مومباسا» (Mombasa)، إضافةً إلى بعض المراكز التجارية الصغرى في «زنجبار» (Zanzibar) و«بمبا» (Pemba) وكليجي وموزمبيق وسوفالا وجزر القمر وغيرها، تدين معظمها بالولاء للحكام العرب في جنوب شبه الجزيرة، أو لحكام مصر من المماليك في ذلك الوقت. ثم استطاع أخيرًا في عام 903هـ/ 1498م الوصول إلى «كاليكوت» أو «قاليقوط» على سواحل بلاد المليبار الهندية، فاتحًا بذلك بابًا جنوبيًّا للنفاذ إلى العالم الإسلامي، فبدأت منذ ذلك الحين المخاطر الكبرى تحيق بالبلدان الإسلامية، من سواحل إفريقيا الشرقية وسواحل الجزيرة العربية وبحر العرب والبحر الأحمر، إلى سواحل شبه القارة الهندية والممالك الإسلامية في شرق آسيا[1].

بعد كشف الطريق البحري المؤدي إلى الهند، بدأت نوايا البرتغاليين الحقيقية في الظهور، إذ لم يكتفوا بالحصول على السلع الشرقية من دون وساطة تجارية، بل أرادوا تحقيق مخططهم الصليبي بحرمان المسلمين نهائيًّا من تجارتهم الشرقية، وتدمير طرق التجارة التقليدية تمامًا، وتحويل التجارة إلى الطريق البحري من وإلى لشبونة[2]، ليس هذا فحسب، بل تعدَّاه إلى

---

(1) جيان، **وثائق تاريخية وجغرافية وتجارية عن إفريقية الشرقية**، ترجمة: يوسف كمال (القاهرة، 1340هـ-1927م)، 208؛ سونيا. ي. هاو، **في طلب التوابل**، ترجمة: محمد عزيز رفعت (القاهرة: مكتبة نهضة مصر، 1957م)، 130، 131؛ جمال زكريا قاسم، «استقرار العرب في ساحل شرق إفريقية»، **مجلة كلية الآداب - جامعة عين شمس**، المجلد العاشر (1967م)؛ يسري الجوهري، **الفكر الجغرافي والكشوف الجغرافية** (الإسكندرية: منشأة المعارف، د.ت)، 160، 161؛ محمد حميد السلمان، **الغزو البرتغالي للجنوب العربي والخليج** (الإمارات: مركز زايد للتراث والتاريخ، 2000م)، 37، 41، 42.

(2) قال القائد البرتغالي البوكيرك في خطاب ألقاه على جنوده بعد وصوله إلى ملقا: «إن إبعاد العرب عن تجارة الأفاويه هو الوسيلة التي يرجو بها البرتغاليون إضعاف قوة الإسلام». وقال في الخطاب نفسه: «الخدمة الجليلة التي سنقدمها لله، طردنا العرب من هذه البلاد، وإطفاؤنا شعلة شيعة محمد بحيث لا يُرفع لها هنا بعد ذلك لهيب، وذلك لأني على يقين أننا لو انتزعنا تجارة ملقا هذه من أيديهم لأصبحت كلٌّ من القاهرة ومكة أثرًا بعد عين، ولامتنعت عن البندقية كل تجارة التوابل ما لم يذهب تجارها إلى البرتغال لشرائها من هناك». انظر: يوسف الثقفي، **دراسات متميزة في العلاقات بين الشرق والغرب على مر العصور** (السعودية: دار الثقافة، 1411هـ)، 58.

محاصرة البلدان الإسلامية من الجنوب ومحاولة احتلال المناطق الاستراتيجية بها، وبدأ هذا الدور برحلة فاسكو دا جاما الثانية إلى الهند في عام 908هـ/ 1502م، حيث استهدف الملاحة الإسلامية والسفن التجارية في المحيط الهندي وخليج عدن، وكلّف أحد قادته بالإقامة الدائمة على رأس خمس سفن حربية عند مدخل البحر الأحمر لمهاجمة السفن الإسلامية، ومنع السفن المختلفة من المتاجرة في أثناء إبحارها في مياه المحيط الهندي إلا بتصريح خاص من البرتغاليين، وهاجم في عام 909هـ/ 1503م - كما ذكرت بعض المصادر - سبع سفن إسلامية واستولى عليها، بل إنه قتل بعض ركابها وأسر البعض الآخر[1].

هجم البرتغاليون بعد ذلك على المراكز الإسلامية في المحيط الهندي وخليج عدن والبحر الأحمر، ليتخذوها منطلقًا للزحف على البلدان الإسلامية من الجنوب وتطويقها، تزامنًا مع احتلال إسبانيا مراكز مماثلة في الشمال الإفريقي، ليقع العالم الإسلامي بذلك بين شقي الرحى، هذا بالطبع غير اتصالهم بمملكة الحبشة المسيحية، ذلك الاتصال الذي سيلعب دورًا ملموسًا في الأحداث السياسية في المحيط الهندي والبحر الأحمر مع مطلع القرن السادس عشر[2].

كان استيلاء البرتغاليين على جزيرة «سُوقُطرة» (Socotra) في عام 912هـ/ 1506م، الواقعة في مواجهة القرن الإفريقي، والتي تشرف على مدخل خليج عدن المؤدي إلى البحر الأحمر، عاملًا حاسمًا في تحكمهم في الطريق البحري المباشر بين مصر والهند، وأعقب ذلك استيلاؤهم على «ملقا» (Malacca) في أقصى شبه جزيرة «الملايو» (Malay) في الطرف الجنوبي الشرقي من آسيا في عام 917هـ/ 1511م، حيث تتجمع منتجات منطقة الشرق الأقصى والهند الصينية[3]، ثم استطاعوا انتزاع المشيخات الإسلامية القائمة على ساحل إفريقيا الشرقي من سوفالا جنوبًا إلى «مقديشيو» (Magadiscio) - عاصمة الصومال الحالية -

---

(1) فاروق عثمان أباظة، **أثر تحول التجارة العالمية إلى رأس الرجاء الصالح على مصر وعالم البحر المتوسط أثناء القرن السادس عشر** (القاهرة: دار المعارف، د.ت)، 42، 43.

(2) انظر: سعيد عبد الفتاح عاشور، «بعض أضواء جديدة على العلاقات بين مصر والحبشة»، **المجلة التاريخية المصرية**، المجلد الرابع عشر (1968م)؛ إبراهيم علي طرخان، «الإسلام والممالك الإسلامية بالحبشة»، **المجلة التاريخية المصرية**، المجلد الثامن (1959م).

(3) أباظة، **أثر تحول التجارة**، 44، 45.

شمالًا[1]، فلم يأتِ عام 926هـ/ 1520م إلا وكانوا قد استولوا على كلوة وزنزبار وممباسا ومالندي ومقديشيو وبمبا، ثم تحولوا إلى موزنبيق وسوفالا جنوبًا في عام 936هـ/ 1530م[2]، هذا فضلًا عن نفاذهم إلى الخليج العربي في عام 913هـ/ 1507م بعد فشلهم في احتلالهم عدن، ومن ثَمَّ السيطرة على هرمز ومضيقها في عام 921هـ/ 1515م، مما أدى إلى سيطرتهم على الملاحة في الخليج وفرض سيادتهم بطريقة تعسفية، حيث منعوا السفن من ممارسة الملاحة في الخليج قبل حصولها على تصريح من السلطات البرتغالية، فضلًا عن شروعهم في القتل والنهب والترويع وإحراق المنازل والمساجد في المدن التي مروا بها، ثم بدأوا في التعاون مع الصفويين كما أسلفنا، محاولين اتخاذ هرمز قاعدة انطلاق أخرى إلى البحرين والإحساء وغيرها من المناطق التي كانت تابعة لمملكة هرمز، متوغلين بذلك إلى أقصى مدى في بلدان العالم الإسلامي[3].

هكذا وصل الخطر البرتغالي إلى ذروته في المياه الشرقية بتهديدهم الملاحة الدولية، وتهديدهم الأماكن المقدسة الحجازية، وتمكُّن بعض جواسيسهم من النفاذ إلى مكة نفسها[4]،

---

(1) طرخان، **البرتغاليون في غرب إفريقيا**، 27.

(2) عبد العظيم رمضان، **تاريخ أوروبا والعالم في العصر الحديث**، الجزء الأول (القاهرة: هيئة الكتاب، 1997م)، 226.

(3) محمد حسن العيدروس، **تاريخ الخليج العربي الحديث والمعاصر** (القاهرة: عين للدراسات والبحوث الإنسانية والاجتماعية، 1998م)، 20، 21؛ محمد محمود السروجي، «المقاومة العربية الإسلامية للبرتغال في الخليج العربي»، ضمن كتاب: **الصلات التاريخية بين الخليج العربي والدولة العثمانية** (رأس الخيمة: مركز الدراسات والوثائق، 2001م)، 233، 248؛ بانيكار، **آسيا والسيطرة الغربية**، 46.

(4) انظر حوادث جمادى الآخرة سنة 916هـ، ابن إياس، **بدائع الزهور**، ج4/ 192. ويظهر حقدهم الصليبي ليس فقط بمحاولتهم العبث بالمقدسات الإسلامية في الحجاز، بل في انتهاكهم للحرمات وتدنيسهم للمقدسات الإسلامية أينما حَلَّوا، وهو ما ذكره الشيخ أحمد زين الدين المعبري المليباري (ت991هـ/ 1583م) عند ذكره وصول البرتغاليين إلى مليبار في الهند، إذ قال على سبيل المثال: «سلط الله عليهم (أي مسلمي المليبار) البرتكاليين من الإفرنج النصارى خذلهم الله تعالى، فظلموهم وأفسدوا فيهم وفعلوا فعائل قبيحة شنيعة لا تحصى، من تعطيل أسفارهم خصوصًا سفر الحج، ونهب أموالهم، وإحراق بلادهم ومساجدهم، وأخذ مراكبهم، ووطء لمصاحفهم والكتب بأرجلهم وإحراقها بالنار، وهتك حرمات المساجد، وتحريضهم على قبول قول الردة والسجود لصليبهم... ثم إن بغيتهم العظمى وهمتهم الكبرى قديمًا وحديثًا تغيير دين المسلمين وإدخالهم في النصرانية... وليس لهم عداوة إلا للمسلمين ولدينهم، لا للنيار ولا لغيرهم من الكفرة». المعبري المليباري، **تحفة المجاهدين في أحوال البرتغاليين**، تحقيق: محمد سعيد الطريحي (بيروت: مؤسسة الوفاء، د.ت)، 262-264.

وهو ما ذكره ابن إياس في حولياته في سنوات متفاوتة، فقال، على سبيل المثال، في حوادث ذي الحجة سنة 912هـ/ 1506م:

«وفيه حضر مبشِّر الحاج وأخبر أن الفرنج كثر عبثهم ببحر الهند، وأن حسين باش العسكر المتوجه إلى هناك شرع في بناء أبراج على ساحل جدة وصور، وقد جهز المراكب للخروج إلى عدن... لكن تزايد الضرر من الفرنج فيما بعد، وترادفت مراكب الفرنج ببحر الحجاز، حتى بلغوا فوق عشرين مركبًا، وصاروا يعبثون على مراكب تجار الهند، ويقطعون عليهم الطريق في الأماكن المخيفة، ويأخذون ما معهم من البضائع، حتى عز وجود الشاشات والأرز من مصر وغيرها من البلاد»[1].

بعد تنامي الخطر البرتغالي على البلدان الإسلامية، وقع على كاهل الدولة المملوكية في مصر والشام الدفاع عن المصالح الإسلامية، بوصفها الدولة صاحبة السيادة على الحرمين وحامية الخلافة العباسية في القاهرة، فضلًا عن كونها أول المتضررين من تحويل طريق التجارة بما تلعبه من دور أساسي كوسيط تجاري بين الشرق والغرب، إلا إنها لم تستطع تحمل هذا العبء الثقيل في ذلك الطور المتأخر من عمرها وعوامل الضعف الملحوظ قد بدت ظاهرة عليها لأسباب كثيرة لا يتسع المجال لتفصيلها. مع ذلك كان على السلطان قانصوه الغوري اتخاذ ما يلزم من إجراءات حيال هذا الوضع الخطير، خصوصًا بعد وصول رسائل استغاثة من ملوك الهند المسلمين يحثونه على الإسراع لنجدتهم[2]، أهمها أنه بعث إلى المسلمين في الهند يحثهم على أن يعينوه على قتال الفرنج[3]، فضلًا عن حثه للبندقية على تأليف القوى الأوروبية ضد البرتغال ووقف التعامل معها، هذا بالطبع غير إرسال الحملات المتوالية التي كان أولها بقيادة الأمير حسين الكردي في عام 911هـ/ 1505م[4].

لم تكن قوة البحرية المملوكية في ذلك الوقت مؤهلة تمامًا لخوض حروب بعيدة، بينما

---

(1) ابن إياس، **بدائع الزهور**، ج4/ 109؛ انظر أيضًا: حوادث أشهر صفر وربيع الأول وجمادى الآخرة سنة 916هـ، ج4/ 4، 185، 192.

(2) ذكر ابن إياس في حوادث شهر صفر سنة 916هـ: «وفيه حضر قاصد الملك محمود شاه صاحب كُنبايَّة وآخرون من ملوك الهند وعلى أيديهم مثالات للسلطان تتضمن سرعة تجهيز تجريدة إلى بلاد الهند بسبب تعبث الفرنج هناك»، ابن إياس، **بدائع الزهور**، ج4/ 182.

(3) المصدر السابق، ج4/ 185.

(4) المصدر السابق، ج4/ 85.

استطاعت القوة الفتية للبحرية البرتغالية قطع مسافات بعيدة واتخاذ مراكز لأساطيلها في عدة جزر ومدن ساحلية، وعليه لم يستطع الأسطول المملوكي مجابهة نظيره البرتغالي في معركة مفتوحة بعيدًا في المحيط الهندي، فمُني بهزيمة ثقيلة في موقعة «ديو» (Diu) البحرية الفاصلة في عام 915هـ/ 1509م[1]. وعلى إثر ذلك حاول السلطان المملوكي إعادة الكرَّة، فبدأ ببناء أسطول في مدينة السويس تفقده بنفسه، فضلًا عن محاولات العثمانيين آنذاك مساندة المماليك في هذه الحرب بشتى الوسائل الممكنة، لكن يبدو أن سلطنة المماليك لم تكن على مستوى الحدث، فقد كانت تدخل في طور الاحتضار[2]، فلما غلب العثمانيون على مصر في عام 923هـ/ 1517م أنقذوا الموقف بإرسالهم حملات متتابعة إلى الخليج العربي والبحر الأحمر وشرق إفريقيا استمرت لفترة طويلة في عهد السلطان سليمان القانوني، وبقوتهم البحرية الضاربة بدأوا في الحد من النفوذ البرتغالي في المياه الشرقية بوجه عام، وخصوصًا البحر الأحمر الذي أغلقوه نهائيًّا أمام السفن الأجنبية حفاظًا على الأماكن المقدسة الحجازية من العبث، وفي الوقت نفسه عملوا على إعادة طرق التجارة إلى سابق عهدها، بعقد المعاهدات التجارية مع عدة دول، فضلًا عن تجديدهم المعاهدات التي سبق أن أبرمها المماليك مع الدول التجارية مثل البندقية وجنوة، مع تقديم جميع التسهيلات التي أسفرت عن معاودة انتعاش طرق التجارة التقليدية المارة بشرق المتوسط عبر مصر والشام[3].

على صعيد آخر، وفي الوقت الذي انشغل فيه المسلمون بالخطر من الجنوب، كانت إسبانيا قد انطلقت إلى منطقة غرب المتوسط كما أسلفنا، إذ كان لاتحاد مملكتي قشتالة وأراجون تأثير مباشر على الوضع في البحر المتوسط، فقد تمكَّن فرديناند من تسخير ثروة ونشاط قشتالة للأراضي الأراجونية، من أجل مواصلة حرب طويلة ناجحة ضد فرنسا للهيمنة على إيطاليا، فغرس بذلك استراتيجية طويلة المدى للسيطرة على إيطاليا كمبدأ إرشادي للسياسة الإسبانية الخارجية، وورث هذه الاستراتيجية «شارل الخامس» (Charles V)

(1) المصدر السابق، ج4/ 156؛ دراج، **المماليك والفرنج**، 137؛ العبادي وسالم، **تاريخ البحرية الإسلامية**، ج1/ 267.

(2) ذكر ابن إياس في حوادث سنة 916هـ/ 1510م: «وفيه حضر يونس العادلي، وكان السلطان أرسله إلى بلاد ابن عثمان يشتري له أخشابًا وحديدًا وبارودًا، فلما بلغ ابن عثمان ذلك رد المال الذي كان مع يونس العادلي وقال له أنا أجهز من عندي زردخانه للسلطان». ابن إياس، **بدائع الزهور**، ج4/ 196، 201.

(3) انظر مزيدًا من التفاصيل عند: أباظة، **أثر تحول التجارة**، 72 وما يليها، 121 وما يليها.

(922-963هـ/ 1516-1556م)[1] وتابعها بنجاح، إلى درجة أنه استطاع في أوائل الثلاثينيات من القرن السادس عشر الهيمنة على معظم شبه الجزيرة الإيطالية[2]، إلا إن قوة العثمانيين في ذلك الوقت كانت في تصاعد على صعيد شرق المتوسط كما رأينا، مما جعل الهابسبورج في حالة مواجهة مع القوة العثمانية، إذ اضطر شارل الخامس بوصفه الإمبراطور الروماني إلى أن يقوم بدور حارس العالم المسيحي وأن يذب عنه خطر الإسلام، فأخذ على عاتقه تنظيم المقاومة ضد هجمات العثمانيين البحرية، سواء على إيطاليا أو على سواحل إسبانيا ذاتها، وعهد إلى شقيقه الأصغر فرديناند بإرثه في بلاد النمسا في عام 927هـ/ 1521م لصد خطر العثمانيين من الشرق، وتفرغ هو لمواجهة المسلمين من الغرب عبر إسبانيا[3].

لا يمكن أن يحدث اكتمال الهيمنة على غرب المتوسط، من دون التحكم في سواحل شمال إفريقيا التي قطنها المسلمون؛ العدو الأول لإسبانيا إبان قرون العصر الوسيط، لذا ازدادت رغبة الإسبان في استعمار الشمال الإفريقي بعد قضائهم على النفوذ الإسلامي في شبه الجزيرة الأيبيرية، مع بداية رحلتهم في تنصير المسلمين في القواعد الإسلامية التي سقطت في أيديهم ومحاولتهم القضاء على المورسكيين، وهم المسلمون الذين ظلوا في إسبانيا بعد زوال الحكم

---

(1) في سنة 882هـ/ 1477م عقدت الأسرة الحاكمة الهابسبورجية حلف مصاهرة مع البيت الحاكم في بورجندي، ثم اقترن البيتان الموحدان الحاكمان في كلٍّ من النمسا وبورجندي بالبيتين الحاكمين في أراجون وقشتالة، وذلك بزواج فيليب البورجندي، ابن وولي عهد ماكسمليان الأول أرشيدوق النمسا والإمبراطور المقدس، من «جوانا المجنونة» (Joanna the mad)، ابنة ملكي إسبانيا في سنة 901هـ/ 1496م. وكان ثمرة هذا الزواج شارل هابسبورج أو شارلكان، الذي ولد في عام 905هـ/ 1500م، وورث أملاك العائلتين في كلٍّ من إسبانيا والنمسا، حيث أسفرت سلسلة من الظروف عن اعتلائه عروشًا متعددة مثل عرش الأراضي المنخفضة في عام 906هـ/ 1500م، وعرش إسبانيا في عام 922هـ/ 1516م، وتلقب بشارل الخامس بعد أن صار إمبراطورًا للإمبراطورية الرومانية المقدسة في عام 925هـ/ 1519م، فدخل في ظل حكمه منذ ذلك الحين نحو نصف أوروبا، من إسبانيا غربًا، مرورًا بهولندا والأراضي المنخفضة ومعظم إيطاليا وألمانيا وكثير من جزر البحر المتوسط، حتى النمسا وتخوم المجر شرقًا، فضلًا عن ممتلكات إسبانيا فيما وراء البحار حيث الأمريكتان. انظر مزيدًا عنه:

Karl Brandi, *The emperor Charles V: The growth and destiny of a man and of a world-empire*, (London, 1939); W. P. Blockmans, and Nicolette Mout, *The World of Emperor Charles V*, (Edita-the Publishing House of the Royal, 2005).

(2) كولز، **العثمانيون في أوروبا**، 128؛ Shaw, op. cit, p. 69.

(3) المرجع السابق، 121، 122.

الإسلامي. إلا إن بعض المؤرخين يعزو هذا الاضطهاد ثم تعقب الأندلسيين إلى بلاد المغرب، إلى خوف الإسبان في ذلك الوقت من امتداد سيطرة العثمانيين إلى شمال إفريقيا، فينشأ بذلك تعاون مع المورسكيين يمكن أن يقلب موازين القوى من جديد في المنطقة. وبالفعل، بدأ اضطهاد مسلمي قشتالة أولًا في عام 907هـ/ 1502، ثم مسلمي بلنسية في عام 931هـ/ 1525م، ثم مسلمي أراجون في عام 932هـ/ 1526م، فكانت نتيجة هذه السياسة سيلًا من اللاجئين الذين اتجهوا إلى بلاد المغرب حاملين معهم امتعاضًا مريرًا، فضلًا عن المعلومات المهمة التي كانت سببًا مباشرًا لازدياد غارات مسلمي شمال إفريقيا والعثمانيين على السواحل الإسبانية. من هنا أصبحت بلاد المغرب مع بداية القرن السادس عشر حصنًا منيعًا يلتجئ إليه المهاجرون الأندلسيون، خصوصًا بعد أن أبلى أهلها بلاءً عظيمًا في محاولاتهم المتعددة لإنقاذ مسلمي الأندلس بتهريبهم أو بمهاجمة السواحل الشرقية لإسبانيا بصفة مستمرة[1].

أصبح الشمال الإفريقي منذ بداية القرن السادس عشر هدفًا استعماريًّا للإسبان في أثناء ملاحقتهم المسلمين الفارين ومحاولة استهداف مراكز الخطر والمقاومة على الساحل المغربي، فبدأوا في الهجوم على المراكز الواقعة شرقي حجر باديس، بعد أن تمكنوا من وضع أيديهم على جزر «الكناريا» (Canarias) الواقعة قبالة الساحل المغربي في وقت مبكر في عام 881هـ/ 1476م، تلك الجزر التي قدمت خدمة جليلة للإسبان باستخدامها كمحطات بحرية لسفنهم وهي تعبر الأطلنطي في أثناء السنوات الخمسين الأولى من اكتشاف واستعمار الأمريكتين. كانت بداية هذه الهجمات على ميناء المرسى الكبير غربي وهران، الذي استطاعوا احتلاله في عام 910هـ/ 1505م ليكون نقطة انطلاق لهم إلى سواحل المغرب، ولعل سبب اختيارهم لهذا الميناء في البداية، بصرف النظر عن موقعه المهم وصلاحيته لرسو السفن، أنه كان مأوى رئيسيًّا للمسلمين الذين يغيرون على السفن والسواحل الإسبانية. وفي عام 914هـ/ 1508م أرسل فرديناند حملة نجحت في الاستيلاء على حجر باديس، ثم أرسل حملة أخرى في عام 915هـ/ 1509م استطاعت السيطرة على وهران التي قَتل الإسبان من أهلها أكثر من ستة آلاف وأسروا أكثر من ثمانية آلاف، فأصبحت مركزًا للنشاط الإسباني في الشمال الإفريقي، بينما كانت مليلة مركزًا للملاحظة والمراقبة

---

(1) المرجع السابق، 132؛ محمد رزوق، **الأندلسيون وهجراتهم إلى المغرب** (الدار البيضاء: إفريقيا الشرق، 1998م)، 85؛ Andrew C. Hess, "An Ottoman Fifth Column in Sixteenth-Century Spain", *The American Historical Review*, Vol. 74, No. 1 (Oct., 1968), p. 13.

فحسب. ولم يكتفِ الإسبان بالاستيلاء على وهران، ففي عام 917هـ/ 1511م تحرك أسطول نحو بجاية، فهاجموها ودخلوها عنوة، وشرعوا في تخريبها والاستيلاء على نفائسها، ثم استولوا على شرشال وبونة وعنابة، وغيرها من المدن الساحلية، من دون أن يحرك سلاطين بني زيان ساكنًا، مما اضطر عدة موانئ أخرى إلى الاعتراف بسلطان الإسبان، مثل دلس ومستغانم، فبسط الإسبان بذلك نفوذهم على الموانئ المهمة في المغرب الأوسط كله، كما أنهم استولوا على طرابلس الغرب في عام 916هـ/ 1510م واتخذوها قاعدة لعملياتهم الحربية في البحر المتوسط[1].

على الصعيد العثماني، كانت قوة العثمانيين البحرية قد بدأت في التزايد مع فتح القسطنطينية والتوغل في شرق المتوسط وبسط السيطرة على أجزاء كبيرة منه، فضلًا عن دحر القوى الصليبية والنَّيل منها كما فصَّلنا سابقًا، وهو ما لفت أنظار المسلمين في الأندلس بعد أن ضاقت بهم الحيل وانقطعت بهم السبل واستنجدوا بالدول الإسلامية وعلى رأسها دولة المماليك في مصر[2]، فتوجهوا إلى السلطان محمد الفاتح، بوصفه

---

(1) الجمل، **المغرب الكبير**، 80-83؛ المدني، **حرب الثلاثمائة سنة**، 93 وما يليها؛ عبد الجليل التميمي، «الخلفية الدينية للصراع الإسباني العثماني على الإيالات المغربية في القرن السادس عشر»، **المجلة التاريخية المغربية**، العدد السادس (تونس، 1978م)، 5-44؛ جون. ب. وولف، **الجزائر وأوروبا**، ترجمة وتعليق: سعد الله أبو القاسم (الجزائر، 1986م)، 129.

(2) كان أول استنجاد أندلسي بالمماليك في عهد السلطان جقمق في عام 844هـ/ 1440م، والاستنجاد الثاني كان في عهد خشقدم في عام 868هـ/ 1464م، لكن وضع مصر الداخلي كان حرجًا في تلك الفترة، خصوصًا في العقدين اللذين سبقا مجيء قايتباي إلى السلطة، فهي من أسوأ فترات عدم الاستقرار الداخلي لدولة المماليك الثانية. ومن ناحية أخرى، ازداد اتجاه مصر نحو الشرق منذ عام 865هـ/ 1461م، نتيجة تزايد مشكلاتها مع الإمارات التركمانية في شمال الشام، وتطور الوضع بعد ذلك في عهد قايتباي على نحو أدى إلى أول صدام مباشر بين العثمانيين والمماليك، ذلك العهد الذي شهد الاستنجاد الثالث في عام 892هـ/ 1487م خلال المرحلة السابقة مباشرة على سقوط غرناطة. لكن قايتباي لم يكن بمقدوره حينذاك إلا المساعي الدبلوماسية عن طريق إرسال سفارة دبلوماسية إلى ملكي إسبانيا وبابا روما إنوسنت الثامن في عام 894هـ/ 1489م، يهددهم فيها باضطهاد مسيحيي الشرق، والقبض على قسس كنيسة القيامة وإغلاقها إن لم يتم إجلاء المسيحيين عن مملكة غرناطة، والتوقف عن إيذاء المسلمين، ومع أن رد كلٍّ من فرديناند وإيزابيلا كان يشي بأنهما لا يستطيعان ترك أرض الأجداد بيد الأجانب، إلا إن قايتباي لم ينفذ تهديداته. انظر: عبد القادر أحمد اليوسف، **علاقات بين الشرق والغرب بين القرنين الحادي عشر والخامس عشر** (صيدا: المكتبة العصرية، 1969م)؛ نادية محمود مصطفى وآخرون، **العصر المملوكي من تصفية الوجود الصليبي إلى بداية الهجمة الأوروبية الثانية** (المعهد العالمي للفكر الإسلامي، 1996م)، 120، 121.

حاكمًا مسلمًا مجاهدًا تخشى أوروبا سطوته. وعليه، أرسل أهل غرناطة في منتصف عام 882هـ/ 1477م سفارات إلى استانبول، ملفتين نظر الفاتح إلى حالة المسلمين في الأندلس، طالبين تدخله لإنقاذهم[1]. وعلى الرغم من أن الدولة العثمانية آنذاك كانت بعيدة عن حلقة الصراع الإسلامي الصليبي غربي المتوسط، فإن السلطان الفاتح عمل جاهدًا منذ ذلك الوقت للوصول إلى نقطة ارتكاز تمكنه من الولوج إلى منطقة الصراع في غرب المتوسط، وكاد ينجح في ذلك بالفعل حين بدأ بإرسال حملات للسيطرة على إيطاليا في عام 885هـ/ 1480م، لكنه توفِّي قبل إكمال مخططه[2]، فأعاد أهل غرناطة الكرَّة واستنجدوا بالسلطان بايزيد الثاني[3].

على الرغم من أن الدولة في عهد بايزيد كانت أيضًا بمنأى عن هذا الصراع، حيث شغلتها الصراعات القائمة في الشرق، خصوصًا بعد ظهور الخطر الشيعي شرقي الأناضول، فإن السلطان بايزيد أحدث طفرة هائلة في سلاح البحرية باستعانته برياس البحر من ذوي الخبرة الكبيرة، كما سبقت الإشارة. لذا، وللمرَّة الأولى، وطئت أقدام العثمانيين غربي البحر المتوسط، عندما قرر السلطان بايزيد إرسال أسطول لمساندة أهالي الأندلس في عام 892هـ/ 1487م تحت قيادة كمال ريس، الذي تزعم الجهاد البحري من قبل في غرب المتوسط، إلا إنه في هذه المرَّة انطلق تحت الراية العثمانية. ومنذ ذلك الوقت بدأت المواجهات المباشرة في البحر بين الدولة العثمانية وإسبانيا، وظلت قائمة أعوامًا طوالًا على صفحات مياه المتوسط وضفافه. استطاع أسطول كمال ريس قصف السواحل الإيطالية والإسبانية، واستولى على ميناء «مالقة» (Málaga) الأندلسي، الذي استولى عليه الإسبان قبل أشهر، وأحرقه أثناء انسحابه، لكنه لم تكن لديه القوة الكافية للتدخل لإنقاذ غرناطة المحاصَرة ولم يحل دون سقوطها، إلا إنه استطاع بواسطة أسطوله نقل كثير من عرب إسبانيا الذين انتشروا بطول الساحل بعد سقوط المدينة إلى سواحل المغرب العربي. ولم تنقطع بعد ذلك الحملات العثمانية إلى غرب المتوسط لإنقاذ المهاجرين الأندلسيين ونقلهم إلى المغرب. هكذا بدأ العثمانيون في الاستقرار

(1) انظر: التميمي، **رسالة من مسلمي غرناطة إلى السلطان سليمان القانوني**، 38.

(2) راجع الفصل الثاني من هذه الدراسة.

(3) انظر نص الرسالة عند: المقري التلمساني، **أزهار الرياض في أخبار القاضي عياض**، تحقيق: مصطفى السقا وإبراهيم الإبياري وعبد العظيم شلبي (القاهرة، 1939م)، ج1/ 108-115.

في هذه المناطق بمساعدة أهلها من المسلمين، للدفاع عنهم، وصد الهجمات الصليبية العنيفة الآتية من الغرب[1].

بدأ النشاط الحربي للبحرية العثمانية في الانتقال من شرق البحر المتوسط إلى غربه بعد سقوط غرناطة في عام 897هـ/ 1492م، وتزايد بعد ذلك وقويت شوكته بشكل ملحوظ بعد انضمام المغاربة والأندلسيين إلى ميدانه، حيث اتخذ طابع الجهاد الديني، بسبب الحملة الصليبية الضارية التي شنها الصليبيون على المسلمين بعد تسليم غرناطة، وبداية ما يُسمَّى في التاريخ «القضية الموريسكية»، حيث بدأت سلسلة من عمليات التنصير الجماعي الإجبارية، فضلًا عن جميع أنواع الاضطهاد. من هنا بدأت ثورات الموريسكيين المتتابعة، مما فاقم الصراع الإسلامي-المسيحي. وكانت أولى هذه الثورات، ثورة البَيَّازين بين عامي 904 و906هـ/ 1499 و1501م، بعد أن قرر الملكان فرديناند وإيزابيلا تنصير كل مسلمي غرناطة[2].

أشار توينبي إلى أن العثمانيين لو استطاعوا دعم قوتهم البحرية ومد نفوذهم غربي المتوسط قبل ثلاثين عامًا من تحققهما في عام 908هـ/ 1503م، لكان بمقدورهم إنقاذ غرناطة، بل ووقف حركة الكشوف الإسبانية، لكن لم تظهر هذه القوة العثمانية المتفوقة في المنطقة إلا بعد أن وضع الإسبان أقدامهم بالفعل في عدة مواقع في شمال إفريقيا خلال القرن السادس عشر، وذلك بعد أن تمكنوا من إسقاط غرناطة في عام 897هـ/ 1492م[3].

لقد وجب على العثمانيين منذ دخولهم حلبة الصراع غربي المتوسط، توحيد قواهم مع القوى الجهادية الناشئة هناك للوقوف أمام الزحف الصليبي المتزايد، وذلك بعد تخاذل معظم بلدان العالم الإسلامي وعلى رأسها الدولة المملوكية التي أصبحت في طور الانهيار. وقد أدى توحيد جهود هؤلاء المجاهدين مع الدولة العثمانية، إلى تكافؤ القوة العثمانية برًّا وبحرًا، وغربًا إضافةً إلى قوتها في الشرق، مما أدى بدوره إلى اشتداد الصراع بين الكتلتين الأقوى حينئذ في البحر المتوسط، وهما: القوة الإسلامية بقيادة العثمانيين شرقًا وجنوبًا، والصليبية

(1) انظر: أوزتونا، **تاريخ الدولة العثمانية**، ج1/ 194، 195؛ أحمد سالم سالم، **السيطرة العثمانية على الحوض الغربي للبحر المتوسط في القرن السادس عشر** (الإسكندرية: مؤسسة شباب الجامعة، 2011م).

(2) ابن إياس، **بدائع الزهور**، ج3/ 439؛ فريدريك وليام بل، **الصراع البحري والقرصنة العالمية**، ترجمة: فؤاد السيد (القاهرة: مطبوعات جامعة القاهرة، 1977م)، ج1/ 70-85؛ مرثيدس غارسيا أرينال، **الموريسكيون الأندلسيون**، ترجمة: جمال عبد الرحمن (القاهرة: المجلس الأعلى للثقافة، 2003م)، 31، 39.

(3) محمود، **العصر المملوكي**، 123.

بقيادة إسبانيا أو «الإمبراطورية الرومانية المقدسة» غربًا وشمالًا. ففي الوقت الذي اصطدم فيه العثمانيون مع الجناح الألماني للإمبراطورية الإسبانية في البر «في وسط أوروبا»، كان المجاهدون البحريون يخوضون كفاحًا مريرًا في البحر مع الجناح الغربي للإمبراطورية، بعد أن دخلت الجزائر أولًا تحت السلطة العثمانية ثم تلتها بعد ذلك معظم بلدان المغرب تباعًا. وتدلنا وثيقة تركية بالغة الأهمية محفوظة في دار المحفوظات التاريخية باستانبول «طوب قابي سراي» تحت رقم «4656»، على الظروف المحيطة بخضوع الجزائر كأول إقليم في بلاد المغرب لسيطرة الدولة العثمانية، وهي عبارة عن رسالة موجهة من سكان بلدة الجزائر إلى السلطان سليم الأول بعد عودته من فتح مصر إلى استانبول، مؤرخة بعام 925هـ/ 1519م، وقد كُتبت هذه الرسالة بغرض ربط الجزائر بالدولة العثمانية، بأمر من المجاهد البحري القدير الريس خضر أو خير الدين برباروسا، الذي سيكون له شأن كبير في قيادة الأساطيل العثمانية في عهد السلطان سليمان القانوني[1].

هكذا رأينا كيف أُلقي على عاتق العثمانيين هذه المرَّة الوقوف أمام الزحف الصليبي على العالم الإسلامي من الشرق والغرب، فضلًا عن التمدد الشيعي، وهو ما دفعهم دفعًا إلى العمل على إخضاع الشرق الأدنى الإسلامي لقيادتهم، بعد أن ورثوا بطبيعة الحال الدور القيادي لأمة الإسلام، ذلك الدور الذي حمل لواءه المماليك من قبل، ومن هنا كان لزامًا عليهم الإحلال محل القيادات الإسلامية المهترئة الضعيفة في المنطقة، بداية من المماليك في مصر والشام، مرورًا بالحفصيين في تونس وبني زيان في الجزائر وبني مرين في المغرب الأقصى، فكانت كل هذه الدوافع عاملًا حاسمًا لاتجاه العثمانيين بسياستهم تجاه الشرق، لا سيما مصر والشام قلب الشرق الأدنى ومفتاح السيطرة عليه، حيث استطاعوا عن طريق سيطرتهم على مصر مد نفوذهم إلى بلدان العالم العربي وتوحيده وحمايته من الهجمة الصليبية الشرسة. وسنتعرف في الفصل التالي على الظروف المحيطة بأول دخول عسكري للعثمانيين إلى المنطقة العربية، والظروف المحيطة بسيطرتهم على كلٍّ من الشام ومصر، ومن ثَمَّ امتداد سيطرتهم إلى السواحل الشرقية والجنوبية الشرقية للبحر المتوسط.

---

(1) انظر: Haji Khalifeh, *Tuhfet Elkebar*, p. 28؛ عبد الجليل التميمي، «أول رسالة من أهالي مدينة الجزائر إلى السلطان سليم الأول عام 1519م»، **المجلة التاريخية المغربية**، العدد السادس (تونس، يوليو 1976م)، 116-120؛ عزيز سامح ألتر، **الأتراك العثمانيون في إفريقيا الشمالية**، ترجمة: محمود علي عامر (بيروت: دار النهضة العربية، 1989م)، 70 وما يليها؛ المدني، **حرب الثلاثمائة عام**، 203 وما يليها؛ عبد الحميد بن أبي زيان بن أشنهو، **دخول الأتراك العثمانيين إلى الجزائر** (الجزائر، 1986م).

الفصل الرابع

أطوار العلاقات العثمانية-المملوكية حتى السيطرة العثمانية على مصر في عام 1517م

انطلقت الدولة العثمانية للمرَّة الأولى إلى أراضٍ إسلامية، بعد أن كانت وجهتها واستراتيجيتها الأولى محاربة «دول الكفر» وفتح أراضيها، وهو ما أوصلها إلى تلك المكانة السامية وذلك المستوى الرفيع بين بلدان العالم الإسلامي بعد نحو مائتي عام من قيامها، مما يدفعنا إلى طرح سؤال غاية في الأهمية عن مدى مشروعية توجُّه العثمانيين شطر البلدان الإسلامية في الشرق الأدنى، ومحاولتهم الإحلال محل حكامها، بل وتوحيدها تحت راية إسلامية واحدة، هي راية الدولة العثمانية. ويقودنا ذلك التساؤل بدوره إلى قضية مثار جدل كبير انتشرت بين المؤرخين، بل لدى بعض الأوساط الثقافية، وهي مدى معقولية إطلاق مُسمَّى «الفتح العثماني» على دخول العثمانيين إلى العالم العربي، في الوقت الذي يُصِرُّ فيه البعض على تسميته غزوًا أو احتلالًا أو استعمارًا.

كانت لأصحاب الرأي القائل بالغزو العثماني أسباب ارتكزوا عليها في بناء وجهة نظرهم، أهمها أن الدولة العثمانية سبب نكسة المشرق العربي وتخلفه وانغلاقه على نفسه بعيدًا عن العالم الخارجي الذي يسير نحو التقدم والنهضة، وأن الدولة العثمانية مثَّلت استعمارًا دينيًّا، واتخذت من وحدة الدين غطاءً تُخفي به حقيقة استعمارها السياسي، وأن ما أطلقوا عليه «الاستعمار التركي» يرتكز على نوع من التفرقة العنصرية بين الأتراك الحاكمين وغيرهم من الأجناس المحكومة[1]، وأن السلطان سليم الأول لم يكن صاحب رسالة، وإنما كان شأنه

(1) انظر على سبيل المثال: جمال حمدان، **الاستعمار والتحرير في العالم العربي**، سلسلة المكتبة الثقافية رقم (123) (القاهرة: الدار المصرية للتأليف والترجمة والنشر، 15 ديسمبر 1964م)، 13-17.

شأن جميع الغزاة المخربين، فلم يترك القاهرة قبل أن ينتزع منها أثمن مَن فيها وما فيها، حيث رحَّل أكابر الدولة وأمهر صناعها وفنانيها إلى استانبول[1].

لكن، هل ثمة دلائل على مثل هذا الكلام، خصوصًا إذا علمنا أنه كُتب عن حقبة لم تَسُدْ فيها النعرات القومية والتحيز للأعراق والاثنيات الذي هو من صفات العصور الحديثة، بل على العكس تمامًا كان الصراع الأيديولوجي على أشده، ولم يُستثنَ من ذلك حتى الصراع المذهبي داخل الدين الواحد، وأدى هذا إلى انقسام العالم حينذاك إلى تكتلات لا تؤمن إلا بالصراع من أجل العقيدة، فلو عدنا إلى الوراء قليلًا إبان العصور الوسطى الإسلامية، لوجدنا دولًا إسلامية تقوم على أنقاض دول أخرى، أو تتمدد إلى أراضٍ أخرى إسلامية، لظروف وأزمات كبرى ألمت بالمنطقة أو لمخاطر تحيق بالأمة، كما حدث مع الدولة العثمانية تمامًا، فهل قامت دولة صلاح الدين على أنقاض دولة الفاطميين في مصر إلا بعد شعور نور الدين محمود في الشام بخطر الصليبيين المحدق بالشرق الأدنى خصوصًا مصر[2]؟ ومع العلم أن قادة الدولة الأيوبية كانوا أكرادًا، فهل يمكن أن نعتبره إذن احتلالًا كرديًّا؟! وهل قامت دولة المماليك في مصر بعد ذلك إلا لدرء الخطر الصليبي ومن بعده الخطر المغولي الذي كاد يعصف بمصر ويهدد كيان الأمة بأسرها[3]؟ ومع العلم أيضًا أن قادة المماليك كانوا أتراكًا، فهل يمكن أن نعتبره احتلالًا تركيًّا؟! الجواب هو أننا لا يمكننا أن نعتبره احتلالًا بحال من الأحوال، أو حتى غزوًا، في زمن لم يكن للقومية مكان واضح على الخريطة السياسية. وعليه، لم يكن دخول العثمانيين العالم العربي احتلالًا تركيًّا لبلدان عربية، بقدر ما هو تجاذب وانصهار بين عالمين اعتنق كلٌّ منهما الدين الإسلامي واتخذه منهجًا على مدار قرون.

لماذا التفريق إذن بين الفتح العربي الإسلامي لبلدان كانت ذات خلفيات عرقية وحضارية متعددة في صدر الإسلام، وبين الفتح التركي الإسلامي الذي ضم بين جنباته تلك البقاع نفسها وزاد عليها بقاعًا أخرى في شرق أوروبا، حيث دخلت شعوب جديدة في الإسلام على أيدي العثمانيين، ثم صارعوا بعد انتهاء الحكم العثماني من أجل الحفاظ على هويتهم

---

(1) انظر: محمد عبد المنعم الراقد، **الغزو العثماني لمصر ونتائجه على الوطن العربي** (الإسكندرية: مؤسسة شباب الجامعة، 1972م)، 4، 5.

(2) انظر مزيدًا من التفاصيل: لين بول، **تاريخ مصر في العصور الوسطى**، 344 وما يليها.

(3) المرجع السابق، 441-454، 490 وما يليها؛ أحمد مختار العبادي، **قيام دولة المماليك الأولى في مصر والشام** (بيروت: دار النهضة العربية، 1986م).

الإسلامية، مثلهم مثل كثير من الشعوب التي دخلت الإسلام من شتى الأصقاع في ظل الفتوحات الإسلامية الأولى وظلت على ولائها للإسلام ومدافعة عنه؟ هل من الإنصاف أن نطلق لفظ «احتلال» على الوجود العثماني في العالم العربي مساوين في ذلك بين المدافع عن الأرض والمعتدي عليها؟ فإذا تساوى الاثنان يمكننا إذن أن نساوي بين العثمانيين وأقرانهم الصليبيين في تلك الفترة، من الإسبان والبرتغاليين الذين أقاموا حكمهم في الثغور الإفريقية قبل دخول العثمانيين إليها، فسلبوا ونهبوا وقتلوا وخربوا فضلًا عن الاضطهاد الديني وإهانة المقدسات، كما ذكر صاحب كتاب «الاستقصا» عن أساليبهم الوحشية في السيطرة على المدن، حتى إنهم اتخذوا من بعض المساجد محلًّا للقاذورات، كما فعل أسلافهم من الصليبيين حين دخلوا إلى بيت المقدس في عام 492هـ/ 1099م[1].

وفيما يتعلق بأن الدولة العثمانية هي سبب تخلف العالم العربي، فلنا أن نتساءل: هل كانت الدولة العثمانية تسيطر على باقي أجزاء العالم الإسلامي الذي كان مستنيرًا في العصر الوسيط ثم تخلف هو الآخر بدوره عن ركب الحضارة؟ بل لماذا لم تلحق دولة المغرب وهي الدولة العربية الوحيدة تقريبًا التي سلمت تمامًا من السيطرة العثمانية بركب الحضارة المفترض؟ وإذا سلمنا بأن الدولة العثمانية جثمت على روح الشرق ومنعته من التقدم والازدهار، فلماذا إذن تخلف أولئك عن الركب في الأندلس وخبت دولتهم بعد ذلك الازدهار؟ ولماذا ضعفت دولة المماليك بعد قوتها حتى كادت تقع فريسة للاستعمار الأجنبي لولا تدخل العثمانيين؟ ولماذا انقسمت بلاد المغرب على نفسها قبل التدخل العثماني منذ القرن الثالث عشر وأصبحت فريسة سهلة للمستعمر الأجنبي، فوقعت كثير من أراضيها لقمة سائغة للإسبان والبرتغاليين؟ بل لماذا استسلمت العراق للصفويين أصحاب القوة الغاشمة الذين احتلوا بغداد وقتلوا المسلمين، وكان يمكنهم التمادي والتوغل في بلاد الرافدين لولا تدخل العثمانيين[2]؟

يجيب عن هذه التساؤلات المستشرق الفرنسي «أندريه ريمون» (Andre Raymond)، إذ يقول: «إن انحدار المدن العربية كان سابقًا للغزو العثماني، فالمدن العراقية الكبيرة لم

---

(1) سالم، **الدولة العثمانية ونقد نظرية الاستعمار**، 50؛ السلاوي، **الاستقصا**، ج4/ 90-120؛ لين بول، **تاريخ مصر**، 324-326.

(2) سالم، **الدولة العثمانية ونقد نظرية الاستعمار**، 55.

تسترجع قواها إطلاقًا بعد الكارثة التي تمثلت في الغزو المغولي»، ويقول عن دمشق: «ذكر سوفاجيه أن قوات تيمورلنك قد نَهبت المدينة في عام 1400م، ثم عانت المدينة من الأزمة الاقتصادية التي شهدتها الإمبراطورية المملوكية، إذ لم يحتل السلطان سليم في عام 1516م سوى مدينة أكثر من نصفها أطلال»، ويقول عن شمال إفريقيا: «أدى تفسخ دول المغرب الأوسط والشرقية إلى تشجيع المغامرات الاستعمارية الإسبانية والبرتغالية»، ويقول فيما يتعلق بتونس: «إن القرن الحفصي الأخير كان يمثل مأساة طويلة الأمد، وقد لاقى سكان تونس أسوأ معاملة حين احتلها الإسبان سنة 1535م»، وأخيرًا يعقب على دخول هذه البلدان تحت التبعية العثمانية بقوله: «ولا شك أن إمبراطورية قوية وموحدة مكان مجموعة دول تلهث من الإرهاق كان مفيدًا للمدن التي ظلت تعاني منذ قرون من الزمان من آثار التدهور السياسي، وفي الواقع إنه من المنطقي أن يكون هذا هو ما حدث»[1].

ويقول الأستاذ محمد جميل بيهم: «إن حالة البلاد العربية قبيل الفتح العثماني كانت قد وصلت إلى أشد درجات السوء، وإن العالم الإسلامي كان يتطلع إلى منقذ لينقذه من الهاوية التي سقط فيها، فلما خرج آل عثمان إلى ميدان الكفاح وظهرت بوادر نجاحهم في حروبهم ضد الإمبراطورية البيزنطية، عَلَّق المسلمون عليهم الآمال، واتجهوا بقلوبهم إليهم، فالعالم الإسلامي الذي كان قد استولى عليه اليأس من جراء الكوارث التي حاقت به في الشرق والغرب، شعر إثر هذه الانتصارات التي أحرزها العثمانيون، سواءً في البر أو البحر، بحياة جديدة ردت إليهم الآمال، ورفعت رؤوسهم كرة أخرى»، ويستطرد قائلًا: «إن العثمانيين الأتراك قد خلفوا العرب في رفع راية الإسلام، وإن المسلمين الذين كانوا فريسة لغزاة الشرق والغرب، وجدوا في آل عثمان ذلك المنقذ الذي كانوا يرقبونه، بل وجدوا فيهم أكثر من هذا إمبراطورية استعادت كرامتهم ورفعت رايتهم كرة أخرى فوق الذروة التي كانت تخفق عليها في الأمس القريب»[2].

وأخيرًا أراد المتحاملون وَصْم سيطرة العثمانيين على مصر، وتحويل وجودهم فيها إلى احتلال لا يصبو إلا إلى سلب ونهب الموارد والثروات حتى البشرية منها، فاستدلوا بواقعة

---

(1) أندريه ريمون، **المدن العربية الكبرى في العصر العثماني**، ترجمة: لطيف فرج (القاهرة: دار الفكر للدراسات والنشر والتوزيع، 1991م)، 34، 35.

(2) محمد جميل بيهم، **العرب والترك في الصراع بين الشرق والغرب**، نقلًا عن: زياد أبو غنيمة، **جوانب مضيئة من تاريخ العثمانيين الأتراك**، 115، 116.

حدثت بعد دخول السلطان سليم إلى القاهرة، إلا إنهم قاموا برواياتها بطريقة «لا تقربوا الصلاة» من دون إكمال الآية الكريمة «وأنتم سكارى»، والواقعة يرويها المؤرخ ابن إياس في حوادث شعبان سنة 923هـ[1]، وتتلخص في ترحيل صفوة المجتمع المصري من علماء وفنانين وتجار وصناع إلى استانبول عاصمة الدولة للاستفادة من خبراتهم، وقد بلغ عدد هؤلاء زهاء ألف وثمانمائة رجل، وعليه أقام المنتقدون والمتحاملون لهذا الفعل الدنيا، وصوروا الأمر على أنه حرمان البلاد العربية من رصيدها البشري المتميز، وهو ما أضر بالحياة الفكرية وأعاق النشاط المهني والحرفي فيها، مع أنهم لو أكملوا ما انتهى إليه الموضوع لتهاوى كل ما بنوه من صروح، إذ إن هذا الأمر لم يدم إلا نحو ثلاث سنوات، فبعد وفاة السلطان سليم وتولي ابنه سليمان العرش في عام 926هـ/ 1520م كان من أول فرماناته التي أصدرها فرمان يأذن بعودة جميع العلماء والعمال الذين جرى ترحيلهم من مصر في عهد والده، وقد ذكر ذلك ابن إياس في حوادث جمادى الأولى سنة 927هـ[2]، مع ذلك رفض معظمهم العودة إلى مصر وآثروا العيش في استانبول أجمل مدن العالم حينذاك وأكبرها، فلما بلغ السلطان سليمان ذلك أصدر فرمانًا لاحقًا في شهر رجب عام 927هـ، أمر فيه بشنق كل مصري يرفض العودة إلى مصر أو يتباطأ في ذلك، فتعاقب وصولهم إليها أفواجًا[3].

بهذا نكون قد ألقينا ضوءًا بسيطًا على مسألة يمكن أن تكون مادة لبحث مستقل، لأهميتها وتأرجحها بين الأخذ والرد في أوساط المتخصصين وغيرهم من المهتمين بالدراسات التاريخية، فالكلام بشكل موجز هنا عن ماهية السيطرة العثمانية على المشرق العربي كان حتميًا قبل التطرق إلى ملابسات الفتح من بدايته ومحاولة تحليل وقائعه في إطار العلاقات العثمانية المملوكية، مما يمهد لفهم أشمل لهذا الموضوع المعقد والمتشابك، الذي تناوله المؤرخون من قبل بأكثر من وجه، وأعتقد أن تناولي لنتائج الفتح في الفصل الخامس يمكن أن يخدم هذا الموضوع على نحو أكثر تفصيلًا، فأرجو أن يتحلى عرضي بشيء من التجديد يقود إلى إظهار جوانب أخرى لم تكن واضحة.

---

(1) ابن إياس، **بدائع الزهور**، ج5/ 207.

(2) يقول ابن إياس: «وفي هذا الشهر حضر جماعة كبيرة من استانبول ممن كان السلطان سليم شاه أسرهم وأخرجهم من مصر، فلما مات سليم شاه بن عثمان واستقر ولده سليمان بعده، رسم بعودة الأسراء قاطبة إلى بلادهم، ورأف عليهم وأظهر العدل فيهم»، ابن إياس، **بدائع الزهور**، ج5/ 394.

(3) المصدر السابق، ج5/ 397؛ الشناوي، **الدولة العثمانية دولة إسلامية مفترى عليها**، ج2/ 18-22.

أولًا: الدور المشترك والعلاقات الودية

تشكَّلت العلاقات العثمانية المملوكية منذ بروز العثمانيين على مسرح التاريخ، عندما كانت الإمبراطورية المملوكية في أوجها في القرن الثامن الهجري/ الرابع عشر الميلادي، ومنذ ذلك الحين بدأت هذه العلاقات في تشكيل كثير من ملامح منطقة الشرق الأدنى في أواخر العصور الوسطى ومطلع العصور الحديثة، حتى سقوط الدولة المملوكية وسيطرة العثمانيين على هذا الجزء الثمين من العالمين العربي والإسلامي. لكن ما بين هذا وذاك تذبذبت العلاقات العثمانية المملوكية بين قوة وضعف، ونشاط وفتور، وسلام وحرب، لهذا بلغت تلك العلاقات من العمق والتعقيد ما أدى إلى خلق نوع من الصعوبة في التعرف على أبعادها كافة، وبالتالي كانت أهم الدراسات التي قُدِّمت عن العلاقات بين الدولتين في القرن الخامس عشر تركِّز بشكل كبير على حرب «الست سنوات» (890-896هـ/ 1485-1491م)[1].

تشكَّل الوعي والدور المشترك فيما بين الدولتين إبان العقود المبكرة من التوسع العثماني في الأناضول والبلقان، فبصفة عامة أحس المماليك والعثمانيون بالخطر الذي يهدد كلًّا منهما، سواء من ناحية الشرق على يد المغول وأحفادهم، أو من ناحية الغرب بواسطة القوى الصليبية، وذلك في القرنين الرابع عشر والخامس عشر، فهناك عدو مشترك، فضلًا عن اتفاقهما في الثقافة الإسلامية والمذهب السُّني، لكن مع اختلاف واضح في التوجه الجهادي[2]. ظهر العثمانيون على الساحة بوصفهم قوة جهادية إسلامية، وقد أثر ذلك تأثيرًا مباشرًا في قوة الدولة وبناء هيكلها الإمبراطوري القائم على استراتيجية الجهاد. ومما لا شك فيه أن ظهور المماليك كدولة كان أيضًا بسبب بدايتهم الجهادية وانتصارهم على المغول في عين جالوت في عام 658هـ/ 1260م. لهذا اعتَبر المماليك انتصارات العثمانيين المتوالية على البيزنطيين الصليبيين هي في الحقيقة انتصار للإسلام، ومن هنا كانت أهداف البلدين واحدة ولا تعارض للمصالح بينهما، فضلًا عن عدم اشتراكهما في الحدود في بداية الأمر، وقد أثَّر ذلك في العلاقات التي أصبحت ودية وحافلة بتبادل السفارات والوفود والرسل، وهو ما يشبه التمثيل الدبلوماسي للدول في هذا العصر.

---

(1) See for example: Shai Har - El, *Struggle for domination in the Middle east: the Ottoman ware, 1405-91* (Leiden, 1995).

(2) Halil Inalcik, *Arabe - Turkish relations in historical perspective (1260-1914), Studies on Turkish Arabe relations* (1980), pp. 148-157.

بدأت العلاقات الدبلوماسية بين البلدين بسبب أحداث غاية في الخطورة هددت البلدين معًا، سواءً من الناحية الشرقية أو الغربية، فقد ذكر المقريزي في حوادث شوال سنة 767هـ/ 1366م أن السلطان العثماني أورخان أرسل عقب حملة بطرس لوزينيان ملك قبرص على الإسكندرية، إلى سلطان المماليك الأشرف شعبان (764-778هـ/ 1363-1376م) يخبره «أنه جهز مائتي غراب بحرية نجدة للسلطان على متملك قبرص. فأجيب بالشكر والثناء، وأنه لا يتحرك حتى تقدم من ديار مصر الشواني»[1]، وهذا يدل على تعاون الدولتين في صد الخطر الصليبي عن الأراضي الإسلامية منذ وقت مبكر، مع اعتبار أن المماليك في هذه المرحلة كانوا زعماء للعالم الإسلامي، وهو ما جعلهم ينأون عن معاملة العثمانيين بوصفهم أندادًا أو شركاء لهم من منطلق إحساسهم بسمو المكانة.

أما من الشرق، فقد تراءت في الأفق الهجمة المغولية الثانية بقيادة تيمورلنك الذي اكتسح آسيا الوسطى واقترب من الحدود الشرقية للبلدين، مما دفع السلطان مراد الأول إلى إرسال وفد في عام 789هـ/ 1388م إلى السلطان المملوكي الظاهر برقوق (784-801هـ/ 1382-1398م) يحذره من مغبة تحرك تيمورلنك غربًا وخطره على الدولتين[2]. وهكذا ظهرت الأهداف الموحدة للبلدين معًا، وهو ما أدى إلى تقاربهما بعد ذلك في عهد السلطان بايزيد الأول، ولهذا بعث في عام 797هـ/ 1394م بوفد محمل بالهدايا للخليفة العباسي المتوكل على الله القابع في القاهرة، وطلب منه تقليده وتنصيبه سلطانًا على الأراضي المفتتحة من بلاد الكفار، فبعث إليه المتوكل بهذا التقليد. وحرص بايزيد عند انتصاره في نيكوبوليس في عام 798هـ/ 1396م على إرسال سفارة إلى مصر يبشر فيها المسلمين بانتصاره الكبير

---

(1) المقريزي، **السلوك لمعرفة دول الملوك**، الجزء الرابع، تحقيق: محمد عبد القادر عطا (بيروت: دار الكتب العلمية، 1997م)، 293.

(2) ذكرت المصادر أن السلطان برقوق أبدى استعداده للتعاون مع السلطان العثماني لصد خطر تيمورلنك، إلا إنه ذكر كلمات تنبئ عن مخاوفه الكامنة من العثمانيين أنفسهم في ذلك الوقت المبكر من عمر الدولة العثمانية، إذ قال: «لا أخاف من اللينك (أي تيمورلنك) فإن كل أحد يساعدني عليه، وإنما أخاف من ابن عثمان». وفي ذلك الوقت أيضًا كان المؤرخ ابن خلدون يكرر «ما يخشى على مصر إلا من ابن عثمان». انظر: حوادث سنة 797هـ، عند: ابن حجر، **إنباء الغمر بأبناء العمر**، الجزء الأول، تحقيق: حسن حبشي (القاهرة، 1969م)، 492؛ السخاوي، **الضوء اللامع لأهل القرن التاسع** (بيروت: دار الجيل، د.ت)، ج11/ 148؛ لين بول، **تاريخ مصر**، 597.

على الصليبيين بصحبة مائتي أسير من المعركة هديةً للسلطان برقوق[1]. وعليه، أصبحت الأواصر بين العالمين العثماني والمملوكي قوية، وزادت بعد ذلك بالتجارة، فكانت أخشاب الغابات الموجودة جنوبي جبال طوروس في جنوب غرب الأناضول تمثل الواردات الحيوية بالنسبة إلى مصر، وكذلك العبيد من منطقة القوقاز الذين يمرون عبر الأراضي العثمانية، ونقل التجار من حلب ودمشق التوابل إلى مدن الشمال مثل أنقرة وبورصة، وبذلك أعطت التجارة برًّا وبحرًا بُعدًا آخر للمصالح المشتركة بين البلدين[2].

ما لبثت المصالح المشتركة والعلاقات الطيبة أن تعكرت بسبب الطموح الزائد للسلطان بايزيد الأول، الذي بدأ الإغارة من آنٍ إلى آخر على الإمارات المشمولة بالحماية المملوكية. ومن هنا بدأ المماليك يتوجسون خيفة من الأطماع العثمانية. وتطور الأمر حتى رأينا كبار الأمراء في مصر يحذرون السلطان من مغبة الاتجاه العثماني الذي أظهر نواياه العدوانية نحو المماليك، لذا رفض السلطان فرج بن برقوق (801-815هـ/ 1400-1412م)، عرض التحالف من قِبل السلطان بايزيد ضد الخطر المغولي الذي يقترب من بلادهما، تأكيدًا لرغبة السلطان المملوكي في أن يكون له ولبلاده شرف التصدي للغزو الجديد، مما يعلي من قدرهما في أنحاء العالم الإسلامي، وذلك على الرغم من رسائل التهديد التي بعث بها تيمورلنك إلى المماليك[3]. وقد أسفر ذلك الرفض عن مداهمة تيمورلنك لكلتا القوتين على انفراد، فهَزم المماليك بالقرب من دمشق في عام 803هـ/ 1400م، واستطاع أن يهزم السلطان بايزيد ويأسره في معركة أنقرة في عام 804هـ/ 1402م[4].

بعد انحسار المد المغولي بموت تيمورلنك في عام 807هـ/ 1405م وتفكك دولته، بدأ كلٌّ

(1) إبراهيم علي طرخان، **مصر في عصر دولة المماليك الجراكسة** (القاهرة، 1960م)، 163؛ عاشور، **العصر المماليكي**، 1994م، 269.

(2) Halil Inalcik, Bursa and the commerce of the Levant, *Journal of the economic and social history of the orient*, vol.3, no.2, (1960), pp.131-147.

(3) انظر نص الرسالة ورد برقوق عليها عند: ابن تغري بردي، **المنهل الصافي والمستوفي بعد الوافي**، الجزء الثالث، تحقيق: نبيل محمد عبد العزيز (القاهرة: هيئة الكتاب، 1985م)، 320-325.

(4) انظر حوادث سنة 803هـ، عند: المقريزي، **السلوك**، ج5/ 37 وما يليها؛ محمد أحمد محمد، **الغزو التيموري لبلاد الشام وآثاره** (القاهرة: دار الهداية، 1986م)، 10؛ وعن غزوات تيمور ومعركة أنقرة انظر: ابن عربشاه، **عجائب المقدور في أخبار تيمور**، ترجمة وتحقيق: أحمد فايز الحمصي (بيروت: مؤسسة رسالة للطباعة والنشر، 1986م)، 123-132؛ ابن حجر، **إنباء الغمر**، ج2/ 225-228؛ أوزتونا، **تاريخ الدولة العثمانية**، ج1/ 110.

من المماليك والعثمانيين في التعافي من أثر الهجمة المغولية، لكن ما لبثت الدولة العثمانية أن دخلت في حرب أهلية استطاع على إثرها السلطان محمد الأول (816-824هـ/ 1413-1421م) أن يصل إلى العرش، وفي هذه الفترة تولى السلطان المؤيد شيخ المحمودي (815-824هـ/ 1412-1421م) عرش السلطنة في مصر، فتأخر هذه المرَّة السلطان العثماني في إرسال وفد وكتاب لتهنئة السلطان المملوكي الجديد بسبب النزاع الذي وقع على العرش العثماني، وبعث بالوفد وكتاب التهنئة في عام 817هـ/ 1414م، ومن هذا الكتاب يتضح حرص السلطان العثماني على تجديد أواصر الصداقة بين البلدين ونسيان الخلافات التي كانت بينهما، فردَّ السلطان المؤيد شيخ على رسالة محمد الأول بالشكر والتهنئة وقبول تجديد العلاقات القديمة، ومع ذلك لم يخلُ عهدهما من النزاع غير المباشر والمتواصل على النفوذ في الإمارات الحدودية جنوبي الأناضول، لكن الدولتين تبادلتا كثيرًا من الرسائل أغلبها يركِّز على نقل الأخبار والموقف مع الأعداء، حتى إن السلطان المؤيد شيخ رد برسالة بتاريخ 27 صفر 824هـ/ 2 مارس 1421م يبدي فيها استعداده للمشاركة في القتال مع العثمانيين لدرء خطر أعدائهم المتربصين، إلا إن هذه الرسالة وصلت بعد وفاة السلطان محمد الأول في شهر رجب من العام نفسه[1].

تولى مراد الثاني (824-855هـ/ 1421-1451م) عرش الدولة العثمانية والعلاقات مع المماليك جيدة في ظاهرها، باستثناء التنافس الخفي بين الطرفين من أجل فرض النفوذ. وفي تلك الأثناء تولى السلطان برسباي (825-841هـ/ 1421- 1438م) عرش السلطنة المملوكية، فازدادت تبعًا لذلك أواصر الصداقة بين البلدين، خصوصًا بعد النزاع الشديد الذي ساد في أثناء فترة حكم السلطان مراد الثاني مع الإمبراطورية البيزنطية التي ساعدت مناوئيه لإبعاده عن العرش، فضلًا عن عداوة شاه رخ بن تيمورلنك للدولتين العثمانية والمملوكية، وبالتالي حرص السلطان العثماني على التقارب مع المماليك، تحديدًا عند توجهه لحصار القسطنطينية عاصمة البيزنطيين في عام 826هـ/ 1422م، وذلك من أجل تأمين ظهره، وقد وطد هذه العلاقة بالنسب، فزوج واحدة من بناته، وهي «شاهزاده»، للسلطان المملوكي برسباي[2].

---

(1) ابن عربشاه، **عجائب المقدور**، 132؛ السخاوي، **الضوء اللامع**، ج10/ 76؛ وانظر نصوص هذه الرسائل عند: أحمد فؤاد متولي، **الفتح العثماني للشام ومصر** (القاهرة: الزهراء للإعلام العربي، 1995م)، 22-28.

(2) M. Mustafa Ziada, "The full of the mamluks", 1516-1517, *Fouad 1 university*, *Bulletin of the faculty of arts*, vol .6 (may 1942), pp.2-3.

من ناحية أخرى، كان للأحداث في شرق المتوسط تأثيرها على العلاقات بين البلدين، إذ دأب الإفرنج بالتعاون مع القراصنة الصليبيين على شن الأعمال العدائية على سواحل الدولة المملوكية في مصر والشام انطلاقًا من المرتكزات الصليبية في كلٍّ من قبرص ورودس، مما أدى إلى الإضرار الكبير بالمصالح الاقتصادية والتجارية والاستراتيجية للمماليك، وعرقلة الملاحة الإسلامية بوجه عام في شرق المتوسط، حتى إنه في إحدى المرات التي بعث فيها برسباي وفدًا محملًا بالهدايا إلى السلطان العثماني، وقعت تلك الهدايا في يد الصليبيين القبارصة، مما دفع السلطان برسباي إلى أخذ خطوات فورية يمكن من خلالها وقف هذا الخطر الداهم، فكان قراره بفتح قبرص. وبالفعل، بعد ثلاث حملات عسكرية متتالية في أعوام 827هـ/ 1424م و828هـ/ 1425م و829هـ/ 1426م، استطاع المماليك فتح جزيرة قبرص والسيطرة عليها، فما كان من السلطان مراد الثاني إلا أن أرسل وفدًا محملًا بهدايا قيمة لتهنئة الأشرف برسباي على ما أحرزه من نصر في فتح تلك الجزيرة التي طالما أعاقت الملاحة الإسلامية شرقي المتوسط[1].

لم تكن السيطرة على قبرص كافية للقضاء على نفوذ فرسان القديس يوحنا والحد من خطر القراصنة الإفرنج، إذ لم تكن الاعتداءات مقصورة على القبارصة، بل تعدَّتها إلى الجنوية الذين أرادوا كسر الاحتكار التجاري الذي مارسته البندقية في البحر المتوسط، فأخذوا يغيرون على سواحل الشام ومصر، واشترك معهم في هذه الغارات بعض القراصنة من القطلان والروادسة[2]. وعليه، حاول المماليك - كما سبقت الإشارة في الفصل السابق - احتلال جزيرة رودس بتشجيع من العثمانيين. فبعد أن تولى السلطان سيف الدين جقمق (842-857هـ/ 1438-1453م) سار على درب سلفه برسباي في محاولة تصفية المرتكزات الصليبية شرقي المتوسط، فشغل مشروع فتح رودس واجهة السياسة المملوكية بين عامي 844 و848هـ/ 1440 و1444م، وزاد ذلك من التقارب بين البلدين، خصوصًا بسبب توجُّه السلطان مراد حينذاك لمحاولة إبعاد فرسان القديس يوحنا عن الحلف الصليبي الكبير الذي

---

(1) ابن شاهين الظاهري، **زبدة كشف الممالك وبيان الطرق والمسالك** (باريس، 1893م)، 138؛ ابن حجر، **إنباء الغمر**، ج3/ 330، 345، 348، 366، 370؛ لين بول، **تاريخ مصر**، 603-606؛ محمد مصطفى زيادة، «غزوة المماليك لقبرص»، **مجلة كلية الآداب - جامعة فؤاد الأول**، العدد الأول (1933م)، 90-113؛ سعيد عبد الفتاح عاشور، **قبرص والحروب الصليبية** (القاهرة: هيئة الكتاب، 2002م)، 89-121؛ عبد الدايم، **الصراع بين القوى المسيحية ودولة المماليك الجراكسة**، 212؛ متولي، **الفتح العثماني**، 29.

(2) السيد عبد العزيز سالم، **طرابلس الشام في التاريخ الإسلامي** (الإسكندرية: مؤسسة شباب الجامعة، د.ت)، 351.

كان يُعَد حينذاك في أوروبا لمحاربة العثمانيين، فضلًا عن المصاهرة السياسية التي دعمت وشائج التحالف، بعد أن تزوج جقمق من الأميرة العثمانية «شاهزاده» أرملة برسباي[1]. وعليه، أرسل السلطان جقمق بالفعل ثلاث حملات متتالية للسيطرة على الجزيرة، لكنها باءت كلها بالفشل[2]، وظلت الجزيرة بيد فرسان القديس يوحنا تقض مضاجع المسلمين شرقي المتوسط، حتى استطاع السلطان سليمان القانوني فتحها في عام 1523م[3].

ظل الجانبان العثماني والمملوكي يتبادلان رسائل الصداقة والوفود والهدايا، وكلما تحقق نصر لأحد الفريقين على عدوه سارع بإيفاد رسول ليبشر الطرف الآخر بنصر الإسلام. فعندما فتح العثمانيون سالونيك في 5 رجب 832هـ/ 9 أبريل 1429م، أرسل السلطان العثماني يزف إلى المماليك بشائر النصر. ووصلت هذه الصداقة إلى أبعد من ذلك، حيث بعث السلطان مراد الثاني رسوله في عام 831هـ/ 1428م يستشير السلطان برسباي في شرعية دفع الأفلاق للجزية[4]. لكن مرحلة الود وتبادل المصالح ما لبثت أن انقضت وتبدلت إلى الفتور مع دخول الدولتين في مرحلة تاريخية جديدة في ظل التغيرات الإقليمية التي بدأت تحدث في المنطقة.

ثانيًا: بداية مرحلة التوتر

تولى عرش العثمانيين بعد مراد الثاني ابنه محمد الثاني، وهو لا يزال في التاسعة عشرة من عمره، لكنه على الرغم من صغر سنه استطاع أن ينقل الدولة العثمانية خلال سنوات

---

(1) ابن تغري بردي، **المنهل الصافي**، ج4/ 312.

(2) بدأ السلطان جقمق أولى حملاته على رودس في ربيع الأول 844هـ/ أغسطس 1440م، حيث أبحرت خمس عشرة سفينة من بولاق مزودة بالجند، وبعد تزودها بالمؤن من قبرص انطلقت إلى «شاتورو» (Chateauroux)؛ الجزيرة التابعة لرودس التي ما لبثت أن سقطت في أيدي المماليك، ومع ذلك كانت رودس نفسها مستعدة للهجوم، إذ طرد أسطول تابع لها الأسطول المصري بعد تكبيده خسائر فادحة، لكن المماليك لم ييأسوا وكرروا المحاولة أكثر من مرَّة، كانت آخرها في صفر 848هـ/ يونيو 1444م، حيث أبحرت قوات حربية كبيرة من بولاق تحمل ألفًا من مماليك السلطان إلى جانب ثمانية عشر ألفًا من المتطوعين والجند من طرابلس الشام نجحوا في الرسو عند رودس، إلا إن المدينة نفسها قاومت بقوة، وبعد أربعين يومًا من الحصار عادت الحملة إلى القاهرة من دون أن تحقق أي انتصار. انظر: لين بول، **تاريخ مصر**، 607، 608.

(3) انظر: زيادة، **المحاولات الحربية للاستيلاء على جزيرة رودس**؛ العبادي وسالم، **تاريخ البحرية الإسلامية**، ج1/ 336-339؛ عاشور، **الحركة الصليبية**، ج2/ 1235، 36؛ عاشور، **العصر المماليكي**، 179-183؛ طرخان، **مصر في عصر دولة المماليك الجراكسة**، 106.

(4) انظر نص الرسائل: متولي، **الفتح العثماني**، 20-25.

قليلة من مجرد دولة آسيوية إلى دولة تتجه إلى تأسيس نظام العالم، خصوصًا بعد الإنجاز الكبير الذي حققه بفتحه للقسطنطينية ووراثته للعالم المسيحي الشرقي بأكمله في عام 857هـ/ 1453م، كما سبقت الإشارة في الفصل الأول. وعلى الرغم من هذا النصر الكبير الذي حققه الفاتح للإسلام، فإنه أقر في رسالة بعث بها إلى جيرانه المماليك بأحقيتهم في الوصاية على الأماكن المقدسة الإسلامية في مكة والمدينة[1]. ففي الوقت الذي تولى فيه السلطان الأشرف إينال (857-864هـ/ 1453-1460م) مقاليد الحكم في مصر، كان السلطان محمد الثاني مشغولًا بفتح القسطنطينية، وما إن انتهى من الفتح حتى سارع لتهنئة إينال بالملك، وبشره بما منَّ الله به عليه من النصر المبين، ووصل رسوله إلى مصر بعد الفتح مباشرة (857هـ/ 1453م) ومعه أسيران من عظماء القسطنطينية، وسُرَّ السلطان والناس قاطبة بهذا الفتح العظيم، وزُفت البشائر وزُينت القاهرة بسبب ذلك أيامًا[2].

على الرغم من العلاقات الطيبة التي سادت بين البلدين في مستهل حكم السلطان محمد الفاتح، فقد بدأت مرحلة الاحتقان والتوتر منذ ستينيات القرن الخامس عشر، وتحديدًا منذ عهد السلطان المملوكي الظاهر خشقدم (865-872هـ/ 1461-1467م)، وذلك بسبب الإمارات التركمانية الفاصلة بين البلدين، الواقعة في جنوب وجنوب شرق الأناضول، حيث أصبحت إمارتا «ذي القادر» و«قرمان» مركزًا للمؤامرات والدسائس التي تحاك ضد الدولة العثمانية، فضلًا عن الاستراتيجية الجديدة للدولة في ظل الفاتح التي ارتكزت على تأسيس نظام العالم أو الدولة العالمية. وقد انعكست هذه السياسة على توجهات السلطان وعلاقته بالدول المجاورة، لا سيما الدولة المملوكية، فبدأ محمد الفاتح في التدخل في شؤون الإمارات الحدودية. ومن هنا بدأ الخلاف الإقليمي بينه وبين المماليك، ووصل هذا الخلاف إلى ذروته عندما أتم السلطان الفاتح ضم إمارة قرمان داخل حدود الدولة العثمانية في عام 869هـ/ 1465م، فحاول السلطان قايتباي بعد ذلك التدخل في شؤون الإمارات التركمانية للحد من التدخل العثماني. أدى ضم العثمانيين لإمارة قرمان إلى تطور خطير أنذر بصدام عسكري وشيك، جرى تداركه عن طريق تفاهم هش بين البلدين لم تَعُد بعده العلاقات إلى سابق عهدها من الود والصفاء[3]، حيث ساد الفتور في العلاقات، حتى تدخَّل

---

(1) Inalcik, Arab - Turkish relations, p.150.

(2) ابن إياس، **بدائع الزهور**، ج2/ 316؛ المحامي، **تاريخ الدولة العلية**، 58.

(3) Inalcik, Arab - Turkish relations, pp.150-155.

محمد الفاتح مرَّة أخرى في السنة الأخيرة من حكمه في شؤون إمارة ذي القادر، ونَصَّب أميرًا مواليًا له على رأسها. وعليه، يرى توينبي أن الحملة التي جهزها السلطان قبل وفاته مباشرة لم تكن تهدف إلى غزو إيطاليا كما هو شائع، وإنما كانت تهدف إلى ضم إمارة ذي القادر إلى الدولة العثمانية(1).

تفاقمت الأمور مرَّة أخرى بين الدولتين بعد تولي السلطان بايزيد الثاني عرش الدولة، فمن ناحية وصلت سيادة الدولة في عهد محمد الفاتح إلى السيطرة على شبه جزيرة البلقان على الجانب الأوروبي، ولا يمكن أن تصل الدولة العثمانية إلى الاكتمال والنضوج كإمبراطورية تسعى إلى العالمية إلا بعد السيطرة الكاملة على الأناضول من الجانب الآسيوي، فتكتمل بذلك السيادة على شقي الإمبراطورية ويكتمل توازنها بين الجناحين الأوروبي والآسيوي. ومن ناحية أخرى فإن قوة العثمانيين التي استمرت في نمو مطَّرد كان لا بد لها أن تتصادم مع المماليك الذين تصدروا زعامة العالم الإسلامي. لكن مع هذا كانت هناك عوامل أخرى بدت أساسية في سوء تلك العلاقات، أهمها إيواء السلطان قايتباي للأمير العثماني جم الذي نازع أخاه بايزيد الثاني على عرش الدولة(2).

مثَّلت مساعدة السلطان قايتباي للأمير جم في حربه ضد السلطان بايزيد القشَّةَ التي قصمت ظهر البعير، وكانت سببًا مباشرًا لأول حرب تنشب بين البلدين. فبعد أن هرب جم إلى جزيرة رودس ما لبث السلطان بايزيد أن التفت إلى المماليك للانتقام منهم لمساعدتهم مناوئيه، فبدأ الأمر بمناوشات في عام 888هـ/ 1483م سبقت سنوات الحرب الفعلية بين الفريقين، التي سُميت بـ«حرب الست سنوات» (890-896هـ/ 1485-1491م). وعلى الرغم من أن تلك المناوشات المبدئية كانت لصالح القوات المصرية، فإن قايتباي حاول تدارك الأمر قبل استفحاله بعقد الصلح، فبعث رسولًا إلى بايزيد الثاني في صفر 890هـ/ 1485م يحمل معه تقليدًا من الخليفة المتوكل على الله إلى بايزيد الثاني «بأن يقوم مقام السلطان على بلاد الروم وما سيفتحه الله على يديه من البلاد الكفرية»(3)، لكن رسول قايتباي لم يصل إلى استانبول إلا بعد استيلاء المماليك على الحصون المجاورة لأذنة وطرسوس

(1) Toynbee, op. cit., pp. 368.

(2) ابن إياس، **بدائع الزهور**، ج5/ 505، 506.

(3) المصدر السابق، ج5/ 525-527.

في منطقة الثغور، لهذا استقبل بايزيد الرسول بفتور وعدم اكتراث، ورفض المصالحة واختار الحرب.

أصدر السلطان بايزيد أوامره لحاكم قرمان باستعادة القلاع التي استولى عليها المماليك في ربيع الأول 890هـ/ أبريل 1485م، فكان هذا الأمر الشرارة الأولى للصدام الأول الحقيقي المباشر بين جيشي الدولتين، فجهز على إثر ذلك السلطان قايتباي حملته الأولى على العثمانيين، التي كُللت بنصر كبير، فضلًا عن أسر كثير من الجند. فكان رد فعل بايزيد بعد هذه الصدمة أن أعد جيشًا كبيرًا وأرسل حملة بحرية اقتربت من ميناء الإسكندرية لقطع الطريق على أي حملة برية قادمة من مصر، وحاول آنذاك - كما سبقت الإشارة - الحصول على موافقة البندقية لتموين الأسطول من فاماجوستا بقبرص، لكن طلبه قوبل بالرفض، حتى اجتاحت عاصفة سفن الأسطول فأغرقت معظمها. بينما أرسل قايتباي حملة كبيرة على رأسها الأمير الكبير أزبك، بلغت نفقاتها مليون دينار، نجحت في تحقيق النصر مرَّة أخرى، وبناء على ذلك ساءت العلاقات بين البلدين أكثر فأكثر، حتى وصل الأمر إلى إلقاء السلطان بايزيد القبض على التجار المماليك في بلاده، وقطع الطريق التجاري المؤدي إلى بلاد الشام، ومنع مرور تجارة الرقيق القادمة من بلاد الجركس إلى مصر. وسارت العلاقات نحو التدهور إلى أن جاء مبعوث أمير تونس ساعيًا لإقرار السلام بين الطرفين في عام 894هـ/ 1489م، لكن مفاوضات الصلح تعثرت، حتى جاءت الخطوة الدبلوماسية المهمة من الجانب المملوكي بالجلاء عن الأراضي العثمانية التي جرى احتلالها. وعليه وفَد إلى مصر في عام 896هـ/ 1491م رسول عثماني يحمل مفاتيح القلاع التي استولى عليها العثمانيون، فاستقبله السلطان بحفاوة، وأمر في الحال بإطلاق الأسرى العثمانيين، وسرعان ما وقع الصلح في العام نفسه، وظلت حالة السلم سائدة بين الطرفين حتى وفاة السلطان بايزيد في عام 906هـ/ 1501م[1].

أثبتت حرب «الست سنوات» التي نشبت بين الدولتين استمرار قوة الدولة المملوكية من الناحية العسكرية، على الرغم من ظهور بوادر الضعف وأسبابه التي غيرت ملامح هذه

(1) ابن أجا، محمد بن محمود الحلبي، **العراك بين المماليك والعثمانيين الأتراك مع رحلة الأمير يشبك من مهدي الدوادار**، صنعة: محمد أحمد دهمان (دمشق: دار الفكر، 1986م)، 181-200؛ الراقد، **الغزو العثماني**، 100-106.

القوة بعد موت قايتباي[1]، هذا السلطان الذي أثبت أن وجوده على عرش الدولة، بحنكته وقوته، أخَّر عوامل هرم الدولة وسقوطها لعدة سنوات. انتهت معظم المواجهات بين البلدين بانتصار كبير للمماليك، لكن من ناحية أخرى كانت هذه المواجهات من العوامل المباشرة لإنهاك خزانة الدولة في وقت بدأت فيه عوامل الضعف الاقتصادي تحيق بدولة الجراكسة. وقد تلت هذه الحرب فترة علاقات جيدة، إذ أوفد السلطان قايتباي في عام 899هـ/ 1494م مبعوثًا إلى القسطنطينية محملًا بهدايا رائعة، من بينها أسد وزرافة، وفي الأعوام التالية وضع السلطان بايزيد الثاني أسس علاقات جيدة مع الناصر محمد بن قايتباي[2]، لكن فترة الحرب بين البلدين كانت ممهدة للصدام على نطاق واسع بين القوتين في عهد السلطان سليم الأول، الذي عاصر بعضًا من أيام الحرب عندما كان واليًا على طرابزون شرقي الأناضول في عام 895هـ/ 1490م[3].

ثالثًا: سليم الأول ومقدمات السيطرة على مصر

ارتقى سليم الأول العرش بعد تنحية أبيه السلطان بايزيد في عام 918هـ/ 1512م. وعلى الرغم من أن فترة حكمه لم تطل، حيث استمرت زهاء ثماني سنوات حتى عام 926هـ/ 1520م، لكنها كانت من أهم فترات التاريخ العثماني برمته. تولى السلطان سليم عرش السلطنة في وقت من أكثر الأوقات التي مرت بها الدولة صعوبة، حيث واجهت الدولة منذ بدايات القرن السادس عشر كثيرًا من التحديات العالمية والإقليمية، وكان عليها استيعابها بشكل كامل حتى تحقق أهدافها واستراتيجياتها القائمة على التوسع وتكوين دولة إسلامية عالمية. فمنذ بدايات القرن السادس عشر اختلف الوضع اختلافًا جذريًّا، أدى إلى توجُّه الدولة الكامل في عهد السلطان سليم شطر الشرق والجنوب، بسبب ظهور كثير من الأخطار التي بدأت

(1) كان من أهم تلك الأسباب توالي عدد من السلاطين على السلطة في غضون سنوات قليلة، وبدا معظمهم ضعيفًا وليس لهم دراية بأمور الحكم أو السياسة أو الحرب، فانخرطوا في اللهو واللعب وجمع الأموال، وأهملوا شؤون الدولة، فعمت الفوضى في أرجاء البلاد، وكان أولهم محمد بن قايتباي (901-904هـ/ 1496-1498م)، مرورًا بالظاهر قانصوه (904-905هـ/ 1498-1500م)، ثم الأشرف جانبلاط (905-906هـ/ 1500-1501م)، وصولًا إلى العادل طومان باي (906هـ/ 1501م)، لين بول، **تاريخ مصر**، 622.

(2) Ziada, The fall of the mamluks, p.12.

(3) متولي، **الفتح العثماني**، 81.

تحيق بالدولة العثمانية من جهة، وبالدول الإسلامية السُّنية، خصوصًا الدول العربية، من جهة أخرى، كما سبق أن أشرنا في الفصل السابق. بدأت الدولة العثمانية في عهد سليم الأول تشعر بمسؤوليتها الخطيرة تجاه العالم الإسلامي الذي وصل إلى حالة متردية من الضعف شكَّلت خطرًا كبيرًا عليه، فمن الناحية الغربية كانت الهجمات الإسبانية البرتغالية، ومن الشرق كان التهديد البرتغالي الصفوي. وعليه، بدأت الدولة تتجه إلى استراتيجية جديدة ووجهة جديدة، زجت بها في عمق الصراع على الساحة العربية، وأدى هذا بالطبع إلى تغير كبير في العلاقات بين الدولة العثمانية والمماليك في مصر.

على الصعيد المملوكي، تولى السلطان قانصوه الغوري (906-922هـ/ 1501-1516م) مقاليد الحكم في مصر، في وقت دخلت فيه البلاد طور الفوضى والانهيار، وعمت الكوارث والمحن، فحاول فرض النظام عن طريق التدابير التعسفية، مما زاد من البؤس العام، حيث جمع ضرائب عشرة أشهر دفعة واحدة، ولم يكتفِ بفرض الضرائب على الأراضي والمتاجر ومصادر الدخل المعتادة، وإنما تجاوز ذلك إلى الطواحين والسواقي والقوارب والدواب واليهود والنصارى، وحتى خدام القصر والأوقاف، وفَرَض رسومًا جمركية ثقيلة، هذا إلى جانب تدخله في قيمة العملة، فخفضها لصالح خزانة الدولة، مما ألحق خسائر فادحة بالأهالي والتجار. ولم يكتفِ بذلك، بل مارس سياسة احتكارية لسلع استراتيجية مثل القمح فتسبب في غلاء عظيم[1]، فكانت النتيجة مزيدًا من العائدات لصالح خزانة الدولة على حساب افتقار الناس وسخطهم. في المقابل، لم يقتصد في النفقات، بل أنفق بسخاء على بلاطه وعلى شراء المماليك وبناء مجموعته الشهيرة بشارع الغورية، وإصلاح طريق الحج، وإنشاء منازل الراحة للمسافرين، فضلًا عن بناء التحصينات في كلٍّ من الإسكندرية ورشيد، وترميم قلعة القاهرة[2].

من ناحية أخرى أدى تحول التجارة العالمية إلى طريق رأس الرجاء الصالح في

---

(1) قال ابن إياس في حوادث صفر سنة 919هـ/ 1513م: «فلما شق السلطان من القاهرة أسمعته العوام الكلام بسبب تشحيط الخبز وغلو الدقيق، وكان القمح الجديد قد وصل، وأشيع بين الناس أن السلطان يشتري القمح ويرسله إلى الشام، فإنه كان بها غلاء عظيم؛ حتى قيل وصل فيها كل أردب قمح إلى سبعة أشرفية، وكذلك حلب أيضًا، فكان يشتري القمح من مصر ويرسله إلى البلاد الشامية، فانشحطت القاهرة من الخبز والدقيق بسبب ذلك»، ابن إياس، **بدائع الزهور**، ج4/ 302.

(2) لين بول، **تاريخ مصر**، 623؛ انظر مزيدًا من التفاصيل: ابن إياس، **بدائع الزهور**، ج5/ 89-92، 94، 95.

أواخر القرن التاسع الهجري/ الخامس عشر الميلادي إلى اضمحلال التجارة التي اشتهرت بها مصر في العصور الوسطى، التي كانت من الأسباب الرئيسية لقوة الدولة المملوكية، حيث تسبب ذلك في إضعاف النشاط التجاري والعوائد المالية للدولة، وما صاحب ذلك من مجهود حربي لمواجهة الخطر البرتغالي[1]، واختفت إلى حدٍّ بعيد من أسواق الإسكندرية البضائع الهندية التي كانت تزخر بها هذه الأسواق، وقل مجيء سفن البندقية إلى هذا الثغر المصري، واتجهت السفن إلى لشبونة لأخذ بضائع الهند منها، وهكذا انتقل مركز التجارة الشرقية من الإسكندرية إلى لشبونة[2]، بعد أن كانت الإسكندرية طوال العصر الوسيط لا تقل أهمية عن أكبر مدن البحر المتوسط التجارية مثل البندقية وجنوة ومرسيليا[3]، وعليه، فقدت مصر دعامة كبرى من دعائم ثروتها. وقد زاد من خراب الثغور واضمحلالها، خصوصًا الإسكندرية، تعسف السلاطين واستبداد نوابهم، الذين كانوا ينهبون الأهالي والتجار، وقد كانت الإسكندرية المركز التجاري الرئيسي - باستثناء دمشق - لجميع بلاد السلطان، ومستودع البضائع والسلع[4]. وتفاقم التدهور الاقتصادي في ظل المحاولات المستمرة للمشاريع الصليبية منذ القرن الثامن الهجري/ الرابع عشر الميلادي لضرب مصالح الدولة التجارية في البحر المتوسط، سواء بفرض حصار اقتصادي على شواطئ وثغور مصر والشام، أو بشن هجمات عسكرية على السفن والموانئ التابعة للمماليك[5].

في حين انحدرت الدولة المملوكية إلى طور الأفول، بدأ العالم في الظهور بثوب العصر الحديث، حيث طرأت تغيرات على الساحة العالمية، نتج عنها كثير من الأمور على الصعيدين السياسي والاقتصادي. فبدأت الكيانات السياسية الحديثة تظهر في أوروبا، وفي المقابل اتجهت قوى العصر الوسيط نحو الأفول، ولم تَعُد قوى العالم التقليدية المتحكم الرئيسي في الاقتصاد والتجارة، وهو السبب الأول في السيطرة والهيمنة، بل انتقل هذا الدور إلى

---

(1) أباظة، **أثر تحول التجارة**، 48، 49.

(2) عبد العزيز محمود عبد الدايم، **مصر في عصري المماليك والعثمانيين** (القاهرة: مكتبة نهضة الشرق، 1996م)، 245.

(3) فهمي، **طرق التجارة الدولية**، 131.

(4) سالم، **تاريخ الإسكندرية**، 405.

(5) سعيد عبد الفتاح عاشور، «الحصار الاقتصادي على مصر زمن الحروب الصليبية»، ضمن كتاب: **بحوث ودراسات في تاريخ العصور الوسطى** (بيروت، 1977م)، 153، 154.

دول العصر الحديث التي خرجت بكل ثقلها من ظلام العصور الوسطى الأوروبية، لتشكِّل بعد ذلك أساسًا لنهضة علمية وثقافية دفعت أوروبا إلى خارج حدودها السياسية لتنطلق إلى ما يُسمَّى «الاستعمار الحديث». لم تَعُد السلطنة المملوكية في مصر والشام والحجاز هي المسيطر الأول على طرق التجارة الرئيسية من الشرق إلى الغرب، فضلًا عن أنها لم تصبح تلك الدولة التي وقفت في وجه الصليبيين ومنعتهم من التقدم نحو الشرق، وكذلك لم تَعُد الدول البحرية العظمى مثل البندقية وجنوة هي الوسيط التجاري بين الشرق وأوروبا، فقد أسهمت التغيرات السياسية الجديدة في العالم في حدوث انقلابات كبيرة على صعيد توازن القوى العالمي[1].

ذكرنا من قبل، الأسباب والأوضاع العامة التي دفعت الدولة العثمانية إلى تغيير وجهتها العسكرية إلى المشرق العربي، لكن من الغريب أننا واجهنا ندرة المعلومات عن الأسباب المباشرة والحقيقية التي دفعت السلطان سليم الأول إلى الولوج إلى قلب العالم العربي، على الرغم من الأهمية التاريخية التي اكتسبها هذا الحدث، فقد كانت سيطرة العثمانيين على مصر نواة استطاعت من خلالها الدولة العثمانية السيطرة شبه الكاملة على العالم العربي. ولم تصلنا بشكل مؤكد المراحل الأولى لاتخاذ السلطان سليم قراره التاريخي بفتح مصر، ولنا أن نتساءل: هل كان ينوي في الأصل السيطرة على مصر، أم أمْلَت عليه الظروف ذلك وازدادت طموحاته باطِّراد تبعًا لنجاحاته المستمرة؟

يرى البعض أن تحركه تجاه المشرق العربي كان مفاجئًا وبلا مقدمات، وهذا التوصيف يشير بالفعل إلى عدم وجود معلومات دقيقة حول الظروف التي أحاطت بالحدث. هناك فقط تفاصيل قليلة أشارت إليها الدراسات الحديثة منذ تحرك السلطان سليم بعد تنظيمه لقواته في الأناضول وحتى عودته إلى استانبول بعد إتمام سيطرته على الشام ومصر، ومعظم هذه الدراسات تؤكد على أن تحركه كان ناجمًا أولًا عن ظروف سياسية ودبلوماسية أدت في النهاية إلى تدخل واسع النطاق في قلب العالم العربي[2]. لم تبدأ علاقة سليم بالمماليك عند ارتقائه العرش بعد تنحي والده في عام 918هـ/ 1512م، بل كانت قبل ذلك بكثير عندما كان

---

(1) سالم، **استراتيجية الفتح العثماني**، 115، 116.

(2) انظر: أندرو هس، «الفتح العثماني لمصر (1517م) وبداية الحرب العالمية للقرن السادس عشر»، ترجمة وتعليق: أحمد سالم سالم، **دورية كان التاريخية**، العدد الحادي والعشرون (سبتمبر 2013م)، 134-147.

أميرًا في شرق الأناضول، حيث استمر في الإمارة لفترة طويلة بلغت ثلاثين عامًا، وكانت ولايته في منطقة شديدة الحساسية بالنسبة إلى الدولة، ووقع فيها كثير من الصراعات والفتن، وأدى ذلك بالطبع إلى اكتساب شخصية سليم لكثير من الصفات والمعالم والتوجهات التي أثَّرت بعد ذلك في أفكاره وقراراته. وإذا دققنا النظر في تصرفات سليم الأمير عندما كان واليًا على طرابزون، فسنرى بالفعل بشائر توجهاته التي لم تكن مفاجئة بالمرَّة.

كانت تدابيره التي اتخذها في أثناء ولايته على شرقي الأناضول سببًا مباشرًا لتوليه العرش، بدلًا من أبيه وهو لا يزال حيًّا، بعد مساندة الجيش. فعندما استشعر سليم الخطر الشيعي شرقي الأناضول سار في حملات متتابعة، أشهرها حملة عام 914هـ/ 1508م، استولى فيها على أجزاء كبيرة من شرقي الأناضول كانت تابعة للآق قيونلو وإمارة ذي القادر التي استولى عليها الصفويون، وتقابل مع الجيش الصفوي في عدة معارك كان يصطحب فيها ابنه الصغير الأمير سليمان، واستطاع من خلال تلك المعارك إرهاب الشاه إسماعيل وإحباط بعض مخططاته. هكذا كان إدراك سليم للخطر الشيعي، وإثباته فعليًّا قدرته على اتخاذ التدابير اللازمة لمواجهته، عندما رأى سياسة والده بايزيد لا ترتقي إلى مستوى الحدث، بعد أن أمر بناءً على شكاية الشاه له بإعادة أجزاء من شرقي الأناضول إلى الصفويين[1]، فضلًا عن معاصرة الأمير سليم لحرب «الست سنوات» بين أبيه والسلطان المملوكي قايتباي، ومعاينة قوة المماليك ومِراسهم، وكيف كان النصر حليفهم دائمًا، ولم يتمكن بايزيد الثاني من الثأر لهزائمه المتتالية مع كون الدولة العثمانية في هذه المرحلة قوة عظمى استطاعت أن ترهب أوروبا بأكملها. كانت كل هذه الأحداث بالطبع حافزًا ومكونًا أساسيًّا لقرارات السلطان سليم فيما بعد عندما توجه بجيوشه إلى مصر.

بدأت العلاقات بين سليم والغوري تتسم بالحذر الذي ظهر عندما امتنع الغوري عن إرسال التهنئة الروتينية فور اعتلاء سليم العرش، إلا إن ذلك لم يمنع من استئناف تبادل الرسائل فيما بعد في مناسبات مختلفة. لكن العلاقة بين الدولتين لم تكن علاقة ود وتبادل مصالح كما كانت في الماضي، والمدقق في الأحداث المتشابكة حينذاك يجد أن العلاقة ظهرت في بعض الأحيان كعلاقة صداقة على عكس ما كانت عليه في الواقع، وذلك بسبب الأسلوب الودي للرسائل المتبادلة، فضلًا عن التقارب الذي حدث بين الدولتين في بعض

---

(1) أوزتونا، **تاريخ الدولة العثمانية**، ج1/ 205، 206.

الأحيان بسبب التحديات المشتركة وأهمها التهديد الصليبي، سواء البرتغالي في البحار الشرقية، أو الإفرنجي شرقي البحر المتوسط[1]، حيث لم يجد المماليك أمامهم سوى العثمانيين لمساعدتهم في توفير المواد الخام اللازمة، مثل الأخشاب لبناء المراكب والسفن، والحديد والنحاس والبارود لصنع المدافع وإطلاق القذائف، فضلًا عن الاستعانة بالخبرات الفنية والقيادية، حتى إن ابن إياس أشار في حوادث جمادى الأولى سنة 913هـ/ 1507م إلى زيارة القائد العثماني الكبير كمال ريس لمصر[2]، تلك الزيارة التي جاءت على الأرجح بدعوة من المماليك للاستفادة من الخبرات العثمانية في المجال البحري، والمساهمة بتلك الخبرة في بناء الأساطيل المزمع إنشاؤها لمواجهة التهديد الصليبي[3].

كانت العلاقة في الواقع غير ذلك، حيث وصلت إلى مستوى تضارب المصالح، خصوصًا بعد ظهور القوة الإقليمية الثالثة، وهي الدولة الصفوية، التي بدأت بالفعل في تغيير ملامح العلاقات المتبادلة بين كلٍّ من المماليك والعثمانيين، فإن تحالفت قوتان من القوى الثلاث ضد القوة الباقية لانتهى الأمر لا محالة بالقضاء على تلك القوة، لذا بُنيت العلاقة بين المماليك والعثمانيين منذ ذلك الوقت على هذا العامل الجديد، فلم يبدِ طرف العداء السافر للطرف الآخر، بل كانت الرسائل المتبادلة تتخفى تحت ستار من الموادعة والمهادنة حتى يأمن كل طرف شر الآخر. وعلى الرغم من ذلك، ظهر العداء في بعض التصرفات التي أدت إلى توتر ظاهر في العلاقات. ومن أهم الأسباب التي أدت إلى التوتر، إيواء السلطان الغوري للأمير العثماني قُرْقُد، شقيق السلطان سليم ومنافسه على العرش، كما حدث من قبل مع الأمير جم، وقد أحسن الغوري وفادته، ورتب له راتبًا كبيرًا[4].

حرص السلطان الغوري على أن يكون محايدًا في ذلك الصراع الذي نشب بين الدولة

(1) ابن إياس، **بدائع الزهور**، ج4/ 192.

(2) المصدر السابق، ج4/ 119، 122، 129، 201، 285.

(3) بل وصل الأمر بالغوري - كما روى ابن إياس - أن سلَّم قيادة الحملة التي خرجت من السويس في عام 921هـ/ 1515م إلى الريس سلمان العثماني، بعد أن أشرف وشارك هو وعدد من الحرفيين العثمانيين في بناء الأسطول وتحضيره، بل إن الحملة نفسها لم يكن بها أكثر من ستمائة وخمسين مقاتلًا مملوكيًا من أصل ستة آلاف هم قوام الحملة التي غلب عليها المغاربة. أما العثمانيون، فشاركوا بألفي مقاتل من رماة البنادق، وهو دليل لا يقبل الشك على مدى التغلغل الذي وصل إليه العثمانيون في الدولة المملوكية، ويؤكد حقيقة عجز المماليك وضعفهم أمام التفوق العثماني. انظر: المصدر السابق، ج4/ 365، 366، 466، 467.

(4) جاء ذلك في حوادث صفر سنة 915هـ/ 1509م. انظر: المصدر السابق، ج4/ 152.

العثمانية والصفويين الشيعة[1]، فالدولة المملوكية في عهد الغوري ليست كما كانت في زمن قايتباي، إذ بدأت في الانهيار الفعلي بعد أزماتها الاقتصادية الطاحنة، ومن هنا بدأ الغوري في التخوف من قوة العثمانيين المتزايدة، وظهر ذلك جليًّا في اهتمامه الزائد بتحصين المدن الساحلية خصوصًا الإسكندرية[2]، وفي الوقت نفسه أدرك قوة الدولة الصفوية التي تريد أن تقحم نفسها في المنطقة العربية. وهكذا بدأ الغوري يتجنب مساندة إحدى القوتين على حساب الأخرى، وحاول أن يُحدث ذلك التوازن في القوى الذي يُبقي على دولته الآخذة في الضعف[3]. ثم أظهرت بعض تصرفات الغوري أنه بدأ يُعِد العدة لمواجهة غزو محتمل من قِبل الدولة العثمانية، خصوصًا بعد هزيمة السلطان سليم للصفويين في تشالديران في عام 920هـ/ 1514م، وهو ما أدى إلى سيطرة العثمانيين على مناطق جنوب شرق الأناضول، لا سيما مناطق ديار بكر والموصل والجزيرة، فضلًا عن انتزاع السيادة على إمارة ذي القادر لصالح العثمانيين، فبات العثمانيون بذلك على تخوم دولة الجراكسة، وأصبح الصدام بين الدولتين أمرًا حتميًّا[4].

كان خروج إمارة ذي القادر عن السيادة المملوكية ذا أثر كبير في العلاقات بين الدولتين، ففي الوقت الذي وجَّه فيه الغوري كل اهتمامه للاستعدادات القائمة لقتال البرتغاليين، وصلت الأخبار في 14 جمادى الأولى 921هـ/ 27 يونيو 1515م عن المعركة التي وقعت بين السلطان سليم وأمير ذي القادر، علي دولت، التي انتهت بسيطرة السلطان سليم على الإمارة بعد قتل

(1) هذا على الرغم من أن السلطان سليم بعث قاصده إلى القاهرة في 23 ربيع الأول 920هـ/ 1514م يُعلم السلطان الغوري بتحركه ضد الدولة الصفوية، ويطلب منه التحالف معه. ويروي ابن إياس أن رسالة القاصد جاء بها: «إن ابن عثمان يقصد أن يمشي على شاه إسماعيل الصوفي صاحب العراقين، فأرسل يُعلم السلطان بذلك، وأن يكون هو والسلطان أمرًا واحدًا وقولًا جازمًا على الصوفي حتى يكون من أمره ما يكون»، المصدر السابق، ج4/ 372، 373.

(2) انظر عن تحصين الإسكندرية في عهد الغوري: المصدر السابق، ج4/ 412، 475، 476؛ سالم، **تاريخ الإسكندرية**، 406-413.

(3) بعد أن علم السلطان الغوري بالحرب الوشيكة بين العثمانيين والصفويين، استدعى الأمراء للتشاور، «فوقع الرأي من الأمراء بأن العسكر يخرج من مصر ويقيم في حلب حتى يظهر ما يكون بين ابن عثمان والصوفي من الفتن، وأن العسكر لا يدخل بين الفريقين حتى يبدو من أحدهما الغدر على عسكر مصر»، ابن إياس، بدائع الزهور، ج4/ 376.

(4) المصدر السابق، ج4/ 462، 463.

أميرها. ومع استياء السلطان الغوري من تلك الأخبار، إلا إنه لم يُحرك ساكنًا[1]، مما أثار استياء أمراء دولته، فقالوا له: «يا مولانا السلطان، غالب البلاد الحلبية خرجت من أيدينا وصارت بيد ابن عثمان، وخُطب له فيها باسمه، وضُربت السكة باسمه، وشَرع في بناء برج عند عقبة بغراس وآخر عند باب الملك، والسلطان يده في الماء البارد. وفسدت أحوال المملكة وغالب الرعية بحلب وغيرها من ظلم النواب وجورهم، يميلون إلى ابن عثمان لأجل عدله في الرعية، وهذه الأحوال غير صالحة»[2]، ومع ذلك لم يلقِ الغوري لقولهم بالًا، وأصر على موقفه السلبي، وكان ذلك على الأرجح بسبب الحملة المزمع إرسالها إلى الهند تحت قيادة القائد العثماني سلمان ريس وبصحبته أكثر من ألفين من البحارة العثمانيين المقاتلين فضلًا عن رماة البنادق.

من الغريب أن المساعدات العسكرية العثمانية للغوري في قتاله للبرتغاليين جاءت متزامنة مع خطوات معادية اتخذها السلطان سليم ضد المماليك تشير إلى استمرار تصعيده المتعمد للموقف، حيث قطع طرق التجارة المملوكية من الشمال، وبنى أبراجًا عند عقبة بغراس للسيطرة على الطريق التجاري غربي الأناضول الواصل حتى حلب، فضلًا عن منع التجار من جلب المماليك الجركس إلى الأراضي المملوكية، مثلما فعل من قبل السلطان بايزيد الثاني إبان حرب «الست سنوات»[3]. وهكذا يكون العثمانيون قد فرضوا حصارًا اقتصاديًّا من الشمال في الوقت الذي فرضه البرتغاليون من الجنوب، فكان ذلك من العوامل الحاسمة في الصراع العثماني المملوكي. ومع محاولة الغوري تجنب حرب العثمانيين لظروف دولته بالغة السوء، أوصله تتابع الأحداث وتعقدها إلى ما يشبه الطريق المسدود، فسعى مضطرًّا تحت ضغط الأمراء واستفزازات السلطان سليم المستمرة لاتخاذ خطوات استباقية للصدام المحتمل بين الجانبين، على الرغم من علمه شبه التام آنذاك بعدم استعداد جيشه لخوض مثل هذا النوع من المعارك لأسباب كثيرة.

---

(1) المصدر السابق، ج4/ 458.

(2) المصدر السابق، ج4/ 463.

(3) أنيس، **الدولة العثمانية**، 109.

رابعًا: صدام القوتين وسقوط الدولة المملوكية

سقطت الدولة المملوكية على يد العثمانيين بأسهل مما كان يتصوره الجانبان، بعد أن وصلت إلى درجة من الهشاشة لم يسبق لها مثيل، وذلك لم يكن سوى نتيجة مباشرة لما وصل إليه عامة المماليك وخاصتهم من فُرقة وانقسام وضعف وتناحر، مما ضرب القواعد الرئيسية التي بُنيت عليها الفروسية المملوكية، والتي ارتكزت في الأساس على ما كان يحصل عليه المماليك من تدريب حربي وديني أثَّر في خُلُقهم وسلوكياتهم، يضاف إلى ذلك ما التزمه هذا النظام من ولاء المملوك وإخلاصه لسيده ورفاقه في الرق والعتق، فضلًا عن تقديره كفاءة المملوك وجدارته عند ترقيته في الرتب والوظائف. غير أن هذه القواعد أصابها كثير من الخلل والاضطراب، فلم يَعُد السلاطين الجراكسة يحفلون بطول مدة بقاء المملوك في الطباق فيخرج مفتقرًا إلى الصفات التي يشتهر بها الفارس الماهر من التدريب الجيد والخلق القويم والولاء الصحيح، يضاف إلى ذلك كثرة جلب البالغين من المماليك أو من أطلق عليهم «المماليك الجلبان»، الذين جاءوا بعد أن تكونت أخلاقهم وامتهنوا الحرف في بلادهم، فنقلوا معهم مساوئهم ورذائلهم وعدوا مصدرًا للشر والفتنة في البلاد[1].

ازداد نفوذ الجلبان في أواخر العصر المملوكي على حساب الفئات الأخرى من المماليك، خصوصًا مماليك السلاطين السابقين وهم المعروفون بـ«القرانيص»، فالسلطان ومماليكه هم الذين يتمتعون بالسلطان والنفوذ والثروة. فضلًا عن العنصرية التي شهدها الجيش المملوكي في هذه الفترة من تفضيل العنصر الجركسي، والإصرار على بقاء الأكثرية المطلقة في الجيش من الجراكسة[2]، فأصبح العداء بين فئات المماليك عاملًا مباشرًا في تفكك الجيش، وانصرف الجلبان إلى إهمال الواجبات الحربية، مما جعل السلاطين يعتمدون في حملاتهم الحربية على القرانيص على الرغم من عدائهم للجلبان، ولعل قلة تجريد الجند للحروب الخارجية ساعد على إضعاف روح الولاء عند المماليك وكثرة ثوراتهم وانصرافهم إلى الفتن الداخلية. وتجلت أحوال الانحلال المملوكي تمامًا حين أخذ السلطان الغوري يُعِد العدة من جانبه لمواجهة الجيش العثماني في عام 922هـ/ 1516م، فحاول تسوية مشكلاته

---

(1) السيد الباز العريني، **المماليك** (بيروت: دار النهضة العربية، د.ت)، 260.

(2) أحمد عبد الكريم سليمان، **العنصرية وأثرها في الجيش المملوكي** (بيروت: دار النهضة العربية، 1988م)، 115.

الداخلية التي نشأت عن ثورة مماليكه السلطانية من الجلبان والقرانيص بسبب تأخر رواتبهم. وهال الغوري أن ينغمس مماليكه في الفتنة داخل الدولة، بدلًا من الانصراف إلى شؤون الحرب المنتظرة[1]، لذلك قال لهم: «أنا ما بقيت أعمل سلطانًا، وَلوا عليكم من تختارونه غيري»[2]. وعندما استطاع كبار الأمراء أن يسترضوا السلطان الغوري، قال للمماليك: «لا تشمتوا العدو فينا، وابن عثمان متحرك علينا، ولا بد من خروج التجريدة له عن قريب»[3].

بدأ السلطان الغوري تحضيراته للحملة المزمعة بالسعي للتحالف مع الدولة الصفوية عن طريق إرسال نديمه العجمي «الشنقجي» برسالة سرية إلى الشاه إسماعيل[4]، ثم شرع في الاستعدادات العسكرية اللازمة لخروجه على رأس الجيش، تزامنًا مع إرسال مائتي مكحلة وعدد كبير من المدافع والصوان إلى الإسكندرية للدفاع عن المدينة في حال تعرضها لهجوم من قِبل العثمانيين. وفي غضون ذلك وصلت إلى الغوري، وهو لا يزال في مصر، رسالة من خاير بك نائب حلب، يذكر فيها أن السلطان العثماني ينوي محاربة الصفويين، مع الأخذ في الاعتبار أن خاير بك في رأي كثيرين كان على اتصال سري بالعثمانيين منذ وقت مبكر، ولم يكتفِ خاير بك بذلك، بل أوعز إلى سيباي نائب الشام بإقناع السلطان المملوكي بأن العثمانيين لن يفكروا في محاربة المماليك، إلا إن سيباي - كما أشار ابن زنبل - كشف خيانة خاير بك أو خمَّن ذلك، وأخبر السلطان الغوري في رسالته إذ قال: «والذي يعلم به مولانا السلطان أن خاير بك ملاحي علينا»[5]. ومن الواضح أن السلطان الغوري لم يستمع إلى خاير بك واستمر في استعداداته للحرب، وفي الوقت نفسه لم يلقِ بالًا لما قاله سيباي عن علمه بخيانة خاير بك. وبالفعل، خرجت الحملة العسكرية إلى الشام في 15 ربيع الآخر 922هـ/ 17 مايو 1516م، وعلى رأسها السلطان الغوري المتوجس خيفة من قتال العثمانيين، كما ظهر في أفعاله المتخبطة، ولم يبدُ واثقًا من النصر كما كان قايتباي من قبل[6].

---

(1) العريني، **المماليك**، 263.

(2) ابن إياس، **بدائع الزهور**، ج4/ 484.

(3) المصدر السابق، ج5/ 7.

(4) المصدر السابق، ج4/ 481.

(5) ابن زنبل الرمال، **آخرة المماليك**، تحقيق: عبد المنعم عامر، سلسلة الألف كتاب الثاني (القاهرة: هيئة الكتاب، 1998م)، 4.

(6) انظر تفاصيل الحملة في: ابن إياس، **بدائع الزهور**، ج5/ 7 وما يليها.

وصل السلطان الغوري إلى حلب في 10 جمادى الآخرة 922هـ/ 11 يوليو 1516م، وهناك اعتدى المماليك على أهالي حلب بوحشية - كما يروي ابن زنبل - فكان ظلم المماليك سببًا مباشرًا في هزيمتهم الفاصلة في مرج دابق، لأن الأهالي اعتبروا السلطان سليم عند دخوله إلى الشام مخلصًا ومحررًا فقدموا له المساعدات. يقول ابن زنبل:

«فأمر السلطان سليم بإرسال قاضٍ إلى الغوري، وكان اسم القاضي زبرك زاده، وكان أعرج، فما زال حتى وصل إلى حلب، فرأى أوطاق الغوري خاليًا من العسكر، ما فيه إلا نحو ألف أو ألفين، لأنهم كانوا كلهم دخلوا إلى مدينة حلب، وأخرجوا الناس من بيوتهم، وسلبوا حريمهم وأولادهم، وآذوهم الأذى البليغ، وكان ذلك سببًا لقيام أهل حلب مع السلطان سليم على الجراكسة، لشدة ما حل بهم من الضرر منهم»[1].

وتأكيدًا لهذا الكلام وصلتنا وثيقة تاريخية بالغة الأهمية، عبارة عن عريضة كتبها علماء وقضاة وأشراف مدينة حلب وقدموها إلى السلطان سليم، وتضمنت هذه العريضة مطالب أهالي حلب وأشرافها، ذكروا فيها أن أهالي سوريا سئموا من ظلم المماليك، وأن رجال الإدارة والحكم يخالفون الشريعة الإسلامية، وأن السلطان إن رغب في فتح سوريا فإن الأهالي على استعداد تام للترحيب به، وأنهم سيأتون حتى مدينة عنتاب لاستقباله مرحبين، وأنهم سيطلبون منه تعيين وزير موثوق به لإدارتهم[2]، ووفقًا لهذا ذكر ابن زنبل أن السلطان سليم أرسل إلى الغوري خطابًا جاء فيه: «إن لم ترجع عما أنت فيه من الظلم والعناء على المسلمين وإلا جئتك بعسكر من الروم، وأخرب مصرك عليك»، فأرسل الغوري إليه: «أنا لا أحوجك للمجيء إلينا، ولكن تأهب للقاء الأبطال، وتنظر كيف تفعل الرجال»[3].

---

(1) ابن زنبل، **آخرة المماليك**، 91.

(2) أرسل هذه الوثيقة باللغة التركية، أبو البقاء شمس الدين جمال الدين، نائبًا عن قضاة المذاهب الأربعة في حلب وسبعة عشر من أعيانها وأشرافها، والوثيقة محفوظة بطوب قابي سراي باستانبول تحت رقم ج. 11634. انظر ترجمة الوثيقة عند: متولي، **الفتح العثماني**، 136؛ انظر أيضًا: كوندز، **الدولة العثمانية المجهولة**، 231.

(3) ابن زنبل، **آخرة المماليك**، 105.

ذكرت بعض المصادر أن السلطان سليم لم يكن ينوي قتال المماليك عندما خرج إليه السلطان الغوري بالقرب من حلب، إذ إنه خرج على رأس حملة كانت متوجهة على الأرجح لإتمام العمليات العسكرية ضد الدولة الصفوية، أي أن توجهه للقاء المماليك لم يسبقه الإعداد والتجهيز له. لقد توجَّه ناحية الشام عندما علم بخروج الغوري في جيشه يتحين لقاءه، فيذكر ابن محمد اللخمي - على سبيل المثال - أن السلطان سليم:

«ذهب لاستئصال عدو الله مانع بره، الكافر بنعمة ربه، إسماعيل بن حيدر الصوفي، فنهض أيده الله - السلطان سليم - نهوض الأسد في الغابات، وشمر عن ساعدي الجد والثبات، رجاء ثواب الله الكريم، وفضله الواسع العميم، وسار سيرًا ثانيًا، إلى أن وصل مدينة قرمان، وَرَدَ عليه الخبر من هذه الأوطان، بنزول الغوري من دار كنزه، ومقر ملكه وعزه، فخرج من مصر مع جنوده، كخروج فرعون من غير وفده، إلى أن أناخ بمحروسة حلب الشهبا»[(1)].

وعلى العكس من ذلك، هناك رأي آخر يعتقد أن السلطان العثماني عزم من أول يوم خرج فيه على التوجُّه لمحاربة المماليك، إلا إنه نَشر الأخبار الكاذبة عن وجهته الحقيقية، مدعيًا أنه عازم على محاربة الصفويين، كما أرسل إلى الغوري رسائل مليئة بالألفاظ المعسولة مصحوبة بالتحف والهدايا، للتمويه عليه وتضليله، والتأكيد له على عزمه على التوجُّه إلى البلاد الشرقية لمحاربة القيزلباش. وردَّ الغوري على رسالة سليم برسالة تدل على مكر شديد وعدم انخداع بالتمويه الذي اتبعه السلطان العثماني، حيث أخبر السلطانُ المملوكي سلطانَ العثمانيين بأن آراء أمرائه اقتضت التوجُّه بالعسكر إلى الشام وحلب لكي يصلح بين العثمانيين والصفويين. ولا شك أن هذا الفعل كذلك ما هو إلا تمويه من الغوري يخفي به نواياه الحقيقية، وهي الدفاع عن بلاده واستعداده لمحاربة سليم[(2)].

في تلك الأثناء غيَّر سليم خط سيره من الوجهة الشرقية إلى الأراضي المملوكية، وفور عِلم الغوري بذلك أرسل إليه رسولًا يؤكد له رغبته في الصلح واهتمامه بأمر الوساطة بينه وبين الصفوي، إلا إن السلطان سليم عَلِم من هذه الرسالة مكر الغوري وخداعه، وأنه يعلم

(1) اللخمي، **الدر المصان في سيرة المظفر سليم خان**، تحقيق: هانست إرنست (بيروت: دار إحياء الكتب العربية، 1962م)، 7.

(2) ابن إياس، **بدائع الزهور**، ج5/ 45، 60؛ متولي، **الفتح العثماني**، 154، 155.

بأمر تحركاته من خلال عيونه وجواسيسه، وبالتالي أرسل إليه رسالة أثناء تحركه في الأراضي المملوكية يخبره فيها أنه كان متوجهًا أصلًا إلى الديار الشرقية، لكنه عدل عن ذلك وتوجَّه إلى الديار المملوكية، نظرًا لما وصله من خروج الغوري إلى الشام لمؤازرة الصفوي ضد الجيش العثماني[1]. لكننا بالطبع لا نستطيع أن نحكم على نية سليم المسبقة، أكان بالفعل ينتوي قتال الصفوي ثم غيَّر رأيه كما قال في الرسالة، أم أنه افتعل هذا الموقف ليبرر التحرك نحو الأراضي المصرية؟ وهنا يذكر ابن إياس أن رسول الغوري الذي أرسله إلى سليم عاد من عنده برسالة مفادها أن «قل لأستاذك يلاقينا على مرج دابق»[2]. هكذا تطور الأمر بين الغوري وسليم بسرعة تكاد تكون مفتعلة ظاهريًّا، لكن في الواقع كانت قد لاحت في الأفق منذ فترة بوادر الصدام العسكري بين الفريقين.

استجاب الغوري بالفعل، للزمان والمكان اللذين حددهما السلطان سليم، مما يشير ضمنيًّا إلى أن زمام الأمور استقر بيد العثمانيين منذ البداية. فسرعان ما خرج السلطان الغوري من حلب في 20 رجب 922هـ/ 19 أغسطس 1516م، وبصحبته الخليفة العباسي والقضاة الأربعة في إثر الجيش الذي خرج أولًا، ثم زحف الجميع ناحية مرج دابق، حيث التقى الجيشان في ضحى يوم الأحد 25 رجب 922هـ/ 24 أغسطس 1516م[3].

لم تكن مرج دابق من المعارك التي يمكن أن تتدارك عواقبها، إذ كانت معركة فاصلة في التاريخ الحديث برمته، وسببًا مباشرًا في تغيير جذري في جغرافيا وتاريخ الشرق الأدنى استمر لما يقرب من أربعة قرون، فضلًا عن وضعها حدًّا فاصلًا بين أساليب العصور الوسطى القتالية التي اعتمد عليها المماليك اعتمادًا كاملًا، وهي السيف والفروسية، وبين الأساليب الحديثة التي استخدمها العثمانيون وكانت من أسباب نصرهم المباشرة في معظم المعارك، وهي استخدام الأسلحة النارية، فكان انتصار العثمانيين في هذه المعركة انتصارًا لمقومات العصر الحديث على العصور الوسطى بكل ما تحويه. من ناحية أخرى، لم تكن مرج دابق بالنسبة إلى العثمانيين سوى معركة في سلسلة معارك كبرى استطاعت من خلالها الدولة العثمانية أن تمد سلطانها على المناطق الحيوية في العالم القديم. أما بالنسبة إلى المماليك

---

(1) انظر نص الرسالة: المرجع السابق، 162.

(2) ابن إياس، **بدائع الزهور**، ج5/ 68.

(3) المصدر السابق، ج5/ 68، 69.

فكانت معركة مصيرية، حاولت من خلالها دولتهم أن تصمد أمام أساليب العصر الحديث ومقوماته، فضلًا عن أن دولة الجراكسة لم تشارك في معركة كبرى منذ أمد طويل، فكان عامل الخبرة بالطبع ينحاز إلى العثمانيين الذين خرجوا منتصرين منذ سنوات قليلة في معركة أخرى كبيرة هي تشالديران.

يتضح من وصف ابن إياس لتنظيم الجيش المملوكي قبل القتال، أن المماليك نظَّموا صفوفهم في المعركة على النحو الذي ألفوه منذ زمن طويل، ولم يضعوا في حسبانهم طبيعة الجيش الذي يتوجه للقائهم، حيث برز الغوري للقتال في موكبه على صهوة جواده، وعن يمينه الخليفة المتوكل، وحول السلطان طائفة الأشراف يحملون على رؤوسهم أربعين مصحفًا في أكياس من الحرير الأصفر، منها مصحف بخط الإمام عثمان بن عفان، ومن ورائهم جماعة من مشايخ الطرق الصوفية تحف بهم الأعلام، وعلى بُعد عشرين ذراعًا خَلْف الغوري رفرف العلم السلطاني ومشى تحته مقدم المماليك والقضاة الأربعة وأمير زردكاش، وهو رئيس صانعي الأسلحة، وعلى رأس الميمنة سيباي الطيب، وعلى الميسرة خاير بك نائب حلب، وتولى سودون العجمي أتابك العسكر أو القيادة العامة للجيش[(1)].

ويصف ابن زنبل تفرُّق الكلمة والرأي في الجيش المملوكي قبل وفي أثناء المعركة، وهذا ما يبرز الاختلاف والعداء بين طوائف المماليك، مما سهَّل المهمة على الجيش العثماني، فيقول:

«وعلى ما قيل أن السلطان الغوري أمر بأن أول مرَّة يخرج للحرب القرانصةُ، ليكتفي شرهم ويصفو له الوقت، فإنه كان يحسب حسابهم خوفًا من مكرهم، فأمر بتقديمهم للحرب، وأخَّر جلبانه، فعلموا مكره لما رأوه واقفًا هو وجلبانه، لم يتحرك منهم أحد من موضعه، فتغيرت نياتهم عليه، وقالوا له: نحن نقاتل بأنفسنا مع النار، وأنت واقف تنظر إلينا كالعين الشامتة ما تأمر أحدًا من مماليكك يخرج للميدان! فكان العسكر كله مختلفًا في بعضه، مفسود النية، ليس لهم رأي يرجعون إليه، ولا تدبير يقفون عليه، بل كل من تكلم كلامًا يقول الآخر بضده، فمن ذلك انفرط نظامهم»[(2)].

---

(1) المصدر السابق، ج5/ 68، 69.

(2) ابن زنبل، **آخرة المماليك**، 100. وقد أشار ابن إياس إلى ذلك أيضًا بقوله: «بلغ المماليك القرانصة أن السلطان قال لمماليكه الجلبان: لا تقاتلوا شي وخلوا المماليك القرانصة تقاتل وحدهم. فلما بلغهم ذلك ثنوا عزمهم عن القتال». انظر: ابن إياس، **بدائع الزهور**، ج5/ 69.

وعلى العكس من ذلك، يصف ابن زنبل ترتيب الجيش العثماني ووحدة صفه قبل المعركة، فيقول:

«فلما اتضح النهار ركبوا كالبحر الزاخر، فإذا صفوف العثمانية قد بانت صفًّا بعد صف خارجًا من الوصف، والأعلام الملونة من اليسار والميمنة، وهم سائرون كالبحر السيال والمحيط الميال، وقد رتبوا الصف من كل طرف، فإذا طير من الطرف الكبير الذي فيه السلطان سليم مدفع كبير كالبرق الخاطف والرعد القاصف تزلزلت منه تلك الصحراء، وطلع دخان كالجبال الزرقاء»[1].

كان تعداد الجيش العثماني زهاء الستين ألفًا، في مقابل ثمانين ألفًا للجيش المملوكي، لكن العثمانيين لم يلتفتوا إلى قلة عددهم مع اعتمادهم المباشر على الأسلحة النارية التي أهملها المماليك[2]، فكان الجيش العثماني يملك ثلاثمائة مدفع[3]، تمكنت من حصد المماليك حصدًا، فضلًا عن بنادق المشاة. وقد ذكرت المصادر كثيرًا عن فضل الأسلحة النارية، خصوصًا المدافع، التي تفوق بها العثمانيون واستطاعوا حسم المعركة بسرعة كبيرة. يقول ابن زنبل: «وضرب الروم بالمدافع والبندقيات حتى صار النهار كالليل الحالك من كثرة الدخان والغبار من حوافر الخيل»[4]، ويقول: «وكان يجيء كل مدفع على نحو خمسين أو ستين أو مائة نفس، فصارت تلك الصحراء كالمجزرة من كثرة الدماء»[5]، وقد تحدث عن أسلوب استخدام العثمانيين للبنادق في المعركة فقال:

---

(1) ابن زنبل، **آخرة المماليك**، 98.

(2) عرف المماليك الأسلحة النارية في نهاية ستينيات القرن الرابع عشر، أي أنهم كانوا متأخرين عن أوروبا في هذا المضمار بأكثر من أربعين عامًا، كما سبقوا العثمانيين بنحو ستين عامًا، لكن المماليك لم يستغلوا هذه المعرفة ليحولوها إلى أسلحة حاسمة في ميدان القتال، بحكم أن ذلك يتطلب تعديلًا على تنظيم الجيش المملوكي وأساليبه القتالية، وحينئذ يصبح الجيش المملوكي جيش مشاة ويطرح الفروسية التقليدية والسهم والرمح والسيف والخيل. ومع ذلك فقد حاز الغوري مدافع، لكنه وزعها على شواطئ البحرين المتوسط والأحمر والمحيط الهندي لمواجهة البرتغاليين، ويُذكر أن المماليك لم يهتموا باستعمال المدافع والأسلحة النارية في الحرب الميدانية، معتمدين على تفوقهم في حرب الفرسان، ومحتقرين الأسلحة الجديدة وحرب المشاة. انظر: مصطفى، **في أصول التاريخ العثماني**، 80، 84؛
David Ayalon, *Gunpowder and Firearms in the Mamluk Kingdom* (London, 1956).

(3) أوزتونا، **تاريخ الدولة العثمانية**، ج1/ 222.

(4) ابن زنبل، **آخرة المماليك**، 100.

(5) المصدر السابق، 101.

«إن الإنكشارية لا يزالون على ثلاثة صفوف، وكانوا يمشون لا يخرج الرجل على الرجل كأنهم بنيان مرصوص، فإذا رمى الصف الأول تصيح عليه الجاويشية فيقعد إلى الأرض، ويقوم الصف الذي من ورائه ويرمي ثم يقعد إلى الأرض، ويكون الصف الأخير محررًا على الإطلاق فتأمرهم الجاويشية بالرمي، فإذا انتهى الصف الثالث من الرمي فيكون الصف الأول قد عَبَّى ورمى، وكذلك يفعلون، وما زالوا على مثل ذلك الرمي إلى أن انقلبت الدنيا بالدخان».

وقد ثار ابن زنبل حنقًا من الأسلحة النارية من كثرة ما رأى من هولها، فقال: «ولا ضرهم إلا البنادق، فإنه يأخذ الرجل على حين غفلة، لا يعرف من أين جاءه، فقاتل الله أول من صنعها»[1].

استطاع العثمانيون بالفعل تطوير طريقة استخدام المدفع على مدار أكثر من نصف قرن، منذ أن استخدموه كسلاح فعَّال في فتح القسطنطينية، فبعد أن كان سلاحًا دفاعيًّا يُرمى به من فوق أسوار التحصينات أوجدوا له فرقة خاصة أُلحقت بالجيش سُميت «طوب جيلار» أو عُرفت باسم «الطوبجية» أي «المدفعجية»، فأصبح المدفع داخل هذه الفرقة سلاح ميدان رئيسيًّا سهل الحركة، يتنقل على عجلات خشبية، ويُسحب عن طريق الخيل والماشية. أما المماليك، فعلى الرغم من أنهم عرفوا الأسلحة النارية قبل العثمانيين، فإنهم لم يتقنوا صناعتها أو استخدامها، ولم يوظفوها توظيفًا فعَّالًا، وإنما اعتمدوا عليها كسلاح دفاعي ثابت يوضع في القلاع والحصون، كما حدث في عهد الغوري عند تحصينه لقلعة الإسكندرية وثغور مصر الشمالية[2].

وقد ذكر ابن إياس في كثير من المرات محاولات الغوري المتكررة لاستخدام المدافع في معاركه، واضطراره إلى ذلك بعد وصول البرتغاليين إلى البحار الشرقية، فمنذ ذلك الوقت شرع الغوري بسبك المدافع بكميات كبيرة وعلى نطاق لم تعرف الدولة له مثيلًا، وعند إنتاج مجموعة من المدافع في المسبك المُعَد لذلك كان يجري نقلها إلى خلف القلعة لتجربتها،

(1) المصدر السابق، 125.

(2) في حين عمد السلطان الغوري إلى إرسال المدافع إلى الإسكندرية، وبلغ عددها نحو مائتي مدفع، في محرم سنة 922هـ، لم يرسل أي مدافع مما جرى صنعها وتجربتها إلى حلب قبل التوجه على رأس جيشه إلى الشام. انظر: ابن إياس، **بدائع الزهور**، ج5/ 10-15.

وكان السلطان يشرف شخصيًّا على هذه التجارب التي لم ينجح معظمها في البداية، مما يدل على قلة خبرة المماليك في هذا المجال. يقول ابن إياس في حوادث سنة 916هـ/ 1510م:

«نزل السلطان إلى نحو تربة العادل التي بالريدانية، وجربوا قدامه تلك المكاحل التي سبكها كما تقدَّم، فلما أطلقوا فيهم البارود تفرقعوا أجمعين، وبقي نحاسهم طاير مع الهوا ولم تصح منه واحدة، وكانوا نحوًا من خمسين مكحلة، فتزايد نكد السلطان في ذلك اليوم إلى الغاية، ورجع إلى القلعة سريعًا، وكان عَوَّل أن يمد هناك أسمطة للأمراء وينشرح في ذلك اليوم فلم يتم ذلك»[1].

وقد تتابعت محاولات الغوري في استخدام المدافع وسبكها وتجربتها، ففي حوادث سنة 920هـ/ 1514م يقول ابن إياس:

«نزل السلطان وتوجَّه إلى تربة العادل التي بالريدانية، وجلس هناك على المصطبة، ونُصب له سحابة، ثم ضربوا قدامه مكاحل نحاس وحديد فكان عدتهم نحو أربع وسبعين مكحلة، فصح منهم شيء وتفرقع شيء»[2].

هكذا أثبتت معظم التجارب التي مارسها السلطان الغوري بشأن استخدام المدافع وصنعها تأخر المماليك تأخرًا ملحوظًا في هذا المجال وقلة خبرتهم، ويرجع هذا غالبًا إلى عدم اهتمامهم بها اهتمامًا جديًّا إلا في وقت متأخر في ظل نظامهم العسكري الصارم الذي تمسكوا به منذ نشأة دولتهم، فضلًا عن عدم استعانتهم بخبرات خارجية لمعاونتهم، فقد اعتمدوا على مجهوداتهم الذاتية دون خبرة مسبقة أو معاونة أولي الخبرة للوصول إلى نتائج مرجوة في وقت قصير.

أما عن استخدام البنادق، فلم تدخل ضمن أولويات الجيش المملوكي، خصوصًا في حربهم ضد العثمانيين. وعلى الرغم من ذلك فقد تحدث ابن إياس عن الطبقة الخامسة التي استحدثها السلطان الغوري في الجيش وهم رماة البندق، لكن هذه الفرقة أُنشئت تحديدًا لمحاربة البرتغاليين في البحار الشرقية، وقد ورد اسم هذه الفرقة للمرَّة الأولى

---

(1) المصدر السابق، ج4/ 192.

(2) المصدر السابق، ج4/ 374.

في حوادث ابن إياس سنة 918هـ/ 1513م[1]، لكن عناصر هذه الفرقة الجديدة لم تتساوَ في مكانتها وأهميتها مع العناصر الأخرى في الجيش المملوكي، ونستطيع أن نتبين ذلك من الاسم الذي أطلق عليها وهو «الفرقة الخامسة»، هذا بالطبع بسبب الموقف العدائي الذي اتخذه المماليك من هذه الفرقة الجديدة[2]، التي شكّلت خطرًا على المقوم الأساسي للجيش المملوكي ألا وهو الفروسية، إضافةً إلى مشاركتها لهم في الأرزاق والأعطيات. فقد ارتكز الأسلوب القتالي المملوكي منذ قيام الدولة المملوكية الأولى في مصر والشام على فنون وتمارين الفروسية الكلاسيكية، من استخدام للسيف والرمح والقوس، وهذا ما تميز به المماليك وتدربوا عليه في الطباق منذ صغرهم حتى برعوا فيه، وهذا ما أوصل الجيش المملوكي إلى المكانة التي حازها في العصور الوسطى، لذا لم يكن تَقَبُّل سلاح مثل البندقية في الميدان بالأمر الهين، لأنه سيؤدي لا محالة إلى وضع السيف والرمح جانبًا، مما سيسفر بالطبع عن خلل في الحياة العسكرية المملوكية برمتها، فالفروسية والتميز في أساليب القتال التقليدية هما المقوم الأول الذي قامت عليه طبقة أمراء المماليك التي تحكمت في الدولة لفترات طويلة من الزمن.

وفضلًا عن إهمال المماليك للأسلحة النارية، ذكر كلٌّ من ابن إياس وابن زنبل ما وقع للمماليك في أثناء المعركة من تثبيط للعزائم وزيادة في الفرقة، بسبب ما فعله خاير بك الموالي للعثمانيين، بفراره بجنود الميسرة، وإشاعته مقتل السلطان الغوري. يقول ابن زنبل:

«رجع خاير بك والغزالي مع من انهزم من الجراكسة حتى وطاق الغوري، ونادوا بأعلى أصواتهم: الفرار، الفرار، فإن السلطان سليم أحاط بكم، وقُتل الغوري والكسرة علينا. وانثنى طالبًا حلب، فتبعه الجلبان، وتشتت العساكر وظنوا أن السلطان قُتل كما قال خاير بك... فلما علم الغوري بما جرى لعسكره من التشتت صار ينادي عليهم بأعلى صوته: يا أغوات، الشجاعة، صبر ساعة. فلم يلتفت إليه أحد منهم، وكان أمر الله قدرًا مقدورًا»[3].

(1) المصدر السابق، ج4/ 308.

(2) المصدر السابق، ج4/ 324، 331، 369، 370.

(3) ابن زنبل، **آخرة المماليك**، 102، 103.

وسرعان ما انتهت الحرب بين الفريقين في عصر اليوم نفسه، بعد أن مات السلطان الغوري وأُسر الخليفة العباسي. وما لبث السلطان سليم أن دخل حلب وسط ابتهاج الآلاف من الأهالي الذين رحبوا به فاتحًا ومحررًا وضع حدًّا للظلم والعسف الذي استشرى في البلاد في أواخر الحكم المملوكي[1]. واستطاع السلطان بعد ذلك أن يمد سلطانه إلى كل مدن الشام، بما فيها بيت المقدس ودمشق وطرابلس، من دون مقاومة تُذكر، وهو ما شجعه على التقدم نحو مصر.

لجأت فلول المماليك الهاربة بعد هزيمة مرج دابق إلى حلب للاحتماء بها، فلم يضيفهم أهلها وطردوهم، بل وثبوا عليهم وقتلوا جماعة منهم ونهبوا سلاحهم انتقامًا لما فعلوه حين نزلوا حلب قبل المعركة، فهربوا إلى دمشق وتجمعوا فيها، ثم خرجوا منها متسللين إلى مصر فوصلوها وهم في أسوأ حال، حيث وصلت أخبار الهزيمة فساد الذعر وعمت الفوضى والهرج[2]. وبعد عودة المماليك إلى مصر وقع اختيارهم على طومان باي ليكون سلطانًا عليهم خلفًا للغوري، إلا إنه «امتنع من ذلك غاية الامتناع، والأمراء تقول له ما عندنا سلطان إلا أنت، وهو يمتنع من ذلك»[3]، وذلك لما رآه طومان باي من اختلاف وتناحر بين طوائف المماليك، فضلًا عن غدرهم وسوء أخلاقهم، إلا إنه في النهاية اضطر إلى قبول هذا المنصب بسبب المسؤولية التي ألقيت على عاتقه منذ خروج السلطان الغوري إلى الشام، حيث أبقاه نائبًا عنه في مصر، لكنه لم يقبل منصب السلطان إلا بعد أن أقسم له الأمراء على الطاعة وأقروا له بالخضوع[4].

استلم الأشرف أبو النصر طومان باي آخر سلاطين المماليك (922-923هـ/ 1516-1517م) السلطة في القاهرة في 14 رمضان عام 922هـ[5]، وأخذ يُعِد العدة لصد زحف

---

(1) عندما حضر السلطان سليم أول خطبة جمعة في الجامع الكبير بحلب، وصفه الخطيب بأنه حاكم الحرمين الشريفين، لكن السلطان تدخل وأبدلها بوصف «خادم الحرمين الشريفين»، وكان أول من تلقب بهذا اللقب الذي استمر في سلالة الخلفاء العثمانيين حتى سقوط الخلافة في عام 1924م. انظر: أوزتونا، **تاريخ الدولة العثمانية**، ج1/ 225.

(2) ابن إياس، **بدائع الزهور**، ج5/ 73.

(3) المصدر السابق، ج5/ 85، 103.

(4) المصدر السابق، ج5/ 103، 104.

(5) المصدر السابق، ج5/ 85، 86؛ 103-105.

السلطان سليم على الأراضي المصرية، لكن المصادر أوضحت أن سليم لم يكن عازمًا على القضاء على المماليك في مصر، بل إنه لم ينتوِ أصلًا التوجه إلى مصر لولا أن أغراه خاير بك بذلك. يقول ابن زنبل:

«إن السلطان سليم لما أخذ بر حلب والشام قصد الرجوع إلى بلاده، فأغواه خاير بك وقنبردي الغزالي وناصر الدين بن الحنش على التوجه إلى مصر، وضَمِن له خاير بك أخذ مصر... فقال له السلطان سليم: وأنَّى لي بأخذ مصر، وجميع العسكر اجتمعوا بها، وقد أخذوا أهبتهم، وسلطنوا عليهم طومان باي، وهو مشهور عندهم بالشجاعة والفروسية، ولا بد لهم من أمر يريدونه، ونخشى التجوين (التوغل) في بلادهم، وبُعد المسافة بيننا وبين بلادنا. فقال خاير بك: إن العسكر الذين رجعوا من بعد الكسرة انقطعوا، وانقطعت قلوبهم، لا سيما والخلف (الخلاف) واقع بينهم، فإنهم جميعهم مختلفون، وكلٌّ من الأمراء والأعيان قصده هلاك الآخر، فحيثما كان ذلك فلا تخشَ من شيء، وأنت منصور بنصر الله لك»[1].

هكذا اقتنع سليم بالزحف نحو مصر، لكنه لم يشأ أن يقدم على هذه الخطوة إلا بعد محاولة سلمية مع طومان باي نفسه، وذلك بالطبع لعدم خوض غمار حرب لا تؤمن عواقبها من ناحية، ومن ناحية أخرى لما سيؤديه توغل الجيش العثماني في الأراضي المصرية وعلى رأسه السلطان العثماني إلى إمكانية تهديد الأراضي العثمانية، خصوصًا الشرقية منها، التي تتربص بها الدولة الصفوية، لذا أرسل رسالة في أثناء مقامه في دمشق إلى طومان باي بتاريخ 15 شوال 922هـ/ 10 نوفمبر 1516م[2]، كان مضمونها: «إني أريد أن تكون السكة والخطبة باسمي، وأنت نائب عني، وأبقيك على ما أنت عليه»[3]. هكذا حاول سليم أن يبسط سيطرته على مصر صلحًا، ولم يشأ القضاء التام على طائفة المماليك، وسيتأكد ذلك بعد دخوله إلى مصر، فعلى الرغم من هزيمته للمماليك وبسط نفوذه على مصر بالقوة، فإنه أمَّنهم واستعان بهم في حكم البلاد، فعُدَّ ذلك خطأ جسيمًا لم تُحسب عواقبه لأنه أدى إلى ازدواج السلطة في مصر، وهو ما زج بالبلاد في أتون صراع لا ينتهي بين السلطات استمر لقرون، خصوصًا بعد ضعف السلطة العثمانية.

---

(1) ابن زنبل، **آخرة المماليك**، 118، 119.

(2) انظر نص الرسالة عند: ابن إياس، **بدائع الزهور**، ج5/ 124، 125؛ متولي، **الفتح العثماني**، 176، 177.

(3) ابن زنبل، **آخرة المماليك**، 119.

لم يقبل طومان باي عرض سليم، مع أنه كان يميل شخصيًّا إلى حقن الدماء، كما ذكر ابن زنبل، لكنه ركن إلى الاستشارة، فوجد معظم أمراء المماليك يميلون إلى الحرب، فبدأ يُعِد العدة ويجهز الجيش للمعركة الفاصلة[1]. ومع تنامي الشائعات حول سير السلطان سليم إلى مصر، حاول السلطان طومان باي إنفاذ حملة عسكرية إلى غزة لتأمين الحدود المصرية وعدم السماح للجيش العثماني بالتقدم نحو الأراضي المصرية. وعلى الرغم من صعوبة الموقف في مصر، فقد استطاع طومان باي أن يحشد الجند ويجهزهم بالعتاد اللازم. وبالفعل، وصلت التجريدة الأولى في عهد السلطان الجديد إلى غزة، تحت قيادة الأمير جان بردي الغزالي، وفي هذه الأثناء سافر الوزير العثماني سنان باشا على رأس جيش من دمشق إلى غزة، وتقابل مع الجيش المملوكي في 24 ذي القعدة 922هـ/ 18 ديسمبر 1516م، واستطاع هزيمة المماليك والاستيلاء على غزة ومواصلة الزحف نحو مصر[2].

في أثناء عبور السلطان سليم للحدود المصرية انشغل المماليك وأمراؤهم بالنفقة والفتن والمنازعات، فحاول السلطان طومان باي بكل طاقته جمع شملهم وتوحيد صفهم حتى يسهل درء خطر العثمانيين الداهم، إلا إنه لم يلقَ استجابة، وفضلًا عن ذلك صمم الأمراء وجند المماليك على الوقوف عند الرَّيدانية قرب العباسية بظاهر القاهرة وعدم التحرك خارجها، وحاول طومان باي عبثًا إقناعهم بالسفر إلى الصالحية لمباغتة العدو وهو في حالة إعياء بعد عبور الصحراء وقبل وصوله إلى موارد المياه والرعي، فكانت إجابتهم: «ما يقع بيننا وبينه قتال إلا في الرَّيدانية»[3]، فحفر خندقًا على طول الخطوط الأمامية، وأعد العدة والسلاح. وعلى الرغم من تلك الاستعدادات الضخمة فإن المماليك جبنوا، حتى كان منهم من لا يقيمون بالريدانية إلا خلال النهار كي يراهم السلطان، ثم يعودون إلى القاهرة في المساء ليبيتوا في منازلهم. وفي هذه الأثناء تقدم السلطان سليم بجيشه حتى وصل إلى بِلبَيس، وفي أثناء مسيره قَدَّم له البدو وعرب الشرقية الولاء والطاعة، وكان ذلك من العوامل المهمة في نجاح العثمانيين، لأنهم أَمَّنوا ظهرهم ولم ينشغلوا في معارك جانبية تضعف من قوتهم وتثنيهم عن هدفهم الأساسي[4].

---

(1) المصدر السابق، 120، 121؛ ابن إياس، **بدائع الزهور**، ج5/ 120.

(2) ابن زنبل، **آخرة المماليك**، 123، 124؛ ابن إياس، **بدائع الزهور**، ج5/ 111-119.

(3) ابن إياس، **بدائع الزهور**، ج5/ 139.

(4) المصدر السابق، ج5/ 140 وما يليها؛ متولي، **الفتح العثماني**، 187-190.

تحدَّث ابن إياس عن استعدادات السلطان طومان باي للمعركة، وذكر أنه أظهر اهتمامًا واضحًا بالأسلحة النارية، إذ إنه لما ولي السلطنة بعد الغوري زاد عزمه في سبك المكاحل (المدافع) وصنع البنادق، وهذا بخلاف ما كان ينتهجه الغوري من إهمال لهذه الأسلحة في حربه ضد العثمانيين، وجعل رماة البنادق من المصريين والسودانيين، وكانوا دائمي التدرُّب استعدادًا للمعركة الفاصلة، حتى إن القاهرة كانت ترتج لقذائفهم[1]. لا شك أن غياب الأسلحة النارية عن مرج دابق جعل وجودها جليًّا واضحًا في الريدانية، غير أن ضيق الوقت أمام السلطان طومان باي لم يفسح المجال أمام وحدات المماليك للتدرُّب على هذه الأسلحة بشكل كافٍ، لذا جُنِّدت وحدات أقل من العامة لاستخدامها في المعركة، حيث ظلت الوحدات المملوكية الرئيسية تترفع عن الاعتماد عليها.

لم يكن استخدام الجيش المملوكي للمدافع في الميدان عن سابق خبرة مثل العثمانيين كما سبق الذكر، إذ جرى نقل المدافع الكبيرة إلى الريدانية قبل وصول الجيش العثماني، ووضعت على قواعد ثابتة غير قابلة للحركة فوق مكان عالٍ سُمي «الجبل الأحمر» بالقرب من المقطم، وإمعانًا في إخفائها غُطيت بالجوخ وطُمرت في الرمال. ويشير ابن زنبل إلى أن دفنها في الرمال حدث بناءً على مشورة جان بردي الغزالي الموالي للعثمانيين، الذي أخبر السلطان سليم بأماكن المدافع فوق الجبل، وبوجوب الالتفاف حولها حتى لا يصيب الجيش من قذائفها شيء[2]، إلا إن مثل هذه المعلومات لم يكن من الصعب الوصول إليها، خصوصًا إذا علمنا أن عيون السلطان سليم كانت منتشرة بالفعل في كل مكان، فضلًا عن الأسرى الذين أوقع بهم العثمانيون قبل المعركة، مما سهَّل المهام الاستطلاعية للجيش العثماني.

وصل العثمانيون إلى الريدانية يوم الخميس 29 من ذي الحجة 922هـ/ 23 يناير 1517م، فوجدوا الجيش المملوكي متحصنًا في الخنادق[3]. واعتقد طومان باي أن الجيش العثماني سيواجهه بكامل عدده، لكن السلطان سليم فهم بخبرته طبيعة المدافع المملوكية المثبتة غير القابلة للمناورة أو التحرك إلى الخلف، لذا لم يكد الجيشان يلتقيان حتى انقسم الجيش العثماني إلى ثلاث فرق: توجهت الأولى إلى تجمُّع المماليك بالريدانية، وسارت الثانية

---

(1) ابن إياس، **بدائع الزهور**، ج5/ 138.

(2) ابن زنبل، **آخرة المماليك**، 127، 128.

(3) ذكر ابن إياس أن السلطان طومان باي حفر خندقًا من الجبل الأحمر إلى غيطان المطرية، ابن إياس، **بدائع الزهور**، ج5/ 145.

تحت الجبل الأحمر والمقطم وأحاطت بهم من اليمين إلى الخلف لتفادي المدافع فوق الجبل، واتجهت الثالثة نحو بولاق وأحاطت بهم من الشمال. واشتد القتال، وصبر المماليك ساعة تفوقوا فيها، فقتلوا عددًا عظيمًا من العثمانيين وقادتهم، منهم سنان باشا أكبر القادة والوزراء لدى السلطان سليم، ولم يدم ذلك إلا ريثما تمت حركة الالتفاف، وعندها وُجهت المدافع والبنادق على المماليك من كل صوب، ولم يكن لهم نظيرها في القوة وسهولة الحركة والمناورة[1]، فلم يسع المماليك إلا الفرار، وصبر طومان باي وهو يقاتل بنفسه في نفر قليل، لكنه اضطر أخيرًا إلى الفرار إلى طرة بالجيزة، وسرعان ما زحف العثمانيون إلى القاهرة فدخلوها فرقًا، ونزل السلطان سليم بمعسكره الخاص على ساحل بولاق والجزيرة الوسطى ولم يدخل المدينة[2].

هكذا انتهت معركة الريدانية التي سقطت على إثرها القاهرة، ودخلت مصر بعدها في تبعية الدولة العثمانية بوصفها ولاية لأكثر من ثلاثة قرون، بعد انقضاء دولة من أعظم دول العصور الوسطى وأكثرها تأثيرًا. وخُطب للسلطان سليم فوق منابر القاهرة للمرَّة الأولى بهذا الدعاء:

> «وانصر اللهم السلطان ابن السلطان، مالك البرين والبحرين، وكاسر الجيشين، وسلطان العراقين، وخادم الحرمين الشريفين، الملك المظفر سليم شاه. اللهم انصره نصرًا عزيزًا، وافتح له فتحًا مبينًا، يا مالك الدنيا والآخرة يا رب العالمين»[3].

مع هذا، لم يُسلِّم طومان باي بسهولة، وهاجم السلطان سليم وضيَّق عليه، فدخل القاهرة واتخذ من مسجد شيخو مركزًا لعملياته الحربية ضد العثمانيين، وحفر عدة خنادق، واستمر

---

(1) استعمل السلطان سليم نوعًا جديدًا من المدافع للمرَّة الأولى في أثناء فتحه لمصر، وهي المدافع المملوءة بالشظايا، وقد أظهر هذا النوع الذي يقذف بمعدل 5 إلى 10 قذائف متوالية نتائج رائعة في معركة الريدانية، وتوجد نماذج من هذه المدافع بالمتحف الحربي باستانبول. إضافةً إلى نوع من المدفعية أُطلق عليه «المدفع ذو السبطانات الأخدودية»، الذي لم يظهر في أوروبا إلا في عام 1868م عندما استُخدم من قِبل الجيش البروسي. انظر: أوزتونا، **تاريخ الدولة العثمانية**، ج1/ 227، 228.

(2) يذكر ابن إياس تقسيم الجيش العثماني والتفافه حول المماليك بقوله: «فرقة جاءت من تحت الجبل الأحمر، وفرقة جاءت للعسكر عند الوطاق بالريدانية، فطرشوهم بالبندق والرصاص، فقتل من عسكر مصر ما لا يحصى عددهم... فلم تكن إلا ساعة يسيرة مقدار خمس درجات حتى انكسر عسكر مصر وولى مدبرًا وتمت عليهم الكسرة»، ابن إياس، **بدائع الزهور**، ج5/ 146.

(3) المصدر السابق، ج5/ 148.

القتال في شوارع القاهرة لمدة ثلاثة أيام. لكن المماليك خذلوا طومان باي وانفضوا عنه، فوجد نفسه يقاتل في نفر قليل استحال معه النصر، فهرب إلى البهنسا في مصر الوسطى. وبينما كان يستجمع قواه هناك دخل في مفاوضات مع سليم، وأعلن استعداده لحكم مصر بوصفه تابعًا للعثمانيين إذا حدث الجلاء، واستقبل سليم هذا العرض بجدية تامة، وأرسل رجاله ليتفاوضوا مع طومان باي، لكن جنود المماليك أجهضوا جهوده وهاجموا سفراء السلطان سليم، فظن سليم أن طومان باي يخدعه وأنه لا يريد سوى الحرب، وأدى هذا إلى المعركة التي تقابل فيها الفريقان عند الجيزة في ربيع الأول 923هـ/ أبريل 1517م، وانتهت المعركة بانتصار العثمانيين وهروب طومان باي[1].

بعد هزيمة طومان باي مرَّة أخرى أمام العثمانيين، وانفضاض جنوده عنه، علم أن المعركة أصبحت غير متكافئة، وأن النصر أصبح ضربًا من ضروب المستحيل، فقرر الهروب إلى الدلتا والاختباء عند بعض مشايخ الأعراب، فذهب إلى أبناء مرعي في مدينة سخا بالغربية، ولم يقرر الاختباء عندهم إلا بعد أن أقسموا له على المصحف، وأخذ عليهم العهود والمواثيق بعدم الخيانة، لكنهم نكثوا العهد بذهاب حسن بن مرعي إلى السلطان سليم وإخباره بمكان طومان باي، فأرسل إليه سليم على الفور فرقة من الجند قبضت عليه في 7 ربيع الأول/ 30 مارس وأحضرته مقيدًا[2].

يتضح من المصادر أن السلطان سليم كان معجبًا بشخص طومان باي، فعلى الرغم من أحوال مصر السيئة، وصعوبة موقفه كسلطان، وخيانة المماليك وانفضاضهم من حوله، استطاع الصمود كالأبطال، ولم يضعف من عزمه شيء. وقد ازداد تعظيم سليم واحترامه له عندما مَثُل طومان باي بين يديه شجاعًا مهيبًا وقورًا، عزيزًا لا يطلب الرحمة، وعندها سمح له سليم بالجلوس وعامله معاملة الأبطال، فجرى بينهما حوار طويل سجلته المصادر، أظهر فيه طومان باي رباطة جأش وشجاعة، ودافع عن موقفه بكل قوة، حيث قال لسليم مبررًا دخوله مصر: «إن الله تعالى قد قدَّر ذلك، وقدَّر زوال دولة المماليك وصعود الدولة العثمانية، وأنه لولا ذلك ما قَدَر سليم ولا غيره على أخذ هذه البلاد». لذلك تتحدث المصادر عن أن السلطان سليم لم يشأ قتل طومان باي وأراد الانتفاع به، وقال: «إن مثل هذا لا يُقتل»[3]،

(1) المصدر السابق، ج5/ 154-171.

(2) المصدر السابق، ج5/ 174، 175؛ متولي، **الفتح العثماني**، 221-223.

(3) ابن زنبل، **آخرة المماليك**، 252.

لكن خاير بك وجان بردي الغزالي أوعزا إليه بضرورة قتله حتى لا يفتتن الناس به أو يجتمع أنصاره حوله من جديد، فقرر السلطان سليم أخيرًا قتله بعد أن استبقاه أربعة عشر يومًا.

بعد إعدام طومان باي والقضاء على المقاومة المملوكية، وصل في تلك الأثناء الأسطول العثماني، الذي كان مقررًا له الاشتراك في فتح مصر، إلى شواطئ الإسكندرية في 28 ربيع الثاني 923هـ/ 19 مايو 1517م، وهو ما جعل السلطان سليم يتوجه عبر النيل إلى الإسكندرية للتفتيش على الأسطول، فقضى بها أربعة أيام، وأدى صلاة الجمعة بالمسجد الغربي، وزار مقامي أبي العباس المرسي وياقوت الشاذلي. وقد ظل الأسطول راسيًا على شواطئ الإسكندرية سبعة وخمسين يومًا، وتحرك بعدها عائدًا إلى استانبول ومعه السفن المملوكية التي وجدت بشواطئ الإسكندرية[1]. ومنذ ذلك الحين أصبحت الإسكندرية من أهم الموانئ العثمانية على الصعيدين الحربي والتجاري، ومن المرتكزات الرئيسية للبحرية العثمانية في الحوض الشرقي للبحر المتوسط، مما سيؤثر كثيرًا في امتداد النفوذ العثماني شرقي المتوسط على جميع الأصعدة، كما سنرى في الفصل التالي.

بعد أن استتب الأمر للسلطان سليم في مصر أراد اتخاذ التدابير اللازمة لتنظيم شؤون الولاية وضمان تبعيتها وولائها للدولة واستقرارها، لهذا اهتم السلطان أولًا بمن ينوب عنه في حكم مصر، يعني «الوالي»، فكان أول من اختبره في هذا الأمر وزيره الأعظم يونس باشا[2]، لكنه بالطبع لم يستطع القيام بأعباء هذه المهمة، نظرًا إلى عدم درايته بأحوال البلاد وتنظيماتها في العصر المملوكي. وقد أدرك سليم هذا الأمر في أثناء مقامه في مصر ومراقبته لتصرفات الوالي الجديد، حيث أيقن أن أي إداري عثماني مهما بلغت درجة كفاءته لا يستطيع أن يدير شؤون مصر في تلك المرحلة الانتقالية بُعيد سقوط الدولة المملوكية، بسبب التعقيد الذي حظيت به تشكيلات وأنظمة تلك الدولة، فلا أحد غير المماليك يستطيع أن يحيط بأسرار إدارتها وعادات أهلها وشؤونهم. من هذا المنطلق قرر السلطان تسليم حكم مصر لأحد أمراء المماليك الذين يثق في ولائهم، ولم يكن أمامه أفضل من خاير بك الذي أثبت ولاءه للعثمانيين مرارًا وتكرارًا، فكافأه سليم على ولائه وخدماته بتوليته مصر في

(1) متولي، **الفتح العثماني**، 227، 228.

(2) تولى يونس باشا ولاية مصر خمسة أشهر تقريبًا، بدءًا من 18 ربيع الأول 923هـ/ 18 أبريل 1517م وحتى 10 شعبان/ 29 أغسطس.

13 شعبان 923هـ/ 31 أغسطس 1517م[1]، ولم يقتصر الأمر على هذا، وإنما قرر السلطان منحه ولاية مصر مدى الحياة. لذا قام خاير بك ببناء قبر له في إحدى ضواحي القاهرة[2]، ويعقب ابن زنبل على ذلك قائلًا:

> «فقامت نفس يونس باشا، الذي هو الوزير الأعظم، فأغلظ في الكلام على السلطان، فقال له من بعض قوله: ما الذي فعلته؟ أخذت البلاد من الجراكسة، ثم أعطيتها لهم ثانية، وعاديتهم وقاتلتهم ثم صافيتهم؟! فما هذا الرأي؟ فلو عرفنا ذلك ما جئنا معك ولا أطعناك في شيء من ذلك. فقامت نفس السلطان من هذا الكلام، فأمر بضرب عنقه في الحال»[3].

كان خاير بك بالفعل اختيارًا موفقًا من السلطان، إذ إنه أثبت كفاءته وحسن إدارته لهذه المرحلة الحرجة التي تطلبت تحركات خاصة للتوفيق بين ما كانت عليه الدولة في ظل المماليك وما هي مقبلة عليه كولاية عثمانية. فعلى سبيل المثال، لم تكن الإدارة المالية والإدارية بيد الحكومة الجديدة، بل كانت كل أسرارها بيد إداريي المماليك من الكَتبة والمباشرين الذين فر معظمهم من العثمانيين، وعلى الرغم من قبول العديد من هؤلاء الكَتبة والإداريين الخدمة تحت الإدارة العثمانية، فإنهم أظهروا تخوفًا من تقديم العون لهم، فكانوا يَدَّعون جهلهم بالمسائل الإدارية والمالية التي كانت تُعرض عليهم، حتى إنهم كانوا يَدَّعون أيضًا أن طومان باي أمر في أثناء فراره بإخفاء الدفاتر الإدارية والمالية في أماكن متفرقة من البلاد[4]. ولعب خاير بك دورًا كبيرًا في الحصول على تلك المعلومات التي تخص النواحي المالية والإدارية، وبذل كثيرًا من الجهد حتى استطاع الوصول إلى المعلومات التي تخص واردات مصر ومصاريفها وضرائبها من بعض رؤوس المماليك، ثم وضعها بعد ذلك بين يدي السلطان[5].

---

(1) عبد الله الشرقاوي، **تحفة الناظرين فيمن تولى مصر من الولاة والسلاطين**، تحقيق: رحاب عبد الحميد (القاهرة: مكتبة مدبولي، 1996م)، 115.

(2) ابن زنبل، **آخرة المماليك**، 117.

(3) المصدر السابق، 153.

(4) Stanford J. Shaw, “The land law of Ottoman Egypt (960/1553): a Contribution to the Study of Landholding in the Early Years of Ottoman Rule in Egypt”, *Der Islam. Volume 38*, Issue 1 (1962), p .117.

(5) ابن زنبل، **آخرة المماليك**، 114.

لم يُقْدِم بقايا المماليك في مصر على رفع راية العصيان ضد الإدارة العثمانية في أثناء فترة ولاية خاير بك المملوكي وحتى وفاته، ويرجع ذلك بالطبع إلى الانتماء الجركسي لخاير بك، الذي اعتبره المماليك امتدادًا للحكم الجركسي للبلاد، خصوصًا أنه لم يعمل على تغيير التشكيلات والأنظمة المملوكية المعمول بها في مصر. لكن بعد وفاته جرى تعيين مصطفى باشا أول والٍ عثماني على مصر، وذلك في 23 ذي القعدة 928هـ/ 1522م، وهو أول من بدأ التغيير الفعلي في المؤسسات المملوكية للولاية، وأبرزها مؤسسات قلعة الجبل القديمة مثل الركبخانه والطبلخانه وغيرها[1]، فضلًا عن محاولته تقييد صلاحيات معاوني خاير بك، وإلغائه الأعراف والعادات المملوكية التي استمرت طوال فترة حكم خاير بك، وهذا ما دفع المماليك من جديد لمحاولة السيطرة على الأوضاع في البلاد، إذ بدأ منذ ذلك الوقت صراعهم المحموم مع الإدارة العثمانية لترسيخ أقدامهم تدريجيًّا في إدارة مصر.

بعد مصطفى باشا تولى أحمد باشا ولاية مصر في عام 929هـ/ 1523م، ويُذكر أن الأوضاع غير المستقرة في أثناء هذه الفترة من الحكم العثماني لمصر توافقت تمامًا مع النزعة الاستقلالية التي أتى بها أحمد باشا، حيث بدأ الوالي الجديد في اتخاذ عدة تدابير لتمهيد استقلاله بالبلاد، فعيَّن مجموعة من أتباعه في المراكز القيادية، وشكَّل فرقة عسكرية خاصة لتحل محل عسكر الإنكشارية التابع للدولة العثمانية، واستمال المماليك ومشايخ العربان إلى صفه، ثم أعلن عصيانه للدولة واستقلاله عنها. وعندما وصلت أخبار عصيان أحمد باشا إلى استانبول، أسرع السلطان بإرسال حملة للقضاء على الفتنة. وبالفعل، استطاعت هذه الحملة القضاء على عصيان أحمد باشا، وإعادة مصر إلى السيطرة العثمانية. لكن هذه الفتنة عكست لاستانبول أحوال مصر المضطربة، وضرورة اتخاذ إجراءات مناسبة من قِبل الدولة لتنظيم أمور ولاية مصر على نطاق واسع. وعليه، تولى أمر الولاية الوزير الأعظم إبراهيم باشا، وذلك بأمر من السلطان سليمان القانوني في ربيع الأول 931هـ/ يناير 1525م[2].

لم تستطع الإدارة العثمانية الجديدة تحصيل معلومات صادقة، وبالتالي وضع السياسة الإدارية والمالية للبلاد بشكل قطعي، إلا بعد أن ظهرت دفاتر الخزينة الأصلية التي كان كَتبة المماليك قد أخفوها من قبل، وحدث ذلك بفضل جهود الصدر الأعظم إبراهيم باشا

(1) ابن إياس، **بدائع الزهور**، ج5/ 493.

(2) سيد محمد السيد، **مصر في العصر العثماني في القرن 16** (القاهرة: مكتبة مدبولي، 1997م)، 117-124.

بعد أن أوكل إليه أمر الولاية، فتيسر له تنظيم الإدارة في مصر، ووضع قانون يحكم جميع معاملات الإيالة الإدارية والمالية[1]، وسُمي هذا القانون بـ«قانون نامه مصر». وكانت لهذا القانون أهداف عامة ترمي إلى ترتيب النظام العثماني في الولاية، حيث رسم قواعد التنظيم العسكري لمصر وإدارتها المدنية، واحتفظ بعدد معين من الخصائص الموروثة عن السلطة المملوكية، وتناول الوالي الذي كان يقيم في القلعة، وسير عمل الديوان، كما تناول الضرائب وجبايتها والأوقاف، ومن ثَمَّ فإنه يُعَد لوحة كاملة عن إدارة مصر حددت حقوق وواجبات السكان وحكامهم، وكان بوسعها تزويد السلطة المركزية بالعناصر التي تسمح لها بحكم الولاية[2].

وبالفعل، استطاعت الإدارة العثمانية في مصر، في عهد قوة الدولة وسطوتها، السيطرة على مجريات الأحداث في الولاية، ومواجهة أي تجاوزات بكل حزم. على سبيل المثال، حين عَلم السلطان بعدم تخلي إداريي المماليك الذين بقوا في مواقعهم ووظائفهم عن سياستهم الفاسدة في أنحاء مصر، أصدر أوامره في محرم 924هـ، بعزل هؤلاء الإداريين واستدعائهم إلى استانبول[3]. وعلى الرغم من ذلك استغرق الانتقال التدريجي للسيطرة على الإدارة في مصر من الإدارة القديمة إلى الإدارة العثمانية طوال القرن العاشر الهجري/ السادس عشر الميلادي، لكن بعد تزايد مشاكل الدولة في القرن السابع عشر، وعدم استطاعتها القبض على زمام الأمور في الولايات، وجد المماليك الفرصة سانحة لفرض نفوذهم على الإدارة الحاكمة، وبدأوا بالفعل السيطرة على مجريات الأحداث داخل البلاد من جديد.

هكذا كان لدخول كلٍّ من الشام ومصر في التبعية العثمانية نتائج متشعبة واسعة النطاق، أولها بالطبع انتهاء الدولة المملوكية، وطي صفحة مهمة من تاريخ المنطقة، عَدَّها المؤرخون نهاية للعصور الوسطى وبداية للعصر الحديث في الشرق الأدنى، وعليه استقر الأمر للعثمانيين، حيث تقبل سليم ولاء زعماء القبائل البدوية وشريف مكة، فتمت له

(1) See: Shaw, *The financial and administrative organization and development of Ottoman Egypt*, 1517-1798 (Princeton, 1962), pp. 107-118.

(2) أندريه ريمون، «الولايات العربية (القرن السادس عشر - الثامن عشر)»، ضمن كتاب: **تاريخ الدولة العثمانية**، إشراف: روبير مانتران، ترجمة: بشير السباعي، ج1/ 526؛ انظر أيضًا: **قانون نامه مصر**، ترجمة: أحمد فؤاد متولي (القاهرة، د.ت).

(3) انظر: ابن إياس، **بدائع الزهور**، ج5/ 209-211، 219، 220، 221، 292، 293.

السيطرة على البقاع المقدسة الإسلامية، مما ساهم في تعزيز مكانة الدولة في العالم الإسلامي، حتى غدت بلا منازع دولة الإسلام العظمى. وقد ارتقت الدولة العثمانية بدخولها إلى مصر والشام من دولة إسلامية تتوسع في محيطها الإقليمي وتتنافس مع نظيراتها من الدول، إلى دولة إسلامية عالمية تذود عن الإسلام والمسلمين في كل مكان، فتوالت تبعًا لذلك انتصاراتها على الصليبيين باسم الإسلام، وازدادت هيبتها ومن ثَمَّ هيبة المسلمين، حتى أصبحت كلمة «تركي» عند الأوروبيين مرادفة لكلمة «مسلم»، مما يدل على تعاظم مكانة هذه الدولة وارتقائها إلى مصاف دول الإسلام الكبرى في التاريخ الإسلامي. ولا شك أن نتائج دخول العثمانيين إلى مصر والشام، وسيطرتهم على السواحل الشرقية والجنوبية الشرقية من المتوسط، قد ارتبطت بكل المجالات الاقتصادية والسياسية والعسكرية وحتى الدينية، فكانت من العوامل الحاسمة في إحكام السيطرة العثمانية على شرق المتوسط، وهو ما سنحاول إجماله في الفصل التالي.

الفصل الخامس

نتائج سيطرة العثمانيين على الشام ومصر واستكمال بسط نفوذهم على شرقي المتوسط في النصف الأول من القرن السادس عشر

كانت لمصر أهمية تاريخية واستراتيجية، بل ودينية، كبيرة قبل دخول العثمانيين، فهي قاعدة مُلْك بضع دول إسلامية كبرى كان لها تأثير كبير على مجريات الأحداث في العالم خلال العصور الوسطى وحتى دخول العثمانيين. فمصر ارتقت في العصر الفاطمي إلى مركز للخلافة الشيعية الجديدة المنافسة للخلافة العباسية، إذ غدت عاصمتها القاهرة من أعظم حواضر العالم على غرار بغداد وقرطبة، ثم تسلَّمها الأيوبيون، وبعدهم المماليك، فأصبحت مصر وارثة الخلافة العباسية بعد سقوطها في بغداد، وغدا حاكمها حاميًا للحرمين الشريفين، وظلت مرتكزًا يحارب من خلاله المسلمون لتحرير أراضيهم من الصليبيين وصد أي اعتداءات خارجية، وبقيت على هذا النحو حتى دخلها العثمانيون، فورثوا بطبيعة الحال كل هذه الميزات دفعة واحدة، واجتمعت لهم كل مقومات دولة الإسلام العظمى التي اجتمعت من قبل للأمويين والعباسيين.

وعلى إثر ضم مصر للإدارة العثمانية، أُسست فيها ولاية من أهم ولايات الدولة عامة، وأهمها على الإطلاق في الشرق الإسلامي، وعليه احتفظت مصر بأهميتها التي اكتسبتها طوال تاريخها بعد دخولها كولاية تابعة للحكم العثماني المباشر، فأصبحت من أهم القواعد العثمانية في الحوض الشرقي للبحر المتوسط، وعلى علاقة مستمرة وصلة لا تنقطع بمركز الدولة في استانبول، وأصبح لأمير أمرائها صلاحيات واسعة في المنطقة لتثبيت أقدام الإدارة العثمانية الجديدة هناك. هكذا أسهمت السيطرة العثمانية على الشام ومصر وسواحلهما مساهمة مباشرة في بلورة الحكم العثماني وامتداده أو تقويته في أماكن شتى كان أبرزها

الحوض الشرقي للبحر المتوسط. ومن خلال استعراضنا لأهم نتائج هذا الفتح يمكننا أن نفهم بعمق أحداثًا إقليمية، بل وعالمية، جرت في هذه المرحلة الفارقة في تاريخ الشرق الأدنى.

أولًا: من الناحية الدينية

عندما أتم العثمانيون السيطرة على مصر، انتقلت إلى السلطان العثماني جميع السلطات بما في ذلك سلطة الخليفة الدينية[1]، إلا إنه قد حدث جدل حول انتقال الخلافة من بني العباس إلى بني عثمان، وازداد هذا الجدل حينما أُشيع تنازل آخر الخلفاء العباسيين المتوكل عن الخلافة للسلطان العثماني سليم الأول بعد أسره في الشام عقب موت الغوري في عام 922هـ/ 1516م، لكن من المؤكد أنه لا يوجد دليل حقيقي على انتقال الخلافة بصورة شرعية إلى السلطان سليم، اللهم إلا بعض الإشارات مثل مبايعة شريف مكة له عقب فتح مصر، وتسلمه الآثار النبوية، وتلقبه بعد ذلك بلقب «خادم الحرمين»، وكل هذه الإشارات ليست دليلًا على كونه أصبح خليفة المسلمين، خصوصًا أن مؤرخي ذلك العصر كابن إياس وابن زنبل، لم يذكرا شيئًا عن مسألة انتقال الخلافة، على الرغم من أن ابن إياس ذكر سفر الخليفة العباسي إلى القسطنطينية وحزن على فراقه، كما ذكر أخباره في استانبول في

(1) كانت الخلافة الإسلامية تمثِّل السلطتين الدينية والزمنية في صدر الإسلام، في وقت كانت فيه دولة الإسلام دولة واحدة يحكمها رجل واحد توحدت فيه الإمامتان: الدينية لكونه خليفة رسول الله في حفظ شرع الله وتطبيقه في الأرض، والزمنية لكونه حاكمًا سياسيًّا لدولة الإسلام. وأصبحت البيعة تؤخذ له لتولي أمر المسلمين عامة. لكن مع الضعف السياسي لمنظومة الخلافة نفسها منذ القرن الثالث الهجري، بدأ يظهر ما يُسمَّى «إمارات التغلب» التي نازعت دولة الخلافة في سلطتها السياسية مع اعترافها بسلطتها الروحية الدينية. وهكذا بدأت السلطتان الدينية والزمنية المتمثلتان في منصب الخلافة تنفصلان عن بعضهما البعض شيئًا فشيئًا، حتى وصل هذا المنصب إلى منتهى ضعفه في القرن السابع الهجري، حيث أصبح الخليفة لا يمتلك في يده سلطة سياسية فعلية، وإنما فقط الشرعية التي اكتسبها من نسبه وتاريخ منصبه. وظل الأمر هكذا إلى أن سقطت الخلافة في بغداد على يد المغول في عام 656هـ/ 1258م، وقُتل المستعصم بالله آخر خلفاء بني العباس في بغداد. ومع قيام دولة المماليك الأولى في مصر والشام وتولي الظاهر بيبرس البندقداري (658-676هـ/ 1260-1277م) مقاليد الحكم في مصر، علم أنه في حاجة إلى الشرعية التي تؤيد حكمه وتعطيه القانونية اللازمة، خصوصًا لكونه مملوكًا لا حق له في الملك. لهذا سعى لإحياء الخلافة العباسية في القاهرة، ونجح بالفعل في ذلك، وهو ما أعطاه الحق في مد النفوذ المملوكي باسم الخلافة على الحجاز والبقاع المقدسة. وهكذا تبوأت دولة المماليك وحكامها منذ ذلك الوقت الصدارة في العالم الإسلامي حتى سقوطها على يد العثمانيين. انظر: أحمد سالم سالم، «دراسة لتطور مفهوم الخلافة والسلطة بين المماليك والعثمانيين»، **المجلة التاريخية المصرية**، المجلد 48 (2012-2013م)، 305-335.

مختلف المناسبات. وكان ابن إياس في كل مرَّة يلقب المتوكل بـ«الخليفة» ويطلق على سليم وسليمان اسم «السلطان»، ولو كانت الخلافة انتقلت إلى السلطان سليم لأفرد لها المؤرخان المذكوران الصفحات الطوال، نظرًا إلى أهمية هذا الموضوع عند العرب والمسلمين، فضلًا عن ذلك كان السلطان سليم قد أرسل لابنه الأمير سليمان رسالة تبشير بالفتح، ذكر فيها ما تم له في الشام ومصر وما تحقق على يديه، ولو كانت الخلافة انتقلت إليه لأشار إلى ذلك نظرًا إلى خطورة هذا الأمر، ثم إنه خُطب للسلطان سليم على منابر الجوامع في مصر بعد فتحها، وفي دمشق وحلب أثناء عودته إلى البلاد، ولم يُذكر إلا بلقب «خادم الحرمين الشريفين»، حتى إنه لم يَضرب لقب الخلافة على العملة التي سُكَّت باسمه[1].

كان باستطاعة السلطان سليم أن يتخذ لقب الخلافة دون أن يثنيه عن ذلك أحد، خصوصًا بعد أن أصبح أقوى حكام المسلمين عقب فتحه لمصر، وأصبحت دولته الدولة العظمى حامية الإسلام وحامية الأماكن المقدسة الحجازية، لكن لقب الخلافة اتخذ في ذلك الوقت معنى جديدًا نظرًا لما أصاب الخلافة في أواخر أيامها من هوان وضعف، فلم يَعُد هذا المنصب يتطلب الانتماء إلى بني العباس أو إلى آل البيت أو حتى الانتماء إلى قريش. لقد أضحت الخلافة أو الإمامة عند العثمانيين هي الخلافة الأولى أو الاستخلاف في الأرض، من منطلق قوله تعالى: «يَا دَاوُودُ إِنَّا جَعَلْنَاكَ خَلِيفَةً فِي الْأَرْضِ فَاحْكُمْ بَيْنَ النَّاسِ بِالْحَقِّ وَلَا تَتَّبِعِ الْهَوَى فَيُضِلَّكَ عَنْ سَبِيلِ اللهِ»[2]. وأصبح السلطان العثماني بوصفه إمام المسلمين والمدافع الأول عن الملة والدين وممثل دولة الإسلام العظمى، خليفة الله في الأرض. من هذا المنطلق ادعى مراد الأول الخلافة، ووصف محمد الأول عاصمته بدار الخلافة، وهكذا أطلق السلطان سليم الأول على نفسه لقب «خليفة الله في طول الأرض وعرضها» وذلك في عام 920هـ/ 1514م، أي حتى قبل دخوله إلى مصر في عام 923هـ/ 1517م، أي أن لقب الخلافة التقليدي فَقَدَ أهميته لدى سلاطين آل عثمان الأقوياء، ولم يحاول أحد منهم أن يقيم له وزنًا[3].

---

(1) متولي، **الفتح العثماني**، 237.

(2) سورة ص، الآية 26.

(3) جدير بالذكر أن القومية الإسلامية بلغت مداها عند السلطان سليم الأول، حتى حاول أن يجعل اللغة الإسلامية الأولى، وهي اللغة العربية، لغة قومية للترك، ولم يمنعه من تحقيق هذا المشروع إلا المفتي. ونستخلص من ذلك أن لقب الخلافة، وهو اللقب الديني الأول، كان أحق أن يتقلده السلطان سليم،

وتوجَّه السلاطين العثمانيون إلى اتخاذ ألقاب أخرى لم تقتصر على إمارة المؤمنين أو إمامتهم، بل للمرَّة الأولى في التاريخ اتخذ حاكم المسلمين الأول لقب «سلطان العالم»، خصوصًا بعد فتح القسطنطينية في عام 857هـ/ 1453م. وتجدر الإشارة هنا إلى أن هذا اللقب لم يكن لقبًا شرفيًّا بقدر ما كان لقبًا فعليًّا يدل على توجهات الدولة في ذلك الوقت، وازداد هذا اللقب فاعلية ووصل بالفعل إلى ذروته في عهد السلطان سليمان القانوني الذي سُمي في الغرب بـ«السيد العظيم»، وخاطبه ملوك أوروبا في المكاتبات الرسمية والمعاهدات بلقب «سلطان العالم»[1]. وعليه لم يقنع سلاطين آل عثمان بلقب الخلافة الذي يعطيهم إمامة المسلمين الدينية والدنيوية، بل تعدَّت طموحاتهم حدود هذا اللقب، فحاولوا إقامة نظام العالم الذي يعطيهم الإمامة والرياسة العظمى، فأصبحت الدنيا بالنسبة إليهم دولة واحدة على رأسها السلطان العثماني، أما غيره من الحكام فما هم إلا ولاة تابعون في دولته[2].

أصبح السلطان العثماني عند ارتقائه للعرش مصدرًا لكل سلطة وشرعية، مثله مثل الخليفة في نظام الحكم الإسلامي، لكن النظام العثماني اختلف اختلافًا ظاهرًا عن النظام الكلاسيكي للخلافة فيما يخص السلطة الدينية، فالسلطان العثماني يتمتع بطابع ديني من

خصوصًا مع رغبته في قيادة العالم الإسلامي، لكن التدهور الذي أصاب اللقب، خصوصًا في العصر المملوكي، جعل السلطان سليم يُعرض عن اتخاذه. انظر: مصطفى، **في أصول التاريخ العثماني**، 86-87؛ أحمد السعيد سليمان، **التيارات القومية والدينية في تركيا المعاصرة** (القاهرة: دار المعارف، 1961م)، 17.

(1) سالم، **استراتيجية الفتح العثماني**، 65؛ **دراسة لتطور مفهوم الخلافة والسلطة**، 327.

(2) حين بدأت مظاهر الضعف تظهر على الدولة العثمانية في القرن الثامن عشر، شرع السلاطين العثمانيون في إعادة صياغة بعض الألقاب التي تؤهلهم لتلك المرحلة الجديدة التي تشهدها الدولة. فعندما وُقعت معاهدة «كوجك قاينارجه» في عام 1187هـ/ 1774م بين الدولة العثمانية وروسيا، ظهر لقب الخلافة للمرَّة الأولى في العهد العثماني بصفة رسمية، إذ نعت به السلطان عبد الحميد الأول (1187-1203هـ/ 1774-1789م) نفسه ليصبغ منصبه بالصبغة الدينية التي تخوله التحدث نيابةً عن البلدان الإسلامية التي تقع تحت حكمه، فضلًا عن حماية المسلمين الموجودين في الأراضي الروسية. وعندما وصلت الدولة العثمانية إلى قمة ضعفها في النصف الثاني من القرن التاسع عشر، حاول السلطان عبد الحميد الثاني (1293-1327هـ/ 1876-1909م) مواجهة التدخلات الأجنبية في الدولة، بإعادة إحياء منصب الخلافة الإسلامية، وإقامة ما يُسمَّى «الجامعة الإسلامية»، هادفًا بذلك إلى جمع الشعوب الإسلامية تحت لوائه، مما يكسبه ثقلًا دوليًّا وزعامة إسلامية يستطيع من خلالها القضاء على التدخل الأجنبي المتزايد. انظر: متولي، **الفتح العثماني**، 239؛ نصر الدين عبد الحميد نصر، **مصر وحركة الجامعة الإسلامية** (القاهرة: هيئة الكتاب، 1984م)؛ أحمد سالم سالم، «الرؤية العثمانية لمشروع الوحدة الإسلامية بين سليم الأول وعبد الحميد الثاني»، ضمن كتاب: **السلطان عبد الحميد الثاني في الذاكرة العربية** (استانبول: دار الأصول العلمية، 2019م)، 183-224.

حيث كونه خليفة، وهو «إمام عصره»، وسلطته مستمدة من مشيئة الله فهو خليفة الله، إلا إن الباديشاه أو السلطان لا يملك أدنى سلطة في مجال الشريعة، فهو لا يستطيع متابعة صياغتها، كما لا يستطيع تعديلها، بل ليس مسموحًا له بتأويلها، فهذا دور مقصور على أهل الفتوى الذين يُعينهم ويعزلهم، وفي الوقت نفسه لا يستطيع الحلول محلهم[1]، لذا كان استبداد الهيئة الحاكمة في الدولة العثمانية يتمثل في الشريعة الإسلامية، وهذه كانت فوق إرادة السلطان، لا يستطيع أن يمسها بسوء وإلا تعرض للعزل. وقد اقتسمت الشريعة الإسلامية مع هذه الهيئة الحاكمة ولاء العثمانيين في الدولة، وتمثلت هي الأخرى فيما أُطلق عليه «الهيئة الإسلامية»، وكان لها كيانها الاقتصادي وحقوقها التي تتشابك مع حقوق الهيئة الحاكمة، فالإعدام لا بد أن توافق عليه، وكذلك إعلان الحرب، بل كان من نصيبها مشاركة الهيئة الحاكمة في جزء كبير من إيرادات الدولة وجمع الضرائب، وأكثر من هذا أنها تدخلت في تنظيم أحوال الرعايا غير المسلمين في الدولة[2].

من هنا جاء دور المنصب الديني الأكثر أهمية في الدولة العثمانية وهو منصب «شيخ الإسلام»، الذي كان على رأس الهيئة الإسلامية. وقد حاول البعض تفسير وجوده على أنه تقليد ناقص للخلافة العباسية في القاهرة في عهد سلاطين المماليك[3]، لكن هذا التفسير يشوبه بعض الخلل، إذ إن الخليفة في ظل المماليك كانت بيده سلطة دينية وروحية تفتقر إلى قوة تحميها وتؤكد فاعليتها وعدم تعطيلها. أما شيخ الإسلام في الدولة العثمانية، فكان ذا سلطة ونفوذ وفاعلية، إن لم يكن ندًّا للسلطان، بعد أن ثبَّت كلٌّ من محمد الثاني وسليمان القانوني مركزه على رأس الإدارة برمتها، وفي الحقيقة كان السلاطين شديدي الحرص على تأييد سلطته[4].

تمثِّل علاقة السلطان بشيخ الإسلام في الدولة العثمانية شكلًا من أشكال الجدل السياسي والديني في تاريخ المسلمين، في جميع حالاتها، قوة وضعفًا، إذ كانت دائمًا كلٌّ من السلطة

---

(1) جيل فنشتاين، «الإمبراطورية في عظمتها (القرن السادس عشر)»، ضمن كتاب: **تاريخ الدولة العثمانية**، إشراف: روبير مانتران، ترجمة: بشير السباعي، ج1/ 251.

(2) أنيس، **الدولة العثمانية**، 68.

(3) هاملتون جب وهارولد بوين، **المجتمع الإسلامي والغرب**، ترجمة: أحمد عبد الرحيم مصطفى (القاهرة: دار المعارف، 1971م)، ج1/ 170.

(4) بروكلمان، **تاريخ الشعوب الإسلامية**، 101.

الدينية والسياسية تتعلقان بالسلطة المطلقة وتجعلانها قاعدة لتحقيق الغاية، لذلك كان يحدث الصراع أحيانًا، وأحيانًا أخرى يحدث تقارب وتصالح، لكن السلطتين غالبًا ما كانتا تمثلان توازنًا يحفظ لكلٍّ منهما دورها، ويحول دون استئثار إحداهما بالسلطة المطلقة التي تؤدي إلى الاستبداد وتضر بالصالح العام.

وتُعَد مؤسسة شيخ الإسلام[1]، أو الهيئة الإسلامية، سلطة دينية ليس لها سلطان قضائي، لأنه ببساطة كان شيخ الإسلام على قمة النظام القضائي في الدولة، فهو الرئيس الفعلي للهيئة الإسلامية الحاكمة، وكان السلطان الرئيس النظري لها، وكانت هذه المؤسسة تقوم بدور المراقبة العامة لتنفيذ أوامر الشرع من قِبل السلطة السياسية، ووصل نفوذ هذا المنصب إلى خلع السلطان نفسه، بل وقتله إذا لزم الأمر، بدعوى الشرع. وقد اختص شيخ الإسلام باختصاصات على درجة كبيرة من الخطورة والأهمية، وهي إصدار فتاوى ذات طابع سياسي تتصل بسياسة الدولة العليا، حتى إن السلطان لا يقدم على الحرب من دون أن يستصدر فتوى من شيخ الإسلام فيها أهداف هذه الحرب وكونها لا تتعارض مع الدين الإسلامي[2].

وصل الأمر إلى أن بعض فتاوى شيخ الإسلام كانت تناهض رغبة السلطان وتثنيه أحيانًا عن بعض قراراته وأفعاله، ومن أمثلة ذلك ما حدث في عهد السلطان سليم الأول، عندما قام الرعايا من النصارى داخل أراضي الدولة بتصرفات مريبة جعلت السلطان يتوجس منهم خيفة، ورأى أنهم بدأوا يمثلون تهديدًا خطيرًا للدولة، وانتهى إلى أنه لا بد من اعتناق هؤلاء الإسلام وإلا قُتلوا، ويقول أحد المؤرخين الأجانب إن السلطان سليم في اتخاذه هذا القرار كان متأثرًا بالمذابح الدينية التي أقدمت عليها السلطات الإسبانية حين رفض مسلمو الأندلس اعتناق الدين المسيحي، فلم يكن هذا القرار إذن إلا رد فعل لما كان يحدث في الطرف الآخر من أوروبا، فعرض السلطان سليم هذه المسألة بصورة مختلفة على الشيخ جمالي شيخ الإسلام، وصدرت الفتوى على النحو الذي كان يبتغيه السلطان، ثم استبان لشيخ الإسلام أن السلطان عرض عليه الموضوع عرضًا خاطئًا، فما كان منه إلا أن أصدر فتوى لاحقة نسخ بها الفتوى السابقة بشأن هذا الموضوع، وعلى الفور أذعن السلطان سليم

(1) عن مؤسسة شيخ الإسلام انظر: أكرم كيدو، **مؤسسة شيخ الإسلام في الدولة العثمانية**، ترجمة: هاشم الأيوبي (لبنان: جروس بروس، 1992م).

(2) سالم، **دراسة لتطور مفهوم الخلافة والسلطة**، 330.

لرأي شيخ الإسلام[1]. وهنا يظهر الصراع القائم بين السلطتين، ثم تفوق السلطة الدينية التي بدا أن لها الأولوية القصوى حتى على إرادة السلطان ذاته مصدر شرعية السلطة.

كان شيخ الإسلام مفتي استانبول، ويقبع بمركز الدولة، ويسيطر بذلك على الهيئة الدينية التي تمتد سلطتها إلى جميع ولايات الدولة عن طريق القضاة الذين خضعوا مباشرة لسلطته. هكذا نظَّم العثمانيون السلطة القضائية في شكل تسلسلي، على قمته شيخ الإسلام بوصفه الرئيس القضائي الأعلى، يحكم بتفويض السلطان له في ذلك، ومن حقه عزل القضاة وتعيينهم، وبالتالي لم يكن نظام القضاء العثماني شبيهًا بنظيره المملوكي؛ فالقاضي في مصر العثمانية كان في منزلة شيخ الإسلام في الولاية، وله صلاحيات واسعة لم تقتصر على الفصل بين المتخاصمين، بل كان يشرف إشرافًا تامًّا على سير العدالة في منطقته القضائية، بحيث أصبح رقيبًا على الوالي والدفتردار والجند والأوقاف والجمارك والأسواق وتسجيل العقود. وتتحدث المراجع عن أن القاضي بنفوذه استطاع أحيانًا أن يعزل أو ينقل الوالي، والقاضي يراقب الأسعار ويؤمِّن المواد الغذائية للمدن، وهو المشرف الأول على تنفيذ القوانين إن لم تكن مخالفة للشريعة. هكذا أصبح منصب القاضي استمرارًا لوظيفة شيخ الإسلام عبر ممثليه من قضاة الأمصار[2].

كانت سياسة الدولة العثمانية عقب انتقال الإدارة في مصر إليها تقتضي ألا تحدث تغييرات جذرية مباشرة في النظام القضائي المملوكي القديم، وإنما تخطو خطوات تدريجية لربط المؤسسة القضائية في مصر بالتشكيلات القضائية والعدلية بمركز الدولة، بعد أن فسد النظام القضائي في مصر المملوكية نتيجة تدخل الأمراء والسلاطين في الأحكام القضائية التي يصدرها قضاة الشرع، بل إنهم تدخلوا لاختيار القضاة منذ البداية، فلم تكن وساطتهم ترد، إذ كان كل أمير يحتضن مجموعة من الفقهاء ويدافع عنهم ويتوسط لهم ويعتبرهم من أخصائه، ومن ثَمَّ فإن التعدي على أي فرد منهم يُعَد تعديًا على الأمير نفسه. وكم من المآسي التي تسببت فيها تلك الوساطات، بل إنها كانت من أبرز الأسباب وراء انحدار مستوى شاغلي الوظائف القضائية، لأن الوساطة تغفل عن قدر طالب المنصب من حيث

---

(1) الشناوي، **الدولة العثمانية**، ج1/ 412، 413.

(2) عبد الرازق إبراهيم عيسى، **تاريخ القضاء في مصر العثمانية**، سلسلة تاريخ المصريين، رقم (117) (القاهرة: هيئة الكتاب، 1998م)، 49.

علمه، ويشغله الأكثر والأقوى وساطة ونفوذًا. وقد تدخل السلاطين - وهم المفترض أن يكونوا رقباء على القضاة - في أعمال القضاة لإجبارهم على تنفيذ رغباتهم، وإلا فالعزل كان جزاؤهم[1].

هكذا أصدر السلطان سليم الأول عقب فتحه لمصر أوامره بإبقاء قضاة المذاهب الأربعة في مصر في مناصبهم كما هم، وخَلع عليهم الخلع السنية، وبعد أن استقرت أحوال إيالة مصر نسبيًّا، خطت الإدارة العثمانية خطوة جديدة، حيث جرى تعيين أحد الأمراء العثمانيين إلى جانب القضاة الأربعة، ليشرف على شؤون الإيالة القضائية والشرعية، وعُرف هذا القاضي باسم «قاضي العرب». ومهما يكن من أمر، فقد بقيت جميع الصلاحيات في يد قضاة المذاهب الأربعة لكن مع تحديد صلاحياتهم، حيث أُرسل إلى مصر بعض العلماء العثمانيين بصلاحيات واسعة لتنظيم الشؤون القضائية بالإيالة والإشراف عليها. وفي عام 928هـ/ 1522م عُين قاضٍ عثماني للمرَّة الأولى في مصر يُعرف باسم «سيد جلبي»، أُحيلت إليه جميع شؤون الإيالة القضائية والشرعية على المذاهب الأربعة، كما أُبقي على قضاة المذاهب الأربعة القدامى بوصفهم نوابًا لقاضي مصر، وعُين نواب لقاضي مصر في ولايات مصر[2]. وهكذا استطاع العثمانيون إنشاء نواة لنظام قضائي في مصر يرتبط ارتباطًا وثيقًا بمركز الهيئة الدينية في استانبول، حيث يستقر شيخ الإسلام.

وعليه، كانت السلطة الدينية هي الرقيب الأول على جميع أجهزة ومؤسسات الدولة العثمانية، وأصبحت امتدادًا لسلطة الخلافة الأولى. ولأنه كان للسلطة الدينية تأثير كبير في طول بقاء الدول الإسلامية، فلم تطل أعمار دول كبيرة مثل البويهيين والسلاجقة والأيوبيين على الرغم من استقوائها بالخلافة العباسية، لأنها لم تجمع بين الخلافة والسلطة كدول العباسيين والفاطميين والأمويين في الأندلس، مع ما طرأ عليها من أسباب السقوط لكنها صبرت وطال جهدها. كذلك كانت الدولة العثمانية، مع أنها دولة أعجمية إلا إنها حكمت الناس وأيدت سلطتها بما في الخلافة من الصبغة الدينية، وجعلت همها تعظيم الخلافة، حتى أطلقوا على الخليفة «خليفة الله»[3]، ولذلك طال عمرها حتى بلغ

(1) انظر: المرجع السابق، 32، 33.

(2) السيد، **مصر في العصر العثماني**، 386.

(3) جرجي زيدان، **مصر العثمانية**، تحقيق: محمد حرب (القاهرة: دار الهلال، يناير 1994م)، 98، 99؛ **تاريخ التمدن الإسلامي** (بيروت: دار مكتبة الحياة، د.ت)، ج4/ 478.

ستمائة عام، وهي بذلك أطول دول الإسلام عمرًا، وقد استمرت بعد أن أنهكتها عوامل الضعف، لا لشيء إلا لحرمتها التي عظمها جميع المسلمين في الأرض. وبهذا استطاع العثمانيون من خلال سيطرتهم على الشام ومصر أن يكملوا صبغ دولتهم بالصبغة الدينية الجهادية، التي بدورها سهلت سيطرتهم على معظم البقاع الإسلامية، فضلًا عن مهامهم القتالية في أوروبا.

ثانيًا: من الناحية الاقتصادية

شهدت كلٌّ من مصر والشام ازدهارًا اقتصاديًّا كبيرًا في العصر المملوكي، كما هو ثابت من خلال المصادر، ويرجع ذلك أولًا إلى دورهما المهم في الوساطة التجارية بين الشرق والغرب إبان العصور الوسطى برمتها، والعائدات المالية الكبيرة التي كانت تدرها هذه التجارة، فضلًا عن كونهما مركزًا رئيسيًّا للإنتاج الزراعي، في عصر ساد فيه النظام الإقطاعي، هذا ولم يستغل أصحاب الإقطاعات من الأمراء المماليك العائد الذي توفر لديهم في أيٍّ من مجالات الاستثمار الأخرى، وإنما سخَّروه لوسائل الترف والبذخ التي سادت بشكل عام في العصر المملوكي، لذا عندما تحول طريق التجارة العالمية إلى طريق رأس الرجاء الصالح في أواخر العصر المملوكي، وتحديدًا بعد عام 903هـ/ 1498م، أصيبت الحياة الاقتصادية المصرية برمتها بنكسة كبيرة بسبب اعتمادها على مصدر يكاد يكون وحيدًا للدخل. هكذا بدأ الاضمحلال يسود في السوق المصرية بوجه عام، وأُغلق عدد كبير من المتاجر الكبيرة والأسواق التجارية التي تأتي ببضائعها من الشرق، وقد أثَّر ذلك بصورة جلية على ما كان يُعرف بـ«الخانات»[1]، ولم يبقَ منها سوى القليل، وأصبحت المحلات التجارية الصغيرة أو ما يُعرف بـ«الدكاكين» هي السائدة، واقتصر نشاطها على المتاجرة في السلع الضرورية لحياة الإنسان المصري، وكان تأثر مدينة الإسكندرية بالتحديد كبيرًا، إذ هجرها كثير من

---

(1) جمع «خان»، ويؤدي الخان وظيفة الفندق الحالية تقريبًا، مع بعض الاختصاصات الإضافية الأخرى. ويُعَد الخان من المنشآت الدالة على الازدهار الاقتصادي في المدن، فهو يتركز عادة إما في مراكز المدن لاستقبال التجار والمسافرين، أو على طرق السفر. وتتشابه الخانات بوجه عام في أسلوب تصميمها المعماري، إذ يتألف بناؤها من طابقين يشرفان على فناء داخلي، ويحتوي الطابق العلوي على غرف لإقامة المسافرين، أما الطابق السفلي فمخصص لإسطبلات الخيل والجِمال ومستودعات البضائع التي تحملها القوافل، إضافةً إلى الغرف المخصصة للإدارة والسقاية والمراحيض.

الأجانب الذين كانوا يتخذون منها مركزًا لممارسة نشاطهم التجاري، ويشترون السلع من أسواقها وينقلونها إلى أسواق البلدان الأوروبية[1].

كان لسيطرة الدولة العثمانية على المشرق العربي، وتوحيد هذا الجزء من العالم تحت راية واحدة، عظيم الأثر في الارتقاء اقتصاديًّا واجتماعيًّا بمجتمعات الشرق الأدنى بصفة عامة، وبمجتمعات شرق المتوسط بصفة خاصة. ومما زاد من هذا الارتقاء، المرونة التي تمتعت بها الدولة في إدارتها لأقاليمها ذات الأعراق والديانات واللغات المتباينة، فقد تمتع أهل هذه الأقاليم بحرية العبادة والدِّين واستعمال لغاتهم والاحتفاظ بعاداتهم وتقاليدهم. وقد احتفظ العثمانيون بالأعراف والقوانين المملوكية في مصر بعد انتقالها إلى الحكم العثماني كما سبق الذكر، وعليه ظلت الولايات تتاجر فيما بينها كما كانت تفعل قبل دخولها تحت الحكم العثماني، واستمرت التجارة بين مصر والشام والحجاز واليمن على ما كانت عليه في الحكم المملوكي. لكن جاذبية التجارة في الأناضول واستانبول جعلت هذه التجارة الداخلية تمتد إلى هناك بعد اتحاد أراضي الدولة المملوكية بالأراضي العثمانية، ثم نشطت هذه التجارة أكثر فأكثر بانضمام شمال إفريقيا والعراق، وزيادة عدد مرات الذهاب والإياب بغرض التجارة[2].

لعبت طبيعة الحكم العثماني دورها في تقوية العلاقات بين مصر والبلدان العربية، فمن المعروف أن الدولة العثمانية لم تضع قيودًا على حركة السكان وممارسة نشاطاتهم الاقتصادية المختلفة في أي من البلدان التي خضعت لسلطانها، سواءً في آسيا أو إفريقيا أو أوروبا، مما أعطى لأبناء المنطقة العربية حرية الحركة والتنقل واختيار البلد الذي يستطيع الشخص فيه أن يمارس نشاطاته الاقتصادية والثقافية من دون عائق، وساعد ذلك على استمرار عملية التبادل الاقتصادي، وتقوية العلاقات الاجتماعية والحضارية. يقول أندريه ريمون:

«أدى الفتح العثماني إلى دمج الدول العربية داخل مجموعة موحدة متسعة للغاية، امتدت من حدود المغرب إلى الحدود الإيرانية، ومن الحدود الروسية إلى اليمن.

---

(1) عبد الرحيم عبد الرحمن عبد الرحيم، **فصول من تاريخ مصر الاقتصادي والاجتماعي في العصر العثماني**، سلسلة تاريخ المصريين، رقم (38) (القاهرة: هيئة الكتاب، 1990م)، 145-148.

(2) خليل ساحلي أوغلي، **من تاريخ الأقطار العربية في العهد العثماني** (استانبول: مركز الأبحاث للتاريخ والفنون والثقافة الإسلامية، 2000م)، 181-184.

وكانت الإمبراطورية العثمانية، بفضل اتساعها ووجودها على ثلاثة أرباع محيط البحر المتوسط، هي أكبر بنيان سياسي عرفه الغرب منذ نهاية الإمبراطورية الرومانية. وكان يمكن لكل مواطن تابع للسلطان أن يتجول من الدانوب حتى المحيط الهندي، ومن بلاد العرب حتى المغرب، وهو خاضع للقوانين نفسها، والتنظيم الإداري نفسه، وأن يتحدث اللغة نفسها، ويستخدم النقود ذاتها، وهي ظروف مواتية لحركة تبادل داخلية واسعة النطاق. هذه السهولة في انتقال الأفراد والأموال اقتضت في الواقع تنمية التجارة الداخلية إلى حدٍّ كبير بين مجموعة دول متفاوتة للغاية، وتمر عبرها منتجات شديدة التنوع، وتمثل عنصرًا فعالًا في التجارة الدولية. وفي نطاق هذا النشاط التجاري الواسع ازدادت حيوية العمليات الجارية داخليًّا إلى حدٍّ كبير، بفضل ضخامة سوق الإنتاج والاستهلاك داخل الإمبراطورية، وظلت هذه العمليات محتفظة بأهميتها الكبيرة في نهاية القرن التاسع عشر»[1].

كانت مصر تمثل المحور الرئيسي الذي تتم عن طريقه عملية التبادل التجاري والاستثمارات الاقتصادية بين البلدان العربية، فمنها تخرج القوافل التجارية إلى مختلف المناطق العربية في المغرب والمشرق على السواء، وإليها تعود هذه القوافل محملة بمنتجات هذه المناطق، وهي مركز لعمليات التصدير والاستيراد مع كل البلدان الأوروبية والإفريقية والآسيوية. وقد كان لموقع مصر في قلب البلدان العربية أثره على هذه المحورية، فضلًا عن إشرافها على البحرين المتوسط والأحمر، حيث المسالك البحرية التي تربط تلك القارات السابقة بعضها ببعض، وبذلك أصبحت مصر سوقًا اقتصادية مفتوحة للتبادل وممارسة النشاط التجاري لأبناء الولايات العربية جميعها[2].

وقد انتفعت القاهرة انتفاعًا هائلًا من كونها أصبحت ملتقى طرق تجارية مهمة في العصر العثماني، ويرجع ذلك إلى تخلي العثمانيين عن سياسة التدخل في التجارة الدولية والاحتكارات التجارية التي مارستها الدولة المملوكية طوال القرن الخامس عشر، واستفاد التجار من ذلك بدرجة كبيرة، فلم يَعُد عليهم أن يُشركوا الدولة في أرباحهم، ونتج عن هذا

---

(1) ريمون، **المدن العربية**، 36، 37.

(2) أوغلي، **من تاريخ الأقطار العربية**، 192.

زيادة فرص وصول جزء من تلك الأرباح إلى غيرهم من الفئات الاجتماعية الأخرى[1]. أما الأسواق والوكالات التجارية القائمة في المدن المصرية، فكانت في منزلة المنظمات التجارية، لا تكاد تخلو واحدة منها من عدد من التجار المغاربة والشوام والحجازيين، الذين كان كلٌّ منهم مثل شركة استثمارية تقوم بأنشطة اقتصادية متعددة على مستوى السوق المصرية المحلية من ناحية، والسوق العربية من ناحية أخرى[2].

وقد لعبت كلٌّ من مصر والشام دورًا مهمًّا في اقتصاد استانبول والإمبراطورية العثمانية، فمن مصر كانت تُرسل المنتجات الغذائية، كالأرز والقمح والشعير والتوابل والسكر، إلى البلاط السلطاني، بينما كانت بلاد الشام تُرسل خلال القرن العاشر الهجري/ السادس عشر الميلادي، خمسين ألف كيلو من الصابون سنويًّا إلى البلاط. أما ذهب السودان، فكان يصل إلى استانبول عبر مصر، كما كانت خزينة الدولة تحصل كل عام على نصف مليون دوقية ذهبية من فائض الدخل في مصر، وكانت الحكومة المركزية تُصر دائمًا على أن تحصل على هذا المبلغ بالعملة الذهبية. وإضافةً إلى ذلك، كانت مصر تحمل أعباء مالية أخرى، فعلى سبيل المثال أرسلت مصر في عام 938هـ/ 1532م إلى الأماكن المقدسة الحجازية أربعين ألف دوقية ذهبية هديةً، كما أنها في العام ذاته قدمت 13.866 دوقية ذهبية لحاجات البلاط من سكر وتوابل وأدوية، و12.053 دوقية ذهبية للمجوهرات والأقمشة. وفي الحقيقة، كانت مصر والشام الغنيتان تمثلان المصدر الرئيسي لثروة السلطنة، حتى إنهما كانتا في عام 934هـ/ 1528م توفران ثلث مصادر الدخل للإمبراطورية العثمانية[3].

هكذا كان على الإدارة المركزية للدولة أن ترعى شؤون ولاية مصر الإدارية والمالية رعاية خاصة، نظرًا إلى أهمية موارد هذه الإيالة المالية والاقتصادية بالنسبة إلى مركز الدولة والمنطقة والحرمين الشريفين على وجه الخصوص، ولذلك كانت استانبول تتابع عن قرب، وبشكل مستمر، تطور أحوال ولاية مصر، من خلال التقارير المفصلة التي كان أمير أمراء مصر يرسلها إلى استانبول من حين إلى آخر[4].

---

(1) نللي حنا، **ثقافة الطبقة الوسطى في مصر العثمانية**، ترجمة: رؤوف عباس (القاهرة: هيئة الكتاب، 2004م)، 63.

(2) عبد الرحيم عبد الرحمن عبد الرحيم، «المغاربة في مصر في العصر العثماني»، **المجلة التاريخية المغربية** (1982م)، 208.

(3) إينالجيك، **تاريخ الدولة العثمانية**، 199.

(4) السيد، **مصر في العصر العثماني**، 214، 215.

أدرك العثمانيون عقب سيطرتهم على الشام ومصر أهميتهما الاستراتيجية بوصفهما معبرًا للتجارة العالمية، ومدى ما أصابهما من تدهور اقتصادي نتيجة لتحول هذه التجارة إلى طريق رأس الرجاء الصالح، وما أسفر عن ذلك من كوارث حاقت بمنطقة شرق المتوسط، بل والعالم المتوسطي على وجه الإجمال، خصوصًا المدن الإيطالية، وعلى رأسها البندقية التي أصيبت بنكبة كبرى لضمور مناطق نفوذها نتيجة التوسع العثماني في شرق المتوسط والبحر الأسود من جهة، ولبعدها عن الطرق التجارية البديلة وتحول المراكز الاقتصادية الأوروبية إلى نقاط بعيدة من جهة أخرى[1]، لذا حاول العثمانيون سد الفراغ الذي عجز عن سده المماليك في أواخر عهدهم، وساعدتهم على ذلك سيطرتهم التي امتدت لمعظم أجزاء شرق المتوسط، وضمت القارات الثلاث آسيا وإفريقيا وأوروبا، فارتبطت بناءً على ذلك معابر التجارة القديمة من آسيا إلى أوروبا بسلطة واحدة هي سلطة الدولة العثمانية، مما سهَّل وصول التجارة المارة بسرعة أكبر وتكلفة أقل.

من هذا المنطلق، لم يتردد السلطان سليم منذ أول يوم في اتخاذ التدابير اللازمة لإنعاش حركة التجارة التي كان يَرِد إلى الشام ومصر جزء كبير منها آنذاك، عبر الطرق البرية والمناطق المطلة على البحر الأحمر والخليج العربي الداخلية. وأراد سليم أن يضمن تسويق ما يصل إلى مصر من هذه التجارة عن طريق البنادقة الذين يوزعونها في أوروبا، وذلك بعقد معاهدة تجارية معهم لهذا الغرض استمرارًا لما كان يفعله المماليك من قبل[2]، حيث كانت هذه الجمهورية تسيطر دومًا على تجارة التوابل في الموانئ المصرية والشامية. واستمر العثمانيون يعاودون تجديد الامتيازات التجارية للبندقية كلما توقف النزاع السياسي أو العسكري معها، وعلى الرغم من الحروب والصراعات فقد بقي اقتصاد البندقية يتوسع باستمرار خلال القرن السادس عشر، نتيجة لسياسة تبادل المنفعة التي اتبعها العثمانيون، واستمرار سفنها في الإبحار تجاه موانئ المشرق وهي تحمل الأجواخ وحرائر البندقية والساتان والورق والأواني الزجاجية والمرايا، والعودة من مصر والشام بالتوابل والأدوية والأصبغة والحرير والقطن[3].

(1) كوندز، **الدولة العثمانية المجهولة**، 700.

(2) فهمي، **طرق التجارة الدولية**، 435-438.

(3) إينالجيك، **تاريخ الدولة العثمانية**، 212.

هكذا عَقد السلطان سليم أول معاهدة تجارية عقب دخوله إلى مصر مع البندقية، في 22 محرم 923هـ/ 14 فبراير 1517م، وذلك لتشجيع البنادقة على القدوم إلى الإسكندرية بسفنهم وبضائعهم، ومباشرة نشاطهم التجاري. وجاءت في ديباجة المعاهدة ملاحظة تفيد بأن التعليمات التي أوردتها موجهة بصفة خاصة إلى حاكم مدينة الإسكندرية وموظفيها العموميين ومفتشي وضباط الشرطة، كي يُحيطوا علمًا بما جرى الاتفاق عليه بين المتعاقدين على الامتيازات السابق منحها لهم في زمن المماليك بعد موافقة السلطان سليم عليها[1]. وأهم ما تضمنته بنود هذه المعاهدة، تعهد سلطان الدولة العثمانية بمعاملة البنادقة بالاحترام والعدالة، وتأمينهم على أنفسهم وأموالهم في أثناء إقامتهم في الإسكندرية أو دمياط أو غيرهما من ثغور مصر، وألا يدفعوا أكثر من الضرائب المقررة، وأن قنصل البندقية هو الذي يختص وحده بمحاكمة مواطنيه، وليس للقاضي المسلم أن يتدخل في هذا الشأن، وليس للسلطات المصرية أن تتدخل في أمر السفن البندقية التي تصل إلى المياه المصرية، وللبنادقة مطلق الحرية في إصلاح وترميم مبانيهم أو إقامة منشآت جديدة لهم في الحي الذي ينزلون فيه، ويتمتع رعايا السلطان في جمهورية البندقية والجزر التابعة لها بالأمن، وإذا استولى القراصنة على سفينة تتبع جمهورية البندقية وأتوا لبيعها في ثغر مصري لا يُقدم أحد على شرائها، بل يجب إطلاق سراحها وإعادتها وإعادة متاجرها إلى أصحابها[2].

أما بالنسبة إلى فرنسا، فقد جدَّد السلطان سليم بعد فتحه لمصر الامتيازات التجارية للفرنسيين التي كان المماليك قد منحوها لهم، وأكد سليمان القانوني هذه الامتيازات بعد أن تولى السلطنة في معاهدة مع ملك فرنسا «فرنسوا الأول» (Francis I) (921–954هـ/ 1515–1547م)، في عام 934هـ/ 1528م. وفي عهد السلطان سليمان أصبحت فرنسا أول مملكة غربية تحصل على امتيازات تشمل كل الإمبراطورية العثمانية، أي ما كانت تتمتع به البندقية سابقًا. وفيما بعد أصبحت هذه الامتيازات نموذجًا لاتفاقيات مماثلة مع إنجلترا وهولندا وغيرها من الدول الأوروبية[3]. هكذا عقد السلطان سليمان القانوني معاهدة شاملة مع ملك فرنسا عُرفت باسم «معاهدة صداقة وتجارة بين الإمبراطورية العثمانية وفرنسا»، في شعبان 941هـ/ فبراير 1535م، وتقرر فيها منح تجار فرنسا وسائر رعاياها الذين يذهبون إلى أقاليم

(1) أباظة، **أثر تحول التجارة**، 73.

(2) عبد الدايم، **مصر في عصري المماليك والعثمانيين**، 245.

(3) إينالجيك، **تاريخ الدولة العثمانية**، 213.

الدولة العثمانية بعض الامتيازات، في مقابل منح الرعايا العثمانيين امتيازات مناسبة لها تقريبًا. وقد كفلت هذه المعاهدات لتجار فرنسا ورعاياها الأمن والطمأنينة على أرواحهم وأموالهم ومتاجرهم في أثناء وجودهم في حيز الدولة، كما كفلت لهم حرية المتاجرة والتنقل برًّا وبحرًا من دون أن يمسهم سوء، ومن دون أن يتعرضوا لمضايقات من السلطات العثمانية، بل إنها عملت على تنظم إقامتهم في أحياء أو خانات خاصة، مع عدم المساس بكنائسهم، وعدم فرض ضرائب عقارية عليها، كما عملت على منع السفن العثمانية التي تقوم برحلات بحرية بين استانبول وموانئ الشام ومصر من عرقلة نشاط السفن الفرنسية التي تعمل على هذه الخطوط الملاحية[1].

وقد استهدف البعض، في إطار محاولات إنعاش التجارة في مصر، حفر قناة تصل بين البحرين المتوسط والأحمر، فقد سادت فكرة حفر القناة في عهد السلطان سليمان القانوني، أولًا في عام 935هـ/ 1529م، ثم بعد مُضي أربعين عامًا حاول سنان باشا فاتح اليمن شق القناة في عام 976هـ/ 1569م حتى تجري عملياته الحربية في منطقة البحر الأحمر في يسر ونجاح، ثم حاول السلطان مراد الثالث حفر القناة في عام 997هـ/ 1589م وخصص لذلك مائة ألف عامل. وقد بقيت هذه المحاولات مجرد مشروعات، بسبب معارضة الدولة نفسها لتلك المشروعات، خشيةً منها أن يكون فتح البحر الأحمر للتجارة ودخول الأوروبيين في مياهه مقدمة لاستعمار أوروبي مسيحي مقنَّع لا يلبث أن ينقلب إلى استعمار سافر لتلك الجهات القريبة من الأراضي المقدسة الإسلامية في الحجاز[2].

وما لبث النشاط الاقتصادي في العودة تدريجيًّا إلى أسواق وموانئ شرق المتوسط في ظل الحكم العثماني، حتى إذا حل منتصف القرن العاشر/ السادس عشر ظهرت مؤشرات على تعافي الأسواق والموانئ التجارية في كلٍّ من الشام ومصر، فبدأت المدن تشهد نشاطًا تجاريًّا متزايدًا، وبدأت تعود إلى الأسواق المصرية والشامية عمليات التبادل التجاري فيما بينها وبين الأسواق العربية والأوروبية. ويمكننا أن نرى من خلال الوثائق، الفعاليات والأنشطة التجارية لكثير من الجنسيات العربية والأجنبية في كل المدن المصرية خصوصًا

(1) أباظة، **أثر تحول التجارة**، 80، 81.

(2) عبد الدايم، **مصر في عصري المماليك والعثمانيين**، 246.

القاهرة والإسكندرية ورشيد ودمياط والمنصورة والسويس[1]. وقد بَيَّن فردريك لين أن النشاط التجاري في البحر الأحمر أصبح كثيفًا في النصف الثاني من القرن السادس عشر، واستعادت تجارته ما فقدته في مطلع القرن عندما تحولت بعض التجارة الآسيوية إلى أوروبا عبر المحيط الأطلنطي[2]. ويقول أندريه ريمون:

«أدت السوق الداخلية الضخمة التي تكونت نتيجة لإنشاء الإمبراطورية، إلى حدوث نشاط ورفاهية في المراكز التجارية الكبيرة خصوصًا في الحواضر العربية، وقد أدى هذا النشاط التجاري والرفاهية التي حققها إلى تنمية جهاز اقتصادي يمكن دراسته بالأرقام».

ويقول:

«إنه من الممكن إيضاح تضاعف عدد المراكز التجارية، وتبيان توسعات القطاعات الاقتصادية المركزية في القاهرة خلال العصر العثماني. يذكر المقريزي أنه كان يوجد بالقاهرة في النصف الأول من القرن الخامس عشر 87 قيسارية، وقد أمكننا الاستدلال على 145 سوقًا و360 قيسارية في العصر العثماني. ويتضح من المقارنة أن التقدم كان باهرًا، خصوصًا بالنسبة إلى القيساريات التي هي أساس التجارة الضخمة، وتُعَد مؤشرًا مهمًّا للنشاط الاقتصادي في المدينة، وكانت هذه القيساريات متجمعة في منطقة واحدة يمكن تحديد مساحتها في العصرين المملوكي والعثماني. ففي عصر المقريزي كانت مساحة هذه المنطقة التجارية نحو 32 هكتارًا، في حين أن مساحتها في العصر العثماني أصبح 58 هكتارًا، وبذلك يمكن تقدير نمو منطقة النشاط الاقتصادي المركزية في القاهرة بما يقرب من 100٪»[3].

لم يكن تركيز العثمانيين مقصورًا على النشاط التجاري إبان فتحهم لمصر، لأن التجارة

---

(1) عبد الرحيم عبد الرحمن عبد الرحيم، «العلاقات الاقتصادية والاجتماعية بين الولايات العربية إبان العصر العثماني من خلال وثائق المحاكم الشرعية المصرية»، **المجلة التاريخية المغربية**، العدد 29-30 (يوليو 1983م)، 395-417.

(2) حنا، **ثقافة الطبقة الوسطى**، 103.

(3) ريمون، **المدن العربية**، 38، 39.

لم تكن المورد الوحيد للاقتصاد المصري في ذلك الوقت، في ظل وجود الإنتاج الزراعي الذي كان يشكِّل الأهمية الكبرى لذلك الاقتصاد، ومن هنا كانت السيطرة على الأراضي الزراعية في مصر تعني عمليًا السيطرة شبه التامة على ثروات البلاد. ومع أن النسبة الكبرى من الإيرادات تركزت في الإنتاج الزراعي بصورة مباشرة، إلا إن أغلب الأنشطة الرئيسية الأخرى قامت أيضًا على الإنتاج الزراعي، فقامت الملاحة والنقل الداخلي على نقل الحاصلات الزراعية من مصر العليا إلى القاهرة وبولاق، كما اعتمدت كثير من الصناعات الرئيسية على الحاصلات الزراعية كمواد خام. وعليه، كانت السيطرة على الإيرادات الزراعية تعني السيطرة على المصدر الرئيسي للثروة، وعمق الضريبة المفروضة عليها يعكس عمق الضريبة المحلية المضافة ككل[1].

كانت معظم الأراضي الزراعية في العصر المملوكي على شكل إقطاعات للأمراء المماليك، وقد عرفت مصر النظام الإقطاعي الحربي منذ أدخله السلطان الناصر صلاح الدين إلى مصر في أوائل العصر الأيوبي، نقلًا عن الدولة الزنكية في حلب والموصل، تلك الدولة التي لجأت إلى ذلك النظام بشكل واسع[2]. وفي النهاية ورثت الدولة المملوكية بشقيها البحري والجركسي هذا النظام، كما ورثت عن الأيوبيين سياستهم ونظمهم، هذا لأن المماليك استمدوا - كما هو معروف - وجودهم ومكانتهم من فكرة الحرب التي كان لنظام الإقطاع تأثير كبير عليها، لكن الإقطاع تدهور تدهورًا كبيرًا في عهدهم بعد أن تخلوا عن قواعد نجاحه التي اتبعت في العصر الأيوبي[3].

---

(1) عبد العزيز عز العرب، **الاقتصاد السياسي للقهر** (القاهرة: دار المستقبل العربي، 1990م)، 36.

(2) كان نظام الإقطاع ضروريًا بالنسبة إلى الدول العسكرية ذات الصبغة الحربية، وقد ظهر هذا النظام أولًا في الدولة السلجوقية، ثم انتقل منها إلى الدولة الزنكية في حلب والموصل، ومنها إلى الدولة الأيوبية في مصر والشام، وذلك حتى يضمن السلطان أو الحاكم جيشًا على أهبة الاستعداد عند إعلانه النفير العام. ويتلخص هذا النظام في أن صاحب الإقطاع لا يتقاضى عن خدماته في الجيش مرتبات نقدية أو عينية من الدولة، بل يؤدي للدولة نظير الإقطاع الممنوح له خدمات حربية ومدنية، أهمها الخدمات الحربية، فعندما تنشب حرب كان يتعين على كل مُقطَع أن يقدم إلى الجيش عددًا من الفرسان بخيولهم وأسلحتهم وملابسهم وذخيرتهم، وكان هذا العدد يتناسب مع مساحة الإقطاع ومميزاته. انظر: حسنين محمد ربيع، **النظم المالية في مصر زمن الأيوبيين** (القاهرة: مطبوعات كلية الآداب - جامعة القاهرة، 1964م)، 25-39.

(3) نجحت الدولة الأيوبية إلى حدٍّ بعيد في حماية الفلاحين الخاضعين للإقطاع الحربي من سادتهم الإقطاعيين العسكريين، فكانت تحدد الإيجارات والجبايات التي يدفعها الفلاح لسيده الإقطاعي، وتراقب تنفيذ هذه الالتزامات مراقبة دقيقة منعًا لاستغلال العسكريين للفلاحين، ومن هنا انطلقت العبارة المشهورة وهي أن

وقد حاول السلطان سليم بعد فتحه لمصر إعادة النظر في النظام الإقطاعي برمته، بعد أن أصبح نظام الإقطاع الحربي المملوكي بصورته التي وصل إليها في أواخر عصر الجراكسة عقبة في سبيل تطور المجتمع المصري، ومن ثَمَّ كان إلغاؤه من الأهمية بمكان إذا وجد البديل الملائم[1]. ولعل أهم الأسباب التي كانت وراء إلغاء سياسة الإقطاع في مصر من قِبل السلطان سليم، رغبته في القضاء على النظام المملوكي ليحمي إمبراطوريته من محاولة انقلاب داخلية يقوم بها أرباب الإقطاع من المماليك، لكن كان من الصعب إلغاء هذا النظام بطريقة مفاجئة بسبب وظيفته العسكرية وقدرته على إدارة الأرض وزراعتها وجمع ضرائبها والدفاع عنها، وعليه بدأ العثمانيون العمل على إلغائه بشكل تدريجي ليحل محله نظام جديد، هو نظام «الالتزام»[2].

تحدثت الآراء عن النظم التي تشابهت مع نظام الالتزام الذي طبقه العثمانيون في مصر، حيث ذهب البعض إلى تشابه هذا النظام مع النظام الذي طبقه العرب المسلمون في مصر غداة الفتح الإسلامي. وقد حاول السلطان سليم الاستفادة من النظم والقوانين التي كان معمولًا بها في إدارة الأرض أيام السلطنة المملوكية، ولهذا كان إلغاء الإقطاع تدريجيًّا، ثم حل محله نظام الالتزام، وهو مَنْح المقاطعات بصفة الأمانة، وتتمثل مهمة الأمانة في جمع الضرائب على يد أمين يسلمها إلى الخزانة في مقابل راتب «علوفة»، وقد اشترط «قانون نامه» في هؤلاء الأمناء الاستقامة والأمانة والاجتهاد في العمل على زراعة الأرض، وفي حالة

السادة الإقطاعيين العسكريين في العصر الأيوبي كانوا في نعمة محدودة. أما في العصر المملوكي فكان السلطان يمنح الأراضي الزراعية لأمراء المماليك في صورة إقطاعات، وكان لزامًا على الفلاح المصري زراعة هذه الأرض، فأضحى عبدًا لصاحبها لا يستطيع الهرب أو التخلص من ظلم المُقطَع وقسوته وليس له من خيراتها سوى القليل. أما الأمراء فقد أحجموا عن الاهتمام بإقطاعاتهم ما دامت غير وراثية، وازداد اعتمادهم على الرواتب النقدية والعينية. كما تراجع بناء الجسور وشق القنوات، وأهمل ترميم ما هو قائم منها، فتدهور الإنتاج الزراعي، وفي النهاية ازداد عجز الدولة عن سداد النفقات العسكرية، وفي الوقت نفسه ترك النظام الإقطاعي في عصر المماليك بصماته الواضحة على سوء حال الفلاح والقرية المصرية، فأثبت فشله بصورة عملية. انظر: ربيع، **النظم المالية**، 34؛ سعيد عبد الفتاح عاشور، «الفلاح والإقطاع في عصر الأيوبيين والمماليك»، ضمن كتاب: **بحوث ودراسات في تاريخ العصور الوسطى**، (بيروت، 1977م)، 146-150.

(1) عماد بدر الدين أبو غازي، **في تاريخ مصر الاجتماعية، تطور الحيازة الزراعية زمن المماليك الجراكسة** (القاهرة: عين للدراسات والبحوث الإنسانية والاجتماعية، 2000م)، 107.

(2) Shaw, *Land holding and land tax revenues in ottoman Egypt* (London, 1968), p.92.

تقاعس الأمين عن أداء واجبه يُعاقب وتُرفع عنه المقاطعة[1]. وكان الأمين في منزلة الملتزم، وهو من عهدت إليه الدولة بجباية الضرائب المربوطة على الأراضي الزراعية والمقررة على الفلاحين في قرية أو أكثر لمدة زمنية محددة، وكان على الملتزم قبل أن يباشر مهام عمله أن يدفع مبلغًا من المال يعادل ضريبة سنة من الضرائب المقررة على المنطقة التي يمارس فيها اختصاصاته، وكانت هذه المنطقة تُسمَّى «دائرة الملتزم»[2].

وعليه، فإن نظام الالتزام كان كأي نظام اقتصادي تؤثر فيه عوامل ربما تؤدي إلى قوته وثباته وتمكنه من القيام بدوره من توزيع للأراضي الزراعية وجباية ضرائبها التي هي لب هذا النظام وماهيته، وقد توافرت لنظام الالتزام عوامل القوة والاستقرار في سنيه الأولى، وكان المعول الأول لذلك قوة الإدارة العثمانية، وما إن تسلل الضعف إليها حتى كان لذلك أثره على الالتزام، وبدأت عوامل جديدة تطرأ على هذا النظام منذ نهاية القرن الحادي عشر الهجري/ السابع عشر الميلادي، وكان أهمها مبدأ توريث الالتزام وما صاحبه من تفتت في الالتزامات. وأسهمت الأزمات الاقتصادية في التأثير على الالتزام، وكان لتعاظم دور المماليك أثره كذلك[3]، ففي حين بدا معدل الضرائب في القرن السابع عشر الميلادي مناسبًا، أصبح يمثِّل عبئًا ثقيلًا في القرن الثامن عشر، وجاء التعسف الضريبي نتيجة استقواء النخب العسكرية من المماليك التي أساءت استخدام نظام الالتزام وجعلت منه أداة لتحقيق منفعتها الخاصة، في وقت كانت فيه سلطة الدولة المركزية في استانبول أعجز عن أن تقوم بتنظيمه[4].

وأخيرًا، لم يقتصر الإصلاح الاقتصادي الذي قام به السلطان سليم على المجالات التجارية والزراعية فقط، بل تعدَّى ذلك إلى الإصلاح النقدي، الذي ارتبط ارتباطًا مباشرًا بالإصلاح الاقتصادي للولاية، وكان ضروريًّا لإصلاح مجمل منظومة الاقتصاد وإلحاقها بالاقتصاد العثماني. وقد اتبع السلطان استراتيجية الدولة العامة في عدم القضاء على النقد القديم للإقليم المفتوح كليةً، لأنه قد تعسر توحيد النقد في جميع أرجاء الإمبراطورية،

(1) انظر: جمال كمال محمود، **الأرض والفلاح في صعيد مصر في العصر العثماني**، سلسلة تاريخ المصريين، رقم (285) (القاهرة: هيئة الكتاب، 2010م)، 16، 17؛ ريمون، **الولايات العربية في القرن السادس عشر - القرن الثامن عشر**، 548.

(2) الشناوي، **الدولة العثمانية**، ج1/ 146.

(3) محمود، **الأرض والفلاح**، 229.

(4) حنا، **ثقافة الطبقة الوسطى**، 71.

بسبب اتساع رقعتها، وتجنب السلاطين العثمانيين التضييق على السكان بفرض نقود جديدة عليهم تاركين لهم نقودهم المحلية للتداول، وبذلك تباينت العملة من ولاية إلى أخرى. ففي شرق الأناضول على سبيل المثال، حافظ العثمانيون حقبة من الزمن على النقود القديمة قبل الفتح مثل «شاه رخي» و«قره جه آقجه». أما في مصر والشام، فكانت وحدة النقد الذهبية المستعملة هي الأشرفية أو الدينار الأشرفي، وكانت تكتب في الوثائق الرسمية أشرفية غورية أو قايتبائية أو برسبائية نسبة إلى السلطان الذي أشرف على سكها. أما الفضة، فكان الناس يستعملون «نصف الدرهم» المملوكي الذي سُمي بـ«نصف فضة». وقد احتفظ العثمانيون بالنقد المملوكي ولم يغيروا فيه تغييرًا مباشرًا، لكن ذلك لم يمنع السلطان سليم من إحداث إصلاحات نقدية في أوائل العهد العثماني، بسبب التدهور الذي لحق بالعملة المملوكية في أواخر العصر المملوكي، هكذا تغير عيار الدينار الذهبي الأشرفي وأُعيد إلى وزن وعيار الدينار السلطاني «العثماني»، وهو 18.5 قيراط (3.5 جرام) من الذهب الخالص[(1)].

هذا وقد ذكر ابن إياس أنه في 17 ربيع الأول 923هـ/ 9 أبريل 1517م ضُربت في مصر عملة جديدة باسم السلطان سليم، وجال المنادون في أنحاء القاهرة معلنين الأوامر السلطانية بشأن العملة الجديدة[(2)]. ويحوي «قانون نامه مصر» أول معلومات صريحة عن النقد في البلاد بعد الفتح، ويُعرِّف قانون نامه «الباره» بأنها نقد فضي يحوي 16٪ من النحاس وتزن كل مائتين وخمسين قطعة منها مائة درهم، هكذا يكون وزن الباره 1.2245 جرام تحوي 1.050 جرام من الفضة الخالصة، وكانت الأقجة العثمانية تزن 0.731 جرام من الفضة الخالصة، لذا يكون التعادل بين الباره والأقجة هو نسبة 1.5/ 1، أي أن الباره تساوي أقجة واحدة ونصف، أما الباره السليمانية فكانت تساوي 2.5 باره سليمية[(3)].

هكذا استطاع العثمانيون في فترة وجيزة احتواء اقتصاد أراضي الدولة المملوكية المنهارة وإلحاقه بالاقتصاد العثماني، ودمج تلك الأراضي مع باقي أراضي الدولة خصوصًا المناطق العربية في الشرق الأدنى بسبب علاقاتها القوية السابقة على الفتح العثماني. ولم يقتصر الأمر على ذلك، بل حدث اندماج بينها وبين أراضٍ جديدة للمرَّة الأولى، أهمها تلك الأراضي

(1) أوغلي، **من تاريخ الأقطار العربية**، 128، 129، 182، 217.

(2) ابن إياس، **بدائع الزهور**، ج5/ 174.

(3) أوغلي، **من تاريخ الأقطار العربية**، 220، 221.

المتصلة معها جغرافيًا في شرق المتوسط، وصولًا إلى الأراضي الأوروبية التي سيطر عليها العثمانيون في شرق أوروبا، هذا فضلًا عن الاتصال البحري عبر الموانئ الساحلية في كلٍّ من مصر والشام والأناضول وبحر إيجة والجزر المنتشرة بين هذه السواحل، مما عزز التغلغل العثماني في المنطقة، وساهم في اتصال خطوط الإمداد اللوجيستية للجيوش العثمانية في البر والبحر، وهو ما أوصل العثمانيين بعد ذلك في القرن السادس عشر إلى ساحات صراع جديدة لم يصلوا إليها من قبل. وعليه، نستطيع القول إن السيطرة على كلٍّ من الشام ومصر ساهمت بشكل مباشر من الناحية الاستراتيجية في تعزيز السيطرة العثمانية على شرق المتوسط فضلًا عن مَدِّها إلى بقاع أخرى.

ثالثًا: من الناحية الاستراتيجية

أصبحت مصر ذات ثقل استراتيجي ملحوظ بعد دخولها تحت الحكم العثماني، وعليه احتفظت بأهميتها في المنطقة من هذه الناحية، بل زادت أهميتها مع ازدياد التوسع العثماني في المنطقة، فأصبحت من أهم القواعد العثمانية في الحوض الشرقي للبحر المتوسط، خصوصًا بعد أن باتت منفذًا للدولة العثمانية على مناطق ذات أهمية استراتيجية كبيرة، فعن طريق البحر الأحمر والمحيط الهندي وبحر العرب جنوبًا وصل النفوذ العثماني إلى مناطق استطاعت الدولة من خلالها الحفاظ على الحدود العربية والإسلامية من الشرق والجنوب ضد الاعتداءات الأجنبية، فضلًا عن محاولات الدولة المستمرة لإحياء الطريق التجاري القديم ودور الوساطة الذي كانت تتميز به مصر في العصور الوسطى، كما سبقت الإشارة.

هكذا أصبحت إيالة مصر حلقة اتصال ونقطة ارتكاز بين مركز الدولة وبين ولاياتها الشرقية والجنوبية على وجه الخصوص، وأصبحت مركزًا إداريًا وعسكريًا للعثمانيين في المنطقة، وعظمت مسؤولياتها العسكرية في حماية الطرق البحرية في البحرين الأحمر والمتوسط، وباتت موانئ مصر الشرقية مثل السويس والشمالية مثل الإسكندرية ودمياط هي الموانئ الرئيسية التي تعتمد عليها الدولة اعتمادًا تامًّا في بناء الأساطيل البحرية وتجهيزها وإرسالها إلى مناطق الصراع. ولأهمية هذه الثغور جعل السلطان سليم الأول كلًّا من الإسكندرية ودمياط والسويس صناجق تابعة مباشرة لسلطة الباب العالي باستانبول، بوصفها المنافذ الرئيسية اللازمة لربط مصر بالعالم الخارجي، وبالتالي بالدولة العثمانية وولاياتها، وبذلك كانت إدارة هذه الثغور خارجة عن سلطة الباشا العثماني الحاكم في القاهرة، فكانت

الدولة ترسل القبودانات (رجال البحر وقادة الأساطيل) لحكم هذه الموانئ المهمة مباشرة من مقر السلطنة، حيث كانوا يتلقون أوامرهم المباشرة من السلطان[1].

فضلًا عن ذلك، أصبح أمير أمراء مصر هو الأهم في المنطقة، فلم يكن يُكلَّف بالاشتراك في حملات الدولة العسكرية بصفة عامة، لكن دوره الأهم كان ينتظره في القاهرة، حيث يتلقى أوامر الدولة بإعداد نخبة من أفراد الجماعات العسكرية في مصر للاشتراك في حملات الدولة العسكرية، وعندئذ يجهِّز العسكر المطلوب بحيث لا يؤثر اختيارهم فيما يقوم به هؤلاء الجند من أمور حراسة وأعمال إدارية أخرى في الولاية، وكان أمير الأمراء يُعيِّن على رأس هذه الحملات كل من يستطيع حمل السلاح من أمراء مصر، وعليه أيضًا توفير احتياجات هؤلاء الجند من أسلحة ومؤن وذخائر ووسائل نقل وتوزيع علوفاتهم[2].

أصبحت مصر من خلال موقعها وثقلها الحربي والاقتصادي بعد فتحها، ذات دور فعَّال على جميع الأصعدة، وباتت الدعامة الرئيسية التي ارتكزت عليها الدولة لبسط نفوذها على النقاط الاستراتيجية، سواءً في مواجهة البرتغاليين في البحار الشرقية، أو على الصعيد المتوسطي، حيث أصبحت جزر البحر المتوسط الشرقية تمثِّل نقطة ارتكاز شديدة الخطورة للصليبيين والقراصنة في الحوض الشرقي للبحر المتوسط، يعملون من خلالها على إرسال حملات تهدف إلى تخريب السواحل العثمانية، والحيلولة دون الاتصال فيما بينها من ناحية، وفيما بينها وبين المركز في استانبول من ناحية أخرى، فضلًا عن الاستيلاء على السفن التجارية وأسر المسلمين واستهداف قوافل الحجيج. من هنا اكتسبت سواحل كلٍّ من الشام ومصر تلك الأهمية الكبيرة التي تمكَّن من خلالها العثمانيون من تضييق الخناق على أعمال القرصنة الصليبية في البحر المتوسط، والوصول إلى مراكزهم والقضاء عليها، ومن أخطرها على الإطلاق جزيرة رودس، التي فشل العثمانيون والمماليك على حدٍّ سواء في فتحها مرارًا وتكرارًا[3].

---

(1) عراقي يوسف محمد، **الوجود العثماني المملوكي في مصر في القرن الثامن عشر وأوائل القرن التاسع عشر**، الطبعة الأولى (القاهرة، د.ت)، 271؛

Shaw, *The financial and administrative organization*, p. 134.

(2) السيد، **مصر في العصر العثماني**، 330، 331.

(3) انظر: عايض بن حازم الروقي، «جهود الدولة العثمانية في تأمين الطريق البحري من عاصمة الدولة إلى الحرمين الشريفين»، **المجلة التاريخية المصرية**، المجلد 42 (2004م)، 551.

في تلك الآونة كانت أوروبا بأسرها تراقب الأوضاع في المشرق عن كثب، فقد كان انتصار العثمانيين بالنسبة إليهم كارثة ستزيد من قوة العثمانيين ونفوذهم، وبالتالي من خطرهم على العالم المسيحي. لهذا شرع البابا «ليو العاشر» (Leo X) (919-972هـ/ 1513-1521م)، إثر الأنباء التي تواترت عن انتصارات العثمانيين، في الإعداد الفوري لحملة صليبية تقف حائلًا أمام تطلعات السلطان[1]، وتبين ذلك من خطاب أرسله إلى ملك فرنسا فرنسوا الأول بتاريخ 12 جمادى الآخرة 923هـ/ 2 يوليو 1517م، يخبره فيه بأن العثمانيين يحتفلون بانتصاراتهم في المشرق، وأنهم متعطشون لإراقة الدم المسيحي[2]. وبعد خطاب البابا ببضعة أشهر أرسل «ألبرتو بيو» (Alberto Pio) سفير الإمبراطور ماكسمليان في روما خطابًا في 22 شوال 923هـ/ 7 نوفمبر 1517م يخبره فيه بتطورات الأوضاع، جاء فيه: «الآن استطاع الأتراك الاستيلاء على مصر كما يقول البابا، وسيطروا تقريبًا على كامل الإمبراطورية الرومانية الشرقية، وأعدوا أسطولًا قويًا في «هيلسبونت» (Hellespont)[3]، إذ لم تَعُد صقلية أو حتى إيطاليا برمتها ترضي طموحاتهم». هذا وقد ظهر خوف البابا من غزو العثمانيين لإيطاليا عقب سيطرتهم على مصر في خطاب أرسله إلى ملك فرنسا في 29 شوال 923هـ/ 14 نوفمبر 1517م، جاء فيه: «إن الترك يداومون بشكل يومي على النظر في خريطة السواحل الإيطالية ووصفها»[4].

رأى البابا وأغلب دول الغرب الأوروبي حينذاك، أن فرنسا هي الحامي والمدافع الأمثل أمام ذلك العدو الشرس، لهذا ازدادت المكاتبات بين البابا وملك فرنسا، وقد حث فيها البابا على إرسال المبعوثين الفرنسيين إلى روما فورًا، لترتيب كيفية مواجهة الخطر التركي، ثم استهل البابا دعوته إلى حملة صليبية جديدة على العثمانيين بإصدار صك غفران في 26 شوال 923هـ/ 11 نوفمبر 1517م لكل المشاركين في تلك الحملة، وأكَّد في إطار ذلك مرَّة أخرى على استفحال الخطر العثماني وتناميه المطَّرد بعد سيطرة السلطان سليم على مصر،

---

(1) See: Ludwig von Pastor, T*he History of the Popes from the Close of the Middle Ages: Drawn from the Secret Archives of the Vatican and other original sources*, Translated from the German of Dr. Ludwig Pastor, Vol. VII, (London, 1908),p. 219.

(2) جاء هذا الخطاب بُعيد خطاب بعث به قائد البحرية العثمانية من مسرح الأحداث إبان السيطرة على مصر إلى زعيم فرسان رودس، هدده فيه، وأهانه إهانة بالغة، ووصفه بالكلب الأجرب، Setton, op. cit, Vol. III, p. 172.

(3) المقصود به مضيق الدردنيل.

(4) Ipid, pp. 172, 175.

وإعداده لأسطول عثماني لم يسبق له مثيل. وعلى الرغم من المجهودات الكبيرة التي بذلها البابا لتوحيد الصف الأوروبي للقيام بحملة مشتركة، فقد ظهرت صعوبات كبيرة حيال ذلك، أبرزها صعوبة اشتراك كلٍّ من الفرنسيين والألمان في حملة واحدة في إطار الخلافات الناشبة بين البلدين، إذ كانت آخر الحملات المشتركة بينهما منذ أربعة قرون خلت، فضلًا عن الخلافات الناشبة بين الأسر الحاكمة الأخرى في أوروبا[1].

وهكذا لم تسفر مساعي البابا عن توحيد صف أوروبا في حملة صليبية واحدة كبيرة ضد العثمانيين، لكن حل محل ذلك التخطيط لشن عدة حملات مختلفة خلال ثلاثة أعوام، الأولى تكون في عام 924هـ/ 1518م، وتقرر أن تنطلق إلى شمال إفريقيا بواسطة كلٍّ من إسبانيا والبرتغال بدعم بحري من فرنسا، على أن تنتهي في السنة التالية بفتح كلٍّ من الإسكندرية والقاهرة، بينما ينطلق ملك فرنسا في الوقت نفسه من إيطاليا إلى مقدونيا لتأمين السواحل عند عودة الصليبيين من مصر. وتكون الحملة الثانية في عام 925هـ/ 1519م من قِبل كلٍّ من بولندا والمجر والنمسا، بتحرك مباشر عن طريق البر عبر أراضي شرق أوروبا إلى الأراضي العثمانية، وعن طريق البحر بواسطة فرنسا التي من المفترض أنها شاركت في الحملة المقررة على الشمال الإفريقي، وبالتعاون مع جيوش بولندا ووالاشيا ومولدافيا يضغطون عبر فلبوبوليس وأدرنة على شواطئ البسفور العثمانية. أما الحملة الثالثة فكان مقررًا لها الانطلاق في عام 926هـ/ 1520م، ويشترك فيها كلٌّ من الإمبراطور ماكسمليان وملك البرتغال في مهاجمة اليونان بالاتحاد مع ملك فرنسا وبولندا، ثم يحاصرون السلطان في استانبول، وبعد السيطرة على المدينة يتوغلون في الأناضول، في الوقت الذي يساعدهم فيه الصفويون من الشرق، ونظير هذه المساعدة يحصلون على نصف الأناضول والقرم وأرمينية. أما باقي الأراضي العثمانية في آسيا وإفريقيا، خصوصًا مصر، فتكون من نصيب العالم المسيحي. وعليه، استمر العمل والتنسيق لمدة عام كامل لتوفير الإمكانات اللازمة للحملات المزمع إرسالها، وكان أهمها توفير الأماكن المناسبة لإعداد القوات، مثل نابولي وصقلية وأناكونا وغيرها من الأماكن التي يجب أن يتمركز فيها على الأقل عشرون ألفًا من جنود المشاة فضلًا عن خمسة آلاف فارس يجري إرسالهم عن طريق كلٍّ من البابا وفرنسا وإسبانيا والبندقية وفلورنسا وبعض المدن الإيطالية الأخرى[2].

---

(1) Ipid, pp. 174-175.

(2) Ipid, pp. 178-179; Von Pastor, op. cit., pp. 229-230.

كانت الأمور تسير على ما يرام فيما يخص الحرب على العثمانيين، حتى جاءت مسألة موت الإمبراطور ماكسمليان وضرورة انتخاب إمبراطور روماني يحل محله، فكان على رأس المرشحين فرنسوا الأول ملك فرنسا، وشارل ملك إسبانيا حفيد ماكسمليان. وفي ذلك الوقت، وتحديدًا في صفر 925هـ/ فبراير 1519م، كان الملك فرنسوا متأهبًا للحرب الصليبية، حتى إنه أبلغ البابا بأنه سيذهب شخصيًّا على رأس ثلاثة آلاف فارس وأربعين ألفًا من المشاة لدرء أي هجوم محتمل من الأتراك على روما. وعلى الجانب الآخر كان منافسه شارل على صلة بالسلطان سليم الذي عقد بلاطه في أدرنة عقب عودته من مصر. وقد سجلت رسائل البندقية من أدرنة وصول السفير الإسباني إلى الباب العالي للتأكيد على امتيازات كنيسة القبر المقدس بعد سيطرته على القدس، فضلًا عن حقوق الحجاج المسيحيين زوار الأراضي المقدسة، التي احترمها المماليك من قبل نظير ضريبة سنوية. وبالفعل تلقى سليم المبعوث الإسباني بطريقة ودية، ووعد بقبول طلب الملك شارل إذا أرسل مبعوثًا آخر مخولًا بجميع الصلاحيات لعقد معاهدة خاصة بين كلٍّ من إسبانيا والباب العالي[(1)].

في النهاية، اختير شارل الخامس إمبراطورًا رومانيًّا مقدسًّا في 1 رجب 925هـ/ 28 يونيو 1519م دون أدنى احتجاج، وتغلب بذلك على منافسه ملك فرنسا الذي بات ساخطًا على البابا الذي أجبرته الظروف على إفساح الطريق لشارل، وعليه فَقَدَ البلاط الفرنسي حماسه للحملة الصليبية، بعد أن أصبح شارل وعائلة هابسبورج هما المدافع الأول عن العالم المسيحي أمام القوى الإسلامية بزعامة العثمانيين. وعليه، تبدَّل موقف شارل إلى النقيض، وأصبح عدوًا لدودًا للعثمانيين، ثم تبدَّل موقف فرنسوا بدوره، وبدأ تقاربه مع الباب العالي خصوصًا في عهد السلطان سليمان. وقد نشأت أسباب الصراع بين فرنسا وإسبانيا في كل مكان بعد أن أصبح ملك إسبانيا إمبراطورًا وامتدت سلطة هابسبورج إلى أواسط أوروبا، وأصبح الصراع الرئيسي على النفوذ في إيطاليا، فقد حاز شارل الخامس نابولي، وأخذت فرنسا ميلانو بالقوة المسلحة على الرغم من كونها تابعة للإمبراطورية، ومن هنا انزلقت كلٌّ من فرنسا وإسبانيا في أتون صراع طويل. وعندما مات السلطان سليم

(1) على الرغم من أن السلطان سليم رفع رسوم الاستيراد على بضائع راجوزة من 2٪ إلى 5٪، فإنه حتى ذلك الوقت كان يتبع سياسة ودية مع الدول الأوروبية لإدراكه جيدًا محاولات بابا روما الحثيثة لتنظيم حملة صليبية جديدة، Setton, op. cit., p 191.

في 9 شوال 926هـ/ 22 سبتمبر 1520م كانت كل خطط أوروبا من أجل الحرب الصليبية قد تلاشت[1].

وعلى صعيد شرق المتوسط، اضطر السلطان سليم تحت ضغط الهجمات المتواصلة للقراصنة إلى الحد من سفر السفن الإسلامية عبر البحر للحجاج والتجار على السواء[2]. مع ذلك، وقع كثير من أحداث القرصنة من قِبل فرسان رودس، وقد ذكر ابن إياس - على سبيل المثال - في حوادث صفر 925هـ/ فبراير 1519م، أن عددًا من سفن أهل رودس هاجمت سفينة مصرية في البحر المتوسط كانت متجهة إلى استانبول فقتلت من عليها[3]، فأرسل السلطان سليم رسالة إلى خاير بك والي مصر في جمادى الآخرة 925هـ/ يونيو 1519م يأمره فيها بزيادة تحصين الثغور المصرية خصوصًا قلاع الإسكندرية ودمياط، ومدها بالسفن الحربية والسلاح والمدافع، فكوَّن خاير بك على إثر ذلك فرقة بلغ عددها نحو مائة مقاتل، دفع بهم إلى الإسكندرية في ربيع الأول 926هـ/ مارس 1520م، لضمان سلامة السفن الإسلامية[4]. على الرغم من ذلك، استطاعت سفن فرسان رودس في شهر جمادى الأولى من العام نفسه الاستيلاء على خمس سفن مصرية فيما بين بيروت ودمياط وأسرت كل من على متنها، ولم يكتفِ القراصنة بذلك، بل واصلوا سيرهم فحاصروا مدينة بيروت في ذي القعدة بأسطول مكون من أربع عشرة سفينة، واستطاعوا بالفعل بعد معركة قوية التغلب على الحامية والسيطرة على المدينة لمدة ثلاثة أيام، حتى وصل الخبر إلى والي الشام جان بردي الغزالي، فسيَّر جيشًا بقيادة داوا داره إلى بيروت في أواخر شوال 926هـ/ سبتمبر 1520م، واستطاع هذا الجيش هزيمة قراصنة رودس بعد أن قتل وأسر عددًا كبيرًا منهم[5]. من هنا بدأ السلطان سليم في تجهيز أسطول كبير لم يُعرف وجهته على وجه التحديد، إلا إن كل الملابسات في ذلك الوقت تشير إلى وجهته، كما تحدث كثير من المؤرخين عن تفكير السلطان في فتح رودس بعد أن أصبحت عقبة

---

(1) Ipid, pp. 192-193.

(2) أحمد جودت باشا، **تاريخ جودت**، ترجمة: عبد القادر أفندي الدنا، الجزء الأول (بيروت: مطبعة جريدة، 1308هـ)، 146.

(3) ابن إياس، **بدائع الزهور**، ج5/ 291.

(4) المصدر السابق، ج5/ 302 وما يليها.

(5) شمس الدين محمد بن طولون، **مفاكهة الخلان في حوادث الزمان**، القسم الثاني، تحقيق: محمد مصطفى (القاهرة، 1381هـ/ 1962م)، 105، 122.

كبرى في سبيل توطيد السلطة العثمانية في شرق المتوسط، لكن الأجل لم يمهله حتى إكمال مشروعه.

تنفَّس كلٌّ من البابا وأمراء وملوك أوروبا الصعداء بموت سليم المفاجئ، وأملوا خيرًا في خلفه سليمان، ذلك الشاب الصغير، واعتقدوا أنه لا شيء يمكن أن يخيفهم بعد الآن، حتى إنهم ازدادوا عبثًا قبالة سواحل المتوسط طمعًا في الاستيلاء على البلاد[1]، غافلين على ما يبدو عن طموح السلطان الجديد ومهارته وقوته، وهو ما سيلحقه بأكثر الحكام شهرة وتأثيرًا على مدار التاريخ. استلم سليمان الحكم ومركز الدولة في غاية القوة، حيث جعلته فتوحات كلٍّ من بايزيد الثاني وسليم الأول في موقف استراتيجي لا مثيل له سواء في الشرق أو الغرب، بعد أن سقط المماليك، وتراجع الصفويون والبنادقة عن مواجهة الدولة. أما إمبراطورية هابسبورج فكانت ترتقي في ذلك الوقت لتحل محل المجر كمنافس رئيسي شمال نهر الدانوب، إلا إنها لم تصل بعد إلى أوج قوتها. ومن ناحية أخرى، بُنيت القوة البحرية الضاربة للدولة خلال ربع القرن المنصرم، وهو ما أعطى سليمان سلاحًا جديدًا ناجعًا في محاربة خصومه في البحر بالقوة نفسها التي يواجههم بها في البر. وقد أعطت سيطرة سليم على أراضي الخلافة الإسلامية القديمة، السلطان الجديد مصادر دخل واسعة، فضلًا عن كثير من الهيبة في العالم الإسلامي، وهو ما كان سببًا في وصول الإمبراطورية في عهده إلى ذروة الازدهار والمجد، مما يبرر تلقيبه بـ«سليمان العظيم» أو بـ«التركي الكبير» في أنحاء أوروبا كافة[2].

ما فتئت القوى الأوروبية تطمئن إلى الجانب العثماني حتى بدأت المنازعات تسود المشهد الأوروبي بشكل عام، سواءً من الناحية الدينية بين البابا و«مارتن لوثر» (Martin Luther) (888-953هـ/ 1483-1546)[3] الثائر الديني الجديد، أو من الناحية السياسية والحربية خصوصًا

---

(1) ذكر ابن إياس أنه في يوم الاثنين الثامن من ذي الحجة خرج الأمير ناصر الدين محمد الحلبي المهمندار إلى ثغر الإسكندرية لتفقد الأبراج هناك، خوفًا من الفرنج الذين ازداد عبثهم في البحر بعد موت السلطان سليم. وفي اليوم الثاني عشر من الشهر أشيع أن الأمير شيخ الذي أرسله الوالي إلى السلطان سليمان لتعزيته في موت أبيه رجع إلى الإسكندرية بعد أن وجد البحر قد امتلأ بسفن الفرنج فلم يستطع التوجه إلى استانبول، ابن إياس، **بدائع الزهور**، ج5/ 373؛ انظر أيضًا: ابن زنبل، **آخرة المماليك**، 165.

(2) Show, *History of the Ottoman empire*, Vol. I, p. 87.

(3) هو مارتن لوثر كينج، المصلح الديني لعصر النهضة. كان رجل دين ألمانيًا وأستاذًا في اللاهوت، وبزغ نجمه مع معارضته للكنيسة الكاثوليكية في مسألة صكوك الغفران، إذ نشر في عام 1517م رسالة أخذت شهرة واسعة، ناقش فيها خمسًا وتسعين مسألة يتعلق أغلبها بسلطة البابا في الحل من العقاب الزمني للخطيئة.

بين فرنسا وإسبانيا. وسرعان ما استغل سليمان المشهد المعقد، وباغت العالم المسيحي بالهجوم على بلجراد[1] بوابة أوروبا الوسطى وخط دفاعها الأول ضد العثمانيين الذين أخفقوا ثلاث مرات من قبل في فتحها، لكن في هذه المرَّة استطاع السلطان الجديد فتحها في 25 رمضان 927هـ/ 29 أغسطس 1521م[2]. وبعد نجاحه الساحق في أولى حملاته لم يُضِع السلطان الشاب الوقت وبدأ في الإعداد لمعركة إحكام السيطرة على شرق المتوسط، وذلك عن طريق القضاء على فرسان رودس في قلعتهم المنيعة، التي تُعَد آخر ملاذ للقرصنة الصليبية في المنطقة بأكملها، تلك الجزيرة التي أخفق العثمانيون من قبل - كما رأينا - في فتحها في عهد السلطان محمد الفاتح بعد حصار قوي، وكان السلطان سليم أيضًا يُعِد العدة لفتحها بعد رجوعه من مصر كما تشير الشواهد. الآن باتت كل الظروف مواتية أكثر من ذي قبل، خصوصًا بعد سيطرة الدولة على معظم سواحل شرق المتوسط بضم كلٍّ من الشام ومصر، فضلًا عن ضمان حياد أكبر القوى الصليبية البحرية وهي البندقية، وانشغال القوى الغربية بحربها فيما بينها.

بدأ العثمانيون في تعبئة الأسطول للإقلاع من استانبول في رجب 928هـ/ يونيو 1522م، وغادر السلطان نفسه العاصمة في 16 يونيو عابرًا إلى أسكودار على الجانب الآسيوي لقيادة

وطلب منه البابا ليو العاشر والإمبراطور شارل الخامس في عام 1520م التراجع عن آرائه، وبعد رفضه حُكم عليه بالنفي والحرمان الكنسي بوصفه مهرطقًا. ومنذ ذلك الحين بدأ صراع مرير بين أتباع لوثر والكنيسة، كان بداية للحد من سطوة الكنيسة التي سادت إبان العصور الوسطى، وساهم في انتشار البروتستانتية على نطاق واسع. وقد استغل السلطان سليمان هذا الصراع ودعم لوثر وأتباعه ضد عدويه اللدودين بابا الفاتيكان والإمبراطور الروماني، مما ساهم في ازدياد المعارضة ونشوب الثورات في أوروبا، وهو ما ساعد العثمانيين كثيرًا في إطار صراعهم مع القوى الصليبية. انظر مزيدًا عنه:

E.G.Schwiebert, *Luther and His Times* (St. Louis: Concordia Publishing House, 1950); Roland Bainton, *Here I Stand: a Life of Martin Luther*, (New York: Penguin, 1995); Martin Marty, *Martin Luther* (Viking Penguin, 2004).

(1) اختار السلطان سليمان - على الأرجح - مدينة بلجراد لتكون وجهته في أول تحرك عسكري له، بناءً على إخفاق الإمبراطور شارل الخامس في الإمساك بزمام الأمور في شرقي أوروبا بسبب الصعوبات السياسية في إسبانيا وظهور اللوثرية في ألمانيا، وبالتالي تنازله عن الأراضي النمساوية في عام 927هـ/ 1521م لأخيه الأصغر فرديناند، الذي أصبح أميرًا على المجر بعد وفاة ملكها لويس زوج شقيقته، وهو ما سيجعل كلًّا من النمسا والمجر تتحدان تحت تاج واحد لمواجهة الخطر العثماني، حتى سقوط مملكة النمسا والمجر وظهور الدول القومية الحديثة في الربع الأول من القرن العشرين. انظر: إدريس الناصر رائسي، **العلاقات العثمانية-الأوروبية في القرن السادس عشر** (بيروت: دار الهادي، 2007م)، 61-68.

(2) إينالجيك، **تاريخ الدولة العثمانية**، 57؛ أوزتونا، **تاريخ الدولة العثمانية**، ج1/ 261.

جيشه البري المكون من نحو مائة ألف للمشاركة في الحملة المزمعة، وتبعًا لتقرير بايل البندقية في استانبول، أقلع الأسطول من الميناء في 18 يونيو، وكان يشمل ثلاثمائة سفينة ما بين سفن قتالية وسفن شحن[1]، وقد تحدثت بعض المصادر التركية عن سبعمائة سفينة على متنها أربعون ألف مجدف، وجيش بري قوامه مائتا ألف مقاتل[2]، مع الأخذ في الاعتبار أن معظم هذه السفن كانت للشحن والنقل، مما يشير إلى الاستعدادات الضخمة التي أعدها السلطان، وعزمه على عدم الرجوع قبل فتحها. وصل الأسطول إلى جزيرة رودس في 26 يونيو، وشرع فورًا في تطويقها، وبعد نحو شهر وصلت القوات البرية إلى خليج مرمرة، حيث عبر السلطان بنفسه إلى الجزيرة في 28 يوليو، وسرعان ما بدأ الحصار الفعلي[3].

ظهرت أولى النتائج الاستراتيجية للسيطرة العثمانية على مصر، عندما بعث السلطان لواليه عليها خاير بك، قبل إقلاعه بقواته من خليج مرمرة في أواخر شهر رجب/ يونيو، يطلب منه إرسال حملة مصرية عاجلة يشترك فيها العثمانيون والمماليك الجراكسة جنبًا إلى جنب، وتنضم إلى قواته المحاصرة لرودس. وبالفعل قام خاير بك على الفور بإعداد السفن على سواحل الإسكندرية، ثم عيَّن الأمير قايتباي الرمضاني الدوادار لاختيار الجند والأمراء، فاختار ثلاثة وأربعين أميرًا من أمراء المماليك الجراكسة، وألفًا وخمسمائة جندي (ألف جركسي وخمسمائة عثماني)، وأسند خاير بك قيادة الجند العثماني إلى جانم الحمزاوي، وقيادة المماليك الجراكسة إلى قايتباي الدوادار. ومن القلعة تحركت هذه الحملة في شعبان/ يوليو، ثم أقلعت من الإسكندرية في أربع وعشرين سفينة في أول رمضان بعد وصول السلطان سليمان إلى الجزيرة. ولم يقتصر دور مصر على المشاركة القتالية، وإنما تعدَّاه إلى الإمداد والتموين كما أخبر ابن إياس، إذ وصل رسول السلطان إلى خاير بك في 24 شوال/ 18 أغسطس يخبره بنُدرة المواد الغذائية لدى القوات المحاصرة للجزيرة، فجمع خاير بك على الفور ثلاثين ألف أردب من القمح، وأرسل عشرة آلاف أخرى لطحنها في الطواحين، ثم شحن المراكب بثلاثين أردب قمح وخمسمائة حمل دقيق وخمسمائة أردب أرز ومثلها حمص وبسلة وغير ذلك، ثم أرسل كل ذلك إلى السلطان[4].

---

(1) Setton, op. cit., Vol. III, p. 205.

(2) Khalifeh, op. cit, pp. 25-26.

(3) Parry, op. cit, p. 80; Setton, op. cit., Vol. III, p. 205.

(4) ابن إياس، **بدائع الزهور**، ج5/ 463- وما يليها؛ ص 477؛ Khalifeh, op. cit, p. 26.

بدَّل وصول السلطان التطويق البحري لرودس إلى حصار فعَّال، لكن قبل ذلك أرسل السلطان خطابًا إلى زعيم الإسبتارية الجديد السيد الكبير «فيليب دي ليل آدم» (Philippe de Villiers de l'Isle-Adam) (927-941هـ/ 1521-1534م)، جاء فيه:

«إنه بأمر منا نحيطكم علمًا بأننا قررنا أن نتسلَّم هذه الجزيرة لما علمنا من الضرر والأعمال المشينة التي تحدث بشكل يومي، وإذا سلَّمتم هذه القلعة إلى جلالتنا عن طواعية، فإننا نقسم بالله خالق الأرض والسماء ومُرْسِل نبينا محمد ألا خوف ولا أذى ولا ضرر من قِبل جلالتنا على كل مَن في هذه الجزيرة صغارًا كانوا أم كبارًا. أما إذا أصررتم على عدم الاستسلام، فإننا سنقلب عليكم القلعة رأسًا على عقب، ونعذبكم ونقتلكم شر قتلة، كما فعلنا مع كثيرين، وكونوا على يقين من ذلك»[1].

عند بدء الحصار كانت الحامية الرودسية تتكون من ستمائة جندي، وأربعة آلاف وخمسمائة رجل مسلح تقريبًا، وبعد انقضاء نحو خمسة أشهر من الحصار المتواصل (من 28 يوليو حتى 20 ديسمبر) كان المتبقي من تلك الحامية نحو ألف وخمسمائة رجل، وخلال هذه المدة ركز الأتراك هجماتهم على الأسوار البرية، متداركين بذلك - على ما يبدو - ما وقعوا فيه إبان الحصار السابق في عام 885هـ/ 1480م عندما ركزوا هجماتهم على الدفاعات البحرية، خصوصًا حصن سانت نيكولاس. وتحسبًا للهجوم على القطاعات البحرية اتخذ السيد الكبير أساليب حماية خاصة لتأمين الميناء، وإضافةً إلى السلسلة الكبيرة التي وُضعت من برج نايلاك حتى برج الطواحين، مد سلسلة أخرى لمسافة قاربت نصف الميل بين برجي الطواحين وسانت نيكولاس، وبالتالي أصبح هناك حاجز مزدوج لحماية الميناء. لكن الأتراك لم يقربوا الميناء، وشرعوا في قصف الأسوار الغربية والجنوبية للمدينة، التي كانت تمتلك في ذلك الوقت أقوى نظام دفاعي في العالم، إذ جرى تقسيم رودس إلى ثمانية قطاعات أساسية للدفاع، كل قطاع منها يمتاز ببوابات معينة وأبراج ذات علامات، فضلًا عن تمركز قومية أوروبية معينة في كل قطاع من القطاعات، مثل الفرنسيين والإنجليز والألمان والإسبان وغيرهم، حتى سُمِّيت تلك القطاعات باسم من يسكنها، مثل القطاع الإنجليزي أو القطاع الفرنسي، إلخ[2].

---

(1) أندري كلو، **سليمان القانوني مثل من النماذج بين الهوية والحداثة**، تعريب: البشير سلامة (بيروت: دار الجيل، د.ت)، 84.

(2) Setton, op. cit., Vol. III, pp. 206-207.

وقد ذكر العبَّاسي الذي أرَّخ لفتح رودس، حصانة ومناعة أسوار الحصون، فقال إن بعضها قِيس بعد الفتح فكان سبع خطوات مع مد الرِّجل إلى نهايتها، ثم تطرق لقوام الخطة التي أراد العثمانيون تنفيذها منذ الأيام الأولى للحصار، وما لاقوه من عناء ومشقة وهول إزاء ذلك، وكان مما ذكره:

«أن يُحفر من كل جانب من الأرض إلى جهة الخندق، ويُساق التراب المحفور إليه قليلًا قليلًا بحيث يكون التراب سِترًا من وصول الرمي إلى أن يصلوا إلى الخندق، ثم يُلقى التراب فيه ليتوصلوا بذلك إلى السور ويتمكنوا من نقبه، فشرعوا في ذلك... ولم يزل العمل في حفر الأرض مستمرًّا إلى أن وصلوا بالتراب إلى حافة الخندق... ثم ألقوه في الخندق مع كثير من الحجارة والأخشاب، إلى أن تمكنوا من الوصول إلى جدار السور... وعند ذلك أخذوا في نقب السور، وفي يوم الثلاثاء ثالث شهر ذي القعدة برز الأمر الشريف بالزحف على الحصار... وعندما وصل حزب الله (أي الجيش العثماني) إلى السور، وثب حزب الشيطان (أي الروادسة) الكفور، واهتموا بالمنع والدفع... وأوقدوا على حافة السور نيرانًا كثيرة، وأكثروا من القذف بقدور القطران والزفت في وجوه المسلمين... وصبر المسلمون لأولئك اللئام صبر الكرام، وهلك من هلك من المسلمين... وانفصلت الحرب على غير طائل»[1].

بحلول سبتمبر كانت المدفعية التركية قد سببت أضرارًا كبيرة في معظم الأسوار الواقعة على الجانب البري وخرقت كثيرًا منها. وإلى جانب الضرب المدفعي المكثف تمكَّن الأتراك من حفر عدة أنفاق تحت الأرض في أماكن متفرقة يستطيعون من خلالها شن هجوم مباغت أو تفجير أساسات الأسوار، لكن المدافعين فطنوا إلى أساليبهم الهجومية فحفروا أنفاقًا طويلة موازية للأسوار وعمودية على الأنفاق التي يحفرها العثمانيون وصولًا إلى القطاع الإيطالي، حتى يقطعوا عليهم الطريق إلى أسفل الأسوار. وبالفعل استطاع المدافعون بهذه الطريقة اكتشاف كثير من الأنفاق المعادية، ومع ذلك استطاع العثمانيون استغلال ما لم يُكتشف من تلك الأنفاق، وشرعوا في تلغيمها وتفجيرها في 4 سبتمبر تحت الحصون الإنجليزية،

---

(1) عبد الرحيم بن عبد الرحمن العباسي، **منح رب البرية في فتح رودس الأبية**، تحقيق: فيصل عبد الله الكندي، حوليات كلية الآداب جامعة الكويت، الحولية الثامنة عشرة (الكويت، 1418هـ/ 1997م)، 107-111.

مما تسبب في خرق بالأسوار اتساعه نحو عشرة أمتار، وعلى الفور تمكنت بعض القوات العثمانية من النفاذ ورفع بعض الأعلام على أسوار الحصن، إلا إنهم تراجعوا بعد معركة عنيفة إلى مواقعهم[1].

حدث أول هجوم شامل بين يومي 20 و24 من سبتمبر، ووصل إلى ذروته في فجر اليوم الرابع والعشرين، حيث كان الهجوم على طول الأسوار، متزامنًا مع إطلاق المدفعية التركية نوعًا خاصًا من البارود يُحدث ستارًا كثيفًا من الدخان الأسود لإعاقة عملية الدفاع وعدم اكتشاف أماكن المهاجمين. استمرت المعركة بعدها أكثر من ست ساعات تراجع بعدها العثمانيون بعد خسائر فادحة في الأرواح. وفي أكتوبر شهد المدافعون ضعفًا ملحوظًا بعد خمس هجمات أخرى على القطاع الإنجليزي من أول أكتوبر حتى 13 أكتوبر جرى صدها جميعًا، لكن في 10 أكتوبر حدث خرق آخر في القطاع الإسباني لم يَعُد بعده منع الأتراك ممكنًا، لأنه على الرغم من محاولات سده أصبح مع نهاية أكتوبر كافيًا لإدخال ثلاثين أو أربعين فارسًا يسيرون جنبًا إلى جنب. وفي 25 أكتوبر بدأت أمطار الشتاء في الهطول، وهو ما انتظره المدافعون كثيرًا ظنًّا منهم أنه سيثني العثمانيين عن مواصلة الحصار، إلا إن ذلك لم يحدث، حيث تراجع فقط الأسطول العثماني إلى الميناء الرئيسي في مرمرة، واحتفظ المحاصرون بالمدافع الكبيرة وآلات الحصار مواصلين تمركزهم في مواقعهم، حتى شنوا هجومًا كبيرًا آخر في أواخر نوفمبر على القطاع الإيطالي جنوب شرقي المدينة خسروا فيه ما بين أربعمائة وخمسمائة رجل. وفي 28 نوفمبر ظلت المدفعية التركية تدك الحصون الإسبانية المتداعية في الجنوب الغربي من المدينة، ثم شنوا في اليوم التالي هجومين متزامنين على القطاعين الإيطالي والإسباني، وجرى صدهما مرَّة أخرى بعد قتال شرس من الجانبين[2].

ذهبت أكثر التحصينات الجنوبية تحت القصف المدفعي المكثف للعثمانيين، حيث استمرت أربع عشرة بطارية مدفعية تدك بشكل متواصل القطاعات الإسبانية والإنجليزية، فضلًا عن سبع عشرة أخرى قبالة الدفاعات الإيطالية، حتى إن الخروقات التي أحدثتها المدفعية لم تجد العدد الكافي من الرجال لسدها. لهذا بدأ العثمانيون في 1 ديسمبر المساومة على تسليم الجزيرة وتأمين أهلها، لكن فيليب دي ليل حرَّم أي اتصال بالعثمانيين أو

---

(1) Nossov, op. cit, pp. 53-57.

(2) Ibid, p. 57; Setton, op. cit., Vol. III, pp. 209-210.

مفاوضتهم، على الرغم من محاولات اللاتين واليونان مناقشته في ذلك الأمر للمحافظة على الأرواح والممتلكات. وفي 10 ديسمبر أرسل السلطان خطابًا إلى السيد الكبير يتعهد فيه بتأمين كل الأرواح الموجودة على الجزيرة بمن فيهم جنود الإسبتارية حتى يغادروا في أمان وسلام إذا سُلِّمت الجزيرة خلال ثلاثة أيام، لكن عندما تبين للعثمانيين مماطلة المدافعين لكسب مزيد من الوقت أمر السلطان بإعادة الهجوم[1]. وبالفعل شنوا هجومًا واسعًا آخر على الحصون الإسبانية الأمامية في 17 و18 ديسمبر، لكن صُدت موجته الأولى، أما الموجة الثانية فاستطاعت اقتناص بعض النقاط فيها، وسرعان ما هجموا فورًا على الناحية اليمنى من التحصينات الإنجليزية من مواقعهم الجديدة، وتحت هذا الضغط اضطر المدافعون إلى الموافقة على معاهدة التسليم في 2 صفر/ 20 ديسمبر، التي بموجبها تُسلَّم رودس والجزر التابعة لها إلى العثمانيين في مقابل الأمان لكل من في الجزيرة ومغادرتها[2].

غادر السيد الكبير ميناء رودس في 14 صفر 929هـ/ 1 يناير 1523م متجهًا إلى جزيرة كريت، ثم تبعته جموع فرسان الإسبتارية. واعتُبر ذلك التاريخ هو تاريخ الفتح العثماني لرودس، وليس تاريخ معاهدة الاستسلام. وتباعًا سقطت الجزر التابعة للجزيرة في قبضة العثمانيين، وأهمها جزيرة كوس (استانكوي) و«ليروس» (Leros) (ليريوز) و«كاليمنوس» (Kalimnos) (كلمني) و«سيمي» (Symi) (سونبكي)، ومنطقة «بودروم» (Bodrum) الواقعة في أقصى جنوب غربي الأناضول، التي حازها الفرسان ما يقرب من 117 عامًا. وسرعان ما دخل السلطان بنفسه إلى مدينة رودس، وصلى في أكبر كنائسها معلنًا تحويلها إلى مسجد كعادة العثمانيين بعد الفتح، وتمكَّن من تسريح ما يقرب من ستة آلاف أسير مسلم من سجونها، ثم بدأ في استقدام أعداد كبيرة من المسلمين من الأناضول لتكثيف العنصر

(1) حاول فيليب دي ليل أن يثني السلطان عن قراره بطريقة أخرى، حيث بعث إلى معسكر العثمانيين فارسين يحملان رسالة قديمة من السلطان بايزيد الثاني إلى الأستاذ الكبير آنذاك، ضامنًا ومتعهدًا لهيئة الرهبان استبقاء رودس، وذلك لتذكير العثمانيين بما تعهد لهم به سلطانهم السابق بايزيد مقابل الإبقاء على أخيه جم، فكان جواب أحمد باشا تمزيق الرسالة وردها مع أسيرين نصرانيين. انظر: أندريه كلو، **سليمان القانوني**، 88. وقد ذكر ابن زنبل أنه لما عجز رئيس رهبنة القديس يوحنا عن حرب السلطان، كتب ورقة وربطها في عود نشاب ورماها بالقوس فوقعت في حجرة الوزير، وكان مضمونها أن رئيس جزيرة رودس يريد الأمان لنفسه وماله، فأرسلوا تلك الرسالة إلى الوزير الذي أدخلها إلى السلطان، فلما قرأها قال للوزير: «أرسل إليه إن كان صحيحًا ما يقول ويريد الأمان فقد أعطيته الأمان»، ابن زنبل، **آخرة المماليك**، 165.

(2) Setton, op. cit., Vol. III, p. 211.

الإسلامي بالجزيرة. وهكذا أصبحت الجزيرة لواءً بحريًّا عثمانيًّا، لا يُعيَّن فيها إلا والٍ برتبة لواء بحري[1].

كان فتح جزيرة رودس إيذانًا بانتهاء حقبة من الحرب الصليبية التي ظل أتونها مستعرًا لقرون في شرقي المتوسط، حيث بات الحوض الشرقي لذلك البحر داخلًا تمامًا في البوتقة العثمانية، إلا إن هذه الحرب ما لبثت أن استمرت في غربي المتوسط، بل ازداد لهيبها وتأجج سعيرها مع انتقال نشاط فرسان الإسبتارية إلى الحوض الغربي منه، بسبب قرار السلطان سليمان بعدم التعرض لهم نهائيًّا عند انسحابهم، على الرغم من أنهم تسببوا في مقتل الآلاف من الجند المسلمين إبان فتح الجزيرة، وقد تحدثت بعض الروايات الغربية عما يقرب من 50 ألف قتيل عثماني[2]، أما المصادر التركية فتشير إلى نحو 25 ألف شهيد[3]. وأيًّا كان الأمر، فقد علم السلطان سليمان متأخرًا عواقب قراره، ففي الوقت الذي بدأ فيه فرسان القديس يوحنا يبحثون عن ملجأ يؤويهم بعد فقد الجزيرة، كان شارل الخامس يدعم ويساند كل من يتعرض للمسلمين بأذى، فلم يتردد في أن يهدي إليهم جزيرة مالطة الاستراتيجية المشرفة على حوضي البحر المتوسط لمركزية موقعها بين الحوضين، شريطة مؤازرته في الحرب ضد المسلمين، وهو ما كان الفرسان يتطلعون إليه دائمًا. وهكذا تمركزوا من جديد في جزيرة مالطة، لكن في هذه المرَّة كانوا أكثر تحصينًا وأقوى عتادًا وأفضل موقعًا وأقرب للمدد من الدول الصليبية، إضافةً إلى أنهم أصبحوا حلفاء للإمبراطور شارل الخامس ومن رعاياه. وعليه، أصبحت الجزيرة منذ ذلك الوقت مصدر شلل لتحركات البحرية الإسلامية بين حوضي البحر المتوسط، وركيزة كبرى للحملات الصليبية على الشمال الإفريقي لوقوعها بالقرب من الساحل، فضلًا عن دعمها المباشر للمعاقل الإسبانية في حلق الوادي ووهران والمرسى الكبير[4]. هكذا بدأ ثقل الصراع البحري بين المسلمين والصليبيين ينتقل كاملًا إلى غربي المتوسط مع بدايات الربع الثاني من القرن السادس عشر، وهو ما سيجعل العثمانيين يكثفون وجودهم في هذه المناطق، سواءً من الناحية البحرية أو البرية، ويحملون على عاتقهم راية الإسلام ومناهضة الحملات الصليبية لأكثر من ثلاثة قرون.

---

(1) خلف الوزيناني، **الفتح العثماني لجزيرة رودس** (مكة المكرمة: جامعة أم القرى، 1997م)، 118.

(2) Ibid, p. 209.

(3) انظر: المرجع السابق، نقلًا عن: كامل باشا، **تاريخ سياسي دولت عليه عثمانية**، ج1/ 167؛ أحمد راسم، **رسملي وخريطة لي عثماني تاريخي**، ج1/ 288.

(4) سالم، **استراتيجية الفتح العثماني**، 200.

من ناحية أخرى، لعبت مصر دورًا كبيرًا في الصراع الإسلامي الصليبي في البحار الشرقية، خصوصًا بعد عام 921هـ/ 1515م، وهو عام وفاة القائد البرتغالي البوكيرك، وتعيين لوبوسوريز نائبًا لملك البرتغال في الهند، حيث عملت البرتغال منذ ذلك الوقت على التحالف مع الحبشة لإعلان الحرب المشتركة على القوى الإسلامية، وركز البرتغاليون هجومهم على جدة التي أصبحت قاعدة للمماليك للدفاع عن البحر الأحمر بعد فشلهم في الاستيلاء على عدن في عام 922هـ/ 1516م، ولهذا فإن سوريز لم يهاجم عدن عند وصوله إليها، واستهدف الهجوم على جدة في عام 923هـ/ 1517م، إلا إن حملته باءت بالفشل بفضل التحصينات التي أقامها المماليك هناك[1]. في ذلك الوقت تمت السيطرة العثمانية على مصر، لكن السلطان سليم سرعان ما غادر البلاد متجهًا إلى مركز الدولة، حيث انشغل بعد ذلك في حروبه الأوروبية-الفارسية، فكان على مصر وواليها منذ ذلك الوقت توفير الحماية اللازمة للمناطق والثغور الجنوبية، لهذا استنجد أشراف مكة بوالي مصر خاير بك إثر غزوة سوريز الفاشلة على جدة، لكن الوالي الجديد كان مشغولًا آنذاك بتوطيد الحكم العثماني في مصر، فلم يرسل للدفاع عنها سوى ثلاثمائة جندي تحت إمرة حسين الرومي أول نائب للدولة العثمانية بجدة[2].

استطاع سوريز بعد حملته الفاشلة على جدة تقوية علاقته بملك الحبشة من خلال مده بالسلاح والمحاربين الذين سيطروا على جزء كبير من مملكته، ليضمنوا من خلال وجودهم على الساحل الإفريقي مراقبة تحركات العثمانيين في البحر الأحمر عن كثب، وليكونوا قريبين من ترسانة السويس وميناء جدة، فيسهل عليهم ضرب أي استعدادات بحرية تجري في أيٍّ منها[3]. وفي الوقت نفسه واصل البرتغاليون حملاتهم السنوية إلى البحر الأحمر لمهاجمة ميناء جدة، كما هاجموا ميناء الشحر اليمني ونهبوه في عام 929هـ/ 1523م أثناء توجههم إلى ميناء مصوع لتنسيق التعاون بينهم وبين الأحباش، بل إن البرتغاليين وجهوا أسطولًا إلى عدن

---

(1) أباظة، **أثر تحول التجارة**، 117.

(2) سيد مصطفى سالم، **الفتح العثماني الأول لليمن 1538-1635م** (القاهرة: سلسلة إصدارات جامعة الدول العربية - معهد البحوث والدراسات العربية، 1969م)، 130.

(3) حسن صالح شهاب، «البحرية العثمانية ومهمة التصدي للمخطط البرتغالي في البحر الأحمر والخليج العربي»، ضمن كتاب: **الصلات التاريخية بين الخليج العربي والدولة العثمانية** (الإمارات: مركز الدراسات والوثائق برأس الخيمة، 2001م)، 97.

من جديد ليجبروا حاكمها على عقد معاهدة يجري عن طريقها دفع جزية سنوية للبرتغاليين وفتح الميناء للسفن البرتغالية، إلا إن المعاهدة لم تتم، فأدى ذلك إلى قيام حملة برتغالية في عام 931هـ/ 1525م بضرب عدن بالمدافع[1]، ثم توغلوا في البحر الأحمر وأحرقوا سفنًا تجارية إسلامية واستولوا على البعض الآخر، وكانت تلك الحملة من الأسباب المباشرة التي لفتت نظر إبراهيم باشا والي مصر إلى أهمية الجنوب كعمق استراتيجي مهم، فضلًا عن القضاء على النفوذ البرتغالي في البحار الشرقية.

هكذا صار البحر الأحمر ذا بُعْد حيوي للعثمانيين، وأصبح لزامًا عليهم السيطرة على جميع مراكزه وغلقه تمامًا، ثم جعله نقطة انطلاق لصد النفوذ البرتغالي ووقف إعاقته للملاحة الإسلامية، بعد أن استماتت البرتغال لتحقيق أهدافها، فعملت على السيطرة عليه بوجه عام، وعلى أهم مراكزه بصفة خاصة مثل مصوع وسواكن، فضلًا عن مداخله الجنوبية. وعليه، أصبحت اليمن أهم المراكز في سبيل تحقيق الأهداف العثمانية ضد البرتغاليين، فوجود اليمن في الجنوب الغربي لشبه الجزيرة العربية، وامتداد حدودها من جنوبي نجد والحجاز في الشمال إلى خليج عدن في الجنوب، ومن حدود عمان والربع الخالي شرقًا إلى البحر الأحمر ومضيق المندب غربًا، جعلها تطوق جنوب الجزيرة، وجعلها منطقة دفاعية مهمة لحدود الإمبراطورية العثمانية من الجنوب. وأدى هذا إلى إقناع العثمانيين بأن سيطرتهم على اليمن ستجعلهم يضمنون سلامة الأماكن المقدسة الحجازية، والتحكم في البحرين الأحمر والعربي، وامتلاك موطئ صالح للوثوب على البحرية البرتغالية في البحار الشرقية، فضلًا عن تطويق أعدائهم الشيعة الصفوية في إيران من الجنوب[2]. من هنا واصل ميناء السويس مهامه بوصفه أهم ميناء حربي لمصر على البحر الأحمر، بل ازدادت أهميته في العصر العثماني بعدما أصبح الميناء الأهم للدولة العثمانية على كامل البحار الشرقية، وأصبحت ترسانته البحرية أكبر وأهم ترسانة عثمانية ينفذ من خلالها إلى تلك البحار، فمنه تقلع الحملات وإليه تعود.

وعلى الرغم من فشل حركة أحمد باشا في مصر، إلا إنها كانت ذات تأثير كبير في قطع علاقات الدولة التي ما زالت في حالة ضعف مع المحيط الهندي، ومع أن هذا التمرد كانت له سلبياته على المدى القصير، إلا إنه ستكون له إيجابياته الواضحة على المدى الطويل، وكانت أبرز تلك الإيجابيات تعيين الصدر الأعظم إبراهيم باشا واليًا على مصر بأمر من

---

(1) أباظة، **أثر تحول التجارة**، 119.

(2) فاروق عثمان أباظة، **الحكم العثماني في اليمن** (القاهرة: هيئة الكتاب، 1986م)، 22.

السلطان سليمان القانوني، مما سيتيح له ولرجاله الاهتمام بشؤون مصر الخارجية فضلًا عن المحيط الهندي. كان إبراهيم باشا بالفعل أحد أهم الأشخاص الذين أسهموا في تشكيل سياسة الحكومة العثمانية في المنطقة بشكل عام، لا سيما فيما يتعلق بمهمة جمع المعلومات الاستخباراتية، التي كان لها تأثير كبير على وضع الدولة العثمانية في البحر الأحمر والمحيط الهندي. وقد وصل إبراهيم باشا على رأس أسطول قوي لإنهاء التمرد في مصر، وكان من بين رجال هذه الحملة البحار العثماني والجغرافي الشهير بيري ريس، بعد أن تولى منصب قبودان الإسكندرية من قِبل السلطان، وقد أتاح له ذلك المنصب كثيرًا من الإنجازات التي تخص التوسع العثماني في المحيط الهندي.

كان على بيري ريس في ذلك الوقت تقديم التقارير للصدر الأعظم عن آخر الاكتشافات التي حققها البرتغاليون في المحيط الهندي، فضلًا عن تحديد أهمية مصر في اتخاذها قاعدةً للتحرك ضدهم، وهذا ما دفع إبراهيم باشا على ما يبدو إلى إلقاء تعليماته لبيري ريس لإصدار ملحق عن المحيط الهندي يضمه لمؤلفه «كتاب البحرية»، وقد تضمن هذا الملحق معلومات محددة ومفصلة حول جغرافية المحيط الهندي وتاريخ آخر عمليات الاستكشاف الأوروبية هناك[1]، فضلًا عن وصف لرحلات فاسكو دا جاما في إفريقيا واكتشاف كولومبس للعالم الجديد، وشرح مفصل لتقنيات الملاحة والتقدم في رسم الخرائط. وما كان لمثل هذا الأطلس المهم أن يخرج لولا المجهودات المباشرة لوالي مصر حينذاك إبراهيم باشا، الذي قدَّم في النهاية «كتاب البحرية» هدية إلى السلطان سليمان القانوني في عام 932هـ/ 1526م. وقد دفعت هذه الأحداث والتطورات إبراهيم باشا إلى إجراءات عاجلة، أهمها أولى الحملات التي أرسلها لإحكام السيطرة على مدخل البحر الأحمر بقيادة سلمان ريس في عام 932هـ/ 1526م، وكانت مهمتها الرئيسية إعادة ربط المناطق اليمنية الواقعة تحت نفوذ الإمامة الزيدية الشيعية بالنفوذ العثماني في مصر، حتى يتسنى للعثمانيين السيطرة من خلالها على مدخل البحر الأحمر وعدن[2].

---

(1) كتب بيري ريس في مقدمة كتابه الشهير أن إبراهيم باشا أمره بعمل الجزء الخاص بالمحيط الهندي وإلحاقه بكتاب البحرية. انظر:

Andrew C. Hess, "Piri Reis and the Ottoman Response to the Voyages of Discovery", *Terrae Incognitae 6* (1974), p. 19.

(2) محمد السبيطلي، **الصراع الدولي في البحر الأحمر: الدولة العثمانية والأئمة في تاريخ اليمن الحديث** (صنعاء: المنتدى الجامعي للنشر، 2002م)، 40.

وفي تقرير تقدَّم به سلمان ريس إلى إبراهيم باشا نوَّه عن ملاحظتين: الأولى، أنه لا خوف على الأماكن المقدسة الحجازية في وجود أسطول كبير في المنطقة جدير بردع البرتغاليين عن محاولة دخول البحر الأحمر. والثانية، أن اليمن أرض تسودها الفوضى من دون حاكم، وهي مهمة للغاية لإتمام السيطرة على البحر الأحمر والمحيط الهندي(1). هكذا اقتنع إبراهيم باشا بضرورة السيطرة العثمانية على اليمن، فحشد لذلك أربعة آلاف جندي متطوع تحت إمرة خير الدين الرومي، وقبل أن يعود إلى استانبول عيَّن سليمان باشا الخادم - البالغ من العمر سبعين عامًا، الذي أبلى بلاءً حسنًا في فتح رودس - واليًا على مصر(2). وأبحرت هذه الحملة من السويس إلى جدة في عام 932هـ/ 1526م، ثم اتخذت طريقها عبر البر حتى وصلت إلى عدن، وبعد وصول سلمان ريس إلى عدن أنشأ قاعدة بحرية في جزيرة كمران المشرفة على مضيق باب المندب، وأعلن عن تأسيس جمرك لتحصيل رسوم مرور من السفن المتجهة من الهند إلى داخل البحر الأحمر، إلا إن الحملة لم تحقق الغاية المرجوة منها وهي السيطرة على اليمن، لكن النجاحات السريعة التي أحرزها سلمان ريس كان لها تأثير كبير على التحركات البرتغالية في المحيط الهندي، فقد كتب «لويس مارتينس» (Luis Martins) من «كوشين» (Cochin) في ربيع الأول 934هـ/ ديسمبر 1527م، أنه لا يوجد أحد من الأسطول البرتغالي زار هرمز في هذا العام، لأن الأدميرال «لوبوفاز» (Lopovaz) كان مرابطًا في «جوا» (Goa) خوفًا من العثمانيين(3).

هكذا تشجَّع الحكام المسلمون المتضررون من العدوان البرتغالي بعد النجاحات التي أحرزها العثمانيون، وحاولوا الاتصال بهم، مثل حاكم هرمز العربي، وكذلك السلطان المسلم بهادر شاه حاكم كوجرات الهندية، الذي أرسل إلى السلطان سليمان طالبًا العون بعد أن شرح الأوضاع العامة في الهند والأخطار التي تحيق بالمسلمين وبالتجارة الإسلامية جراء السيطرة البرتغالية على هذه المناطق، فوعد السلطان العثماني الموفد الهندي خيرًا، لكن عندما اكتشف البرتغاليون أسرار الاتصالات التي أجراها بهادر شاه مع السلطان العثماني

---

(1) Salih Ozbaran, "Turkish report on the red sea", *Arabian studies* (1974), p.85.

(2) E. Denison Ross, "The Portuguese in India and Arabia, 1517-38", *Jurnal of the royal Asiatic society of great Britain and Ireland* (January 1922), p.12.

(3) Dejanirah Couto, Trois document sur une demande de secours ormouziala porte ottomane, *Anais de historia de alem* - mar 111 (2002), p. 469-498.

قتلوه[1]. وعليه، كان على العثمانيين أولًا الاستعداد بشكل أفضل لإخضاع اليمن، ثم مواجهة البرتغاليين انطلاقًا من قواعد البحر الأحمر، فألقيت المسؤولية بذلك على سليمان باشا الخادم والي مصر الجديد، الذي كان له دور كبير في تأسيس الأسطول العثمانى في البحر الأحمر، حيث أشرف بنفسه على بناء ثمانين سفينة في ترسانة السويس أصبحت نواة للأساطيل العثمانية في البحر الأحمر والمحيط الهندي والخليج العربي، وصارت جاهزة للإبحار في عام 938هـ/ 1532م، لتبدأ منذ ذلك الوقت السيطرة العثمانية الفعلية على مراكز البحر الأحمر المهمة.

وردت معلومات كثيرة عن الاستعدادات التي قام بها كلٌّ من سليمان باشا الخادم والسلطان سليمان قبل تحديد الوقت الفعلي للحملة، فهناك معلومات عن وجود محاولات من سليمان باشا لربط البحر الأحمر بالنيل ومن ثم بالبحر المتوسط عن طريق قناة، لتسهيل ربط الأسطولين التابعين للدولة العثمانية في البحر الأحمر والمتوسط. وقد ذكر أحد البنادقة الذين زاروا مصر قبل عام 935هـ/ 1529م، وهو «لويجي رونتشينوتو» (Luigi Ronicinotto)، أنه رأى في الصحراء الواقعة بين النيل والطور كثيرًا من المهندسين، وأكثر من اثني عشر ألفًا من العمال، يستعدون لحفر قناة تربط النيل بالبحر الأحمر. وهناك تقارير مشابهة توالت في السنوات التالية حتى ربيع الثاني 938هـ/ نوفمبر 1531م، منها تقرير سفير البرتغال في فرنسا، الذي كان يتحدث عن خطة السلطان سليمان لإرسال حملة للسيطرة على الهند، ودارت مناقشات في أوروبا، لا سيما باريس، حول السلام الذي يسعى إليه العثمانيون مع شارل الخامس ملك إسبانيا، من أجل تخفيف الضغط عن الجبهة الأوروبية لتركيز قوة الدولة العثمانية في الحملة التي تنتويها على الهند[2].

ويُعَد عام 1531م عامًا مؤثرًا في المصالح العثمانية على وجه الخصوص، بسبب الحصار البرتغالي للبحر الأحمر، حيث أدى ذلك الحصار وفقًا للتجار البنادقة إلى ندرة التوابل في كلٍّ من بيروت والإسكندرية، مما جعلهم يضطرون إلى تحميل سفنهم بالفاصوليا والقمح بدلًا من التوابل، فضلًا عن التقارير التي أثارت غضب السلطان

---

(1) فالح حنظل، **العرب والبرتغال في التاريخ** (أبو ظبي: منشورات المجمع الثقافي، 1997م)، 334.

(2) Salih Ozbaran, "The Ottoman in confrontation with the Portuguese in the red sea after the conquest of Egypt in 1517", *studies in Turkish - Arab relation* (1986), P.210.

سليمان بسبب دخول البرتغاليين المتواصل إلى البحر الأحمر ووصولهم بالقرب من الأراضي المقدسة على ساحل جدة. لهذا حاول السلطان تسخير إمكانات الدولة لغلق البحر الأحمر نهائيًّا أمام السفن الأجنبية لحماية الأماكن المقدسة أولًا، ولتأمين مصالح التجار داخل الإمبراطورية ثانيًا.

هكذا استعدت حملة سليمان باشا الخادم للرحيل إلى الهند في نهاية عام 1531م، لكن عند هذه النقطة تحديدًا، وفي ظروف غير معروفة، نُقل الأسطول وجميع الاستعدادات، وسليمان باشا الخادم نفسه، إلى البحر المتوسط، حيث توجهوا إلى الشام للمشاركة في حملة ضد الصفوي على الجبهة الشرقية(1). لكننا مع ذلك، نستطيع أن نربط بين تلك الحملة التي انطلقت إلى العراق والخطر البرتغالي الذي كان يتهدد المياه الشرقية، فالتحالف البرتغالي الصفوي في هذه الأثناء شكَّل خطرًا كبيرًا على المناطق الاستراتيجية في الخليج العربي، خصوصًا بعد أن شهد عام 935هـ/ 1529م أول تدخل برتغالي في البصرة، حيث قام الأسطول البرتغالي بإحراق كثير من المناطق الساحلية العربية هناك. هكذا اقتضت استراتيجية الدولة آنذاك إنفاذ حملة إلى العراق وشمال الخليج العربي قبل إرسال حملة الهند عن طريق البحر الأحمر، فيتم للدولة بذلك الإمساك بمنفذي المحيط الهندي، البحر الأحمر والخليج العربي. واستطاعت الدولة بالفعل خلال سنوات قليلة أن تبسط سيطرتها على المناطق الجنوبية من العراق والأجزاء الشمالية والغربية من الخليج العربي، وكان ذلك بداية لصراع طويل مع القوة البرتغالية في هذه المناطق(2).

قبل أن يبدأ سليمان باشا الخادم حملته العسكرية الواسعة في المحيط الهندي، مهَّد الأمر عن طريق سلسلة واسعة من المبادرات الدبلوماسية بينه وبين القوى الإسلامية الحاكمة في هذه المناطق، وهكذا استطاع قبل انطلاقه أن يربط استانبول بكثير من الحلفاء في أنحاء متفرقة من المحيط الهندي، من الشحر إلى كاليكوت وكوجرات وسومطرة، وقد اتسمت هذه التحالفات بالاتساع الجغرافي أكثر من أي وقت مضى. ولم يكتفِ بذلك، بل إنه استطاع الاستفادة من التطورات السياسية الحادثة على ساحة البحر المتوسط، فاستخدم إعلان الدولة العثمانية الحرب على البندقية في عام 944هـ/ 1537م ذريعةً لاحتجاز

---

(1) Hess, *Piri Reis*, p. 25.

(2) See: Salih Ozbaran, "The Ottoman Turks and the Portuguese in the Persian Gulf", 1534-1581, *Journal of Asian history* (Spring 1972), p. 48-55.

جميع السفن التجارية التابعة للبندقية في مدينة الإسكندرية، واستعمل طواقمها في خدمة قواته العثمانية[1].

كانت حملة سليمان باشا الخادم ثاني حملة عثمانية بحرية يجري تجهيزها في السويس لمحاربة البرتغاليين، وكانت تتسم بالضخامة، إذ بلغ عدد سفنها ثمانين سفينة من مختلف الأنواع، وفي رواية أخرى ستين غرابًا وثلاثين سفينة، تحمل عشرين ألف جندي تحت إمرة والي مصر. وغادرت الحملة ميناء السويس في محرم 945هـ/ يونيو 1538م، وتدل ضخامتها وإسناد قيادتها إلى سليمان باشا - مملوك السلطان سليم الأول وموضع ثقة السلطان سليمان القانوني - على أن العثمانيين قرروا الدخول في مجابهة بحرية حاسمة مع البرتغاليين[2]. وقد تمكن الأسطول العثماني بالفعل من إتمام أولى مهماته، وهي الاستيلاء على عدن من دون مقاومة تقريبًا في ربيع الأول 945هـ/ أغسطس 1538م. وبعد أن أناب سليمان باشا أحد ضباطه على عدن، توجهت الحملة نحو الهند لمواصلة أهدافها[3].

قبل أن يصل الأسطول العثماني إلى الهند، استطاع الاستيلاء على أسطول برتغالي مكون من ست سفن، إضافةً إلى أسر كثير من البرتغاليين. وعندما اقترب الأسطول من جزيرة ديو، أرسل السلطان محمود، الذي خلف أباه بهادر شاه، المدد من المؤن والذخيرة إلى سليمان باشا، ثم وصلت الحملة إلى ديو وحاصرت قلعتها، وباشر سليمان باشا قصف القلعة بالمدافع الثقيلة، وظل الوضع كذلك عشرين يومًا، وسقطت بعدها القلعة الخارجية وأوشكت القلعة الداخلية على السقوط. غير أن الموقف انقلب بانسحاب الأسطول العثماني ورفع الحصار عن القلعة بعد وصول أسطول برتغالي لمؤازرة الجزيرة المحاصرة[4]. ويعود سبب فشل الحملة في الهند، إلى تعدُّد الجبهات القتالية للدولة العثمانية في الوقت ذاته، مما أدى إلى عدم إمكانية إرسال المدد والعون لمباشرة القتال ضد الأساطيل البرتغالية المتتابعة. فعلى سبيل المثال، كان خير الدين برباروسا قد سار من استانبول بالأسطول الرئيسي إلى بروزة

---

(1) Dejanirah Couto, “Particular relation of the expedition of Solyman pasha from Suez to India against the Portugues at Diu”, in *general history and collection of voyage and travels*, Ed: Robert Kerr, 22 vols, (Edinburgh 1824), Vol 7, p.257-287.

(2) شهاب، **البحرية العثمانية ومهمة التصدي للمخطط البرتغالي**، 99.

(3) أباظة، **الحكم العثماني في اليمن**، 22.

(4) البحراوي، **فتح العثمانيين عدن**، 154، 155.

غربي البحر المتوسط في وقت حصار القلعة نفسه. هذا بالطبع بخلاف السبب الرئيسي لتفوق البرتغاليين الدائم في الهند، وهو مساعدة الهندوس الذين انحازوا إلى البرتغاليين كي يضعفوا من قوة السلاطين الهنود المسلمين، ففي ذلك الوقت وحَّد العداء للإسلام بين الإمبراطورية الهندوكية والسلطات البرتغالية، وهو الأمر الذي يفسر بقاء البرتغاليين بجاوة بقوة عسكرية لا تُذكر[1].

أما على الصعيد البرتغالي، فكان وصول يد الدولة العثمانية القوية إلى الساحل اليمني المطل على البحر الأحمر، ثم إرسالهم حملة ديو في عام 945هـ/ 1538م، ضربة قاضية لخطط البرتغاليين التي ترمي إلى السيطرة على مدخل البحر الأحمر والتحكم في تجارته، وعليه قرر البرتغاليون استهداف المراكز العثمانية في البحر الأحمر، فأحرقوا سواكن[2]، وحاولوا إحراق جدة، لكنهم سرعان ما تلقوا هزيمة منكرة في معركة مصوع[3] البحرية على يد العثمانيين في عام 947هـ/ 1540م، وكان ذلك سببًا مباشرًا في لفت نظر العثمانيين إلى أهمية بلاد الحبشة والساحل الشرقي لإفريقيا في إطار مواجهتهم المستمرة مع البرتغاليين، إلا إنهم حاولوا أولًا التوسع في اليمن منذ مطلع عام 946هـ/ 1539م، مما أدى إلى وقوع صدامات مع الإمام الزيدي، لكنهم استطاعوا تدريجيًّا أن يبسطوا نفوذهم على اليمن، خصوصًا سواحله التي تمثِّل ركيزة مهمة في صراعهم مع البرتغال، فسيطروا بالفعل على تعز في عام 952هـ/ 1545م، ثم بعد مواجهات مع الزيديين سيطروا على المنطقة الممتدة من تعز جنوبًا حتى جيزان شمالًا، وبعد سيطرتهم على صنعاء توطد مركزهم في اليمن واستولوا على معظم أراضيه[4].

أما عن الصراع بين العثمانيين والبرتغاليين على السواحل الشرقية لإفريقيا، فقد اتخذ صورًا متعددة، إذ كانت الدولة العثمانية تؤيد وتعاون الممالك الإسلامية المحيطة بهضبة

---

(1) رمضان، **تاريخ أوروبا والعالم**، ج1/ 218.

(2) هي مدينة تجارية مهمة تقع على الساحل الغربي للبحر الأحمر، وهي من مدن السودان الحالية، ضُمَّت إلى ولاية الحجاز العثمانية في عهد السلطان سليم.

(3) مصوع هي أحد موانئ الساحل الغربي للبحر الأحمر، وهي من مدن إريتريا الحالية، وقد احتل البرتغاليون مصوع في مستهل القرن السادس عشر، واضطهدوا سكانها المسلمين، واعتدوا على مقدساتهم؛ فقد حوَّل الأب الفاريز مسجد مصوع إلى كنيسة لصالح البرتغاليين، ورفض أمير مصوع التعامل مع الغزاة، وطلب الحماية العثمانية.

(4) أباظة، **الحكم العثماني في اليمن**، 26.

الحبشة، التي سُميت «ممالك الطراز»، بينما كانت البرتغال تؤيد الحبشة وتعينها على مهاجمة هذه الممالك الإسلامية. لهذا، بعد أن أتم سليمان باشا حملته على الهند وعاد إلى القاهرة، أرسل أوزدمير باشا بأسطول عبر النيل بغرض الكشف، وكان أوزدمير ممن اشترك في حملة سليمان باشا على الهند، حيث كان مستشارًا خاصًّا لوالي مصر للشؤون الإفريقية وجنوب البلاد العربية. وهكذا خرج أوزدمير ونزل إلى النوبة ثم إلى البحر الأحمر في سواكن، وبذلك جذب انتباه الديوان العثماني الذي أمر بتقديم جميع التسهيلات والدعم لولاة مصر المتعاقبين لتحقيق حملات مشابهة. وتمكن أوزدمير باشا بالفعل من إخضاع كامل إريتريا والقسم الأكبر من الصومال، واستقطع قسمًا من الحبشة الأصلية وربطه بإيالة مصر، لكن الديوان ارتأى صعوبة إدارة هذه الأقطار النائية عن القاهرة، فأسس إيالة الحبش وعيَّن أوزدمير باشا واليًا عليها، وكان يهدف من وراء ذلك دفع مملكة الحبشة المسيحية نحو الداخل، وإبعادها عن السواحل بصورة مطلقة، لقطع علاقتها بالبرتغال نهائيًّا[(1)].

وعلى الرغم من استقلال كلٍّ من اليمن والحبشة في ولايات تابعة للمركز، فقد ظلت مصر تمارس الدور الأكبر لحماية الولايات الجنوبية، فمنذ أواسط القرن السادس عشر، وعلى إثر دخول اليمن والحبشة تحت الإدارة العثمانية، شعرت الدولة بضرورة تعيين أعداد كافية من الجنود في هذه المناطق، نظرًا إلى حالة الاضطراب وعدم الاستقرار التي كانت تسودها بسبب تعدِّيات القوى المحلية هناك، أو الاعتداءات الخارجية عن طريق البحر، وهكذا قررت الإدارة المركزية تعيين أعداد كافية من أفراد جماعات مصر العسكرية عن طريق التناوب للقيام بمسؤولياتها في تلك المناطق، وذلك لبُعد مركز الدولة عن حدودها الجنوبية، وتعذُّر إرسال المدد العسكري إلى اليمن والحبشة وغيرهما في الوقت المناسب، ولقرب إيالة مصر وتوسط موقعها ووفرة إمداداتها العسكرية والاقتصادية. وفضلًا عن ذلك كانت الدولة تصدر الأوامر بإرسال مدد عسكري طارئ من مصر في وقت الأزمات التي كانت تمر بها الولايات المجاورة لها، كوفاة أمير الأمراء فجأة، أو توجهه إلى حملات الدولة، أو ظهور حركة عصيان محلية قوية، أو أي اعتداء خارجي عن طريق البحر[(2)].

هكذا لم ينقضِ النصف الأول من القرن السادس عشر إلا وكان العثمانيون قد طردوا البرتغاليين تمامًا من البحر الأحمر، واستولوا على الموانئ المهمة على شاطئيه، وهي

(1) أوزتونا، **تاريخ الدولة العثمانية**، ج1/ 331.

(2) السيد، **مصر في العصر العثماني**، 333، 334.

سواكن وعقيق ومصوع ودهونو على الساحل الإفريقي، كما استولوا على عدن، وحصنوا جدة على الساحل الآسيوي، فغدا البحر الأحمر منذ ذلك الوقت بحيرة عثمانية[1]. ويعود الفضل الأكبر في سيطرة العثمانيين على هذه المناطق إلى إيالة مصر ذات الموقع الحيوي والقوة الاقتصادية الكبيرة.

لم تقتصر المواجهات العثمانية البرتغالية على البحر الأحمر والمحيط الهندي فحسب، بل امتدت وصولًا إلى الخليج العربي، الذي تمكَّن العثمانيون من النفاذ إليه بعد سيطرتهم على العراق في عام 940هـ/ 1534م، وتمكنوا من الاقتراب من القواعد البرتغالية في هذه المناطق، واتخاذ قواعد عسكرية في الخليج لاستخدامها نقاط انطلاق ضد الوجود البرتغالي[2]. ومنذ ذلك الوقت بدأت المعارك المستمرة والمواجهات العثمانية البرتغالية، ففي الوقت الذي كانت تسعى فيه الدولة العثمانية لإحكام سيطرتها على البحر الأحمر، سيطر البرتغاليون على المنطقة الواقعة بين هرمز والبحرين، وهو ما جعل مهمة العثمانيين في الخليج أكثر صعوبة. ومع أن العثمانيين لم يوفَّقوا في القضاء نهائيًّا على الوجود البرتغالي في المياه الشرقية، إلا إنهم حققوا نجاحات كثيرة على جميع الأصعدة، حيث أغلقوا البحر الأحمر تمامًا أمام السفن الأجنبية، وأبعدوا السيطرة البرتغالية عن جنوب الجزيرة العربية، فضلًا عن إعادة إحياء الطريق التجاري القديم إلى مصر.

عادت التجارة بالفعل، خصوصًا تجارة التوابل، إلى الازدهار من جديد في طرقها القديمة التي تمر بالخليج العربي أو البحر الأحمر، بعد أن عملت الدولة العثمانية على تأمين تلك الطرق وحمايتها من التربص والاحتكار البرتغالي، فأصبحت المنافسة كبيرة بين الطرق التقليدية والطرق البحرية التي تصل الهند بلشبونة. وقد انتعشت من جديد التجارة القائمة في البحر المتوسط عامةً بفضل الأعداد الكبيرة من القوافل التجارية الآتية عبر الطرق التقليدية القديمة، وانعكس ذلك بالطبع على إعادة ازدهار مدن المتوسط الساحلية، خصوصًا مدن الشمال الإفريقي في مصر وطرابلس الغرب، فضلًا عن موانئ الشام التي عادت إلى وضعها بسبب وصول النفوذ العثماني إلى الخليج العربي. وعلى الجهة الأخرى، بدأ النفوذ التجاري البرتغالي في البحار الشرقية يتقلص، بعد أن اتجهت القوة البرتغالية الاستعمارية

---

(1) أباظة، **أثر تحول التجارة**، 128-130.

(2) السروجي، **المقاومة العربية الإسلامية**، 240.

نحو الانهيار شيئًا فشيئًا منذ أواخر القرن السادس عشر، في الوقت الذي بدأت تتنامى فيه قوى استعمارية أوروبية أخرى، تمثَّلت في الهولنديين والإنجليز والفرنسيين، مما أدى في النهاية إلى سقوط المستعمرات البرتغالية في الخليج العربي مع بداية القرن السابع عشر[1].

هكذا مثَّلت السيطرة العثمانية على كلٍّ من الشام ومصر، نقلة نوعية شهدتها الدولة، خصوصًا على صعيد الصراع السياسي والحربي، حيث فتحت لها أبواب البحار الشرقية فتحًا تامًّا، إضافةً إلى السيطرة المطلقة على شرقي المتوسط، مما نقلها نقلة أخرى دخلت بها حلبة الصراع في غربي المتوسط، وخاضت صراعًا مريرًا من أجل الحفاظ على الأراضي الإسلامية ومن بها من مسلمين، وهو ما شجَّع أهالي تلك البلدان على العمل بأقصى طاقتهم لمؤازرة العثمانيين، وقاد ذلك بدوره إلى رسوخ أقدام الدولة في البلدان الإسلامية، وتمكُّنها من بناء جدار منيع حول تلك البلدان حفظها لقرون من التدخل الأجنبي. وعندما ضعفت الدولة العثمانية، وتراخت قبضتها، منذ أواخر القرن الثامن عشر، نجحت القوى الاستعمارية في النفاذ إلى تلك البلدان، واستطاعت خلال عقود القرن التاسع عشر أن تتغلغل في محيطها الثقافي وتهيمن فكريًّا عليها، حتى رزحت تحت وطأة الاستعمار والتبعية، وذلك إن دل فيدل على الدور التاريخي الكبير الذي لعبه العثمانيون في زمن قوتهم في الحفاظ على الهوية الإسلامية لتلك البلدان.

---

(1) سالم، **استراتيجية الفتح العثماني**، 251، 252.

خاتمة

في الختام، أرجو أن أكون قد وُفِّقت في إلقاء مزيد من الضوء على منطقة من أهم مناطق العالم وأكثرها زخمًا، في فترة زمنية مهمة للغاية، وكان لها عظيم الأثر في تكوين العصر الحديث وسير مجريات أحداثه. فقد رأينا كيف أصبح العثمانيون العاملَ المؤثر والكفة الراجحة في شرق المتوسط، منذ استطاعوا أن يحلوا محل بيزنطة، ويرثوا دورها، ويتمركزوا في عاصمتها القسطنطينية بعد فتحها في عام 1453م، وهو ما جلب نفعًا عظيمًا لعموم العالم الإسلامي، لم تبدأ نتائجه في الظهور إلا بعد نحو ربع قرن. ونستطيع أن نتبين عِظم هذا الدور إذا تخيلنا الشرق الأدنى والمنطقة العربية من دون وجود عثماني في الفترة محل الدراسة.

مع ظهور القوى الأوروبية الفتية في غرب المتوسط، وعلى رأسها إسبانيا والبرتغال، ومع الانهيار الذي عمَّ الدول الإسلامية، لا سيما دول المشرق العربي في مطلع العصر الحديث، سواءً في المغرب والأندلس، أو في المشرق حيث مصر والشام والجزيرة، أصبح العالم الإسلامي لقمةً سائغة للغرب الصليبي الذي دأب طوال قرون على محاربة القوى الإسلامية ومحاولة استئصال شأفتها والحلول محلها، ولما سنحت له الفرصة في مطلع العصر الحديث وضع على الفور خططه الرامية إلى الغزو، وشرع مباشرة في تنفيذها. وسرعان ما استطاع الغربيون إقامة بؤرهم الاستيطانية على سواحل المغرب الأقصى والشمال الإفريقي، بعد نجاحهم في القضاء على الحكم الإسلامي في الأندلس. وفي الوقت نفسه حاولوا من الجنوب، بعد اكتشافهم طريق رأس الرجاء الصالح، تطويق العالم الإسلامي والنفاذ إليه من منافذ شتى، أبرزها البحر الأحمر والخليج العربي، فضلًا عن المستعمرات التي بدأوا في إقامتها على الساحل الشرقي لإفريقيا وجنوبي آسيا وجزر المحيط الهندي. وهنا يطرح السؤال نفسه: ماذا لو لم يقطع العثمانيون آنذاك شوطًا كبيرًا في صدامهم مع القوى الصليبية ودحرها في شرق المتوسط وأوروبا، وتمكنوا على إثر

ذلك من الاقتراب أكثر فأكثر من بلدان الشرق الأدنى، وتدخلوا في الوقت المناسب لإنقاذ ما يمكن إنقاذه؟

تدخَّل العثمانيون بثقلهم في مستهل القرن السادس عشر، حتى إذا حل الربع الثاني من القرن إذا بهم يصلون إلى جميع مناطق الصراع بين القوى الصليبية والعالم الإسلامي؛ فبعد الفتح العثماني لجزيرة رودس، وإنهاء وجود فرسان القديس يوحنا وحلفائهم من القراصنة في مياه الحوض الشرقي للبحر المتوسط، انتقل نشاط هؤلاء على الفور إلى الحوض الغربي للبحر بعد أن تمركزوا في جزيرة مالطة بأمر من الإمبراطور شارل الخامس، ومنذ ذلك الحين دخل الصراع الإسلامي الصليبي مرحلة جديدة في غربي البحر المتوسط. وبعد أن كانت الغلبة للقوى الصليبية في بلدان المغرب العربي، بدأ ميزان القوى في الاعتدال فور وصول العثمانيين وتمركزهم في كثير من تلك المناطق، ثم امتد نفوذهم تدريجيًّا طوال عقود القرن السادس عشر عبر الحوض الغربي للبحر المتوسط.

أدت ضراوة الصراع بين القوى المسيحية والمسلمين في الأندلس وشمال إفريقيا، واشتداد ذلك الصراع مع محاولة القوى الصليبية استعمار بلدان المغرب، إلى نشأة حركات جهادية بحرية يتزعمها قادة بحريون لم يكن لهم ولاء لدولة إسلامية معينة، وإنما كان جهادهم يهدف أولًا إلى صد العدوان الصليبي على الأراضي الإسلامية. وعندما آلت الظروف إلى انتقال نشاط العثمانيين البحري إلى غربي المتوسط، بدأوا في التنسيق والتعاون مع تلك الحركات الجهادية، وعن طريق مساعدتهم تمكَّن العثمانيون في وقت قياسي من مد سلطانهم على كثير من بلدان المغرب العربي، بداية من الجزائر، ومرورًا بتونس ثم طرابلس الغرب، حتى توحدت الإيالات المغربية الثلاث تحت الحكم العثماني. وقد استطاع السلطان سليمان استغلال مجاهدي البحر خير استغلال لتدعيم نفوذ الدولة في تلك الجهات البعيدة، بتعيين هؤلاء المجاهدين في مناصب رفيعة في الأسطول العثماني وصولًا إلى منصب قبودان باشا وهو القائد العام للأسطول، مما كان له عظيم الأثر في وصول القوى البحرية العثمانية إلى أبعد نقاط البحر المتوسط من دون أن يكون لها ارتباط مباشر بمركز الدولة البعيد في استانبول، بعكس الأساطيل الأوروبية المرتبطة بقوة بمراكز انطلاقها في الدولة الأم.

أجبر التقدم السريع للعثمانيين في غرب المتوسط الإمبراطورَ شارل الخامس على التراجع عن أطماعه في الشمال الإفريقي، فضلًا عن محاولته تجنب أي مواجهة مباشرة

مع الأساطيل العثمانية، هذا على الرغم من محاولات العثمانيين المستمرة لدعم ثورات الموركسيين في الأندلس بالعتاد والسلاح، وتهريب الآلاف منهم وتوطينهم في الشمال الإفريقي، ثم تجنيد من رغب منهم في الانتقام من الإسبان، والاستفادة من خبراتهم في تلك الحرب المستعرة. ولم يقتصر تأثير المجاهدين البحريين، بعد أن تولوا زمام الأسطول العثماني، على حوض البحر المتوسط فحسب، وإنما كانوا سببًا في تفوق النشاط البحري العثماني بصفة عامة، وظهر ذلك جليًا في البحر الأحمر الذي أصبح بحيرة عثمانية، فضلًا عن بحر العرب والمحيط الهندي والخليج العربي. وبفضل الأسطول القوي استطاعت الدولة فرض سيادتها في البحار الشرقية، لا سيما المضايق المهمة وعلى رأسها مضيق باب المندب، ووقف عبور السفن الأجنبية إلى البحر الأحمر، ومن ثم المحافظة على خصوصية الأماكن المقدسة الحجازية لقرون من الزمن، والوقوف أمام تمدد البرتغاليين والحد من نفوذهم بوجه عام في تلك المناطق.

وبفضل مجهودات العثمانيين المستمرة في تأمين الطرق التجارية وحمايتها من التربص والاحتكار الغربي، عادت تجارة التوابل إلى الازدهار من جديد عبر طرقها القديمة التي تمر بالخليج العربي والبحر الأحمر، وأصبحت المنافسة كبيرة بين تلك الطرق وبين الطرق البحرية التي تصل برشلونة بالهند. وعليه، انتعشت من جديد التجارة القائمة في البحر المتوسط بصفة عامة، بفضل الأعداد الكبيرة من القوافل التجارية الآتية عبر الطرق القديمة، وانعكس ذلك بالطبع على إعادة ازدهار مدن المتوسط الساحلية، خصوصًا مدن مصر والشام ومدن الشمال الإفريقي التي خضعت للسيطرة العثمانية.

هكذا تشكَّلت الحدود شبه النهائية للدولة العثمانية في النصف الثاني من القرن السادس عشر، ذلك القرن الذي مثَّل ذروة القوة العسكرية والسياسية للإمبراطورية. أما القرن السابع عشر فقد شهد ذروة الحضارة والبناء والمدنية، بعد أن استطاعت الدولة تحقيق كثير من أهدافها عبر استراتيجياتها الأساسية التي انتهجتها منذ نشأتها، حيث تمكَّنت من التوسع في أراضٍ أوروبية لم يدخلها الإسلام من قبل، وساهمت عن طريق الجهاد في نشر الدِّين الحنيف في كثير من بلدان شرق أوروبا، وصبغت تلك البلدان بالصبغة الإسلامية المميزة والمستمرة حتى اليوم. وفي الشرق الأدنى، استطاعت الدولة العثمانية أن توقف الأطماع الصليبية التي كانت توشك على التهام المنطقة وإلحاقها بالأندلس وأهلها، فضلًا عن وقوفها

في وجه المد الشيعي الإيراني الذي باغت المنطقة العربية من الشرق. وهذا ما جعلها دولة الإسلام العظمى التي التف حولها المسلمون ودعموها بكل ما أوتوا من قوة خلال قرون العصر الحديث، وجعلها الدولة المنافحة عن العالم الإسلامي لفترة لم يشهد لها العالم الإسلامي مثيلًا من قبل.

المصادر والمراجع

أولًا: المصادر العربية

- **ابن الأثير الجزري**، أبو الحسن علي بن محمد (ت630هـ/ 1233م)، الكامل في التاريخ، تحقيق: أبو الفداء عبد الله القاضي، دار الكتب العلمية - بيروت، 1987م.
- **ابن أجا**، محمد بن محمود الحلبي (ت881هـ/ 1476م)، العراك بين المماليك والعثمانيين الأتراك مع رحلة الأمير يشبك من مهدي الدوادار، صنعة: محمد أحمد دهمان، دار الفكر - دمشق، 1986م.
- **ابن إياس**، أبو البركات زين الدين محمد بن أحمد (ت930هـ/ 1523م)، بدائع الزهور في وقائع الدهور، الجزء الثالث، باعتناء: باول كاله ومحمد مصطفى، استانبول، 1936م؛ الجزء الرابع، باعتناء: باول كاله ومحمد مصطفى وموريتس سوبرنهيم، استانبول، 1931م؛ الجزء الخامس، تحقيق: محمد مصطفى، القاهرة، 1961م.
- **ابن بطوطة**، محمد بن عبد الله بن محمد اللواتي الطنجي (ت779هـ/ 1377م)، تحفة النظار في غرائب الأمصار وعجائب الأسفار، كتاب التحرير - القاهرة، 1966م.
- **البنداري**، أبو إبراهيم الفتح بن علي الأصفهاني (ت643هـ/ 1245م)، تاريخ دولة آل سلجوق، مطبعة الموسوعات بمصر، 1318هـ/ 1900م.
- **ابن تغري بردي**، أبو المحاسن جمال الدين يوسف (ت874هـ/ 1470م)، المنهل الصافي والمستوفي بعد الوافي، الجزء الثالث، تحقيق: نبيل محمد عبد العزيز، هيئة الكتاب - القاهرة، 1985م؛ الجزء الرابع، تحقيق: محمد محمد أمين، هيئة الكتاب - القاهرة، 1986م.
- **ابن حجر العسقلاني**، شهاب الدين أبو الفضل أحمد بن علي (ت852هـ/ 1448م)، إنباء الغمر بأنباء العمر، تحقيق: حسن حبشي، القاهرة، 1969م.
- **ابن زنبل الرمال** (توفِّي بعد 960هـ/ 1553م)، آخرة المماليك، تحقيق: عبد المنعم عامر، سلسلة الألف كتاب الثاني، هيئة الكتاب - القاهرة، 1998م.

- **السخاوي**، شمس الدين محمد بن عبد الرحمن (ت902هـ/ 1497م)، الضوء اللامع لأهل القرن التاسع، دار الجيل - بيروت (د.ت).
- **السلاوي الناصري**، أحمد بن خالد (ت1315هـ/ 1897م)، الاستقصا في أخبار المغرب الأقصى، الجزء الرابع، تحقيق وتعليق: جعفر الناصري ومحمد الناصري، دار الكتاب- الدار البيضاء، 1955م.
- **السيوطي**، جلال الدين عبد الرحمن بن محمد (ت911هـ/ 1505م)، تاريخ الخلفاء، دار ابن حزم - القاهرة، 2003م.
- **ابن شاهين الظاهري**، غرس الدين خليل المصري (ت873هـ/ 1468م)، زبدة كشف الممالك وبيان الطرق والمسالك، باريس، 1893م.
- **الشرقاوي**، عبد الله بن حجازي بن إبراهيم (ت1227هـ/ 1812م)، تحفة الناظرين فيمن تولى مصر من الولاة والسلاطين، تحقيق: رحاب عبد الحميد، مكتبة مدبولي - القاهرة 1996م.
- **ابن طولون**، شمس الدين محمد بن علي (ت953هـ/ 1546م)، مفاكهة الخلان في حوادث الزمان، القسم الثاني، تحقيق: محمد مصطفى، القاهرة، 1381هـ/ 1962م.
- **العباسي**، عبد الرحيم بن عبد الرحمن (ت963هـ/ 1556م)، منح رب البرية في فتح رودس الأبية، تحقيق: فيصل عبد الله الكندي، حوليات كلية الآداب جامعة الكويت، الحولية الثامنة عشرة، 1418هـ/ 1997م.
- **ابن عربشاه**، شهاب الدين أحمد بن محمد بن عبد الله (ت854هـ/ 1450م)، عجائب المقدور في أخبار تيمور، ترجمة وتحقيق: أحمد فايز الحمصي، مؤسسة رسالة للطباعة والنشر - بيروت، 1986م.
- **اللخمي**، أبو الحسن علي بن محمد الأشبيلي (توفِّي بعد 923هـ/ 1517م)، الدر المصان في سيرة المظفر سليم خان، تحقيق: هانست إرنست، دار إحياء الكتب العربية - بيروت، 1962م.
- **المعبري المليباري**، زين الدين أحمد بن عبد العزيز (ت987هـ/ 1579م)، تحفة المجاهدين في أحوال البرتغاليين، تحقيق: محمد سعيد الطريحي، مؤسسة الوفاء - بيروت (د.ت).
- **المَقَرِّي التلمساني**، شهاب الدين أحمد بن محمد بن أحمد بن يحيى (ت1041هـ/ 1631م)، أزهار الرياض في أخبار القاضي عياض، الجزء الأول، تحقيق: مصطفى السقا وإبراهيم الإبياري وعبد العظيم شلبي، القاهرة، 1939م.

- **المقريزي**، تقي الدين أحمد بن علي (ت845هـ/ 1441م)، السلوك لمعرفة دول الملوك، تحقيق: محمد عبد القادر عطا، دار الكتب العلمية - بيروت، 1997م.
- **النويري السكندري**، محمد بن قاسم بن محمد (775هـ/ 1372م)، كتاب الإلمام فيما جرت به الأحكام والأمور المقضية في وقعة الإسكندرية، تحقيق: عزيز سوريال عطية، مطبعة دائرة المعارف العثمانية بحيدرآباد الدكن بالهند، 1968-1976م.

ثانيًا: المراجع العربية

- **إبراهيم شحاتة حسن**، وقعة وادي المخازن في تاريخ المغرب (قراءة تاريخية عبر علاقات المغرب الدولية في القرن السادس عشر الميلادي)، دار الثقافة - الدار البيضاء، 1979م.
- **إبراهيم علي طرخان**:
  - الإسلام والممالك الإسلامية بالحبشة، المجلة التاريخية المصرية، المجلد الثامن، 1959م.
  - مصر في عصر دولة المماليك الجراكسة، القاهرة، 1960م.
  - البرتغاليون في غرب إفريقيا، مقالة بمجلة كلية الآداب - جامعة القاهرة، المجلد الخامس والعشرون - الجزء الأول، مايو 1963م.
- **أحمد الخولي**، الدولة الصفوية تاريخها السياسي والاجتماعي - علاقاتها بالعثمانيين، مكتبة الأنجلو - القاهرة، 1981م.
- **أحمد السعيد سليمان**، التيارات القومية والدينية في تركيا المعاصرة، دار المعارف - القاهرة، 1961م.
- **أحمد السيد الدراج**، جم سلطان والدبلوماسية الدولية، المجلة التاريخية المصرية، المجلد الثامن، 1959م.
- **أحمد آق كوندوز**، الدولة العثمانية المجهولة، وقف الأبحاث العثمانية - استانبول، 2008م.
- **أحمد توفيق المدني**، حرب الثلاثمائة سنة بين الجزائر وإسبانيا (1492-1792م)، الجزائر، 1984م.
- **أحمد سالم سالم**:
  - العلاقات العثمانية المغربية خلال القرن السادس عشر، دورية كان التاريخية، العدد الثالث عشر، سبتمبر 2011م.

- السيطرة العثمانية على الحوض الغربي للبحر المتوسط في القرن السادس عشر، مؤسسة شباب الجامعة - الإسكندرية، 2011م.
- الدولة العثمانية ونقد نظرية الاستعمار عند جمال حمدان، دورية كان التاريخية، العدد الخامس عشر، مارس 2012م.
- استراتيجية الفتح العثماني، مؤسسة شباب الجامعة - الإسكندرية، 2012م.
- دراسة لتطور مفهوم الخلافة والسلطة بين المماليك والعثمانيين، المجلة التاريخية المصرية، المجلد 48 لسنة 2012-2013م.
- في ذكرى سقوط غرناطة، لماذا لم يُنقذ العثمانيون الأندلس؟ مجلة العربي الكويتية، العدد 717، أغسطس 2018م.
- الاحتفال بذكرى معركة ملاذكرد، جريدة القدس العربي، العدد 9298، 7 سبتمبر 2018م.
- «الرؤية العثمانية لمشروع الوحدة الإسلامية بين سليم الأول وعبد الحميد الثاني»، ضمن كتاب: السلطان عبد الحميد الثاني في الذاكرة العربية، دار الأصول العلمية - استانبول، 2019م.

- **أحمد عبد الرحيم مصطفى**، في أصول التاريخ العثماني، دار الشروق - القاهرة، 1986م.
- **أحمد عبد الكريم سليمان**، العنصرية وأثرها في الجيش المملوكي، دار النهضة العربية - بيروت، 1988م.
- **أحمد فؤاد متولي**، الفتح العثماني للشام ومصر، الزهراء للإعلام العربي - القاهرة، 1995م.
- **أحمد مختار العبادي**:
  - دراسات في تاريخ المغرب والأندلس، الإسكندرية، 1968م.
  - تاريخ البحرية الإسلامية في حوض البحر الأبيض المتوسط، مؤسسة شباب الجامعة - الإسكندرية، 1981م، بالاشتراك مع السيد عبد العزيز سالم.
  - قيام دولة المماليك الأولى في مصر والشام، دار النهضة العربية - بيروت، 1986م.
- **إدريس الناصر رائسي**، العلاقات العثمانية-الأوروبية في القرن السادس عشر، دار الهادي - بيروت، 2007م.
- **إسحق عبيد**، الدولة البيزنطية في عصر باليولوغوس، بيروت (د.ت).
- **أسمت غنيم**، الحملة الصليبية الرابعة ومسئولية انحرافها ضد القسطنطينية، دار المعارف - القاهرة، 1982م.

- **جرجي زيدان**:
  - تاريخ التمدن الإسلامي، دار الهلال - القاهرة (د.ت).
  - مصر العثمانية، تحقيق: محمد حرب، دار الهلال - القاهرة، يناير 1994م.
- **جلال يحيى**:
  - المغرب الكبير - العصور الحديثة وهجوم الاستعمار، الجزء الثالث، الدار القومية للطباعة والنشر - القاهرة، 1966م.
  - عصر النهضة والعالم الحديث، هيئة الكتاب - القاهرة، 1979م.
- **جمال حمدان**، الاستعمار والتحرير في العالم العربي، سلسلة المكتبة الثقافية، رقم (123)، الدار المصرية للتأليف والترجمة والنشر - القاهرة، 15 ديسمبر 1964م.
- **جمال زكريا قاسم**، استقرار العرب في ساحل شرق إفريقية، مجلة كلية الآداب - جامعة عين شمس، المجلد العاشر، 1967م.
- **جمال كمال محمود**، الأرض والفلاح في صعيد مصر في العصر العثماني، سلسلة تاريخ المصريين، رقم (285)، هيئة الكتاب - القاهرة، 2010م.
- **حسن حبشي**، هجوم القبارصة على الإسكندرية 767هـ/ 1365م، المجلة التاريخية المصرية، المجلد الخامس عشر، 1969م.
- **حسن صالح شهاب**، البحرية العثمانية ومهمة التصدي للمخطط البرتغالي في البحر الأحمر والخليج العربي، ضمن كتاب: الصلات التاريخية بين الخليج العربي والدولة العثمانية، مركز الدراسات والوثائق برأس الخيمة - الإمارات، 2001م.
- **حسنين محمد ربيع**، النظم المالية في مصر زمن الأيوبيين، مطبوعات كلية الآداب - جامعة القاهرة، 1964م.
- **حسين مؤنس**، معالم تاريخ المغرب والأندلس، هيئة الكتاب - القاهرة، 2004م.
- **خلف الوزيناني**، الفتح العثماني لجزيرة رودس، جامعة أم القرى - مكة المكرمة، 1997م.
- **زياد أبو غنيمة**، جوانب مضيئة في تاريخ العثمانيين الأتراك، دار الفرقان - عمان، 1983م.
- **سعيد عبد الفتاح عاشور**:
  - أوروبا العصور الوسطى، الجزء الثاني، مكتبة النهضة المصرية، 1959م.
  - بعض أضواء جديدة على العلاقات بين مصر والحبشة، المجلة التاريخية المصرية، المجلد الرابع عشر، 1968م.

- الحركة الصليبية، مكتبة الأنجلو المصرية - القاهرة، 1975م.
- الحصار الاقتصادي على مصر زمن الحروب الصليبية، ضمن كتاب: بحوث ودراسات في تاريخ العصور الوسطى، بيروت، 1977م.
- الفلاح والإقطاع في عصر الأيوبيين والمماليك، ضمن كتاب: بحوث ودراسات في تاريخ العصور الوسطى، بيروت 1977م.
- العصر المماليكي في مصر والشام، مكتبة الأنجلو المصرية - القاهرة، 1994م.
- قبرس والحروب الصليبية، هيئة الكتاب - القاهرة، 2002م.
- **سهير محمد نعينع**، الحروب الصليبية المتأخرة... حملة بطرس لوسينان على الإسكندرية، عين للدراسات والبحوث الإنسانية، 2002م.
- **سيد رضوان**، السلطان محمد الفاتح، الدار السعودية للنشر والتوزيع، 1982م.
- **السيد الباز العريني**، المماليك، دار النهضة العربية - بيروت (د.ت).
- **السيد عبد العزيز سالم**:
  - تاريخ الإسكندرية وحضارتها في العصر الإسلامي، مؤسسة شباب الجامعة - الإسكندرية، 1982م.
  - طرابلس الشام في التاريخ الإسلامي، مؤسسة شباب الجامعة - الإسكندرية (د.ت).
- **سيد محمد السيد**:
  - مصر في العصر العثماني في القرن 16، مكتبة مدبولي - القاهرة، 1997م.
  - تاريخ الدولة العثمانية (النشأة - الازدهار)، مكتبة الآداب - القاهرة، 2007م.
- **سيد مصطفى سالم**، الفتح العثماني الأول لليمن 1538-1635م، سلسلة إصدارات جامعة الدول العربية - معهد البحوث والدراسات العربية، القاهرة، 1969م.
- **شوقي عطا الله الجمل**، المغرب الكبير في العصر الحديث، مكتبة الأنجلو المصرية - القاهرة، 1977م.
- **صلاح العقاد**:
  - التيارات السياسية في الخليج العربي، القاهرة، 1947م.
  - المغرب العربي، مكتبة الأنجلو - القاهرة، 1969م.
- **عايض بن حازم الروقي**، جهود الدولة العثمانية في تأمين الطريق البحري من عاصمة الدولة إلى الحرمين الشريفين، مقال بالمجلة التاريخية المصرية، المجلد 42، 2004م.

- **عباس إسماعيل صباغ**، تاريخ العلاقات العثمانية الإيرانية: الحرب والسلام بين العثمانيين والصفويين، دار النفائس - بيروت، 1999م.
- **عبد الجليل التميمي**:
- رسالة من مسلمي غرناطة إلى السلطان سليمان القانوني سنة 1541م، مقال بالمجلة التاريخية المغربية، العدد الثالث - يناير 1975م.
- أول رسالة من أهالي مدينة الجزائر إلى السلطان سليم الأول عام 1519م، مقال بالمجلة التاريخية المغربية - تونس، العدد السادس، يوليو 1976م.
- الخلفية الدينية للصراع الإسباني العثماني على الإيالات المغربية في القرن السادس عشر، المجلة التاريخية المغربية، العدد السادس، تونس، 1978م.
- **عبد الحميد بن أبي زيان بن أشنهو**، دخول الأتراك العثمانيين إلى الجزائر، الجزائر، 1986م.
- **عبد الرازق إبراهيم عيسى**، تاريخ القضاء في مصر العثمانية، سلسلة تاريخ المصريين، رقم (117)، هيئة الكتاب - القاهرة، 1998م.
- **عبد الرحمن زكي**:
- غزوة الإسكندرية، المجلة التاريخية المصرية، المجلد الرابع، العدد الثاني، 1952م.
- تاريخ الدول الإسلامية السودانية بإفريقية الغربية، القاهرة، 1961م.
- **عبد الرحيم عبد الرحمن عبد الرحيم**:
- المغاربة في مصر في العصر العثماني، المجلة التاريخية المغربية، 1982م.
- العلاقات الاقتصادية والاجتماعية بين الولايات العربية إبان العصر العثماني من خلال وثائق المحاكم الشرعية المصرية، المجلة التاريخية المغربية، العدد 29-30، يوليو 1983م.
- فصول من تاريخ مصر الاقتصادي والاجتماعي في العصر العثماني، سلسلة تاريخ المصريين، رقم (38)، هيئة الكتاب - القاهرة، 1990م.
- **عبد العزيز عز العرب**، الاقتصاد السياسي للقهر، دار المستقبل العربي - القاهرة، 1990م.
- **عبد العزيز محمد الشناوي**:
- أوروبا في مطلع العصور الحديثة، مكتبة الأنجلو المصرية - القاهرة، 1975م.
- الدولة العثمانية دولة إسلامية مفترى عليها، مكتبة الأنجلو المصرية - القاهرة، 2010م.

- **عبد العزيز محمود عبد الدايم**:
  - الصراع بين القوى المسيحية ودولة المماليك الجراكسة في مياه البحر المتوسط، ضمن كتاب: مصر وعالم البحر المتوسط، إعداد وتقديم: رؤوف عباس، دار الفكر - القاهرة، 1986م.
  - مصر في عصري المماليك والعثمانيين، مكتبة نهضة الشرق - القاهرة، 1996م.
- **عبد العظيم رمضان**، تاريخ أوروبا والعالم في العصر الحديث، الجزء الأول، هيئة الكتاب - القاهرة، 1997م.
- **عبد القادر أحمد اليوسف**، علاقات بين الشرق والغرب بين القرنين الحادي عشر والخامس عشر، المكتبة العصرية - صيدا، 1969م.
- **عراقي يوسف محمد**، الوجود العثماني المملوكي في مصر في القرن الثامن عشر وأوائل القرن التاسع عشر، الطبعة الأولى، القاهرة (د.ت).
- **عصام الدين عبد الرؤوف**، الدول المستقلة في المشرق الإسلامي، دار الفكر العربي - القاهرة، 1999.
- **علية الجنزوري**، الثغور البرية الإسلامية على حدود الدولة البيزنطية، دار التضامن - القاهرة، 1988م.
- **عماد بدر الدين أبو غازي**، في تاريخ مصر الاجتماعية، تطور الحيازة الزراعية زمن المماليك الجراكسة، عين للدراسات والبحوث الإنسانية والاجتماعية - القاهرة، 2000م.
- **عمر محمد الباروني**، الإسبان وفرسان القديس يوحنا في طرابلس، مطبعة ماجي - طرابلس، 1953م.
- **فاروق عثمان أباظة**:
  - الحكم العثماني في اليمن، هيئة الكتاب - القاهرة، 1986م.
  - أثر تحول التجارة العالمية إلى رأس الرجاء الصالح على مصر وعالم البحر المتوسط أثناء القرن السادس عشر، دار المعارف، القاهرة (د.ت).
- **فالح حنظل**، العرب والبرتغال في التاريخ، منشورات المجمع الثقافي - أبو ظبي، 1997م.
- **فايز نجيب إسكندر**:
  - البيزنطيون والأتراك السلاجقة في موقعة ملاذكرد، الإسكندرية، 1983م.

- استيلاء السلاجقة على عاصمة أرمينية، دراسات في تاريخ أرمينية رقم (٣)، دار الفكر الجامعي - الإسكندرية، ١٩٨٧م.

- **محمد أحمد محمد،** الغزو التيموري لبلاد الشام وآثاره، دار الهداية - القاهرة، 1986م.
- **محمد أنيس،** الدولة العثمانية والشرق العربي، مكتبة الأنجلو - القاهرة، 1993م.
- **محمد السبيطلي،** الصراع الدولي في البحر الأحمر: الدولة العثمانية والأئمة في تاريخ اليمن الحديث، المنتدى الجامعي للنشر - صنعاء، 2002م.
- **محمد حسن العيدروس،** تاريخ الخليج العربي الحديث والمعاصر، عين للدراسات والبحوث الانسانية والاجتماعية - القاهرة، 1998م.
- **محمد حميد السلمان،** الغزو البرتغالي للجنوب العربي والخليج، مركز زايد للتراث والتاريخ - الإمارات، 2000م.
- **محمد خير فارس،** تاريخ الجزائر الحديث من الفتح العثماني إلى الاحتلال الفرنسي، مكتبة دار الشروق - بيروت، 1979م.
- **محمد رزوق،** الأندلسيون وهجراتهم إلى المغرب، إفريقيا الشرق - الدار البيضاء، 1998م.
- **محمد سالم الرشيدي،** السلطان محمد الفاتح، دار البشير - مصر، 2013م.
- **محمد سهيل طقوش:**
  - تاريخ الدولة الصفوية في إيران، دار النفائس - بيروت (د.ت).
  - تاريخ سلاجقة الروم في آسيا الصغرى، دار النفائس - بيروت، 2002م.
- **محمد ضياء الدين الريس،** النظريات السياسية الإسلامية، القاهرة، 1960م.
- **محمد عبد الله عنان،** مواقف حاسمة في تاريخ الإسلام، هيئة الكتاب - القاهرة، 1997م.
- **محمد عبد العظيم أبو النصر،** السلاجقة تاريخهم السياسي والعسكري، عين للدراسات - القاهرة، 2001م.
- **محمد عبد اللطيف البحراوي،** فتح العثمانيين عدن وانتقال التوازن الدولي من البر إلى البحر، دار التراث - القاهرة، 1979م.
- **محمد عبد اللطيف هريدي،** الحروب العثمانية الفارسية وأثرها في انحسار المد الإسلامي عن أوروبا، دار الصحوة - القاهرة، 1987م.
- **محمد عبد المنعم الراقد،** الغزو العثماني لمصر ونتائجه على الوطن العربي، مؤسسة شباب الجامعة - الإسكندرية، 1972م.

- **محمد فريد المحامي**، تاريخ الدولة العلية العثمانية، دار النفائس - بيروت، 1981م.
- **محمد محمود السروجي**، المقاومة العربية الإسلامية للبرتغال في الخليج العربي، ضمن كتاب: الصلات التاريخية بين الخليج العربي والدولة العثمانية، مركز الدراسات والوثائق - رأس الخيمة، 2001م.
- **محمد مصطفى زيادة**:
  - غزوة المماليك لقبرص، كلية الآداب - جامعة فؤاد الأول، العدد الأول، 1933م.
  - المحاولات الحربية للاستيلاء على جزيرة رودس، ترجمة: جمال الدين الشيال، مجلة الجيش، 1946م.
- **مخلف عبد الله صالح الجبوري**، إمارة دلغادر في السياسة المملوكية والعثمانية، دار الحامد، عمان - الأردن، 2014م.
- **ممدوح حسين وشاكر مصطفى**، الحروب الصليبية في شمال إفريقية وأثرها الحضاري، دار عمار - الأردن، 1998م.
- **نادية محمود مصطفى وآخرون**، العصر المملوكي من تصفية الوجود الصليبي إلى بداية الهجمة الأوروبية الثانية، المعهد العالمي للفكر الإسلامي، 1996م.
- **نصر الدين عبد الحميد نصر**، مصر وحركة الجامعة الإسلامية، هيئة الكتاب - القاهرة، 1984م.
- **نعيم زكي فهمي**، طرق التجارة الدولية ومحطاتها بين الشرق والغرب أواخر العصور الوسطى، هيئة الكتاب - القاهرة، 1973م.
- **وفيق بركات**، فن الحرب البحرية في التاريخ الإسلامي، منشورات جامعة حلب، معهد التراث العلمي العربي، 1995م.
- **هناء محمد إبراهيم بركات**، التاريخ السياسي لإمبراطورية طرابزون البيزنطية منذ منتصف القرن الرابع عشر حتى سقوطها سنة 1461م، رسالة ماجستير غير منشورة، كلية الآداب - جامعة طنطا، 1998م.
- **يسري الجوهري**، الفكر الجغرافي والكشوف الجغرافية، منشأة المعارف - الإسكندرية (د.ت).
- **يوسف الثقفي**، دراسات متميزة في العلاقات بين الشرق والغرب على مر العصور، دار الثقافة - السعودية، 1411هـ.

ثالثًا: المصادر والمراجع المترجمة

- **أحمد جودت باشا**، تاريخ جودت، ترجمة: عبد القادر أفندي الدنا، الجزء الأول، مطبعة جريدة - بيروت، 1308هـ.
- **إدوارد جيبون**، اضمحلال الإمبراطورية الرومانية وسقوطها، ترجمة: محمد سليم سالم، القاهرة، 1969م.
- **إدوارد شيفرد كريسي**، تاريخ الأتراك العثمانيين، ترجمة: أحمد سالم سالم، دار جامعة حمد بن خليفة - الدوحة، 2019م.
- **إرنست باركر**، الحروب الصليبية، ترجمة: السيد الباز العريني، دار النهضة العربية - بيروت، 1967م.
- **أرنولد توينبي**، الدولة العثمانية في تاريخ العالم، ترجمة وتعليق: أحمد سالم سالم، دورية كان التاريخية، العدد السابع عشر - سبتمبر 2012م.
- **أكرم كيدو**، مؤسسة شيخ الإسلام في الدولة العثمانية، ترجمة: هاشم الأيوبي، جروس بروس - لبنان، 1992م.
- **ألكسندر خاتشاتريان**، أهل الفتوة والفتيان في المجتمع الإسلامي، تقديم: صالح زهر الدين، المركز العربي للأبحاث والتوثيق - بيروت، 1998م.
- **أندرو هس**، الفتح العثماني لمصر (1517م) وبداية الحرب العالمية للقرن السادس عشر، ترجمة وتعليق: أحمد سالم سالم، دورية كان التاريخية - العدد الحادي والعشرون، سبتمبر 2013م.
- **أندري كلو**، سليمان القانوني مثل من النماذج بين الهوية والحداثة، تعريب: البشير سلامة، دار الجيل - بيروت (د.ت).
- **أندريه ريمون**:
  - المدن العربية الكبرى في العصر العثماني، ترجمة: لطيف فرج، دار الفكر للدراسات والنشر والتوزيع - القاهرة، 1991م.
  - الولايات العربية (القرن السادس عشر - الثامن عشر)، ضمن كتاب: تاريخ الدولة العثمانية، الجزء الأول، إشراف: روبير مانتران، ترجمة: بشير السباعي، القاهرة، 1999م
- **أ. و. بوفيل**، الممالك الإسلامية في غرب إفريقية وأثرها في تجارة الذهب عبر الصحراء الكبرى، ترجمة: زاهر رياض، مكتبة الأنجلو المصرية - القاهرة، 1968م.

- **أيرين بيلديسينو**، عثمان وأورخان، ضمن كتاب: تاريخ الدولة العثمانية، الجزء الأول، إشراف: روبير مانتران، ترجمة: بشير السباعي، القاهرة، 1999م.
- **إيناكورين براون**، تاريخ الزنوج، ترجمة: م. عيسى، القاهرة (د.ت).
- **بارتولد**، تاريخ الترك في آسيا الوسطى، ترجمة: أحمد السعيد سليمان، هيئة الكتاب – القاهرة، 1996م.
- **برنارد لويس**، استانبول وحضارة الخلافة الإسلامية، ترجمة: سيد رضوان علي، الدار السعودية للنشر والتوزيع، 1982م.
- **بول كولز**، العثمانيون في أوروبا، ترجمة: عبد الرحمن عبد الله الشيخ، هيئة الكتاب – القاهرة، 1993م.
- **بيتر شوجر**، أوروبا العثمانية، ترجمة: عاصم الدسوقي، دار الثقافة الجديدة – القاهرة، 1998م.
- **ج. ج. كولتون**، عالم العصور الوسطى في النظم والحضارة، ترجمة وتعليق: جوزيف نسيم يوسف، دار المعارف بمصر، 1964م.
- **جوزيف داهموس**، سبع معارك فاصلة في العصور الوسطى، ترجمة: محمد فتحي الشاعر، هيئة الكتاب – القاهرة، 1992م.
- **جونثان سميث**، الإسبتارية: فرسان القديس يوحنا في بيت المقدس وقبرص 1050-1310م، ترجمة: صبحي الجابي، دمشق، 1989م.
- **جون. ب. وولف**، الجزائر وأوروبا، ترجمة وتعليق: سعد الله أبو القاسم، الجزائر، 1986م.
- **جون هالدون**، بيزنطة في حرب، ترجمة: فتحي عبد العزيز، القاهرة، 2012م.
- **جيان**، وثائق تاريخية وجغرافية وتجارية عن إفريقية الشرقية، ترجمة: يوسف كمال، القاهرة، 1340هـ/ 1927م.
- **جيب وبوين**، المجتمع الإسلامي والغرب، الجزء الأول، ترجمة: عبد المجيد حسيب القيسي، دار المدى – دمشق، 1997م.
- **جيل فنشتاين**، الإمبراطورية في عظمتها (القرن السادس عشر)، ضمن كتاب: تاريخ الدولة العثمانية، الجزء الأول، إشراف: روبير مانتران، ترجمة: بشير السباعي، القاهرة، 1999م.

- **جيمس دفي**، الاستعمار البرتغالي في إفريقية، ترجمة: الدسوقي حسنين المراكبي، مكتبة الأنجلو - القاهرة، 1963م.
- **خليل إينالجيك**:
  - العثمانيون النشأة والازدهار، ضمن كتاب: دراسات في التاريخ العثماني، ترجمة: سيد محمد السيد، دار الصحوة - القاهرة، 1996م.
  - تاريخ الدولة العثمانية من النشوء إلى الانحدار، ترجمة: محمد الأرناؤوط، دار المدار الإسلامي - بيروت، 2002م.
- **خليل ساحلي أوغلي**، من تاريخ الأقطار العربية في العهد العثماني، مركز الأبحاث للتاريخ والفنون والثقافة الإسلامية باستانبول، 2000م.
- **روبرت كلاي**، فتح القسطنطينية على يد الصليبيين، ترجمة: حسن حبشي، القاهرة، 1964م.
- **ستانلي لين بول**، تاريخ مصر في العصور الوسطى، ترجمة وتحقيق وتعليق: أحمد سالم سالم، الدار المصرية اللبنانية - القاهرة، 2014م.
- **ستيفن رنسيمان**، الحضارة البيزنطية، ترجمة: عبد العزيز توفيق جاويد، القاهرة، 1961م.
- **سونيا. ي. هاو**، في طلب التوابل، ترجمة: محمد عزيز رفعت، مكتبة نهضة مصر - القاهرة، 1957م.
- **سيدني نيتلتون فيشر**، الدولة العثمانية وعلاقاتها الخارجية في عهد بايزيد الثاني، ترجمة: أحمد سالم سالم، مركز التاريخ العربي للنشر - استانبول، 2019م.
- **شارل ديل**، البندقية جمهورية أرستقراطية، ترجمة: أحمد عزت عبد الكريم وتوفيق إسكندر، القاهرة، 1948م.
- **عزيز سامح ألتر**، الأتراك العثمانيون في إفريقيا الشمالية، ترجمة: محمود علي عامر، دار النهضة العربية - بيروت، 1989م.
- **عزيز سوريال عطية**، الحروب الصليبية وتأثيرها على العلاقات بين الشرق والغرب، ترجمة: فيليب صابر سيف، دار الثقافة - القاهرة، 1990م.
- **فريدريك وليام بل**، الصراع البحري والقرصنة العالمية، ترجمة: فؤاد السيد، مطبوعات جامعة القاهرة، 1977م.
- **فريدون إمجن**، الدولة العثمانية منذ قيامها حتى معاهدة قينارجه عام 1774م، ضمن

كتاب: الدولة العثمانية تاريخ وحضارة، المجلد الأول، إشراف: أكمل الدين إحسان أوغلي، ترجمة: صالح سعداوي، استانبول، 1999م.

- **ف. هايد**، تاريخ التجارة في الشرق الأدنى في العصور الوسطى، ترجمة: أحمد رضا محمد رضا، هيئة الكتاب – القاهرة، 1985-1994م.
- **فيج. جي. دي**، تاريخ غرب إفريقيا، ترجمة وتقديم وتعليق: السيد يوسف نصر، دار المعارف – القاهرة، 1982م.
- **قانون نامه مصر**، ترجمة: أحمد فؤاد متولي، القاهرة (د.ت).
- **كارل بروكلمان**، تاريخ الشعوب الإسلامية، ترجمة: نبيه أمين فارس ومنير البعلبكي، بيروت، 1968م.
- **كولن ترنر**، التشيع والتحول في العصر الصفوي، ترجمة: حسين علي عبد الستار، منشورات الجمل – بغداد، 2008م.
- **ك. م. بانيكار**، آسيا والسيطرة الغربية، ترجمة: عبد العزيز توفيق جاويد، دار المعارف – القاهرة، 1962م.
- **لويس ممفورد**، المدينة على مر العصور «أصلها وتطورها ومستقبلها»، أشرف على ترجمته: إبراهيم نصحي، مكتبة الأنجلو المصرية – القاهرة، 1964م.
- **محمد فؤاد كوبريلي**، قيام الدولة العثمانية، ترجمة: أحمد السعيد سليمان، دار الكتاب العربي – بيروت، 1967م.
- **مرثيدس غارسيا أرينال**، الموريسكيون الأندلسيون، ترجمة: جمال عبد الرحمن، المجلس الأعلى للثقافة، القاهرة 2003م.
- **نصر الله فلسفي**، إيران وعلاقاتها الخارجية في العصر الصفوي، ترجمة وتقديم: محمد فتحي يوسف الريس، دار الثقافة – القاهرة، 1989م.
- **نللي حنا**، ثقافة الطبقة الوسطى في مصر العثمانية، ترجمة: رؤوف عباس، هيئة الكتاب- القاهرة، 2004م.
- **نيقولا فانتان**، صعود العثمانيين (1451-1512م)، ضمن كتاب: تاريخ الدولة العثمانية، الجزء الأول، إشراف: روبير مانتران، ترجمة: بشير السباعي، القاهرة 1993م.

- **نيقولو باربارو**، الفتح الإسلامي للقسطنطينية، يوميات الحصار العثماني 1453م، دراسة وترجمة وتحقيق: حاتم عبد الرحمن الطحاوي، عين للدراسات - القاهرة، 2002م.
- **هاملتون جب وهارولد بوين**، المجتمع الإسلامي والغرب، ترجمة: أحمد عبد الرحيم مصطفى، دار المعارف - القاهرة، 1971م.
- **هربرت فيشر**، أصول التاريخ الأوربي الحديث، ترجمة: زينب عصمت راشد وأحمد عبد الرحيم مصطفى، دار المعارف بمصر (د.ت).
- **يلماز أوزتونا**:
  - تاريخ الدولة العثمانية، ترجمة: عدنان محمود سليمان، الجزء الأول، استانبول، 1988م.
  - المدخل إلى التاريخ التركي، ترجمة: أرشد الهرمزي، الدار العربية للموسوعات- بيروت، 2005م.

رابعًا: المصادر والمراجع الأجنبية

- **A. Laiou**, Marino Sanudo Torsello, Byzantium and the Turks: The Background to the Anti-Turkish League of 1332-1334, Speculum, Vol. 45, No. 3 (Jul., 1970).
- **A.A. Vasiliev**, Hist. of the Byzantine empire 324-1453, Vol. II, USA, 1964.
- **Andrew C. Hess**:
  - The Evolution of the Ottoman Seaborne Empire in the Age of the Oceanic Discoveries, 1453-1525, The American Historical Review, Vol. 75, No. 7 (Dec., 1970).
  - An Ottoman Fifth Column in Sixteenth-Century Spain, The American Historical Review, Vol. 74, No. 1 (Oct., 1968).
  - "Piri Reis and the Ottoman Response to the Voyages of Discovery", Terrae Incognitae 6 (1974).
- **Angus Konstam**, Renaissance war Galley (1470-1590), Osbrey publishing, UK, 2002.
- **Arnold J. Toynbee**, A study of history, The Growths of Civilizations, Vol. III, Oxford University Press, 1934.
- **Aziz S. Atiya**:
  - The Crusade in the later middle ages, London, 1938.
  - The crusade of Nicopolis, London, 1934.

- **Bailey Diffie & George D. Winius**, Foundations of the Portuguese empire, 1415-1580, University of Minnesota Press, 1977.
- **Benjamin Braude & Bernard Lewis**, Christians and Jews in the Ottoman Empire: The central lands. Vol. 2, Holmes & Meier Publishers, 1982.
- **C. Raymond Beazley**, Prince Henry the Navigator, the Hero of Portugal and of Modern Discovery, 1394-1460, London, 1894.
- **Caroline Finkel**, Osman's dream: The story of the Ottoman Empire 1300-1923, London, 2006.
- **Claude Cahen**, Pre-Ottoman Turkey, Translated from the French by: J. Jones Williams, New York, 1968.
- **Clement, P. A.**, "The Date of the Hexamilion", in Essays in Memory of Basil Laourdas, Thessaloniki, 1977.
- **Colin Imber**, The crusade of Varna, 1443-45, USA, 2006.
- **Constantin A. Chekrez**, Albania and the Balkans, The Journal of Race Development, Vol. 7, No. 3 (Jan., 1917).
- **Daniel Goffman**, The Ottoman Empire and Early Modern Europe, Cambridge University Press, 2002.
- **David Ayalon**, Gunpowder and Firearms in the Mamluk Kingdom, London, 1956.
- **David Nicolle**:
    - Knight Hospitaller, 1306-1565, Osprey publishing, UK, W.D.
    - Ottoman fortifications, 1300-1710, Osprey Publishing, UK, 2010.
- **Dejanirah Couto**:
    - "Particular relation of the expedition of Solyman pasha from Suez to India against the Portugues at Diu", in general history and collection of voyage and travels, Ed: Robert Kerr, 22 vols, (Edinburgh 1824).
    - Trois document sur une demande de secours ormouziala porte ottomane, Anais de historia de alem - mar 111 (2002).
- **Denison Rossm**, "The early years of Shah Ismai'l, Founder of the Safavid dynasty", in JRAS (April, 1896).
- **Dominique Bouhours**, Histoire de Pierre d'Aubusson, Paris, 1677.
- **Donald M. Nicol**, Byzantium and Venice, Cambridge university press, 1988.
- **Doukas**, Decline and fall of Byzantium to the Ottoman Turks, Translated by: Harry J. Magoulias, Wayne state university, Detroit, 1975.
- **E. Denison Ross**, The Portuguese in India and Arabia, 1517-38, Jurnal of the royal Asiatic society of great Britain and Ireland (January 1922).

- **E. S. creasy**, History of the Ottoman Turks, Vol. I, London, 1854.
- **E.G.Schwiebert**, Luther and His Times, St. Louis: Concordia Publishing House, 1950.
- **Elias Kollias**, The knights of Rhodes - the palace and the city, Athens, 1994.
- **Elizabeth L. Eisenstein**, The Printing Revolution in Early Modern Europe, Cambridge University Press, 2005.
- **Ettore Rossit**, "The Hospitallars at Rhodes (1421-1523)", in A history of the Crusades, Vol. III, The University of Wisconsin press, 1975.
- **F. L. W. Sealy**, Lemnos, The Annual of the British School at Athens, Vol. 23 (1918/1919).
- **F. W. Hasluck**, Monuments of the Gattelusi, The Annual of the British School at Athens, Vol. 15 (1908/1909).
- **Frances Gardiner Davenport**, European Treaties bearing on the History of the United States and its Dependencies to 1648, Washington D.C, 1967.
- **Frederic Chapin Lane**, Venice, a maritime republic, Johns Hopkins university, 1973.
- **Gabor Agoston**, Guns for the Sultan, Military power and the Weapons Industry in the Ottoman Empire, Cambridge University Press, 2005.
- **George Christos Soulis**, The Serbs and Byzantium during the reign of Tsar Stephen Dusan (1331-1355), and his Successors, Washington .D .C, 1984.
- **George Ostrogrorsky**, History of Byzantine State, Translated from German by: Toan Hussey, New jersey, 1968.
- **George Young**, Constantinople, London, W.D.
- **Ghulam Sarwar**, History of Shah Isma'il Safavi, Aligarh, 1939.
- **H. A. Gibbons**, Foundation of the Ottoman Empire, London, 1938.
- **Haji Khalifeh**, The history of the Maritime wars of the Turks, Translated by James Michell, London, 1831.
- **Harry Hodgkinson**, Scanderbeg: From Ottoman Captive to Albanian Hero, Centre for Albanian Studies, 1999.
- **Harry Luke**, "The kingdom of Cyprus 1369-1489", in a history of the crusades, Vol III, The University of Wisconsin press, 1975.
- **Ivana Elbl**, Cross-Cultural Trade and Diplomacy: Portuguese Relations with West Africa, 1441-1521, Journal of World History, Vol. 3, No. 2 (Fall, 1992).
- **J. N. Hillgarth**, The Spanish Kingdoms (1250-1516), Volume II, Oxford University Press 1978.

- **J.H. Parry**, The Age of Reconnaisance: Discovery, Exploration, and Settlement, 1450-1650, London, 1973.
- **James Hankins**, Renaissance Crusaders: Humanist Crusade Literature in the Age of Mehmed II, Dumbarton Oaks Papers, Vol. 49, Symposium on Byzantium and the Italians, 13th -15th Centuries (1995).
- **John B. Bury**, The Lombards and Venetians in Euboia (1340-1470), The Journal of Hellenic Studies, Vol. 9 (1888).
- **John Boardman**, Jasper Griffin and Oswyn Murray, Greece and the Hellenistic World (Oxford History of the Classical World) vol. I, 1988.
- **John E. Woods**, The Aqquyunlu, The University of Utah press, 1999.
- **John Holland Rose & Arthur Percival Newton & Ernest Alfred Benians**, The Cambridge history of the British empire, Vol II, CUP Archive, 1959.
- **John Man**, The Gutenberg Revolution: The Story of a Genius and an Invention that Changed the World, London, 2002.
- **John V. A. Fine**, The Late Medieval Balkans: A Critical Survey from the Late Twelfth Century to the Ottoman Conquest, University of Michigan Press, 1994.
- **Jonathan Grant**, Rethinking the Ottoman "Decline": Military Technology Diffusion in the Ottoman Empire, Fifteenth to Eighteenth Centuries, Journal of World History, Vol. 10, No. 1 (Spring, 1999).
- **Karl Brandi**, The emperor Charles V: The growth and destiny of a man and of a world-empire, London, 1939.
- **Kate Fleet**, Early Turkish naval activities, Oriente Moderno, Nuova serie, Anno 20 (81), Nr. 1, The Ottomans and the sea, (2001).
- **Kenneth M. Setton**, The Papacy and the Levant (1204-1571), Philadelphia, 1976-78.
- **Khalil Inalcik**:
    - Arabe - Turkish relations in historical perspective (1260-1914), Studies on Turkish Arabe relations (1980).
    - Bursa and the commerce of the Levant, Journal of the economic and social history of the orient, vol.3, no.2, (1960).
    - "The Conquest of Edirne", in The Ottoman Empire Conquest, Organization and Economy, no. III, London, 1978.
    - "The Ottoman Turks and the crusades", (1329-1451), in A History of the crusades, The University of Wisconsin press, Vol. VI, London, 1989.

- "The Ottomans, the crusade, and Renaissance Diplomacy (1481-1522)", in 'The Ottoman Turks and the crusades (1451-1522)', in A History of the crusades, Vol. VI, The University of Wisconsin press, London, 1989.
- A. Mehmed the Conqueror's Empire (1451-1481), "The Ottoman Turks and the crusades (1451-1522)", in A History of the crusades, The University of Wisconsin press, Vol. VI, London, 1989.

- **Konstantin Nossov**, The Fortress of Rhodes 1309-1522, Osprey Publishing, Uk, 2010.
- **Lane. F**, Venice a maritime republic, Baltimore, 1981.
- **Louis Thuasne**, Djem-Sultan Fils de Mohammed II Frere de Bayezid II (1459-1495), Paris, 1892.
- **Ludwig von Pastor**:
  - The history of the Popes from the Close of the Middle Ages: Drawn from the Secret Archives of the Vatican and other original sources, Vol. VII, Tr. from the German of Dr. Ludwig Pastor, London, 1908.
  - The history of the popes from the close of the middle ages, Vol. II, Tr. Frederick I. Antrobus, London, 1894.
- **Luigi Barzini**, The Italians: A Full Length Portrait, New York, 1964.
- **M. Mustafa Ziada**, The full of the mamluks, 1516-1517, Fouad 1 university, Bulletin of the faculty of arts, Vol .6 (may 1942).
- **Martin Chasin**, "The crusade of Varna", in A History of the crusades, The University of Wisconsin press, Vol. VI, London, 1989.
- **Martin Marty**, Martin Luther, Viking Penguin, 2004.
- **Michael M.Mazzaoui**, The origin of the Safavids, Wesbaden, 1972.
- **Michael Mallett & Christine Shaw**, The Italian Wars: 1494-1559, Pearson Education Limited, Harlow, England, 2012.
- **Moojan Momen**, An introduction to Shi'i Islam: The history and Doctrines of twelver Shi'ism, New Haven Yale university press, 1985.
- **Myres, J. L. Myres**, The Islands of the Aegean, The Geographical Journal, Vol. 97, No. 3 (Mar., 1941).
- **Nevra Necipoglu**, Byzantium between the Ottoman and the Latins, Cambridge University Press, 2009.
- **Palmira J. Brummett**:
  - Foreign Policy, Naval Strategy, and the Defence of the Ottoman Empire in

the Early Sixteenth Century, The International History Review, Vol. 11, No. 4 (Nov., 1989).

  - Ottoman Seapower and Levantine Diplomacy in the Age of Discovery, New York, 1994.
- **Peter E Russell**, Prince Henry "the Navigator": a life, New Haven: Yale University Press, 2000.
- **R. Nisbet Bain**, The Siege of Belgrade by Muhammad II, July 1-23, 1456, The English Historical Review Vol. 7, No. 26 (Apr., 1892).
- **Radu R. Florescu & Raymand T. Mcnally**, Dracula: Prince of many faces, Brown and company, 1989.
- **Robert Irwin**, "Gunpowder and Firearms in the Mamluk Sultanate Reconsidered", in The Mamluks in Egyptian and Syrian politics and society, ed. Michael Winter & Amalia Levanoni, Brill, 2004.
- **Roland Bainton**, Here I Stand: a Life of Martin Luther, New York: Penguin, 1995.
- **S. Vryonis**, The Decline of Medieval Hellenism in Asia Minor, London, 1971.
- **Salih Ozbaran**:
  - The Ottoman in confrontation with the Portuguese in the red sea after the conquest of Egypt in 1517, studies in Turkish - Arab relation (1986).
  - The Ottoman Turks and the Portuguese in the Persian Gulf, 1534-1581, Journal of Asian history (Spring 1972).
  - Turkish report on the red sea, Arabian studies (1974).
- **Sally Mckee**, Uncommon dominion: Venetian Crete and the myth of ethinc purity, University of Pennsylvania press, Philadelphia, 2000.
- **Shai Har - El**, Struggle for domination in the Middle East: the Ottoman ware, 1405-91, Leiden, 1995.
- **Simon Pepper**, Ottoman Military Architecture in the Early Gunpowder, Cambridge University, 2000.
- **Stanford J. Shaw**:
  - Land holding and land tax revenues in ottoman Egypt, London, 1968.
  - The financial and administrative organization and development of Ottoman Egypt, 1517-1798, Princeton, 1962.
  - The land law of Ottoman Egypt (960/1553): a Contribution to the Study

of Landholding in the Early Years of Ottoman Rule in Egypt, Der Islam. Volume 38, Issue 1 (1962).
    - History of the Ottoman Empire and modern Turkey, Cambridge University, Vol. I, 1997.
- **Stephen Turnubull**, The walls of Constantinople, Osprey Publishing, UK, 2004.
- **Sydney N. Fisher**, The Foreign Relations of Turkey, 1481-1512, Urbana, 1948.
- **Vincent Ilardi**, The Italian League and Francesco Sforza - A Study in Diplomacy, 1450-1466 (Doctoral dissertation - unpublished: Harvard University, 1957).
- **W. H. D. Rouse**, Lesbos, The Annual of the British School at Athens, Vol. 2 (1895/1896).
- **W. P. Blockmans**, and Nicolette Mout, The World of Emperor Charles V, Edita-the Publishing House of the Royal, 2005.
- **W.C. Brice**, The Turkish colonization of Anatolia, Bulletin of the John Rylands library, Vol. 38, (1955-1956).
- **William Miller**:
    - The Gattilusio of Lesbos (1355-1462), Byzantinische Zeitschrift, XXII, 1913.
    - The Genoese in Chios, 1346-1566, The English Historical Review, Vol. 30, No. 119 (Jul., 1915).
    - The Zaccaria of Phocaea and Chios (1275-1329), The Journal of Hellenic Studies, Vol. 31 (1911).
- **Yaacov Leved**, "Gunpowder weapons at the Siege of Constantinople", in war and society in the eastern Mediterranean, 7th-15th centuries, Leiden, 1997.

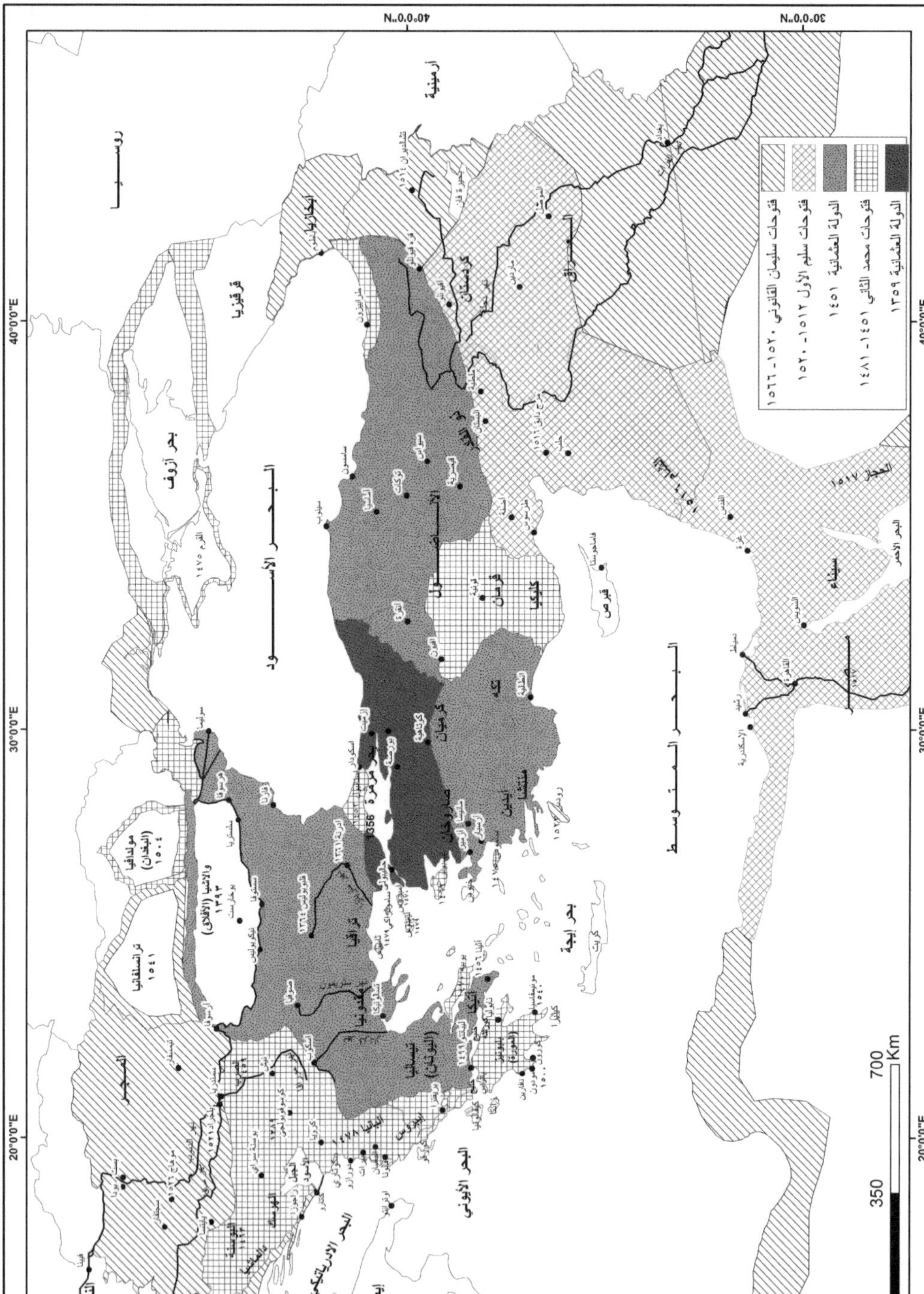

شكل 1: التوسعات العثمانية في شرق المتوسط

شكل 2: بحر مرمرة

شكل 3: مدينة وميناء أزمير، وتَظهر القلعة في الخلفية أعلى التل.

مطبوعة من القرن التاسع عشر

شكل 4: مملكة الصرب في أقصى اتساع لها في عام 1355م

شكل 5: مملكة المجر في عام 1360م تقريبًا

شكل 6: سالونيك في العهد العثماني.
مطبوعة من القرن التاسع عشر

شكل 7: مشهد من معركة فارنا. نُشر في عام 1564م في كتاب:
«Kronika wszystkiego świata» للمؤرخ البولندي «Marcin Bielski»

شكل 8: مدينة القسطنطينية. رسم نُشر في عام 1493م، عن «Nuremberg chronicles»

شكل 9: حصار القسطنطينية، من كتاب: «Chronique de Charles VII»، تأليف: «Jean Chartier»، قبل عام 1475م

شكل 10: شمال شرق بحر إيجة.

عن كتاب البحرية لـ«بيري ريس»

شكل 11: جزيرة ليمنوس (ليمني أو إيلملي).

عن كتاب البحرية لـ«بيري ريس»

شكل 12: جزيرة خيوس (صاقز).

عن كتاب البحرية لـ«بيري ريس»

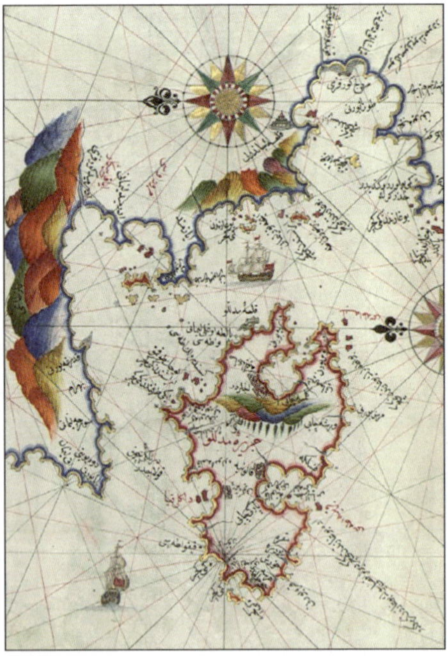

شكل 13: جزيرة ليسبوس (مدللي أو مدللو).

عن كتاب البحرية لـ«بيري ريس»

شكل 14: فلاد الثالث يتناول طعامه في غابات براشوف محاطًا بالجثث المخوزَقة.

من قصة «فويفود دراكولا» (Die geschicht dracole waide) المنشورة في نورنبرج في عام 1499م

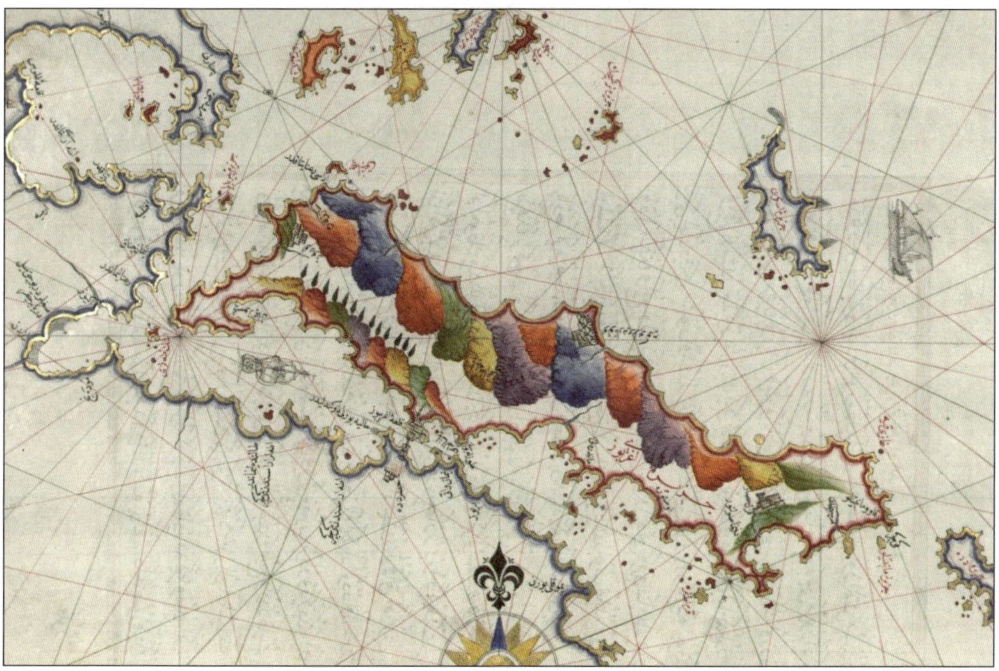

شكل 15: جزيرة يوبيه (أجريبوز). عن كتاب البحرية لـ«بيري ريس»

شكل 16: مدينة نجربونت بجزيرة يوبيه. رسم يرجع إلى عام 1597م عن كتاب: «Viaggio da Venetia a Constantinopoli per Mare» للبندقي «جاكومو فرانكو» (Giacomo Franco)

شكل 17: جزيرة رودس. عن كتاب البحرية لـ«بيري ريس»

شكل 18: ميناء فالونا (فلورا) في ألبانيا في عام 1573م. عن أطلس «Braun & Hogenberg»

شكل 19: قلعة أوترانتو (أوترانته) على ساحل إقليم أبوليا (بوليه). عن كتاب البحرية لـ«بيري ريس»

شكل 20: مدينة مودون. لوحة من مطبوعة أوروبية قديمة

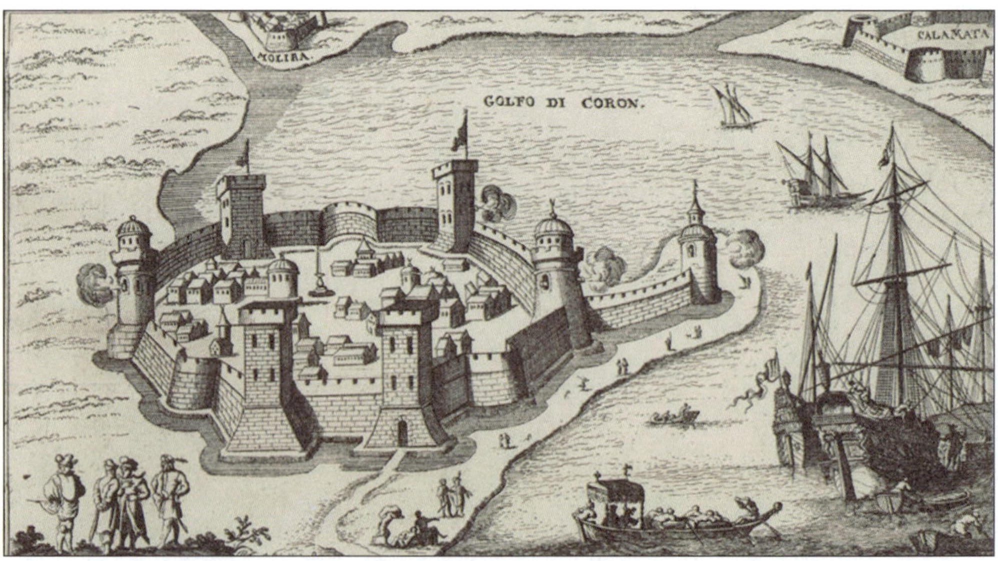

شكل 21: قلعة مدينة كورون. لوحة من مطبوعة أوروبية قديمة

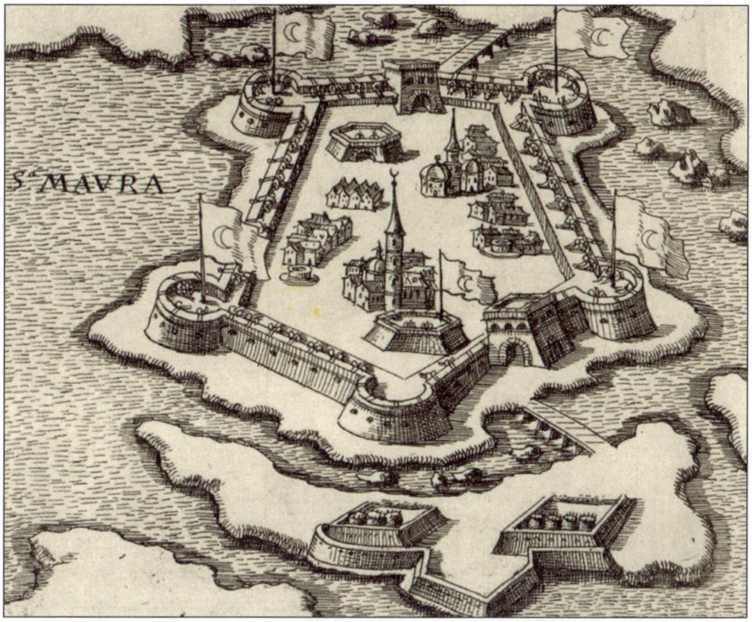

شكل 22: ليوكاديا (سانتامورا). لوحة من مطبوعة أوروبية قديمة

شكل 23: معركة تشالديران. جدارية بأحد قصور أصفهان، يلاحظ الارتباك الحادث في الجيش الصفوي على يسار اللوحة، وفي الخلفية المدافع العثمانية تحصد المئات

شكل 24: كاليكوت (قاليقوط) الهندية في القرن السادس عشر عن أطلس «**Braun & Hogenberg**»

شكل 25: السلطان سليم الأول.

رسم بالحفر عن مطبوعة إيطالية من القرن السادس عشر

شكل 26: قرية مرج دابق. منمنمة عثمانية من القرن السادس عشر، للرسام نصوح أفندي

شكل 27: مدينة حلب وقلعتها. منمنمة عثمانية من القرن السادس عشر، للرسام نصوح أفندي

شكل 28: القاهرة في النصف الأول من القرن السادس عشر.
عن كتاب البحرية لـ«بيري ريس»

شكل 29: السلطان سليمان القانوني
في بداية حكمه في عام 1520م.
لوحة من القرن السادس عشر
لأحد الرسامين الإيطاليين

شكل 30: السلطان سليمان القانوني يشارك في حصار رودس في عام 1522م، ويلاحظ في عمق الصورة الجند الإنكشارية وهم يستخدمون بنادق «ماتشلوك». منمنمة عثمانية من القرن السادس عشر عن «سليمانامه»

شكل 31: العثمانيون يدافعون عن جدة في أثناء الهجوم البرتغالي في عام 1517م.
عن «Gaspar Correia, Lendas da India, Lisbon, 1858-1864»

شكل 32: مقتل السلطان بهادر شاه أمام ديو. منمنمة من أواخر القرن السادس عشر، عن مخطوطة «أكبر نامه»